Jeanne de Salzmann

Die Wirklichkeit des Seins

J. de Salzmann

Die Wirklichkeit des Seins

Der Vierte Weg Gurdjieffs

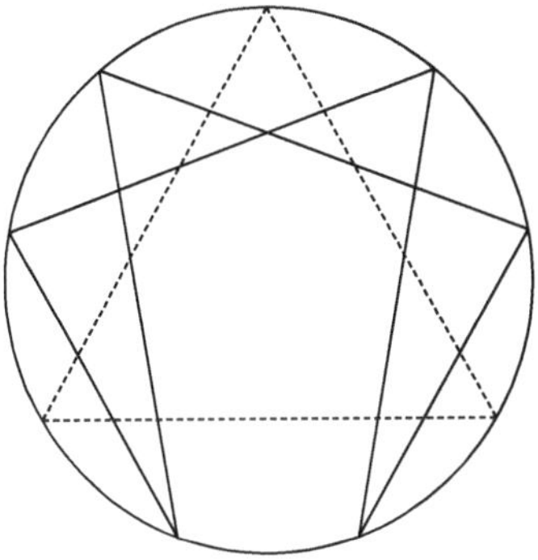

Aus dem Englischen
von Robert Cathomas und
Helga Jacobsen

Chalice Verlag

Die Originalausgabe erschien
2010 bei Shambhala Publications, Boston, USA,
unter dem Titel *The Reality of Being*

Deutsche Erstausgabe

Umschlagillustration:
Alois Alexander / iStock / Biletskiy Evgeniy / olegkalina
Buchgestaltung: Robert Cathomas
Herstellung: BoD - Books on Demand, Norderstedt
Printed in Germany

ISBN 978-3-942914-17-8

Inhalt

Vorwort der Herausgeber

FÜR GEORGES IWANOWITSCH GURDJIEFF (1866–1949) WAR die Erkenntnis der Wirklichkeit – die er »das wahre Wissen vom Sein« nannte – ein Strom aus ferner Urzeit, der von Epoche zu Epoche fließt, etwas von Volk zu Volk, von Generation zu Generation Weitergegebenes. Dieses Wissen betrachtete er als unverzichtbar für unsere Befreiung, für das Erlangen innerer Freiheit. Für jene, die danach streben, die Bedeutung des menschlichen Lebens im Universum zu verstehen, sagte er, müsse das Ziel der Suche darin liegen, diesen Strom zu finden und zu ihm zu gelangen. Dann gelte es nur noch »zu erkennen«, um »zu sein«. Doch um zu erkennen, so lehrte er, müsse man zuerst herausfinden, »wie man erkennt.«

Gurdjieff respektierte die traditionellen Religionen und überlieferten Praktiken der spirituellen Transformation und erklärte, man könne ihre unterschiedlichen Ansätze in drei Kategorien gliedern: den »Weg des Fakirs«, der darauf abzielt, den physischen Körper zu meistern, den »Weg des Mönchs«, der auf Glauben und religiösem Gefühl basiert, sowie den »Weg des Yogis«, der sich auf die Entwicklung des Denkens konzentriert. Seine eigene Lehre beschrieb er als einen »Vierten Weg«, der die gleichzeitige Arbeit an all diesen drei Aspekten verbindet. Statt Disziplin, Glaube oder Meditation verlangt dieser Weg das Erwachen einer anderen Art von Intelligenz – nämlich Wissen und Verstehen. Was er sich wünsche, so sagte er einmal, sei, mit seinem Leben und seiner Lehre der Welt eine neue Vorstellung von Gott zu vermitteln, eine andere, neue Bedeutung dieses Begriffs.

Die erste Forderung des Vierten Weges lautet: »Erkenne dich selbst.« Gurdjieff rief uns in Erinnerung, dass dieser Leitsatz viel weiter zurückreicht als nur bis Sokrates. Spiritueller Fortschritt hängt vom Verstehen ab, was wiederum vom Grad unseres Seins bestimmt wird. Eine Veränderung des Seins ist möglich durch bewusstes Streben nach einer Denk- und Gefühlsqualität, die eine neue Fähigkeit zu schauen und zu lieben mit sich bringt. Obschon seine Lehre als »esoterisches Christentum« bezeichnet werden kann, wies Gurdjieff darauf hin, dass die Grundprinzipien des wahren Christentums bereits Jahrtausende vor Jesus Christus entwickelt worden waren. Diejenigen, die sich für die Wirklichkeit, für die Vereinigung mit allem im Universum öffnen wollen, rief Gurdjieff dazu auf, im Erfahren des ICH BIN die Ganzheit der »Gegenwart« zu leben.

Als Gurdjieff sich ans Schreiben von *All und Alles,* seiner Trilogie über das menschliche Leben, machte, hatte er für das letzte Buch, die »dritte Serie«, bereits den Titel *Das Leben ist nur dann wirklich, wenn ICH BIN* im Kopf. Es war sein erklärtes Ziel, dass dieses Werk dem Leser eine konkrete Vision der »in Wirklichkeit existierenden Welt« bringen sollte. Gurdjieff begann im November 1934, daran zu arbeiten, hörte jedoch sechs Monate später zu schreiben auf und beendete das Buch nie. Vor seinem Tod im Jahr 1949 vertraute er seine Schriften seiner engsten Schülerin, Jeanne de Salzmann, an und beauftragte sie, »alles Mögliche – wie auch alles Unmögliche« zu tun, »damit alles, was ich gebracht habe, eine Wirkung haben wird.«

Bei seinem Tod lebten Gurdjieffs Anhänger über ganz Europa und Amerika verstreut. Madame de Salzmanns erste Aufgabe bestand darin, sie alle zur Zusammenarbeit aufzurufen. Als Zweites sollte sie seiner Lehre eine Form verleihen, die ein praktisches Arbeiten in Richtung Bewusstwerdung ermöglichte. In den vierzig Jahren nach Gurdjieffs Tod kümmerte sie sich um die Publikation seiner Bücher und um die Bewahrung seiner »Bewegungen« (*movements*) genannten Tanzübungen. Zudem gründete sie Gurdjieff-Zentren in Paris, New York und London sowie in Caracas, Venezuela. An diesen Orten organisierte sie Gruppen und Bewegungsklassen, deren Teilnehmer ihr gemeinsames Unterfangen als »die Arbeit« bezeichneten. Dank des Engagements dieser Schüler und anderer Anhänger seiner Lehre sind Gurdjieffs Ideen heute auf der ganzen Welt verbreitet.

In der nachfolgenden Einführung beschreibt Madame de Salzmann, wie sie Gurdjieff als spirituellen »Meister« im klassischen Sinn erlebte – nicht als Lehrer einer Doktrin, sondern als jemanden, der vor allem durch seine Gegenwart andere aufweckt und ihnen auf ihrer Suche nach Bewusstsein hilft. Worüber sie nicht spricht, ist, wie sie selbst ebenfalls mittels ihrer Gegenwart lehrte. Sie besaß eine Art von Intelligenz und eine, in ihren Worten, »Haltung der Wachsamkeit«, die sie jederzeit und unter allen Umständen einbrachte. Für Madame bedeutete, die Lehre zu leben, eine Art zu sein.

Die Rollen von Gurdjieff und Madame de Salzmann waren grundverschieden. Sie schreibt, Gurdjieff habe für seine Schüler Bedingungen geschaffen und sei für jede Person der dominierende Einfluss gewesen. Dennoch gab es damals keine Form einer organisierten gemeinsamen Arbeit, und die Samen der Erkenntnis, die er in verschiedenen Menschen pflanzte, vermochten kein gemeinsames Unterfangen zu tragen. Nach dem Tod des Meisters rief sie die anderen dazu auf zu verstehen, dass ihr eigentlicher Leitfaden in der von ihm hinterlassenen Lehre lag und ihre einzige Möglichkeit darin bestand, dieser gemeinsam zu folgen. Sie forderte unablässig, man müsse die Lehre verstehen lernen und die Erfahrung einer bewussten Beziehung miteinander teilen. Immer wieder kam sie darauf zurück, wie notwendig es sei, eine neue Wahrnehmung der Realität und eine stabilere Präsenz als ein unabhängiges Leben innerhalb des Körpers zu üben. Die Lehre zu leben, bedeute aufzuwachen, seine Verhaftung mit den einfacheren Stufen des Funktionierens sterben zu lassen und im Erfahren einer anderen Dimension, einer anderen Welt wiedergeboren zu werden.

Ein Grundprinzip des Vierten Weges liegt darin, dass er im Leben und durch das Leben verläuft. Darüber schreibt Madame de Salzmann in ihrer Einführung und erläutert, was es bedeutet, dass Gurdjieff kam, um einen spirituellen »Weg« zu bringen. Die Übermittlung von esoterischem Wissen verlangt eine Beschäftigung mit anderen, eine gemeinsam unternommene Arbeit in dem, was Gurdjieff eine »Schule« nannte. Esoterische Schulen haben dasselbe Ziel, die Wirklichkeit erkennbar zu machen, doch sie unterscheiden sich in ihrer Methode, ihrem »Weg«. Indem Gurdjieff die Lehre eines Weges brachte, vermittelte er nicht nur Ideen, sondern einen eigenen Ansatz – ein bestimmtes »Leben, das es zu leben gilt.«

Madame de Salzmanns allgemeine Idee einer »Schule« ist zu unterscheiden von der Tätigkeit der Zentren, die sie selbst organisierte. Es ist wichtig zu verstehen, dass sie von einem gemeinsamen Praktizieren der Lehre spricht, nicht von einer Institution zum Erwerb konzeptionellen Wissens. Diese Zentren sind nicht exklusiv und haben keine formalen Aufnahmekriterien oder unterschiedliche Abschlussgrade. In Tat und Wahrheit gibt es auch keine Lehrer. Eine gewisse Zeit lang arbeiten die Teilnehmerinnen und Teilnehmer mit einem Gruppenleiter, der Fragen beantwortet. Später, in weiter fortgeschrittenen Gruppen, tauschen sie sich untereinander aus. Der Vierte Weg ist ein Weg des Verstehens, nicht des Glaubens oder des Gehorsams gegenüber einem charismatischen Führer. Madame de Salzmann schreibt: »Die Lehre ist der Leitfaden, und nur wer tiefergehende Fragen hat, kann die Verantwortung tragen zu dienen.«

Madame de Salzmann beschäftigte sich unablässig mit der Wirklichkeit des Seins und hielt ihre Gedanken in Notizbüchern fest. Dieses tiefgründige Fragen bestimmte auch ihren Umgang mit anderen Menschen; jede Begegnung sollte so vollkommen wie möglich erlebt werden. Auf Treffen bereitete sie sich sorgfältig vor, indem sie alles aufschrieb, was sie einbringen wollte. Diese tagebuchähnlichen Notizen bewahrte sie bis in ihre letzten Jahre auf. In ihrer Gesamtheit bilden sie eine vierzigjährige Chronik ihres Lebenswerks des Nachdenkens über die Wirklichkeit und der Vermittlung von Gurdjieffs Lehre. Im Alter von einundneunzig Jahren notierte sie:

> Ich schreibe ein Buch darüber, wie man *im* Leben sein kann, und über den Pfad, den es einzuschlagen gilt, um auf zwei Ebenen zu leben. Es wird darlegen, wie man dabei ein Gleichgewicht findet, wie man von einer zur andern wechselt oder besser: wie man den Weg zwischen beiden findet. Wir müssen über und durch unser gewöhnliches Denken hinausschauen, um uns einem anderen Verstehen (*mind*) zu öffnen. Andernfalls bleiben wir vor der Schwelle stehen und die Tür öffnet sich nicht.

Als sie zehn Jahre später starb, hinterließ sie ihre Notizbücher sorgsam aufbewahrt. Für die ihr Nahestehenden war dies ein eindeutiges Zeichen für das von ihr beabsichtige Vermächtnis dieses Materials: Es sollte dabei behilflich sein, Gurdjieffs Schriften über eine konkrete Vision der Wirklichkeit zu vervollständigen und seine Mission zu erfüllen, der heutigen Welt ein verlorenes System des Wissens zu übermitteln.

Madame de Salzmanns Hingabe an Gurdjieff und seine Arbeit war rückhaltlos; sämtliche ihrer eigenen Beiträge erbrachte sie »als Hommage« an ihn. Genauso unnachgiebig war sie in ihrem Auffordern anderer, die Lehre zu leben. Diese Eigenschaften spiegeln sich in diesem Buch. Häufig bezog sie sich auf ihn und manchmal wiederholte sie seine genauen Worte. Beispiele dafür finden sich im Kapitel 85 über die Oktave und im Kapitel 92 zur Übung der geteilten Aufmerksamkeit, welches das von ihm in seiner »dritten Serie« Geschriebene wiedergibt. Sie unterrichtete die Lehre mit seinen Begriffen, aber aufgrund ihrer eigenen Einsichten. So verlangt »bewusste Arbeit« gemäß ihr die gleichzeitige Teilnahme der verschiedenen »Gehirne« oder »Zentren«, welche die Denk-, die Gefühls- und die Bewegungsfunktionen steuern, um eine einheitliche Gegenwart zu erfahren. Dies wiederum bedarf einer bestimmten »Anstrengung«, die weniger *gegen* das automatische Funktionieren als vielmehr *auf* das positive Ziel, gegenwärtig zu bleiben, gerichtet ist. Es ist notwendig, einen inneren »Blick« aufrechtzuerhalten, sich in einem »Akt des Sehens« etwas »zu stellen«. Und man muss seine eigene Präsenz als einen »zweiten Körper« erfahren, um eine von äußeren Einflüssen freie Stabilität und Unabhängigkeit zu erreichen.

Gleichzeitig entwickelte Madame de Salzmann ihre eigene, starke und direkte Sprache und Ausdrucksweise. Ähnlich wie Gurdjieff waren ihr grammatikalische und begriffliche Konventionen oder gar metaphorische Einheitlichkeit weniger wichtig. Auch war sie nicht sonderlich interessiert an der Beachtung etablierter wissenschaftlicher Konzepte. Ihr allerwichtigstes Anliegen war die inhaltliche Klarheit beim Erfahren von Bewusstsein, auch dort, wo es nötig war, unpräzise zu bleiben.

Die Leserinnen und Leser müssen in Bezug auf einige ungewöhnliche Eigenschaften dieses Buches vorgewarnt werden. Es enthält praktisch keine Beschreibung oder Erklärung der *Wirklichkeit des Seins* und auch nicht von Gurdjieffs Lehre darüber, wie diese gelebt werden kann. Tatsächlich weigerte sich Madame de Salzmann, genauso wie er in seinen späteren Jahren, hartnäckig, die Lehre in Form von Konzepten zu diskutieren. Auf theoretische Fragen entgegnete sie stets: »Das müssen Sie selbst herausfinden.« Für sie genügte eine abstrakte Vorstellung, ein nicht auf Erfahrung basierendes Konzept niemals. Für sie konnte Wahrheit nicht gedacht werden. Tatsächlich hielt sie das Wissen des Verstandes, insbesondere Gedanken darüber, »wer wir sind«, für ein Hindernis, für einen Schleier, der die Wirklichkeit verhüllt. Daher präsentiert dieses Buch auch keine Vision des letztendlichen Ziels, sondern eher die Beschreibung einer authentischen Reise einschließlich der Wanderrouten und der unterwegs passierten Orientierungspunkte.

Jeanne de Salzmann hatte eine ganz eigene Art zu sprechen, eine sehr besondere Wortwahl, die aufzuwecken vermochte. Wenn man ihr zuhörte, hatte man den Eindruck, dass sie ganz genau wusste, *was* sie sagen und *wie* sie es sagen wollte. Das belegen ihre Notizbücher, die über vierzig Jahre hinweg die bemerkenswerte Klarheit und Konsistenz ihres Denkens aufzeigen. Was sie in einem Moment ausdrückte, war dennoch mehr als einfach nur Worte. In ihrer Einführung schreibt Madame de Salzmann, Gurdjieff habe durch seine Präsenz gelehrt, und weiter unten, dass höheres Wissen nur von jemandem mittels Ideen und Worte vermittelt werden könne, der aus eigener Erfahrung weiß und das in ihnen enthaltene Leben auszudrücken vermag. Dieses Ausdrücken setzt voraus, dass jemand aus einem bewussten Zustand heraus spricht – also im gegenwärtigen Augenblick jenen, die ihm folgen können, die Richtung zeigt. Diese Art zu lehren, war hoch konzentriert, wie sich in diesem Buch zeigt. Es wäre unmöglich, mehr als einen dieser Texte auf einmal zu absorbieren oder mehrere hintereinanderweg zu lesen.

Wie jeder Erfahrungsbericht kann auch die von Madame de Salzmann beschriebene innere Reise nur insoweit verstanden werden, wie die Leserinnen und Leser die Erfahrung selber zu leben verstehen – das heißt, die Augen zu sehen und die Ohren zu hören haben. In dem Sinne folgt dieses Buch der Linie von Gurdjieffs »dritter Serie«, von der er sagte, sie sei nur für jene zugänglich, die fähig seien, sie zu verstehen. Nichtsdestotrotz wird jeder, der diese Texte liest oder hört, in der Lage sein zu erkennen, was er weiß und – vielleicht noch wichtiger – was er nicht weiß, und sich dadurch einer Ahnung des *Unbekannten* zu öffnen, die Madame de Salzmann »die Schwelle zur Wirklichkeit« nannte.

Redigiert und herausgegeben wurde dieses Buch von einer kleinen Gruppe von Angehörigen und Anhängern Jeanne de Salzmanns. Das Material stammt hauptsächlich aus ihren Notizbüchern mit Ausnahme von wenigen Passagen aus Tonbandaufnahmen ihrer Aussagen. Es wurde nicht versucht, die wenigen Zitate hervorzuheben, die sie von Gurdjieff oder anderen Autoren übernommen hat. Die Kapitel wurden entsprechend den Themen, die sich aus dem Material ergaben, zusammengestellt und in eine Reihenfolge gebracht, die in groben Zügen den Stadien der inneren Arbeit entspricht. Obschon die Gliederung also nicht chronologisch ist, stammt das meiste Material der Teile I bis IV aus dem ersten Jahrzehnt nach Gurdjieffs Tod. Damals wie auch später waren die Zuhörer und Leser bereits vertraut mit dessen Ideen aufgrund der Lektüre seiner publizierten Werke einschließlich dem Gesetz der Drei und dem Gesetz der Sieben, die in den Biografischen Anmerkungen ab Seite 331 aufgeführt und kurz dargelegt sind.

In Hommage an

Georges Iwanowitsch Gurdjieff

Einführung

ALS ICH GEORGES IWANOWITSCH GURDJIEFF ZUM ERSTEN Mal begegnete, war ich dreißig Jahre alt und lebte in der kaukasischen Bergregion, die damals zum Süden Russlands gehörte. Zu jener Zeit hatte ich ein tiefes Bedürfnis, die Bedeutung des Lebens zu verstehen, war jedoch sehr unzufrieden mit Erklärungen, die mir theoretisch und wenig nützlich schienen. Mein erster Eindruck von Gurdjieff war sehr stark, unvergesslich. Er verfügte über eine Ausstrahlung, wie ich sie nie zuvor gesehen hatte, und besaß eine Intelligenz, eine Kraft, die außerordentlich war, nicht die übliche Intelligenz des denkenden Verstandes, sondern eine visionäre Kraft, die alles erfasste. Er konnte liebenswürdig und gleichzeitig sehr, sehr fordernd sein. Du fühltest, dass er dich durchschaute und dir auf eine Art und Weise zeigen konnte, wer du warst, die du in deinem ganzen Leben niemals wieder vergessen würdest.

Es war unmöglich, Gurdjieff wirklich zu kennen. Das Bild, das er von sich präsentierte, veränderte sich ständig. Manchen Leuten gegenüber, die ihn nicht kannten, spielte er die Rolle eines spirituellen Meisters, benahm sich genauso, wie sie es von ihm erwarteten und ließ sie weiterziehen. Doch wenn er sah, dass Menschen nach etwas Höherem suchten, lud er sie vielleicht zum Essen ein und sprach über interessante Dinge, unterhielt sie und brachte sie zum Lachen. In diesen Fällen erschien sein Benehmen spontaner, ungezwungener. Aber war es das tatsächlich oder mutete es nur deshalb ungezwungen an, weil er dies so beabsichtigte? Man konnte sich einbilden, Gurdjieff sehr gut zu kennen, doch dann handelte er wieder völlig überraschend und man musste einsehen, dass man ihn nicht kannte. Er war wie eine unwiderstehliche Kraft, die von keiner Form abhängig war, sondern unablässig neue Formen erschuf.

Gurdjieff brachte uns ein Wissen über das Bewusstsein, eine Wissenschaft, die zeigt, was wir sind, und unsere potenziellen Fähigkeiten erklärt, die es zu entwickeln gilt. Dabei geht es um ein wirkliches Verstehen unserer inneren Energien, ihrer Beziehung untereinander und mit allem, was außerhalb von uns existiert. Er kam, um eine Lehre zu bringen, um einen Weg in Richtung Bewusstsein zu zeigen. Was ist ein »*Weg*«? Und was ist eine *Lehre* eines Weges?

Esoterisches Wissen ist die Wissenschaft über die Beziehung des Menschen zu Gott und zum Universum. Seine Weitergabe verlangt einen Bund mit anderen Menschen – eine sogenannte »Schule« –, da eine bestimmte Energie nur unter Rahmenbedingungen entwickelt werden kann, innerhalb derer Menschen zusammenarbeiten. Schulen mögen sich voneinander durch ihr Wissen und ihren Ansatz – ihren Weg – unterscheiden, doch haben sie alle dasselbe Ziel: die Wirklichkeit zu erkennen. Das Wissen wird in Theorie und durch direkte Erfahrung weitergegeben, das heißt durch das Leben einer Ordnung, die der besonderen Dramaturgie der Schule folgt. So entsteht eine Beziehung, eine Verbindung, ohne die es nicht möglich wäre, gleichzeitig in zwei Welten unterschiedlicher Ebenen zu leben.

Gurdjieffs Lehre spricht den Menschen von heute an, also jemanden, der die Wahrheit, die sich seit frühester Zeit in unterschiedlichsten Formen enthüllt hat, nicht mehr zu erkennen weiß, jemanden mit einem tiefen Gefühl der Unzufriedenheit, der sich isoliert und bedeutungslos vorkommt. Aber wie kann eine Intelligenz wachgerufen werden, die das Wirkliche von der Illusion zu unterscheiden vermag?

Gemäß Gurdjieff können wir uns der Wahrheit nur dann annähern, wenn all die Teile, die den Menschen ausmachen – das Denken, das Fühlen und der Körper –, von derselben Kraft berührt werden, und zwar in jedem auf die ihm angemessene Art und Weise. Anderenfalls verläuft die Entwicklung unvermeidlich einseitig und wird früher oder später zum Erliegen kommen. Ohne ein tiefgreifendes Verständnis dieses Prinzips ist sämtliche Arbeit an sich selbst dazu bestimmt, von ihrem Ziel abzuweichen. Dann werden die grundlegenden Bedingungen falsch verstanden, und das führt zu einer mechanischen Wiederholung von Formen der Anstrengung, die niemals über ein gewöhnliches Maß hinausgelangen können.

Gurdjieff wusste die Lebensumstände eines jeden so zu nutzen, dass die Menschen die Wahrheit erahnen konnten. Ich sah ihm bei der Arbeit zu, wie er auf die unterschiedlichen Möglichkeiten des Verstehens in seinen diversen Gruppen und ebenso auf die individuellen Schwierigkeiten jedes Schülers achtete. Ich beobachtete ihn, wie er einem präzisen Plan entsprechend absichtlich mal den einen ganz speziellen Aspekt des Wissens, mal den anderen in den Vordergrund stellte. Manchmal arbeitete er mit einem Gedanken, der den Intellekt anregte und einen vollkommen neuen Blickwinkel eröffnete, manchmal mit einem Gefühl, welches das Aufgeben sämtlicher Affektiertheit zugunsten einer unverzüglichen und vollständigen Aufrichtigkeit erforderte, manchmal mit dem Aufwecken und Anstoßen des Körpers, der unbefangen auf das reagierte, was immer von ihm verlangt wurde.

Es war eine Herangehensweise, die seine Schüler nicht vom Leben trennte, sondern sie mit ihrem Leben in Verbindung brachte, ein Weg, der das Ja und das Nein in Betracht zog, die Gegensätze und all die sich widerstrebenden Kräfte, ein Weg, der sie verstehen ließ, dass es notwendig war, sich abzumühen, um sich über den Kampf zu erheben und gleichzeitig daran teilzunehmen. Du wurdest an eine Schwelle geführt, die überschritten werden musste, und zum ersten Mal im Leben spürtest du, dass absolute Aufrichtigkeit gefordert wird. Dieses Überschreiten mochte schwierig erscheinen, doch das, was man hinter sich zurückließ, verlor seine alte Anziehungskraft. Man mochte ab und zu zögern, doch das Bild, das Gurdjieff von sich selbst gab, vermittelte eine Vorstellung davon, was zu geben nötig war und was es galt aufzugeben, um nicht eine falsche Richtung einzuschlagen. Dann war es nicht länger eine Lehre von Grundsätzen, sondern das personifizierte Handeln des Wissens – das Handeln eines Meisters. In Gurdjieffs Gegenwart und aufgrund seiner Präsenz erkannte man einen Moment der Wahrheit und war imstande, alles dafür zu opfern. Es war wie ein Wunder. Es *war* ein Wunder – etwas Wunderbares, etwas Kraftvolles aus einer Dimension oberhalb dessen, was wir kennen.

Was Gurdjieff uns zeigte, war die Möglichkeit, sich einer höheren Ebene des Seins zu nähern. Durch seine Worte, durch die Beziehungen, die er mit uns einging, durch seine Gegenwart als solches schaffte er es, dass wir menschliche Qualitäten spürten, die in uns den Wunsch weckten, in diese Richtung zu gehen. Er zog uns zu sich, auf eine andere Ebene. Gleichzeitig ließ er uns leiden, indem er uns unseren tatsächlichen Zustand zeigte, die Art, wie wir wirklich waren. Die meisten Missverständnisse und Meinungsverschiedenheiten über Gurdjieffs Methoden und Benehmen sind der Tatsache geschuldet, dass er gleichzeitig an unseren beiden Naturen arbeitete.

Einerseits arbeitete Gurdjieff an unserer Essenz. Er lauschte mit unermüdlicher Geduld und Freundlichkeit unserer inneren Not; und das tat weh, da wir stets fühlten, wir hätten es nicht verdient. Er kümmerte sich um unsere Probleme und leistete uns praktische Hilfestellung, sodass wir den nächsten Schritt unternehmen konnten. Mit unvorstellbarer Genauigkeit zeigte er uns die präzise innere Handlung auf, die jeder von uns zu einem bestimmten Zeitpunkt auszuführen hatte, um sich selbst weiter aus seinem eigenen Automatismus zu befreien. Hier gab es von Gurdjieffs Seite aus niemals ein Eingreifen, er übte keinerlei Druck aus. Dies war wirklich ein Geschenk des Himmels, das ein Gefühl von Liebe und Mitgefühl für den Menschen und seine Lage hervorrief. Er ließ uns unsere Möglichkeiten und unser Potenzial erkennen und brachte uns, durch die Mittel, die er uns an die Hand gab, die Hoffnung, diese wachsen zu sehen.

Andererseits arbeitete Gurdjieff auf eine unnachgiebige Art und Weise an unseren Funktionen, brachte uns unablässigen Druck, größer und größer werdende Anforderungen, schreckliche Situationen, Schockzustände jeglicher Art. Nicht nur, dass er uns nicht für sich gewann, sondern er zwang uns, indem er uns an unsere äußersten Grenzen brachte, ihm zu widerstehen, uns gegen ihn aufzulehnen. Und dies tat er ohne Erbarmen. Durch seine Präsenz nötigte er uns, eine Entscheidung zu treffen, zu erkennen, was wir wollten. Man konnte jederzeit ablehnen und fortgehen.

Das war die Größe von Gurdjieff. Die erste Methode, an unserer Essenz zu arbeiten, vollzog sich außerhalb des Lebens und war ganz und gar auf innere Vorgänge ausgerichtet. Die zweite Methode, an unseren Funktionen zu arbeiten, geschah im Leben und durch das Leben selbst. Mit der einen Hand winkte er uns zu sich, mit der anderen Hand schlug er uns und machte uns deutlich, wie sehr wir Sklaven unserer Funktionen waren. Sehr wenige Menschen hatten das Glück, beide Seiten zu erfahren. Doch es ist unmöglich, Gurdjieffs Methoden oder Benehmen zu verstehen, wenn man nicht für jeden dieser beiden Aspekte seiner Arbeit Material erhalten hat.

Ohne Gurdjieff, den Meister, haben wir nicht länger die Möglichkeit, unter solchen besonderen Rahmenbedingungen zu arbeiten. Dennoch bleibt seine Lehre – um unser inneres Sein zu entwickeln. Dafür müssen wir die Lehre verstehen und uns ihren Prinzipien unterziehen. Und dies können wir nicht alleine schaffen. Allein können wir gar nichts erreichen. Unser Weg ist es, diese Ideen zu leben, um sie zu verstehen und um die Lehre in dem Ausmaß, in dem es uns möglich ist, an andere weiterzugeben, falls wir sie gemeinsam mit ihnen leben können. Ideen zu säen, ohne diese auch zu leben, bedeutet, Ideen zu säen, die leer sind. Gurdjieff hat uns nicht nur Worte und Ideen hinterlassen, die es weiterzugeben gilt, sondern auch eine ganz bestimmte Art zu leben, ein Schauspiel, das sich mit den anderen um uns herum abspielen muss und ohne das die Arbeit nur eine Einbildung bleibt.

Darum tragen wir eine Verantwortung. Gurdjieff brachte Ideen als Teil einer Wissenschaft, die wir gut verstehen müssen. Aber die Idee allein reicht nicht aus. Wenn sie nicht in allen Teilen meiner selbst gelebt wird, werde ich bleiben, wie ich bin – passiv und den mich umgebenden Kräften gänzlich ausgeliefert. Auf einer kosmischen Skala spielt der Mensch eine wichtige Rolle auf der Erde. Ohne ihn können bestimmte Kräfte weder wirken noch ein Gleichgewicht halten. Aber wir erkennen dies nicht, wir wissen es nicht, und infolgedessen erzeugen wir diese Kraft nicht, die in uns eine Verbindung mit anderen kosmischen Energien bewirken kann.

Was in uns und um uns herum notwendig ist, ist die Erzeugung eines bestimmten Grades an Energie, einer Aufmerksamkeit, die den uns umgebenen Einflüssen widerstehen kann und sich von ihnen nicht beeinträchtigen lässt. Dann muss sie eine Kraft erhalten, die aktiver ist, die es ihr nicht nur erlaubt zu widerstehen, sondern zu handeln und einen festen Stand zwischen zwei unterschiedlich starken Strömungen einzunehmen. Diese Möglichkeit des Gleichgewichts ist die permanente Herausforderung, das Dazwischen, dem man sich in der Arbeit für das Bewusstsein in jedem Moment stellen muss.

I

Aufruf zum Bewusstsein

Das Kind will *haben,* der Erwachsene möchte *sein.*

—

Hinter all meinen Lebensäußerungen
steckt der Wunsch *zu sein.*

—

Sehen zu lernen, ist die erste Initiation
in die Selbsterkenntnis.

—

Wir kämpfen nicht *gegen* etwas, wir kämpfen *für* etwas.

—

Ich glaube, ich müsse aufmerksam sein,
während ich in Tat und Wahrheit meine Unaufmerksamkeit
einsehen und erkennen muss.

—

Wenn ich beginne zu sehen,
beginne ich zu lieben, was ich sehe.

—

Wo unsere Aufmerksamkeit ist, ist Gott.

Ich schlafe

1
Sehnsucht nach Sein

Der Mensch bleibt sich selbst ein Mysterium. Er hat Sehnsucht nach Sein, nach Dauerhaftigkeit, Beständigkeit und Absolutheit – er sehnt sich danach *zu sein*. Dennoch ist alles, was sein Leben ausmacht, vorübergehend, vergänglich, begrenzt. Er trachtet nach einer anderen Ordnung, einem anderen Leben, einer Welt jenseits seiner selbst. Er spürt, dass er dazu bestimmt ist, daran teilzuhaben.

Er sucht nach einer Idee, einer Eingebung, die ihn in diese Richtung bringen könnte. Sie taucht als eine Frage auf: »Wer bin ich – wer bin ich in dieser Welt?« Wenn diese Frage lebendig genug wird, kann sie den Lauf seines Lebens bestimmen. Der Mensch kann nicht antworten. Er hat nichts, mit dem er antworten könnte, keine Kenntnis seiner selbst, um sich dieser Frage zu stellen, kein eigenes Wissen. Doch er fühlt, dass er sie willkommen heißen muss. Er fragt sich selbst, was er ist. Das ist der erste Schritt auf dem Weg. Er möchte seine Augen öffnen. Er möchte aufwachen, erwachen.

2
Die Lebenskraft

Wir möchten leben, im Leben sein. Von dem Moment unserer Geburt an strebt etwas in uns danach, sich selbst in der äußeren Welt zu bekräftigen. Ich möchte gehört und gesehen werden, die Welt verschlingen. Gleichzeitig möchte ich nicht verschlungen werden. Ich möchte an erster Stelle stehen, immer. Aber viel zu früh treffe ich auf den Widerstand der Welt, und der elementare Antrieb zur Selbstvergewisserung muss andere mit in Betracht ziehen. Häufig nimmt meine Selbstbestätigung merkwürdige, wenn auch allgemein übliche Formen an wie Selbstmitleid oder die Verweigerung, sich selbst auszudrücken.

Ich möchte leben, ich bin einverstanden mit dem Leben. Ich tue alles, um zu leben, und dieselbe Kraft ist es, die meinen Körper am Leben hält. Ich wünsche mir etwas oder möchte etwas tun, und wenn der Wunsch in Erscheinung tritt, ist diese Kraft da. Sie treibt mich Richtung Manifestation. Mein ganzes Leben hindurch, in allem, was ich tue, versuche ich, diese Kraft zu bezeugen. Es gibt keine Handlung, mag sie auch noch so winzig sein, die nicht eine Selbstbestätigung darstellt. Wenn ich mit jemandem spreche oder jemandem einen Brief schreibe, bestätige ich diese Kraft, ich bestätige meine Intelligenz. Auch wenn ich nur jemanden anschaue, ist es diese Kraft. Wenn ich meinen Mantel aufhänge, ist es diese Kraft. Hinter dieser ungezügelten Selbstvergewisserung gibt es ganz sicher etwas Echtes. Diese Kraft in mir ist unbezähmbar. Gleichzeitig weiß ich nicht, worauf sich diese Selbstvergewisserung gründet. Ich denke, ich bekräftige mich selbst. Ich identifiziere mich mit dieser Kraft. Doch obwohl sie in mir ist, gehört sie mir nicht. Und während ich mich vergewissere, dass sie mir gehört, sehe ich nicht, wie ich mich von ihr trenne. Durch meinen Wunsch, mir ihre Macht zuzuschreiben, trenne ich ihr Wirken von mir ab. Ich schaffe mir eine innere Welt, die der Wirkung dieser Lebenskraft beraubt ist. Mein Gefühl vom Ich, von meinem Selbst, ist schwer und träge.

Wir müssen das Kindische darin erkennen, immer mehr Lebenskraft besitzen zu wollen. Das Kind will *haben,* der Erwachsene möchte *sein.* Das unaufhörliche Verlangen zu »haben« erzeugt Angst und ein Bedürfnis, beruhigt zu werden. Es ist notwendig, in uns eine Aufmerksamkeit zu entwickeln, die unser ganzes Selbst mit einer höheren Kraft verbindet.

Es gibt nur eine Energiequelle. Sobald meine Energie in der einen oder anderen Richtung gebraucht wird, entsteht eine Kraft. Kraft ist Energie in Bewegung. Es gibt verschiedene Richtungen, doch die Quelle ist dieselbe. Die Lebenskraft, die Kraft der Lebensäußerung, ist dauernd in Bewegung. Sie muss fließen. Und ich bin ihr komplett erlegen, werde von ihr mitgerissen. Ich fürchte, dass ich ihr für immer ausgeliefert sein werde, falls ich mich nicht auch noch einem anderen, mir bisher unbekannten Ort meiner selbst zuwende.

3
Ich kenne mich nicht

Wer bin ich? Ich muss es wissen. Wenn ich es nicht weiß, welche Bedeutung hat dann mein Leben? Und was in mir reagiert auf das Leben? Ich muss versuchen, eine Antwort zu finden, zu erkennen, wer ich bin. Zunächst stuft mein Verstand die Frage ein und bringt Vorschläge über mein Selbst: Ich bin ein Mann oder eine Frau, der oder die dieses kann und jenes getan hat, dem oder der dieses und jenes gehört. Aus allem, was es weiß, bietet mein Denken mögliche Antworten an. Aber es weiß nicht, was ich bin, kennt mich in diesem Augenblick nicht wirklich. Dann wende ich mich meinem Gefühl zu. Unter den Zentren ist es dasjenige, das am ehesten dazu imstande ist zu erfahren. Kann es antworten? Mein Gefühl ist nicht frei. Es hat dem Ich zu gehorchen, das das Größte, das Mächtigste sein will und ständig darunter leidet, nicht das Erste zu sein. Mein Gefühl traut sich also nicht. Es ist ängstlich oder zweifelt. Wie kann es da etwas erfahren? Und dann ist da natürlich noch mein Körper, die Fähigkeit, meinen Körper zu spüren. Aber bin ich mein Körper?

In Tat und Wahrheit kenne ich mich nicht. Ich weiß nicht, was ich bin. Weder kenne ich meine Möglichkeiten, noch weiß ich um meine Grenzen. Es gibt mich, ohne dass ich überhaupt weiß, wie es mich gibt. Ich gehe davon aus, dass meine Handlungen meine eigene Existenz bezeugen. Und doch antworte ich dem Leben immer nur mit einem Teil meiner selbst. Ich reagiere entweder gefühlsmäßig oder intellektuell oder körperlich. Und es ist niemals wirklich das Ich, das antwortet. Auch glaube ich, dass ich mich in die Richtung bewege, in die ich gehen möchte, und dass ich »tun« kann. Doch eigentlich wird etwas mit mir getan, werde ich bewegt von Kräften, von denen ich nichts weiß. Alles in mir findet statt, alles geschieht. Die Fäden werden ohne mein Wissen gezogen. Ich sehe nicht, dass ich wie eine Marionette bin, eine Maschine, die durch äußere Einflüsse in Bewegung gesetzt wird.

Gleichzeitig fühle ich, wie mein Leben an mir vorüberzieht, als ob es das Leben einer anderen Person wäre. Vage bekomme ich mit, wie ich aufgeregt, hoffend, bedauernd, ängstlich, gelangweilt bin... alles, ohne dass ich fühle, daran wirklich beteiligt zu sein. Meistens tue ich etwas, ohne es zu merken, und realisiere erst im

Nachhinein, dass ich dies gesagt oder jenes getan habe. Es ist, als ob sich mein Leben ohne meine bewusste Teilhabe entfaltet. Es läuft ab, während ich schlafe. Ab und zu wecken mich Erschütterungen oder Schocks einen Moment lang auf. Inmitten eines Wutanfalls, eines Schmerzes oder einer Gefahr öffne ich plötzlich meine Augen – »Was ist los? – *Ich* bin es, hier, in dieser Situation, dies hier erlebend.« Doch nach der Erschütterung schlafe ich weiter, und es kann eine lange Zeit dauern, bevor ein neuer Schock mich wieder aufweckt.

Während mein Leben an mir vorüberzieht, kann es sein, dass ich zu ahnen beginne, dass ich nicht das bin, was ich zu sein glaube. Ich bin ein Wesen, das schläft, ein Wesen, das sich seiner selbst nicht bewusst ist. In diesem Schlaf verwechsele ich Intellekt – das Denken, das unabhängig vom Gefühl funktioniert – mit Intelligenz, welche die Fähigkeit mit einschließt, das Gedachte zu fühlen. Meine Funktionen – meine Gedanken, meine Gefühle und meine Bewegungen – arbeiten ohne Ausrichtung, zufälligen Schocks und Gewohnheiten ausgesetzt. Es ist der niedrigste Zustand des menschlichen Seins. Ich lebe in meiner eigenen engen, begrenzten Welt, beherrscht von all meinen subjektiven Eindrücken. Dies ist ein Gefängnis, in das ich immer wieder zurückkehre – mein Gefängnis.

Die Suche nach mir selbst beginnt damit, dass ich frage, wo ICH bin. Ich muss die Abwesenheit, die gewohnheitsmäßige Absenz des ICHS fühlen. Ich muss um das Gefühl von Leerheit wissen und die Lüge darin erkennen, wenn ich mich ständig einer Vorstellung meiner selbst, des falschen Ichs, vergewissere. Wir sagen immerzu »ich«, obwohl wir eigentlich gar nicht daran glauben. Tatsächlich haben wir nichts anderes, an das wir glauben können. Es ist der Wunsch *zu sein,* der mich veranlasst, »ich« zu sagen. Er steckt hinter all meinen Lebensäußerungen. Aber es ist kein bewusster Antrieb. Normalerweise schaue ich auf die Haltung von anderen, um von meinem Wesen überzeugt zu sein. Wenn sie mich zurückweisen oder mich ignorieren, zweifle ich an mir. Wenn sie mich akzeptieren, glaube ich an mich.

Bin ich nur diese Vorstellung, deren ich mich vergewissere? Gibt es wirklich kein ICH, das gegenwärtig sein kann? Um dies zu beantworten, muss ich mich selbst kennen, brauche ich eine direkte Erfahrung des Mich-selbst-Kennens. Als Erstes muss ich die Hürden erkennen, die im Weg stehen. Ich muss erkennen, dass ich an meinen Verstand, an mein Denken glaube – ich glaube, es ist ich. *»Ich«* möchte wissen, *»ich«* habe gelesen, *»ich«* habe verstanden. Dies alles ist der Ausdruck des falschen Ichs, meines gewöhnlichen Ichs. Es ist mein Ego, das mich davon abhält, mich dem Bewusstsein zu öffnen, dem Sehen, *»was ist«* und was ICH BIN.

Mein Bemühen aufzuwachen kann nicht erzwungen werden. Wir haben Angst vor der Leere, Angst davor, nichts zu sein, und so bemühen wir uns, anders zu sein. Aber wer unternimmt diese Anstrengung? Ich muss verstehen, dass auch dies von meinem gewöhnlichen Ich herrührt. Alles Zwingen kommt vom Ego. Ich darf mich nicht länger von einem Bild oder einem Ideal, das der Verstand mir aufzwingt, an der Nase herumführen lassen. Ich muss Leere akzeptieren, akzeptieren, nichts zu sein, akzeptieren, »was ist«. In diesem Zustand ergibt sich die Möglichkeit einer neuen Wahrnehmung meiner selbst.

4
ICH bin nicht hier

Wirkliches ICH kommt aus der Essenz. Seine Entwicklung ist abhängig vom Wunsch der Essenz – einem Wunsch *zu sein* und dann einem Wunsch, *zu sein fähig* zu werden. Essenz wird durch Eindrücke geformt, die swir in der frühen Kindheit aufgenommen haben, in der Regel bis zu einem Alter von fünf oder sechs Jahren, wenn ein Riss zwischen Essenz und Persönlichkeit auftritt. Für eine Weiterentwicklung muss die Essenz aktiv werden trotz des Widerstandes, den der Druck der Persönlichkeit ausübt. Wir müssen uns »unserer selbst erinnern«, damit unsere Essenz Eindrücke empfängt. Nur in einem bewussten Zustand können wir den Unterschied zwischen Essenz und Persönlichkeit erkennen.

Gewöhnliche Eindrücke werden auf eine mechanische Art und Weise empfangen. Sie treffen auf unsere Persönlichkeit, die entsprechend ihrer Konditionierung mit automatischen Gedanken und Gefühlen reagiert. Wir nehmen keine Eindrücke auf, da die Persönlichkeit als solche nicht lebendig sein kann – sie ist tot. Um aufgenommen und transformiert zu werden, müssen die Eindrücke von der Essenz empfangen werden. Dies erfordert eine bewusste Anstrengung im Augenblick des Eindrucks. Und es erfordert ein eindeutiges Gefühl, ein Gefühl der Liebe zu sein, der Liebe, gegenwärtig zu sein. Wir dürfen auf Eindrücke nicht länger vom Blickwinkel der Persönlichkeit aus antworten, sondern aus der Liebe heraus, gegenwärtig zu sein. Dies wird unsere ganze Art, zu denken und zu fühlen, transformieren.

Als Erstes ist es notwendig, einen Eindruck von mir selbst zu erhalten. Das beginnt mit dem Schock, wenn die Frage »Wer bin ich?« auftaucht. Für einen Moment gibt es da einen Stillstand, eine Pause, die es erlaubt, dass meine Energie, meine Aufmerksamkeit, die Richtung ändert. Sie fließt zu mir zurück, und nun berührt mich die Frage. Diese Energie bewirkt ein Pulsieren, erzeugt einen Klang, der bis jetzt nicht ertönte. Er ist leise, sehr fein, doch trotzdem teilt er sich mir mit. Ich fühle ihn. Es ist ein Eindruck, den ich erhalte, ein Eindruck eines Lebens in mir. All meine Möglichkeiten sind hier. Was folgt – ob ich mich für diese Erfahrung der Gegenwart öffne – hängt davon ab, auf welche Art und Weise ich diesen Eindruck empfange.

Weder begreifen wir den Augenblick, in dem wir einen Eindruck erhalten, noch, warum dies so wichtig ist. Wir müssen ganz gegenwärtig sein, weil es der Schock dieses Eindrucks ist, der uns steuert. Wenn in dem Moment, in dem ein Eindruck erhalten wird, niemand anwesend ist, reagiere ich automatisch, blind, passiv, und ich verliere mich in der bloßen Reaktion. Ich versperre mich dem Eindruck meiner selbst, wie ich bin. Im Denken, im Reagieren, dadurch dass ich beim Empfang dieses Eindrucks mein gewöhnliches Ich als Hindernis in den Weg stelle, verschließe ich mich. Ich stelle mir vor, was »ich« bin. Die Wirklichkeit kenne ich nicht. Ich bin die Gefangene dieser Vorstellung, der Lüge meines falschen Ichs. Normalerweise versuche ich, mich zum Aufwachen zu zwingen, aber es funktioniert nicht. Ich kann und muss lernen aufzuwachen, indem ich mich bewusst für den Eindruck meiner selbst öffne und erkenne, was ich in genau diesem Moment bin. Es wird ein Schock sein, der mich aufwachen lässt, ein Schock, der durch einen Eindruck, den ich erhalte, ausgelöst wird. Es bedarf einer Freiheit, in Bewegung zu sein, die Bewegung darf nicht gestoppt werden.

Um wünschen zu können, gegenwärtig zu sein, muss ich einsehen, dass ich am Schlafen bin. Ich bin nicht hier. Ich bin gefangen in einem Kreis unbedeutender Interessen und Begierden, in dem mein Ich verloren ist. Und es wird solange verloren bleiben, bis ich mich mit etwas Höherem verbinde. Die erste Voraussetzung hierfür ist, dass ich in mir eine andere Eigenschaft erkenne, eine Qualität, die höher ist als das, was ich normalerweise bin. Dann wird mein Leben eine andere Bedeutung annehmen. Ohne diese Voraussetzung kann es keine Arbeit geben. Ich muss mich daran erinnern, dass es ein anderes Leben gibt, und gleichzeitig auch das Leben erfahren, das ich führe. Das bedeutet »Aufwachen«. Ich erwache für diese beiden Realitäten.

Ich muss verstehen, dass ich alleine, ohne Beziehung zu etwas Höherem, nichts bin, nichts tun kann. Alleine bleibe ich in diesem Kreis von Begierden verloren und verfüge über keine Eigenschaft, die es mir erlaubt zu fliehen. Ich kann nur ausbrechen, wenn ich meine absolute Nichtigkeit fühle und zu erkennen beginne, dass ich Hilfe brauche. Ich muss die Notwendigkeit erkennen, mich mit etwas Höherem in Verbindung zu bringen, die Notwendigkeit, mich einer anderen Qualität zu öffnen.

Sich seiner selbst erinnern

5
Wo unsere Aufmerksamkeit ist

Ich möchte mich meiner selbst bewusst sein. Doch kann ich, wenn ich in diesem Moment bin, mich selbst kennen, kann ich mir meiner selbst bewusst sein? Ich kann es nicht. Ich bin zu verstreut. Ich fühle nichts. Doch ich erkenne, dass ich schlafe und ich sehe die Symptome dieses Schlafs. Ich habe das Gefühl für meine Existenz vergessen, ich habe mich selbst vergessen. Und genau in diesem Moment empfange ich einen Schock: Ich bin am Aufwachen, ich möchte aufwachen. Nachdem ich gerade erst den Schock gespürt habe, fühle ich mich schon wieder gepackt, fühle ich mich von den Kräften meines Schlafs zurückgehalten – Assoziationen, die sich im Kreis drehen, Gefühle, die mich ergreifen, unbewusste Empfindungen. Ich fühle, wie ich zurück ins Vergessen falle.

Wir merken gar nicht, wie passiv wir sind, ständig hin- und hergezogen von Ereignissen, Menschen und Dingen. Mit großem Interesse beginnen wir eine Aktivität, uns unseres Ziels noch ganz bewusst. Doch nach einer bestimmten Zeit wird der Antrieb schwächer, wir werden von Trägheit überwältigt. Unser Verstehen schwindet und wir spüren ein Verlangen nach etwas Neuem, das unser Interesse, unser Leben wieder weckt. Genauso schreitet unsere innere Arbeit stufenweise voran und bleibt ständig von neuen Kräften abhängig. Sie ist durch Gesetzmäßigkeiten bestimmt. Wir müssen uns von der Idee verabschieden, dass sich dieses Voranschreiten kontinuierlich, in einer geraden Linie vollzieht. Es gibt Stufen, auf denen die Intensität verschwindet, und falls wir nicht zurückgeworfen werden wollen, muss eine Kraft auftreten, die aktiver ist.

Der passive »Mensch« in uns, der einzige, den wir kennen, ist der, dem wir vertrauen. Aber solange wir passiv bleiben, kann nichts Neues auftauchen. Wir müssen in Bezug auf unsere Trägheit, das passive Arbeiten unserer Funktionen, aktiv werden. Wenn wir uns ändern möchten, müssen wir nach dem neuen »Menschen« in uns Ausschau halten, nach dem, der sich im Verborgenen hält. Dieser ist es, der sich erinnert, der eine Kraft hat, die nur durch unseren Wunsch, unseren Willen hervorgebracht werden kann und die nach und nach wachsen muss. Es ist notwendig zu verstehen, dass ein aktiverer Zustand, eine größere Intensität, möglich ist.

Ich muss erkennen, dass in meinem gewöhnlichen Zustand meine Aufmerksamkeit ungeteilt ist. Wenn ich mich dem Äußeren gegenüber öffne, bin ich natürlicherweise daran interessiert. Meine Aufmerksamkeit richtet sich dorthin. Ich kann mich nicht davor schützen. Wenn meine Aufmerksamkeitskraft in Gänze aufgesogen ist, bin ich im Leben verloren, identifiziert, schlafend. All meine Fähigkeit, präsent zu sein, ist verloren. Ich verliere mich selbst, das Gefühl von mir selbst. Meine Existenz verliert ihre Bedeutung. Also muss der erste Schritt eine Aufteilung sein, in der auch meine Aufmerksamkeit geteilt ist.

Unsere Anstrengung muss stets klar sein – aufmerksam zu sein, das heißt, sich an sich selbst zu erinnern. Mit der geteilten Aufmerksamkeit bin ich in zwei Richtungen gegenwärtig, so gegenwärtig, wie es mir möglich ist. Meine Aufmerksamkeit ist damit beschäftigt, sich in zwei gegenläufige Richtungen zu bewegen, und ich bin im Zentrum. Das ist der Akt des Selbsterinnerns. Ich möchte einen Teil meiner Aufmerksamkeit auf dem Bewusstsein halten, einer höheren Ebene anzugehören, und unter diesem Einfluss versuchen, mich für die äußere Welt zu öffnen. Ich muss die Anstrengung unternehmen, verbunden zu bleiben, eine Anstrengung der Aufmerksamkeit. Ich versuche zu verstehen, was ich wirklich bin. Ich kämpfe darum, präsent zu bleiben, gleichzeitig mit einem Ich-Gefühl, das nach einer besseren Qualität strebt, und mit einem normalen, an mein Selbst, an meine Person gebundenen Gefühl. Ich wünsche mir, zu sehen und nicht zu vergessen, dass ich zu diesen beiden Ebenen gehöre.

Wir müssen erkennen, wo unsere Aufmerksamkeit ist. Wo ist unsere Aufmerksamkeit im Leben? Ordnung kann nur dann in uns geboren werden, wenn wir in unmittelbaren Kontakt mit Unordnung kommen. Wir sind nicht *in* dieser Unordnung. Wir *sind* der Zustand der Unordnung. Wenn ich mir anschaue, was ich wirklich bin, erkenne ich die Unordnung. Und wo ein direkter Kontakt ist, kommt es zu sofortiger Handlung. Ich beginne zu begreifen, dass meine Anwesenheit dort ist, wo meine Aufmerksamkeit ist.

6
Die erste Initiation

Hinter all meinen Lebensäußerungen steht der Wunsch, mich selbst zu kennen, zu wissen, dass und wie ich existiere. Aber in meinen Berührungen mit der Welt wird gleichzeitig mit jedem Kontakt die Vorstellung eines Ichs gebildet. Ich bin dieser Vorstellung verhaftet, da ich sie als mich ansehe. Ich versuche, diese Vorstellung zu bestätigen und zu beschützen. Ich bin der Sklave dieser Vorstellung. Indem ich so verhaftet bin und dermaßen von diesen Reaktionen absorbiert werde, bleibt mir keine Aufmerksamkeit mehr zu erkennen, dass ich auch noch etwas anderes bin.

In diesem Zustand sehe ich nichts mehr über mir, weder außerhalb noch innerhalb von mir. Theoretisch vielleicht, aber nicht wirklich. So verfüge ich auch über keinen Bezugsrahmen, mit Hilfe dessen ich mich beurteilen könnte, und lebe ausschließlich gemäß »ich mag« oder »ich mag nicht«. Ich schätze nur mich selbst und lebe passiv entsprechend dem, was mir gefällt. Diese Wertschätzung meines gewöhnlichen Ichs blendet mich. Dies ist das größte Hindernis für ein neues Leben. Das erste Erfordernis der Selbsterkenntnis ist eine Änderung meiner Meinung über mich selbst, was nur erreicht werden kann durch ein tatsächliches Sehen von Dingen in mir, die ich vorher nicht gesehen habe. Und um zu sehen, muss ich *lernen zu sehen.* Das ist die erste Initiation in Selbsterkenntnis.

Ich versuche zu erkennen, wie ich in einem Zustand der Identifikation bin, um zu erfahren, wie ich bin, wenn ich identifiziert bin. Ich muss die enorme Kraft verstehen, die hinter dieser Identifikation und ihrer unwiderstehlichen Wucht steckt. Diese Kraft, die uns am Leben erhält, möchte keine Selbsterinnerung. Sie führt uns in Richtung Lebensäußerung und lehnt die Bewegungen nach innen ab.

Wenn ich mich in dieser Identifikation sehe, erkenne ich, was ich im Leben bin. Aber jedes Mal, wenn ich mich an meine höheren Möglichkeiten erinnere, gehe ich fort, verweigere ich mich demgegenüber, was ich im Leben bin. Und diese Verweigerung hält mich davon ab, es zu wissen. Ich muss es schlau anstellen, um mich zu erwischen, ohne irgendetwas zu ändern, ohne meinen Wunsch, mich zu manifestieren, zu ändern. Ich muss mich als Maschine erkennen, die angetrieben wird von den auftauchenden Prozessen – Gedanken, Begierden, Bewegungen. Ich muss mich selbst als Maschine erkennen, muss präsent zu sein, während ich wie eine Maschine funktioniere. Wer bin ich im Leben? Ich muss es erfahren, muss einen bewussteren Eindruck davon bekommen.

Um der Kraft der Identifikation die Stirn zu bieten, muss etwas anwesend sein, das aufmerkt – eine Aufmerksamkeit, die unveränderlich, frei und mit einer anderen Ebene verbunden ist. Ich möchte gegenwärtig für das sein, was passiert, um für mich selbst bewusst zu bleiben, um mich nicht zu verlieren. Meine Anstrengung beruht auf etwas, was nicht zu meinen normalen Mitteln gehört. Ich brauche einen bestimmten Willen und ein Verlangen, das meinem normalen Selbst unbekannt ist. Mein gewöhnliches Ich muss seinen Platz räumen. Dadurch, dass ich die Aufmerksamkeit beibehalte und nicht vergesse hinzuschauen, werde ich vielleicht eines Tages fähig sein zu erkennen. Wenn ich einmal erkenne, kann ich es ein zweites Mal tun, und wenn sich das wiederholt, wird es mir nicht mehr möglich sein, nicht zu erkennen.

Um zu beobachten, muss ich kämpfen. Mein normales Wesen verweigert sich der Selbstbeobachtung. Ich muss mich vorbereiten, einen Kampf gegen die Hindernisse zu führen, um mich ein wenig von meiner Identifikation zu lösen – während ich spreche, mir etwas vorstelle, negative Gefühle ausdrücke. Bewusster Kampf erfordert Auswahl und Akzeptanz. Es darf nicht mein Zustand sein, der die Wahl diktiert. Ich muss den Kampf wählen, da zu sein, und ich muss akzeptieren, dass es zu Leid kommen wird. Es gibt keinen Kampf ohne Leid. Kampf ist für unsere niedrige Natur unakzeptabel; Kampf macht sie fassungslos. Deshalb ist es so wichtig, dass wir uns dauernd daran erinnern, was wir wollen – die Bedeutung unserer Arbeit und unserer Anwesenheit. Dadurch, dass wir gegen eine Gewohnheit vorgehen, wie beispielsweise gegen unsere Art zu essen oder gegen eine bestimmte Sitzhaltung, kämpfen wir noch nicht darum, diese Gewohnheit zu ändern. Auch indem wir versuchen, keine negativen Gefühle zu äußern, bekämpfen wir weder diese Gefühle als solche, noch kämpfen wir, um ihre Äußerungen zu beseitigen. Es ist ein Kampf mit unserer Identifikation, um der Energie, die anderenfalls verschwendet würde, zu erlauben, der Arbeit zu dienen. Wir kämpfen nicht *gegen* etwas, wir kämpfen *für* etwas.

7
Können wir bewusst werden?

Das Arbeiten am Gegenwärtigsein findet in Richtung Bewusstsein statt – das heißt in Richtung einer besonderen, von der Aktivität unseres Denkens unabhängigen Art der Wahrnehmung, einer Wahrnehmung unserer selbst: wer man ist, wo man ist und schließlich was man weiß und nicht weiß. Im Augenblick des Bewusstseins kommt es zu einem sofortigen Eindruck direkter Wahrnehmung. Dieser unterscheidet sich völlig von dem, was wir für gewöhnlich als »Bewusstsein« bezeichnen und was eher eine Reflexion ist, die das, was ich erlebe, getreu begleitet und es in meinem Verstand abbildet. Wenn dieses Bewusstsein die Tatsache, dass ich etwas denke oder fühle, widerspiegelt, ist dies eine zweite Reaktion, die wie ein Schatten auf die erste folgt. Ohne diesen Schatten bin ich mir des ursprünglichen Gedankens oder Gefühls nicht bewusst und nehme keine Notiz davon. Wenn ich beispielsweise zornig und außer mir bin, sehe ich das nur, solange ich mir der Reflexion bewusst bin, die mir wie ein Zeuge zuflüstert, ich sei zornig. Dieses Flüstern folgt so dicht auf das vorangegangene Gefühl, dass ich glaube, sie seien ein und dasselbe. Aber dem ist nicht wirklich so.

Können wir bewusst werden? Es ist alles eine Frage von Energien und ihrer Beziehung, wobei jede Energie immer von einer feineren gesteuert wird, die aktiver, lebhafter, wie ein Magnet ist. Die Energie, die in unseren Funktionen – unseren Gedanken, unseren Gefühlen, unseren Eindrücken – genutzt wird, ist passiv, träge. Wenn wir sie für Bewegungen nach außen verwenden, genügt diese Energie von ihrer Qualität her für unser Leben als höhere Tiere; für einen inneren Akt der Wahrnehmung und des Bewusstseins ist sie jedoch nicht fein genug. Nichtsdestotrotz verfügen wir, zumindest an der Oberfläche, über eine gewisse Kraft der Aufmerksamkeit, eine gewisse Fähigkeit, die Aufmerksamkeit in eine gewünschte Richtung zu lenken und sie dort zu halten. Wenn auch noch fragil, ist dieser Keim oder diese Knospe an Aufmerksamkeit das Bewusstsein, welches aus unserem tiefen Inneren aufsteigt. Damit es wachsen kann, müssen wir lernen, diese unentbehrliche Fähigkeit zu konzentrieren und zu entwickeln, um den Boden vorzubereiten. Das ist die erste Sache, die wir selbst tun, die von niemand anderem abhängig ist.

Was wir üben müssen, um anwesend sein zu können, ist Selbsterinnerung. Um einen Augenblick des Bewusstseins zu erzielen, wird die Aufmerksamkeit der Funktionen nach innen gelenkt anstatt nach außen. Ich muss erkennen, dass ich nichts verstehen kann, wenn ich mich nicht meiner selbst zu erinnern vermag. Das heißt, mich an meine höchsten Möglichkeiten zu erinnern, was bedeutet, mich daran zu erinnern, für was ich mich öffne, wenn ich ganz zu mir selbst zurückkehre. Mich meiner selbst zu erinnern, bedeutet auch, für meine Situation gegenwärtig zu sein – für den Ort, die Umstände, die Art und Weise, auf die ich vom Leben eingenommen werde. Zum Träumen bleibt kein Platz.

Vielleicht erreiche ich keinen zufriedenstellenden Zustand. Das macht nichts. Wichtig ist die Anstrengung, die unternommen wird, um gegenwärtig zu sein. Es ist nicht immer möglich, in einen besseren Zustand zu gelangen, der uns ein Gefühl von etwas Neuem gibt. Wir fühlen uns unfähig und schließen daraus, dass es nichts Beständiges in uns gibt, auf das wir uns verlassen können.

Aber das ist nicht wahr. Da ist etwas. In einem besseren Zustand erkennen wir, dass wir all die notwendigen Bausteine in uns haben, um dorthin zu kommen. Die Bestandteile sind schon da. Das bedeutet, die Möglichkeiten sind immer hier, in uns.

Was allzu häufig fehlt, ist das Wissen darum, was ich will. Und genau das untergräbt meinen Willen zu arbeiten. Ohne zu wissen, was ich will, werde ich keine Anstrengung unternehmen. Ich werde schlafen. Ohne den Wunsch, eine andere Qualität zu besitzen und mich meinen höheren Möglichkeiten zuzuwenden, werde ich nichts haben, auf das ich mich stützen kann, nichts, was meine Arbeit trägt. Ich muss immer, wieder und wieder, zu der Frage zurückkommen: Was wünsche ich? Sie muss zur wichtigsten Frage meines Lebens werden. Doch hat dieser Wunsch nach einer anderen Qualität keinerlei Kraft, wenn er von meinem gewöhnlichen Ich herrührt. Er muss verbunden sein mit etwas, was sich völlig von meinem gewöhnlichen Ich unterscheidet und frei ist vom Verlangen nach einem Resultat. Ich darf nicht vergessen, *warum* ich wünsche. Das muss für mich wirklich eine Frage von Leben und Tod sein – ich möchte *sein,* auf eine bestimmte Art und Weise leben.

8
Der Wächter

Wir sehen unseren Schlafzustand nicht. In diesem Zustand denken wir ans Arbeiten; wir denken: »Ich möchte gegenwärtig sein.« Aber die Anstrengung, gegenwärtig zu sein, ist etwas völlig anderes als Denken. Es ist eine Anstrengung in Richtung Bewusstsein. Wir müssen lernen zu erkennen, ob wir in einem bestimmten Moment bewusst sind, und müssen auch alle Stufen dieses Bewusstseins kennen. Seine An- oder Abwesenheit kann durch einen inneren Akt des Beobachtens bestätigt werden.

Ich stehe vor etwas, was ich nicht kenne. Ich stehe vor einem Geheimnis, dem Geheimnis meiner Gegenwart. Ich muss begreifen, dass ich mit meinen gewöhnlichen Erkenntnismitteln dieses Geheimnis nicht lüften kann. Aber ich muss, zumindest intellektuell, verstehen, was es bedeuten würde, präsent zu sein – das heißt nicht nur präsent mit meinem Kopf, meinem Empfinden oder meinem Gefühl, sondern mit der Gesamtheit all dieser Bausteine meines Daseins. Vielleicht werde ich auch dann noch nicht wahrhaft gegenwärtig sein, aber zumindest werde ich nach einer gemeinsamen Richtung suchen.

Wer ist gegenwärtig – wer sieht? Und wen? Hierin liegt das ganze Problem.

Um uns selbst zu beobachten, benötigen wir eine Aufmerksamkeit, die sich von unserer normalen Aufmerksamkeit unterscheidet. Wir nehmen den Kampf auf, wachsam zu sein, zu beobachten – den Kampf des Wächters. Wir streben danach, einen verlässlichen Wächter in uns zu haben. Derjenige, der beobachtet, ist derjenige, der anwesend ist. Nur der Wächter ist aktiv. Der Rest von mir ist passiv. Der Wächter muss sich einen Eindruck vom inneren Zustand verschaffen, während er versucht, alles zur selben Zeit zu sehen und den Sinn fürs Ganze zu behalten. Wir müssen unterscheiden lernen zwischen dem wirklichen ICH, das nirgendwo zu sehen ist, und der Persönlichkeit, die die Führung an sich reißt und glaubt, sie sei das Einzige, was existiert. Sie hat die Macht über das Erstere. Es ist unumgänglich, die Rollen zu tauschen. Die Gefahr besteht darin, dass wir nicht erkennen, wenn die Rollen wieder zurückwechseln. Ich glaube, ich müsse aufmerksam sein, während ich in Tat und Wahrheit meine Unaufmerksamkeit einsehen und erkennen muss.

Die Beobachtung meiner selbst zeigt mir, wie ich mich besser konzentrieren kann, und stärkt meine Aufmerksamkeit. Sie lässt mich erkennen, dass ich mich meiner selbst nicht erinnere, dass ich meinen Schlafzustand nicht bemerke. Ich bin zersplittert, meine Aufmerksamkeit ist zerstreut, und es steht keine Kraft zur Verfügung, um zu erkennen. Wenn ich aufwache, bemühe ich mich, genügend Aufmerksamkeit zu befreien, um dieser Verstreuung entgegenzutreten und sie zu sehen. Dieser Zustand tritt eher willkürlich ein. Nun ist ein Wächter da, und dieser Wächter ist ein anderer Zustand der Bewusstheit. Ich muss mich stets daran erinnern, dass ich nicht weiß, was ich bin, und dass sich das ganze Problem darum dreht, *wer* anwesend ist. Selbstbeobachtung durch mein gewöhnliches Denken, mit seinem Unterscheiden zwischen dem Beobachter und dem, was beobachtet wird, stärkt nur die Illusion meines gewöhnlichen Ichs.

Ab einem bestimmten Punkt erkennen wir in uns selbst zwei Aspekte, zwei Naturen – eine höhere, die mit einer Welt verbunden ist, und ein niedere, die mit einer anderen, davon verschiedenen Welt in Zusammenhang steht. Was sind wir? Wir sind weder das eine noch das andere – weder Gott noch Tier. Wir haben teil am Leben sowohl durch eine Göttliche als auch durch eine tierische Natur. Der Mensch ist zwei; er ist nicht einer. Und als solcher bleibt er so lange nur ein Versprechen, bis er beide in ihm gegenwärtigen Naturen zu leben versteht und sich nicht in die eine oder die andere zurückzieht. Wenn er sich in den höheren Teil zurückzieht, ist er von den Lebensäußerungen entfernt und kann diese nicht mehr einschätzen; er kennt und erlebt seine tierische Natur nicht mehr. Wenn er in die andere Natur abgleitet, vergisst er alles, was nicht tierisch ist, und es gibt nichts mehr, was dem Tierischen widerstehen kann: Dann ist er tierisch... kein Mensch. Das Tier lehnt den Engel immer ab. Der Engel wendet sich vom Tier ab.

Ein bewusster Mensch ist jemand, der jederzeit wachsam ist, immer aufmerksam, der sich seiner selbst in beide Richtungen erinnert und dessen beide Naturen sich stets gegenüberstehen.

Das Bedürfnis zu wissen

9
Neues Wissen ist nötig

Gurdjieff brachte eine Lehre des Vierten Weges, welcher eher zu bewusster Arbeit auffordert statt zu Gehorsam. Eine seiner Grundideen lautet, dass in unserem gewöhnlichen Zustand alles in einem Schlafzustand geschieht. Und im Schlaf können wir nichts erkennen. Wir können unser Leben nicht durch unseren eigenen Willen bestimmen. Wir sind völlig abhängig von äußeren Einflüssen und versklavt durch die automatischen Reaktionen unserer Funktionen. Es ist eine absolute Knechtschaft. Da gibt es keinen höheren, keinen bewussten Antrieb.

Der Mensch hat die Möglichkeit, aus diesem Schlafzustand aufzuwachen, für das Höhere zu erwachen, *zu sein.* Das Mittel dazu ist die Aufmerksamkeit. Im Schlaf ist die Aufmerksamkeit gebannt. Sie muss befreit und neu ausgerichtet werden. Dies ist die

Trennung von *»ich«* und *»mir«*. Es ist die aktive im Gegensatz zur passiven Kraft, der Kampf zwischen dem Ja und dem Nein. Dieses Mobilisieren der Aufmerksamkeit ist der erste Schritt in Richtung der Möglichkeit der Selbsterinnerung. Ohne eine andere Art Aufmerksamkeit sind wir dazu gezwungen, automatisch zu sein. Mit einer Aufmerksamkeit, die wir frei ausrichten, gehen wir in Richtung Bewusstsein.

Das Teilen der Aufmerksamkeit ermöglicht es, mit der Beobachtung unserer selbst zu beginnen. Selbstbeobachtung muss immer mit der Idee der Zentren und ihrer automatischen Funktionsweise verknüpft sein, insbesondere damit, dass ihnen die gemeinsame Richtung fehlt. Unsere drei Zentren – Verstand, Körper und Gefühl – arbeiten mit unterschiedlichen Energien, und ihre Arbeitsweise bestimmt die Einflüsse, die uns erreichen. Subtilere, höhere Einflüsse können wir nur dann empfangen, wenn unsere Zentren in einer bestimmten Weise arbeiten. Wenn wir zur Gänze unter der Macht niedriger Einflüsse stehen, können uns die höheren nicht erreichen. Alles ist abhängig von der Qualität der Einflüsse, denen wir gehorchen, höheren oder niedrigeren. So wie wir sind, ruft jeder Einfluss eine Art von Reaktion hervor, die mit ihm korrespondiert. Negative Gefühle sind eine Verneinung auf einer sehr niedrigen Ebene. Wenn unsere Reaktionen auf einer niedrigen Ebene erfolgen, ist auch das, was wir empfangen, auf einer niedrigen Ebene. Wir müssen lernen, dem Gesetz, dem höhere Kräfte unterstehen, zu gehorchen und unseren Willen bewusst dem Höheren zu unterwerfen. Der Augenblick von Bewusstsein ist ein Augenblick des Willens.

Neues Wissen ist notwendig, ein Wissen, das zu einem neuen Verständnis des Menschen und zu einer Veränderung im Sein, das heißt zur Evolution führt. Die Wissenschaft, die dem Vierten Weg zugrunde liegt, ist uralt, und sie ist in Vergessenheit geraten. Es ist eine Wissenschaft, die den Menschen studiert, nicht nur in dem, was er ist, sondern auch in dem, was er werden kann. Sie betrachtet den Menschen als etwas, was die Möglichkeit hat, sich zu entwickeln, und studiert die Fakten, die Grundlagen und die Gesetze dieser Entwicklung. Es ist eine Entwicklung bestimmter Eigenschaften, die nicht von selbst entstehen können. Sie kann nicht mechanisch ablaufen. Diese Entwicklung verlangt bewusste Anstrengung und Sehen. Wissen ist Wissen vom Ganzen. Doch empfangen können wir es nur bruchstückhaft. Danach müssen wir selbst diese Bruchstücke zusammensetzen, um sie in einem Verständnis des großen Ganzen richtig einzuordnen.

Der Vierte Weg muss gelebt werden. In der Arbeit daran, gegenwärtig zu sein, muss ich zunächst jeden Tag in einen bestimmten Zustand der Rückkehr zu mir selbst gelangen. Dann muss ich fähig werden, meine Identifikation mit der Lebenskraft zu beobachten und einen Ort in mir selbst finden, wo in bestimmten Augenblicken meine Aufmerksamkeit sich selbst zwischen den beiden halten kann. Dafür ist es notwendig, mit anderen zu arbeiten.

10
Selbstbeobachtung

Wenn ich mir wünsche, mich zu verstehen, muss ich zuallererst einen Verstand besitzen, der zur Beobachtung ohne Verzerrung fähig ist. Das erfordert meine ganze Aufmerksamkeit, die nur dann erscheint, wenn ein echtes Bedürfnis zu wissen besteht, wenn der Verstand sich von allem abwendet, um zu beobachten. Ich beobachte mich nie beim Handeln. Ich sehe mich nie mechanisch funktionieren; auch sehe ich nicht, dass es mir gefällt, mechanisch zu handeln. Ich muss mir dieser Umwege – Erfahrungen und Kenntnisse – bewusst sein, die mich davon abhalten, mich selbst zu beobachten. Diese Art der Selbstbeobachtung ist der Beginn der Selbsterkenntnis.

Ich möchte jeden Gedanken und jedes Gefühl in mir selbst erfahren, doch meine Aufmerksamkeit streift ständig herum. Kein Gedanke ist je abgeschlossen, kein Gefühl je beendet. Das Fühlen pendelt von der einen Sache zur anderen, mal hierhin mal dorthin, wie ein Sklave bestellt. In dieser fortwährenden Bewegung kann ich die tiefgründige Bedeutung dieser Gedanken oder Gefühle nicht erkennen. Meine Reaktionen müssen sich verlangsamen. Aber wie? Es kann nicht erzwungen werden. Das würde einen Konflikt schaffen und die Anstrengung unterlaufen. Und doch, wenn ich mich konzentriere, um das zu erkennen, verlangsamt dieser Akt von selbst die Geschwindigkeit der Reaktion. Wenn die Aufmerksamkeit frei ist von irgendeiner Vorstellung oder irgendeinem Wort, frei von Wissen, dann verlangsamt sich mein Fühlen. Da gibt es einen Moment, bevor die Reaktion erscheint, in dem ich sehe, wie meine Gedanken und Gefühle auftauchen. Ich sehe sie als Tatsachen. Zum ersten Mal verstehe ich, was eine »Tatsache« ist – etwas, was ich nicht ändern kann, das ich nicht vermeiden kann, etwas, was *ist.* Dies ist wahr! Da mein einziges Interesse ist, zu sehen und zu beobachten, greife ich nicht ein, und die wirkliche Bedeutung dieser Gedanken und Gefühle enthüllt sich. Die Wahrheit packt mich ganz und gar. In diesem Zustand hat mein Erkennen gestoppt; allein die Suche existiert. Wie kann ich etwas Lebendiges kennen? Dadurch, dass ich ihm folge. Um das Selbst zu kennen, muss ich beim Selbst sein. Ich muss ihm folgen.

Gurdjieff lehrte die Notwendigkeit der Selbstbeobachtung, doch diese Übung ist mehrheitlich missverstanden worden. Wenn ich versuche zu beobachten, ist da in der Regel ein Punkt, von dem die Beobachtung ausgeht, und mein Verstand entwirft die Vorstellung des Beobachtens, eines Beobachters, der getrennt ist vom beobachteten Objekt. Aber die Idee des Beobachtens ist nicht das Beobachten. Sehen ist keine Idee. Es ist eine Handlung, der Akt des Sehens. Hier bin ich das Objekt, ein lebendiges Wesen, das erkannt werden will, um ein bestimmtes Leben zu leben. Diese Beobachtung ist nicht die eines feststehenden Beobachters, der auf ein Objekt schaut. Es ist ein vollständiger Akt, eine Erfahrung, die nur stattfinden kann, wenn es keine Trennung gibt zwischen dem, was sieht, und dem, was gesehen wird, keinen Punkt, von dem aus die Beobachtung stattfindet. Dann kommt es zu einem Gefühl ganz besonderer Art, einem *Wunsch zu wissen.* Es ist eine Zuneigung, die alles, was ich sehe, umarmt und nichts gegenüber gleichgültig ist. Ich muss sehen. Wenn ich beginne zu sehen, beginne ich zu lieben, was ich sehe. Nicht länger getrennt, bin ich damit in Berührung, intensiv, vollständig. Ich *weiß,* und dieses Wissen ist Ergebnis dieses neuen Zustandes. Ich erwache für das, was ich bin, und berühre die Quelle wahrer Liebe, eine Seinsqualität.

Die Wahrheit dessen, was ich bin, kann nur durch eine feine Energie gesehen werden, eine Intelligenz in mir, die sieht. Das erfordert eine präzise Beziehung zwischen meinem normalen Denken und diesem Sehen. Das eine muss sich dem anderen unterwerfen, sonst werde ich vom Gegenstand des Denkens gefangen genommen. Es darf keinen auch noch so kleinen Widerspruch in mir geben. Anderenfalls kann ich nicht sehen. Ein Widerspruch besteht darin, auf der einen Seite das Bedürfnis zu haben, zu wissen, was ich bin, und auf der anderen Seite einen Kopf, der für sich allein funktioniert, ein Gefühl, das für sich allein fühlt, und Spannungen, die mich vom Empfinden abschneiden. Wenn ich sehe, wie ich mich im Dunkeln verirrt habe, spüre ich das Bedürfnis nach Klarheit, nach Sehkraft. Ich fühle die Notwendigkeit zu sehen, und dies ist ein vollkommen anderes Gefühl als der Wunsch nach Veränderung, weil ich gestern in einem besseren Zustand war. Dann lassen die Spannungen im Körper allmählich von selbst nach. Der Verstand sieht, ohne auf ein Resultat abzuzielen, und der Körper öffnet sich für eine andere Qualität. Die Energie wird frei, und eine innere Realität erscheint. Da ist kein Widerspruch mehr. Ich sehe, einfach so... Ich sehe nur noch.

Ohne Widerspruch zu beobachten, ist, wie mit seinem Blick einer schnellen Strömung, einem Wildbach zu folgen, das Stürzen des Wassers vorauszuahnen und die Bewegung jeder kleinen Welle zu sehen. Da bleibt keine Zeit mehr zu formulieren, zu benennen oder zu beurteilen. Da ist kein Denken mehr. Mein Verstand wird ruhig und empfindsam – sehr lebendig, aber ruhig. Er sieht ohne Verzerrung. Stilles Beobachten gebiert Verstehen, doch diese Wahrheit muss erkannt werden. Ordnung entsteht aus dem Verstehen von Unordnung. Unordnung zu sein und gleichzeitig für Unordnung präsent zu sein, führt zum Erkennen einer anderen Möglichkeit, einer anderen Ordnung der Dinge.

II
Bewusste Anstrengung

Warum beginne ich zu arbeiten? Um herauszufinden, was mich dazu bringt, diese Anstrengung zu unternehmen, brauche ich eine bewusstere Aufmerksamkeit. Diese Aufmerksamkeit kann nicht mechanischer Art sein, da sie, um von Dauer zu sein, laufend angepasst werden muss. Jemand muss wachsam sein und beobachten, und dieser Wächter wird ein anderer Bewusstseinszustand sein.

Wenn ich mich vom Leben zurückziehe, um mich für das zu öffnen, was ich bin, kommt manchmal ein Moment, in dem ich mich einer neuen Ordnung, einer kosmischen Ordnung, zugehörig fühle. Ich empfange diesen Eindruck, ich werde mir seiner bewusst. Dieser Eindruck könnte jetzt Teil meiner Gegenwart werden. Er ist hier, um mir zu helfen, und er kann mir helfen, wenn ich ihn mit anderen ähnlichen Eindrücken in Verbindung bringe. Dadurch, dass ich ihn mit anderen Eindrücken verbinde, kann ich ihn willentlich auftauchen lassen. Ich muss mit einer absichtlichen Aufmerksamkeit beobachten, um den bewussten Eindruck meiner selbst so lange wie möglich erhalten zu können.

Veranlasst durch bewusste und unbewusste Eindrücke, können wir zufällige Augenblicke des Erinnerns haben. Wir wissen nicht, auf welche Weise diese Eindrücke in uns wiederkehren. Aber sie verflüchtigen sich und sind verloren, weil sie nicht verbunden, nicht willentlich zugeordnet werden. Wir haben keine willentliche Haltung, wenn wir sie erleben, daher führen sie zwangsläufig zu blinden Reaktionen. Ich muss in Bezug auf sie eine bewusstere Haltung einnehmen. Wenn ich sehe, dass ich von einem Moment zum anderen nicht mehr dieselbe bin, fühle ich die Notwendigkeit eines Bezugspunkts. Ich muss diese Unterschiede meines Zustands in Bezug auf etwas, was immer dasselbe ist, einschätzen können. All meine Arbeit wird dann um diesen Punkt kreisen. Für mich entspricht dieser Punkt meinem eigentlichen Verständnis davon, was es bedeutet, ein bewusstes Wesen zu sein.

Etwas muss geopfert werden, um das Gefühl der Präsenz, das ich im Augenblick einer Anstrengung habe, aufrechterhalten zu können. Ich muss bewusst akzeptieren, meinen gewöhnlichen Willen aufzugeben, um ihn dienen zu lassen. Alles hängt von meiner aktiven Teilhabe ab. Grundsätzlich fokussiere ich zu stark darauf, nicht gefesselt zu werden, meinen Zustand nicht zu verlieren. Darüber gerät der Punkt in Vergessenheit, an dem ich Hilfe benötige. Ich vertraue auf etwas, was mich niemals stützen wird, ich bete nicht um etwas Höheres, um etwas in mir, das feiner ist. Also unterstützt mich nichts und mir wird etwas vorenthalten, das ich brauche. Anders kann es nicht sein.

Das Fühlen verläuft in Phasen, die mit der Aufmerksamkeit verbunden sind. Indem ich aktiver werde, gewinnt die Aufmerksamkeit eine feinere Qualität und wird fähig zu erfassen, was auf anderen Ebenen geschieht, wo die Schwingungen eine andere Wellenlänge haben. Wenn ich ein Gefühl meiner Anwesenheit habe, bin ich mit höheren Kräften verbunden. Gleichzeitig bin ich auch mit niedrigeren Kräften verbunden. Ich kann kein Gefühl von mir selbst haben, ohne dass ich an den niedrigeren Kräften teilhabe, die in mir arbeiten. Eine bewusste Aufmerksamkeit ist etwas, was zwischen zwei Welten liegt.

Es ist schwierig zu verstehen, dass ohne bewusste Anstrengung nichts möglich ist. Bewusste Anstrengung ist von höherer Natur. Meine niedrige Natur allein kann mich nicht zum Bewusstsein führen. Sie ist blind. Doch auch wenn ich aufwache und fühle, dass ich zu einer höheren Welt gehöre, ist dies nur Teil der bewussten Anstrengung. Wahrhaft bewusst werde ich erst dann, wenn ich mich für alle meine Möglichkeiten öffne, die höheren wie die niedrigeren.

Nur die bewusste Anstrengung ist von Wert.

12
Das Heilige manifestiert sich als inneres Bewusstsein

Wir versuchen, uns dem Unbekannten zu nähern, die Tür zu dem in uns Verborgenen zu öffnen und sie zu durchschreiten. Es ist notwendig, uns ganz und gar einer inneren Stimme zu unterwerfen, einer Empfindung des Göttlichen, des Heiligen in uns. Aber wir können dies nur bis zu einem gewissen Grad tun. Das Heilige manifestiert sich als inneres Bewusstsein. Das Göttliche, Gott, muss in uns gefunden werden. Wahrheit, die einzige Wahrheit, liegt im Bewusstsein.

Alles, was existiert, wird durch drei Kräfte gebildet. Man kann sie sich vorstellen als den Vater, die aktive Kraft, als den Sohn, die passive Kraft, und als den Heiligen Geist, die neutralisierende Kraft. Der Vater erschafft den Sohn. Der Sohn kehrt zum Vater zurück. Die Kraft, die hinabsteigt, ist diejenige, die wünscht zurückzukehren, wieder hinaufzusteigen.

Im Menschen ist es der Verstand, der dem Körper gegenübersteht. Die neutralisierende Kraft ist der Wunsch, der beide vereint, sie miteinander verbindet. Alles kommt vom Wunsch, dem Willen. Um ein Stellvertreter Gottes zu sein, ist es notwendig, diese drei Kräfte zu repräsentieren. Wo alle drei Kräfte wiedervereint sind, ist Gott. Wo unsere Aufmerksamkeit ist, ist Gott. Wenn zwei Kräfte sich gegenüberstehen und eine dritte sie vereint, ist Gott hier. Wir können sagen: »Herr, erbarme Dich meiner.« Wir können um Hilfe bitten, *um in uns selbst dahin zu gelangen.* Das ist die einzige Hilfe. Unser Ziel ist es, diese drei Kräfte in uns zu binden, zu vereinen… *zu sein.*

II

Sich der Gegenwart öffnen

Der Augenblick, in dem ich einen Eindruck erhalte,
ist der Augenblick des Bewusstwerdens.

—

Bewusstsein ist immer Bewusstsein meiner selbst.

—

Ich muss spüren, dass diese Präsenz
sich selbst in mir formt.

—

Nur indem ich daran arbeite, gegenwärtig zu sein,
wird sich meine Aufmerksamkeit entwickeln.

—

In jedem Ereignis unseres Lebens – egal, ob familiär,
beruflich oder innerlich – gibt es eine doppelte Bewegung
von Involution und Evolution.

—

Die Anstrengung, die ich mit meinen normalen Mitteln
unternehmen kann, die einzige Anstrengung,
die mir obliegt, ist die einer willentlichen Passivität
– eine bewusste Anstrengung.

—

Die Haltung, die wir innerlich wie äußerlich einnehmen,
ist gleichzeitig unser Ziel und unser Weg.

In einem passiven Zustand

13
Meine Funktionen sind passiv

Egal in welchem Zustand ich mich in diesem Augenblick befinde, egal was die Kraft, die ich gerade manifestiere, bedeutet – die höchsten Möglichkeiten liegen hier, versteckt hinter dem dicken Schirm meiner Passivität im Glauben an meine Unabhängigkeit. Meine Berufung beginnt, wenn ich die Verlockung einer anderen Kraft in mir spüre und dieser freiwillig antworte. Dies ist mein erster willentlicher Akt: mich einer Realität zu öffnen, die den Zweck meines Lebens verändert. Ich bin hier, um diese Kraft zu hören, nicht um etwas von ihr zu erwarten oder sie mir anzueignen. Ich bin hier, um die Wirkung zu verstehen, die die Möglichkeit eines verantwortlichen Lebens schafft.

In meinem heutigen Zustand fühle ich mich leer, bedeutungslos, ohne ein wirkliches Ziel, ohne einen Zweck. Ich bin aus dem einfachen Grund hier, weil ich gezeugt worden bin. Und ich spüre, wie das Leben ohne irgendeine Richtung an mir vorüberzieht, dauernd beeinflussbar durch das, was ich hoffe, erwarte, erledigen muss – egal, was es ist. Meine Funktionen sind passiv und immer dem Einfluss und der Willkür von allem ausgeliefert, was sie berührt. Mein Denken hört Wörter, die es zu verstehen glaubt, und augenblicklich stellen sich Assoziationen ein. Mein Gefühl, das Ausschau hält nach dem, was mir gefällt oder missfällt, ist neugierig oder ablehnend. Und mein Körper ist schwer, verdaut oder rekelt sich in seiner Trägheit. Ich fühle mich passiv. Wenn ich mich äußern muss, um mich auszudrücken, reagiere ich einfach auf die Eindrücke, die ich erhalte, und zwar in der Art, wie meine Zentren erzogen wurden. Ich sehe nur Formen – Dinge und Personen –, niemals Kräfte. Ich antworte niemals aus einem Weitblick, aus einem Verstehen der Realität heraus. Dasjenige in mir, was ein wahrhaftigeres ICH ist, taucht nicht auf. Alle inneren und äußeren Geschehnisse scheinen wie ein Traum, weil ich mich nicht wirklich davon berührt fühle. Was ist es, das diese Eindrücke nicht erreichen? Was ist es in mir, was sich im Kern nicht berührt fühlt?

Ich möchte mich sehen. Aber die Energie meines Schauens, meines Sehens, ist passiv. Ich sehe das, was ich anschaue, nur durch eine Vorstellung, eine Idee hindurch. Also sehe ich nicht wirklich, ich stehe nicht im direkten Kontakt mit dem, was ich sehe. Durch die Vorstellung passiv gehalten, ist meine Aufmerksamkeit nicht frei. Ich reagiere auf die Vorstellung dessen, was ich sehe, und Dinge wiederholen sich ewig auf dieselbe Art und Weise. Mein Denken reagiert automatisch, unternimmt Vergleiche und wird beherrscht von all dem Material, das sich mit der Zeit angehäuft hat. Kann ich ein aktiveres Denken haben, das nicht dauernd damit beschäftigt ist, etwas aus seinem Gedächtnis abzurufen? Solch ein Denken würde vor einer Tatsache innehalten, empfindsam und empfangend, ohne irgendwelche Beurteilungen oder Vorschläge zu machen, ohne irgendwelche Gedanken. Es würde sich aufgrund der Dringlichkeit, die Wahrheit zu erkennen, einfach selbst Einhalt gebieten. Dieses Denken wäre wie ein Licht. Es wäre fähig zu sehen.

Auch mein Empfinden ist passiv. Ich empfinde mich selbst als eine mir vertraute Form, zu der ich immer wieder zurückkehre, eine Form, die mit meiner gewöhnlichen Art des Denkens korrespondiert. Kann ich ein Empfinden haben, das aktiver ist, sich ganz der Energie, die es erhält, bewusst ist? Dieses Empfinden, genau wie dieses Denken, wäre ohne jeglichen Besitzanspruch.

Wenn ich dieses aktivere Denken und Empfinden zusammen erlebe, entdecke ich einen neuen Wunsch, ein Gefühl der Dringlichkeit, so zu sein. Nur in dem Augenblick, in dem diese Intensität erscheint – der Wunsch zu sehen, der Wunsch zu wissen, *was ist* –, werde ich wach für mich selbst und für das, was ich als Ganzes bin. Ich wache nicht auf, um mich zu verändern, sondern um die Wahrheit, das Wirkliche, zu erkennen. Was sich geändert hat, ist meine Haltung. Sie ist bewusster. Und ich sehe, dass ich in meinen Traum zurückfallen werde, wenn dieser aktive Wunsch nicht da ist.

Mein Wunsch, zu wissen und zu verstehen, hat den Vorrang vor allem anderen. Er ist nicht einfach nur eine Idee in meinem Kopf oder eine besondere Empfindung oder eine Emotion. Er verlangt von mir alles auf einmal. Kann ich lernen, darauf zu hören?

14
Ich brauche Eindrücke von mir selbst

In meinem heutigen Zustand gibt es keine Beständigkeit, kein ICH. Ich kenne mich nicht. Ich beginne zu spüren, dass ich zu einem Augenblick von Präsenz kommen muss, die vollständiger ist. Was ich vor allem benötige, ist ein Eindruck – so tiefgehend wie nur irgend möglich – von mir selbst. Nie erhalte ich einen tiefen Eindruck. Meine Impressionen sind oberflächlich. Sie rufen lediglich Assoziationen an der Oberfläche hervor, die keine Erinnerung hinterlassen und nichts verändern, nichts transformieren. Gurdjieff sprach von Eindrücken als Nahrung; aber wir verstehen nicht, was es bedeutet, uns selbst zu ernähren, oder die Wichtigkeit dieser Nahrung für unser Sein.

Mein Material an Eindrücken über mich selbst ist armselig. Was ich habe, ist so wenig, dass es nicht ins Gewicht fällt. Wenn ich wirklich etwas wissen, mir über etwas sicher sein will, muss ich zunächst »beeindruckt« sein vom Wissen. Ich brauche dieses neue Wissen. Ich muss davon so stark »beeindruckt« sein, dass ich es in diesem Augenblick mit allem, was ich habe, meinem ganzen Sein, *weiß* und es nicht nur mit meinem Kopf *denke.* Wenn ich nicht genügend Eindrücke, nicht genug von diesem Seinswissen habe, kann ich keine innere Gewissheit besitzen. Wie soll ich Dinge ohne dieses Wissen, ohne Material, bewerten? Wie soll ich arbeiten? Da ist nichts, das einen Impuls in die eine oder andere Richtung liefert. Es gibt keine Möglichkeit, bewusst zu handeln. Also ist das Erste, was ich für bewusstes Handeln benötige, Eindrücke von mir selbst, und zwar sowohl Eindrücke unter ruhigen Umständen, wenn ich offener bin für das, was ich bin, als auch Eindrücke mitten aus dem Leben, wenn ich versuche, mich dabei zu sehen, wie ich verloren gehe. Bis ich nicht eine bestimmte Menge an Eindrücken habe, kann ich nicht weitersehen, kann ich nicht mehr verstehen.

Wir stellen uns Eindrücke als etwas Lebloses vor, als etwas, was wie eine Fotografie fixiert ist. Aber mit jedem Eindruck erhalten wir eine bestimmte Menge an Energie, etwas Lebendiges, das auf uns wirkt, das uns antreibt. Ich kann dies fühlen, wenn ich einen neuen Eindruck von mir selbst erhasche, einen Eindruck einer ganz anderen Art als die, auf die ich mich normalerweise erlebe.

Plötzlich weiß ich auf eine neue Weise um etwas Echtes in mir, und ich empfange eine Energie, die mich belebt. Doch dann verliere ich sie wieder, kann sie nicht bewahren. Sie verschwindet, als ob ein Dieb sie gestohlen hätte. Und wenn ich sie am meisten brauche, wenn ich mir wünsche, in meinem Leben präsent zu sein, finde ich keine hilfreiche Unterstützung und ich verliere mich. Ich beginne zu verstehen, dass Eindrücke meiner selbst eine Nahrung sind, dass sie eine Energie bringen, die empfangen und behalten werden muss.

Wir müssen erkennen, was im Wege steht, und wir müssen verstehen, warum es so schwierig ist, einen Eindruck zu erhalten. Es liegt nicht daran, dass ich mir nicht wünsche, ihn zu empfangen. Es liegt daran, dass ich dazu nicht fähig bin. Ich bin ständig verschlossen, welches auch immer die Lebensumstände sind. Manchmal, vielleicht für die Dauer eines kurzen Aufblitzens, bin ich für einen Eindruck offen. Doch fast sofort reagiere ich. Der Eindruck wird automatisch mit anderen Dingen in Verbindung gebracht und schon kommt die Reaktion. Der Knopf ist gedrückt, und dieser oder jener Gedanke, dieses oder jenes Gefühl, diese oder jene Geste folgt. Ich kann es nicht vermeiden, vor allem weil ich es nicht erkenne. Meine Reaktion schneidet mich von dem Eindruck ab, genauso wie von der Wirklichkeit, die er repräsentiert. Das ist die Schranke, die Mauer. Im Reagieren verschließe ich mich.

Was ich nicht sehe, ist, dass ich jeglichen Kontakt mit der Wirklichkeit verliere, wenn meine gewohnheitsmäßigen Funktionen die Leitung übernehmen. Zum Beispiel gerade jetzt wende ich mich meinem Körper zu und spüre, dass mein Körper hier ist. Ich spüre meinen linken Arm – das heißt, ich habe einen Eindruck von meinem linken Arm. Sobald der Eindruck mich erreicht, provoziert er mein Denken, das sagt: »Arm... linker Arm.« Und in dem Moment, wenn ich es zu mir selbst sage, verliere ich den Eindruck. Indem ich an den Arm denke, glaube ich, ihn zu kennen. Ich vertraue mehr dem Denken als der Tatsache der realen Existenz des Armes. Aber der Gedanke über den Arm ist nicht die Tatsache. Und mit meiner eigenen Wirklichkeit ist es dasselbe. Ich habe den Eindruck von Leben in mir selbst, aber sobald ich denke: »Ich bin's«, *verliere* ich ihn. Ich halte meinen Gedanken für die Tatsache selbst und glaube, sie zu kennen. In dieser Leichtgläubigkeit, in diesem blinden Glauben an mein Denken habe ich keine Frage mehr oder irgendein Interesse daran, den Eindruck zu empfangen.

Ich bin unfähig, Eindrücke bewusst aufzunehmen. Deshalb kenne ich mich nicht. Gleichzeitig brauche ich genau das mehr als alles andere. Wenn ich keinen Eindruck meiner selbst erhalten kann, werde ich niemals dazu imstande sein, mich meiner selbst zu erinnern und zu wissen, was ich bin. Der Augenblick, in dem ich einen Eindruck erhalte, ist der Augenblick des Bewusstwerdens. Es ist der Akt des Sehens.

15
Hypnotisiert von meinem Verstand

Ein unaufmerksamer Verstand ist voll von Gedanken. Im passiven Zustand lässt er andauernd Bilder entstehen und stülpt sie es dem über, was ich beobachte. Die Bilder rufen Freude oder Schmerz hervor, die in meinem Gedächtnis aufgezeichnet werden, und Illusionen formen sich um Begierden, die befriedigt werden wollen. Indem er seine Beobachtungen von einem starren Aussichtspunkt aus macht, schafft dieser Verstand eine Art Trennung, einen Gegensatz, einen Richter, der auf alles mit einer Voreingenommenheit reagiert, die auf bereits Gelerntem basiert. Diese innere Veranlagung ist eines der größten Hindernisse für das Empfangen von Eindrücken jeglicher Art und beurteilt uns selbst, beurteilt unser Gegenüber, beurteilt andere, beurteilt... egal was. Tatsächlich ist unser ganzes Leben gefärbt, ja sogar geleitet von dieser Tendenz, die stärker ist als wir. Wann immer und wo immer es auftritt, zeigt dieses Urteilen, dass unser gewöhnliches Ich involviert ist. In keinem Augenblick des Tages hören wir auf zu urteilen, auch dann nicht, wenn wir allein sind. Es hält uns in einer fürchterlichen Sklaverei als Leibeigene dessen, was wir meinen zu wissen und was wir glauben zu sein.

In mir gibt es eine innere Kraft als Grundlage von allem, was existiert. Ich spüre sie nicht, weil meine Aufmerksamkeit von all dem in Anspruch genommen wird, was mein Gedächtnis enthält: Gedanken, Bilder, Begierden, Enttäuschungen, physische Eindrücke. Ich weiß nicht, was ich bin. Es scheint, als sei ich nichts. Und doch befiehlt mir irgendetwas zu schauen, zu hören, aufrichtig und wahrhaftig zu suchen. Wenn ich zu hören versuche, sehe ich, dass ich von allerlei Gedanken und Gefühlen daran gehindert werde. Ich höre nur schlecht zu; ich bin nicht still genug, um zu hören und zu fühlen. Was ich wissen möchte, ist subtiler. Ich bin nicht aufmerksam genug.

Ich habe noch nicht den Unterschied kennengelernt zwischen einer starren Aufmerksamkeit, die lediglich einem Teil meiner selbst entstammt, und einer freien, an nichts gebundenen und von nichts gefesselten Aufmerksamkeit, die alle meine Zentren gleichzeitig einbezieht. Meine gewöhnliche Aufmerksamkeit ist in einem Teil von mir gefangen und bleibt gefesselt von dessen Bewegung und Tätigkeit. Zum Beispiel denke ich darüber nach, was ich fühle, und mein Denken antwortet an meiner statt. Es antwortet mit Kenntnissen, die nicht wahr sind, die kein unmittelbares Wissen sind. Meine Gedanken sind nur ein Ausdruck dessen, was in meinem Gedächtnis gespeichert ist, nicht von etwas neu Offenbartem. Dieses Denken ist eingeschlossen in einem engen Räumchen in mir. In unablässiger Beschäftigung hält es meine Aufmerksamkeit in diesem Räumchen gefangen, abgetrennt vom Rest von mir, von meinem Körper und meinem Empfinden. Indem meine Aufmerksamkeit in einem unaufhörlichen Strom von einem Gedanken zum nächsten geworfen wird, von einem Bild zum anderen, werde ich von meinem Verstand hypnotisiert. Diese Gedanken – und all meine Begierden, Gefühle und Ängste – sind nur durch Gewohnheiten und Neigungen miteinander verbunden, die den einen mit dem anderen verketten. Meine Aufmerksamkeit ist in dieser Strömung gefangen, weil ich nie richtig begriffen habe, dass sie mir für einen anderen Zweck gegeben wurde.

Könnte mein Verstand in seiner Wahrnehmung still sein? Könnte er wahrnehmen, ohne einzuordnen und zu benennen, das heißt, ohne sich abzuspalten als einer, der schaut, urteilt und weiß? Dafür bräuchte ich eine Aufmerksamkeit, die ich noch nicht kenne, eine Aufmerksamkeit, die nie getrennt ist von dem, was sie beobachtet, und ein umfassendes Erfahren zulässt, ohne irgendetwas auszuschließen. Erst wenn ich nichts ausschließe, bin ich frei, zu beobachten und mich selbst zu verstehen. Wenn mein Gehirn aktiv, sensibel, lebendig und in einem Zustand aufmerksamer Unverrückbarkeit sein kann, herrscht eine außergewöhnliche Art von Beweglichkeit, die nicht einfach nur dem Denken, dem Empfinden oder dem Fühlen angehört. Es ist eine gänzlich andere Beweglichkeit, die zur Wahrheit führt, zu etwas, was sich nicht benennen lässt. Die Aufmerksamkeit ist vollkommen, ohne jegliche Ablenkung... Gerne würde ich erfahren, ob ich in diesem

Zustand fähig bin, ›nicht zu wissen‹ und dem, was ich wahrnehme, keinen Namen zu geben. Ich habe ein Empfinden meiner selbst, das mein gewöhnliches Denken »Körper« nennt, aber ich weiß nicht, was er ist, ich habe keinen Namen für das, was hier ist. Ich bin mir Anspannungen gewahr, sogar der allerkleinsten, aber ich weiß nicht, was Spannung ist. Dann spüre ich das Atmen, das ich nicht kenne, in einem Körper, den ich nicht kenne, umgeben von Menschen, die ich nicht kenne... Mein Verstand wird still.

Ich beginne zu erkennen, dass wirkliches Wissen nur in jenem Augenblick möglich ist, wenn meine Aufmerksamkeit ganz da ist, wenn alles von Bewusstheit angefüllt ist. Dann gibt es keine Beurteilungen mehr – ein Ding ist nicht mehr als ein anderes. Es gibt nur reines Dasein. Die schöpferische Handlung ist die Vision dessen, was geschieht. Ich lerne zu schauen.

16
Was an mir liegt

Man verspürt einen größeren Wunsch, sich selbst zu kennen. Aber wir fühlen kein ausreichendes Verlangen, keine Notwendigkeit für eine bewusste Anstrengung. Wir wissen, dass es da etwas zu tun gibt, eine Anstrengung, die unternommen werden muss. Aber was für eine Anstrengung? Die Frage wird nicht erlebt. Sobald sie aufkommt, verbannen wir sie entweder oder versuchen, sie mit unseren gewöhnlichen Mitteln zu beantworten. Ich begreife nicht, dass ich mich vorbereiten muss, um mich dieser Frage zu stellen. Ich muss all meine Kraft zusammenraffen, muss mich meiner selbst erinnern.

Wenn ich versuche, mich meiner selbst zu erinnern, erkenne ich den Ursprung meines Wunsches. Er kommt von meinem gewöhnlichen Ich her. Solange der Impuls von der Besitzgier im Kern meiner Persönlichkeit stammt, bringe ich nicht die Freiheit mit, die es für eine direkte Wahrnehmung braucht. Wenn ich dies erkenne... habe ich den Eindruck, etwas freier zu sein... Doch ich möchte diese Freiheit gerne bewahren, und die Art und Weise meines Wunsches rührt schon wieder aus dem Besitzenwollen. Es ist, als hätte man sich von diesem Einfluss befreit, nur um gleich wieder darunter zurückzufallen, als ob man einer inneren Bewegung in

Richtung des Wirklicheren folgt und dann wieder einer äußeren Bewegung vom Wirklichen weg. Wenn ich fähig bin zu beobachten und dies tue, werde ich erkennen, dass diese beiden Bewegungen nicht voneinander getrennt sind. Sie sind ein und derselbe Vorgang. Und ich muss sie wie Ebbe und Flut des Gezeitenstroms verstehen, mit einer feinen Aufmerksamkeit, die sich nicht hinwegtragen lässt und die durch ihren Weitblick im Gleichgewicht bleibt.

Bin ich fähig, einen passiven von einem aktiven Zustand in mir zu unterscheiden? In diesem Moment ist meine Kraft hier, nicht ausgerichtet, all dem ausgeliefert, das von ihr Gebrauch machen will. Sie ist nicht völlig darauf ausgerichtet, sich auf ein angestrebtes Ziel hinzubewegen. Ich höre zu und ich schaue in mich hinein, aber ich bin nicht aktiv. Die Energie, die zum Beobachten genutzt wird, ist nicht stark. Meine Aufmerksamkeit ist nicht in Kontakt mit mir, mit dem, *was ist.* Sie hat keine Wahrnehmungsqualität, die befreien kann, die meinen Zustand zu verändern vermag. Also bin ich passiv. Mein Körper gehorcht keinem Befehl und mein Gefühl ist indifferent. Mein Denken wird von Vorstellungen und Bildern durchzogen und sieht sich nicht veranlasst, sich von ihnen zu befreien. In diesem passiven Zustand sind meine Zentren nicht miteinander verknüpft, sie haben keine gemeinsame Ausrichtung. Ich bin leer... Doch mit dem aufkommenden Bedürfnis, gegenwärtig zu sein, sehe ich, dass, wenn ich mein Denken etwas absichtlicher auf mich selbst richte, eine Empfindung auftaucht – ein Empfinden meiner selbst. Ich erlebe es... Und dann lasse ich mein Denken wieder herumstreifen und sehe, wie die Empfindung schwächer wird und verschwindet... Aber ich komme erneut zurück zu mir, still, sehr aufmerksam... und die Empfindung kehrt zurück. Ich erkenne, dass die Intensität des einen abhängt von der Intensität des anderen. Und das löst ein Gefühl für diese Beziehung aus. Meine drei Teile sind mit demselben Ziel beschäftigt, nämlich: gegenwärtig zu sein. Aber ihre Beziehung untereinander ist nicht stabil. Sie wissen nicht, wie sie aufeinander hören können oder was es bedeutet, aufeinander abgestimmt zu sein.

Am wichtigsten ist heute, mich für den neuen Zustand, den ich nicht beschreiben kann, für eine Erfahrung von... Gegenwart zu öffnen, die ich nicht zu benennen weiß. Wenn ich ruhig bin, fühle ich seine Wirkung auf mich. Ich selbst tue nichts. Aber mein Gefühl ist berührt. Da ist ein unbekanntes Gefühl, das in keiner

Verbindung zu meiner Person steht. Es ist ein Gefühl, das unmittelbar weiß. Wenn es da ist, ist nichts in mir isoliert. Ich fühle die Ganzheit der Präsenz. Aber es erscheint nur dann, wenn mein Denken frei ist, dazu fähig, wortlos anwesend zu sein. Wenn das Denken sich verändert, verändert sich auch das Gefühl. Auch der Körper muss sich anpassen, muss sich einstimmen. Ich weiß nicht, wie diese Verbindung zustande kommt. Doch wenn sie besteht, scheint es immer ein Wunder zu sein, und ich betrachte sie als nicht von mir abhängig. Aber sie herzustellen, hängt sehr wohl in hohem Maße von mir ab. Ich muss verstehen, was an mir liegt.

Zuerst einmal muss ich lernen, jeden Teil passiv werden zu lassen, um eine aktivere Kraft zu empfangen. Alles ist eine Frage von Kräften. Auch unsere Existenz, unsere Gegenwart hier unten, ist eine Frage von Kräften. Nichts gehört zu uns, nichts ist unser. Wir sind entweder hier, um Kräfte zu übermitteln oder um diese zu transformieren, wenn wir wissen wie. Zunächst ist es notwendig, diese Kräfte voneinander zu unterscheiden, jede für sich zu fühlen, und dann erst zusammen, um eine neue Kraft zu schaffen, die fähig ist, sich den anderen entgegenzustellen, fähig, anzudauern *zu sein.*

Eine Erfahrung von Gegenwart

17
Bewusst »hier sein«

In mir gibt es etwas besonders Wirkliches: das Selbst. Aber ich bin ihm gegenüber immer verschlossen und verlange, dass alles Äußere mir dafür Beweise liefert. Immer bewege ich mich an der Oberfläche, bin nach außen gewandt, um mir etwas zu nehmen oder mich gegen etwas zu verteidigen. Und doch gibt es vielleicht eine andere Haltung, eine andere Einstellung, bei der ich nichts zu nehmen, sondern nur zu empfangen brauche. Ich muss einen Eindruck erhalten, der mir durch nichts Äußeres gegeben werden kann – einen Eindruck vom Sein, davon, dass mein Selbst einen Sinn hat, eine Bedeutung. Die Bewegung des Erkennens ist eine Bewegung des Loslassens. Es ist nötig, seine Hände zu öffnen.

In Momenten größerer Aufmerksamkeit bin ich mir bewusst, *hier zu sein* – habe ich einen Blick, ein Licht, ein Bewusstsein, das weiß. Bewusstsein ist hier. Daran kann ich nicht zweifeln. Und trotzdem traue ich ihm nicht, fühle es nicht als mein Ich, als mein eigentliches Wesen. Ich glaube, dass ich Bewusstsein suchen, sehen, kennen kann. Wir halten Bewusstsein für ein Objekt der Beobachtung. Aber Bewusstsein lässt sich nicht sehen. Ich begreife dies, wenn ich es als von hinten oder von oberhalb meines Körpers auftauchend erlebe. Hier gibt es keinen Beobachter, es ist ein Erkennen. Doch wenn ich Bewusstsein dergestalt erfahre, als wäre es in meinem Körper, scheint das Ich der Körper zu sein und das Bewusstsein ein Attribut des Körpers.

Ich beginne zu spüren, was es bedeutet, wahr zu sein, das heißt den Moment, in dem mein Denken sich selbst kennt, *so wie es ist,* und mein Gefühl sich selbst kennt, *so wie es ist.* Eine andere Art des Denkens erscheint – unbeweglich, wortlos, fähig, meine normalen Gedanken zu fassen – und es kommt zu einem Fühlen meiner Essenz, einem Gefühl, das nicht von meiner Gestalt herkommt, das diese Gestalt aber fassen kann. Dann habe ich ein neues Denken und ein neues Fühlen, welche die Tatsachen erkennen, die sehen, *was ist.*

Heute ist also für mich die Anstrengung, gegenwärtig zu sein, die einzige Wirklichkeit. Nichts anderes ist real. Alles ist verdreht durch den Schleier meines Verstandes, der mich davon abhält, mit der Natur der Dinge in Berührung zu kommen. Zunächst muss ich mich zu meinem eigenen Wesen hinbewegen, wach werden für das Bewusstsein des Ichs und nur dafür aufmerksam sein. Bewusstsein ist immer Bewusstsein meiner selbst. Wir können das Selbst nennen, wie wir wollen – »Sitz des Bewusstseins«, sogar »Gott«. Wichtig ist, dass es das Zentrum ist, der eigentliche Kern unseres Seins, ohne den es nichts gibt.

Ich muss lernen, meine Aufmerksamkeit in Richtung dieses Zentrums zu konzentrieren und dort zu bleiben. Ich muss diesen Akt der Präsenz verstehen, diese aktive Bewegung der Präsenz, die immer durch eine passive Bewegung in entgegengesetzter Richtung bedroht wird. Ich bin mir einer Wirklichkeit bewusst, die ich nicht besitzen kann. Sie ist ich, sie ist das, was ich in der Tiefe meines Wesens bin. Doch um es zu erkennen, so spüre ich, wird etwas von mir verlangt... aber ich weiß nicht, was es ist. Diese Wirklichkeit gehört einer Ebene der Wahrnehmung an, die ich nie erkundet habe. Mein Verlangen trennt mich von ihr und hält mich davon ab, meinen wahren Platz zu verstehen. Immer will ich nehmen oder bekommen, was mir zusteht, ohne den Respekt aufzubringen, der allein es uns erlaubt, uns vorbehaltlos zu öffnen.

Ich beginne zu begreifen, dass dasjenige, dem ich mich zu nähern versuche, nicht nur meins, nicht nur in mir ist, sondern immens und wesentlich essenzieller. Angesichts dessen lassen meine Spannungen, eine nach der anderen, nach bis zu dem Moment, in dem ich eine gesammelte Präsenz als ein Geschenk der Einheit spüre. Dies bringt eine Frage mit sich – eine Existenzfrage. Es ist in jedem Augenblick zweifelhaft, niemals sicher, niemals gewiss, immer so unerkennbar, dass es alles von mir fordert. Ich existiere jetzt dank einer Art geheimnisvollen Kraft, die nicht benannt werden kann und die mich zu dieser Einheit geführt hat. Welchem Einfluss öffne ich mich? ... Das würde ich gerne wissen. Ich bin hier. Ich bin nicht verschlossen, nicht gefangen in einem Teil meines Wesens. Ich bin mir bewusst, dass ich ein Ganzes bin.

18
Eines inneren Seins bewusst

Ich existiere, ohne zu wissen wie. Meine Existenz als solche ist eine Frage, die ich gezwungen bin zu beantworten, ob ich will oder nicht. Meine Antwort liegt in der Art, wie ich in genau diesem Augenblick existiere, und in der Art der Handlung, mit der ich gerade beschäftigt bin. Bei jedem Grad an Aufmerksamkeit ist meine Antwort völlig abhängig von meinem Seinszustand. Die Herausforderung in der Frage ist immer eine neue. Es ist die Antwort, die alt ist und eine Trennung von der Frage hervorruft. Das liegt daran, dass in der Antwort das gewöhnliche Ich ins Spiel kommt.

Was bedeutet es, »sich seiner selbst zu erinnern«? Es geht nicht darum, sich an die Person zu erinnern, die ich darstelle – meinen Körper, meine Stellung im Leben, meine Verpflichtungen. Es geht darum, mir meines inneren Seins bewusst zu werden. Ich wünsche mir, ganz zu sein, vereint, *eins,* das, was ich im Grunde bin. Wenn ich diesen Wunsch spüre, ist es so, als ob sich meine ganze Ausrichtung ändert. In allen Teilen meiner selbst, frei und ohne irgendein Zutun meinerseits, kommt es zu einer Bewegung in

Richtung einer bestimmten Präsenz. Damit diese Bewegung ablaufen kann, muss ich ihr gehorchen und absolut eingestimmt sein. Ihre Stärke hängt völlig von der Gelassenheit all meiner Zentren und der Freiheit meiner Aufmerksamkeit ab. Ich muss spüren, dass diese Präsenz sich selbst in mir formt.

Im Schauen beginne ich zu erkennen, dass ich mit all meinen Zentren gleichzeitig in Kontakt stehen muss. Mal ist der Energiefluss in einem Teil, mal in einem anderen zu stark oder zu schwach. Wenn ich zu sehr in meinem Kopf bin, findet die Bewegung nicht statt; bin ich zu sehr in meinem Gefühl oder zu sehr in meinem Körper, ist es dasselbe. Es muss überall eine vergleichbare Intensität herrschen. Wichtig ist eine bewusste Aufmerksamkeit von einer Art, die ich nicht kenne. Ich kann dies nur in Stille, in einer größer und größer werdenden Gelassenheit spüren. Die Präsenz, die hier ist, wirkt auf mich, übernimmt mich. Aber ich muss es wünschen, muss es wollen. Das ist die Gegenwart des Ichs.

Ich lerne, meine Kraft des Sehens zu reinigen, und zwar nicht dadurch, dass ich ablehne oder mich von dem abwende, was nicht wünschenswert ist, und mich dem Angenehmen zuwende. Ich lerne, alles zu sehen, ohne die Einzelheiten abzulehnen. Ich lerne, klar zu sehen. Ich sehe, dass alle Dinge dieselbe Wichtigkeit haben, und ich akzeptiere, dass Fehler gut für mich sind. Ich beginne tausendmal aufs Neue. Alles hängt von diesem Sehen ab.

Ich versuche nicht, etwas zu finden oder etwas zu tun. Aber ich spüre das Gewicht dieser Einbildung meiner selbst, das Gewicht dieses Bildes, zu dessen Aufrechterhaltung ich mich dauernd gezwungen fühle und das ich in einem heftigen Kampf um sein Fortdauern zu bewahren suche. Und ich bin mir der Hohlheit, der Leere dahinter bewusst… Ich weiß nicht, wer ich bin. Doch kann ich die Leere nicht erkennen, da dieser Ort besetzt ist. Wenn ich dies einsehe, taucht in mir der Wunsch *zu wissen* auf – nicht eine bestimmte Sache zu wissen, doch zu erkennen, wer hier ist, was ich genau in diesem Augenblick bin. Der Ort ist besetzt. Ich kann es in den Spannungen spüren, in den Vorstellungen, die ununterbrochen meinen Verstand durchkreuzen, in den Wellen von Gefühlen, die antworten. Ich versuche weder zu widerstehen, noch mich zurückzuziehen oder mich ablenken zu lassen. So bin ich. Ich akzeptiere es. Und indem ich es lebe, sehe ich es als das, *was es ist,* so als ob ich weiter, hindurchblicke, und ich werde immer freier. Ich sehe meine Unaufmerksamkeit. Ich erkenne, dass mein Sein von dieser Kraft des Sehens abhängt und dass es mir freisteht, nicht bloß einen Teil meiner selbst für das Ganze zu halten, nicht in nur einem Teil isoliert zu sein.

Ich muss eine Aufmerksamkeit entwickeln, die rein und ausreichend intensiv ist, um nicht von subjektiven Reaktionen abgelenkt zu werden. Ich kehre unermüdlich zur Wurzel meiner Wahrnehmung zurück. In dieser Bewegung reinigt sich meine Aufmerksamkeit selbst und beseitigt nach und nach die fremden Elemente zugunsten einer direkten Wahrnehmung. Nur der Eindruck der Wirklichkeit bleibt.

19
Ein Echo des Ichs

Eine richtige Anstrengung, gegenwärtig zu sein, verlangt eine Kraft, die sich der Richtung, die sie einzuschlagen wünscht, bewusst ist und die den Willen zu handeln hat. Die von den verschiedenen Zentren stammende Aufmerksamkeit muss im richtigen Verhältnis da sein und als bewusste Präsenz wirksam bleiben. Aber sie wird andauernd von dem bedroht, was sie nach außen zerrt. Dieser Attraktion müssen wir uns bewusst werden. Da gibt es den Wunsch, sich zu bewegen, ein Verlangen, etwas hervorzubringen, zu handeln. Und es gibt auch ein Wunsch, bewegt zu werden, gezerrt zu werden, zu gehorchen. Diese beiden Kräfte sind permanent in uns vorhanden. Sich ihnen an einem bestimmten Punkt bewusst zu stellen, kann eine konzentrierte Energie hervorrufen, die ein Eigenleben führt. Aus der Reibung zwischen diesen beiden Kräften kann die Eigenschaft hervorgehen, welche die beiden wieder vereint.

Hinter dem Auf und Ab des Lebens, hinter all meinen Befürchtungen, meinem Kummer und meinen Freuden, gibt es etwas, was größer ist, etwas, von dem ich spüre, dass es mir eine Bedeutung verleiht. Ich spüre, dass ich in Beziehung zu diesem Großen existiere. Es ist außerhalb von mir, doch auch in mir. Und es geschieht in mir, dass ich es erkenne – dieses Leben, diese so feine Schwingung, dass ich seine Erhabenheit fühle, weil ich seine Reinheit spüre. Ich fühle es wie ein Echo, wie ein Ich-Gefühl im Kontakt zwischen meinem Denken und meinem Empfinden. Diese Verbundenheit offenbart, dass ich eine Einheit, ein Ganzes bin und dass ich als Ganzes existieren kann. Dieses Echo ist das, was ich heute von einer anderen Natur meiner selbst kennen kann, von einer, die durch meine höheren Zentren aus einer anderen Welt kommt. Ich fühle, wie sie in Form eines feinen Pulsierens schwingt, auf das ich alle Teile meiner selbst einzustimmen versuche. Das erfordert eine Qualität an Aufmerksamkeit, die es erlaubt, sich auf das Pulsieren zuzubewegen und damit in Kontakt zu bleiben. Ich brauche eine ganz spezielle Art von Energie, eine intensive Energie, die aktiv genug ist, angesichts meiner Gedanken und Gefühle bestehen zu bleiben. Diese Energie lässt sich nicht kleinkriegen oder durch irgendetwas beeinflussen. Mein Wunsch, mir gegenüber gegenwärtig zu sein, schließt diese Aktivität mit ein.

Meine Gedanken und meine Gefühle werden von einem anderen Grad an Energie belebt. Um ihr Wesen zu verstehen, muss ich sie als Tatsachen sehen und begreifen. Sie stammen aus einer anderen Quelle, unterliegen einem Einfluss der Trägheit, die mich in ihrem Tempo hält. Ich muss mich unter einen aktiveren Einfluss begeben, wenn ich wünsche, frei zu sein. Das bedeutet: Ich muss in mir eine Aufmerksamkeitsenergie finden, die stark und empfindlich genug ist, die Bewegungen der Trägheit unter Beobachtung zu halten. Ich darf sie nicht aus dem Blick verlieren; ich muss mit ihnen leben. Diese Bewegungen sind da und sie sind eine ständige Attraktion. Wenn ich sie nicht als das erkenne, was sie sind, messe ich ihnen einen anderen Wert bei. Ich vertraue ihnen und überlasse mich ihnen, und so beraube ich sie und mich selbst aller Bedeutung. Deshalb muss ich, um mich selbst zu kennen, damit einverstanden sein, das Feld der Suche zu betreten.

Nur indem ich daran arbeite, gegenwärtig zu sein, wird sich meine Aufmerksamkeit entwickeln. Wenn sich ihre Qualität bessert, kämpfe ich dagegen an, dass sie wieder schwächer wird, und versuche zu verhindern, dass sie von etwas gefesselt wird. Ich versuche es, schaffe es aber nicht, und ich versuche es erneut. Ich beginne zu verstehen, was dies von mir verlangt, auch wenn ich es nicht schaffe. Wenn ich im Kampf zurückkehre und erneut in Richtung Manifestation gehe, sehe ich, dass, wenn meine Aufmerksamkeit ganz und gar gefesselt ist, sie ist in Gänze für mich verloren ist. Aber wenn sie nicht zu weit geht, kann sie wie durch einen Magneten zurückgeholt werden. In dieser Bewegung meiner Aufmerksamkeit lerne ich etwas über ihre Beschaffenheit. Ich habe keine andere Wahl, als in Richtung Manifestation zu gehen, und ich werde mich immer wieder verlieren, bis meine Aufmerksamkeit sich auf beides richtet, auf das Leben und auf das Innere.

Wir denken, dass es sich um eine Aufmerksamkeit handelt, die gleichmäßig aufgeteilt ist, aber in Tat und Wahrheit sind die Teile nicht gleich. Da gibt es einen großen Unterschied, den ich erfahren muss. Wenn ich meine Anstrengung nicht auf eine bestimmte Art konzentrieren kann, werde ich mich zwangsläufig verlieren. Ich muss verstehen, dass ich es deshalb nicht kann, weil ich nicht über die erforderliche Qualität von Aufmerksamkeit verfüge. Hier ist meine Anstrengung, hier ist das, was ich üben muss. Das ist das Einzige, was zählt.

20
Zwei Strömungen

Was wir unserer Essenz nach – unseren höchsten Möglichkeiten nach – sind, wissen wir nicht. Was uns als Person ausmacht – die unnachgiebige Konditionierung, die uns definiert –, wissen wir ebenfalls nicht. Wir identifizieren uns mit unserer Person und ignorieren die Verbindung, die zwischen ihr und unserer Essenz bestehen sollte. Doch innere Entwicklung beginnt mit der Fähigkeit, mich selbst zu kennen, mein ganzes Selbst zu verstehen.

Ich muss wissen, dass ich eine doppelte Natur habe, dass es zwei Kräfte in mir gibt: die absteigende Kraft der Manifestation und eine aufsteigende Kraft, die zur Quelle zurückkehrt. Ich muss beide hier zur selben Zeit erfahren, um mich selbst als Ganzes zu kennen. Es muss einen Grund dafür geben, dass ich hier bin, ein Etwas, was für die Verbindung von beiden gebraucht wird. Das ist die Bedeutung meiner Präsenz.

In jedem Ereignis unseres Lebens – egal ob familiär, beruflich oder innerlich – gibt es eine doppelte Bewegung von Involution und Evolution. Die Handlung ist auf ein Ziel, auf Manifestation, ausgerichtet, doch dahinter steht etwas, was kein Ziel hat, das sich selbst nicht projiziert, sondern zur Quelle zurückkehrt. Diese beiden Strömungen sind füreinander unerlässlich.

Theoretisch wissen wir, dass diese beiden Strömungen existieren, doch wir sind uns ihrer nicht wirklich bewusst. Ich weiß zu wenig über den aufsteigenden Strom. Ich habe nicht die Elemente in mir, die es mir, wann immer ich will, erlauben würden, seine Lebendigkeit oder mein Leben zu fühlen. Den anderen Strom kenne ich ebenfalls nicht, da ich blind darin versunken bin. Doch ohne die Vision dieser beiden Strömungen ist der Wunsch, an einem bestimmten Ort zu einer bestimmten Zeit gegenwärtig zu sein, zwecklos. Ich benötige eine feste Vorstellung von ihnen, um den Ansatzpunkt für die Aufmerksamkeit und den Willen erkennen zu können, den Willen, mich nicht zu verlieren.

Mit meiner heutigen Aufmerksamkeit kann ich nicht gleichzeitig für zwei gegensätzliche Bewegungen wach sein. Ich werde von einer Bewegung gefangen und ignoriere die andere oder stelle mich ihr entgegen. Nichtsdestotrotz muss ich akzeptieren, dass beide Ströme mein Leben bestimmen und dass ich zwei Naturen in mir habe. Ich muss lernen, die niedrige zu erkennen und mich gleichzeitig der höheren zu erinnern. Der Kampf besteht darin, im Leben beide Ströme zusammen zu leben. Ich muss einen bewussten Eindruck haben von diesen beiden Aspekten in mir, zuerst unabhängig voneinander, dann gleichzeitig. Eine Natur muss der anderen dienen. Aber was bedeutet dieses Dienen? Ich muss meinen richtigen Ort finden und diesen akzeptieren. Ich bin es, die aufgerufen ist, hier zu sein. Ich muss erkennen, dass ich, wenn ich nicht präsent bin, nur meinem gewöhnlichen Selbst diene und dazu tendiere, das zu zerstören, was ich wahrhaftig bin. Dann ist zwischen diesen beiden Strömungen nichts, da ist niemand.

Es ist wichtig, diese beiden Strömungen in mir zu etablieren und eine klare Verbindung mit ihnen aufrechtzuerhalten. Bis heute war allein der absteigende Strom Herr meiner Gegenwart, ohne dass ihm etwas entgegentrat. Der aufsteigende Strom hat seine Quelle im Willen *zu sein* – nicht »Wille« im gewöhnlichen Sinn, sondern im Sinn des »Wunsches *zu sein*«. Es ist vor allem notwendig, diesen Willen loszumachen, Platz für ihn zu schaffen. Ich muss es zulassen, passiv zu sein, wirklich passiv, damit mein Gefühl eine aktive Schwingung wahrnehmen kann. Die Anstrengung, die ich mit meinen normalen Mitteln unternehmen kann, die einzige Anstrengung, die mir obliegt, ist die einer willentlichen Passivität – eine bewusste Anstrengung.

Ein Bestreben nach Verfügbarkeit

21
Eine neue Art des Funktionierens

Der Zustand meines heutigen Seins hängt von der Art meines Denkens, Fühlens und Spürens ab, die meine ganze Aufmerksamkeit in Anspruch nehmen und mich auf einen engen Teil meiner selbst beschränken. Damit ich darüber hinauswachsen kann, muss ich auf eine neue Weise funktionieren. Ich muss die völlige Wirkungslosigkeit und Untauglichkeit meiner Gedanken und Gefühle als Instrumente, mich meiner wahren Natur zu nähern, erkennen. Das automatische Funktionieren meines Denkens und Fühlens steht zwischen der Welt, wie sie ist – was ich wirklich bin –, und der Wahrnehmung, die ich von ihr habe. Der Zustand, in dem ich lebe, ist ohne Ordnung, Weitsicht oder Ziel. Ich bin hier, ohne zu wissen, warum oder wozu ich von Nutzen bin.

Jede meiner Funktionen antwortet auf Eindrücke, als sei sie allein, von einem isolierten Blickwinkel aus, basierend auf dem, was sie bereits kennt. Doch die einzelnen Funktionen können die Wirklichkeit nicht wahrnehmen; dazu bedarf es einer wesentlich höheren Energie. Ihre Kraft ist zu passiv. Um im Licht des Bewusstseins zu verstehen, müssen alle Funktionen gemeinsam in ein einheitliches Bestreben nach Verfügbarkeit eingestimmt sein. Wenn es zwischen ihnen irgendeine Distanz gibt, ist das gemeinsame Ziel verloren und jede Funktion handelt blind entsprechend ihrer Gewohnheit. Was also zuerst verstanden werden muss, ist diese Verfügbarkeit meines Denkens, meines Körpers und meines Gefühls, für ein gemeinsames und gleichzeitiges Empfangen eines Eindrucks, den sie im Voraus nicht kennen können. All das, was sie kennen, ist nicht die unmittelbare Wahrnehmung dessen, was jetzt hier ist, wenn sie still sind. Und ich muss meine Enttäuschung über die Erkenntnis hinter mir lassen, dass ihr Eingreifen, auf das ich stets vertraue, lediglich Bilder des Bekannten anstelle von direktem Erleben hervorbringt. Dann werde ich vielleicht zu verstehen beginnen, weshalb diese Lehre der Tatsache, dass unsere Zentren ohne jegliche Verbindung miteinander funktionieren, so viel Bedeutung beimisst. Solange keine Verbindung geknüpft wird, komme ich nicht über meinen gewöhnlichen Zustand des Bewusstseins hinaus.

Kann diese Verbindung aufgebaut werden? Kann ich es als eine wirkliche Tatsache spüren, dass diese Verbundenheit fehlt? Spüre ich gerade in diesem Moment, dass es mir an Intelligenz mangelt, meine eigene Wahrheit und die dessen, was vor mir liegt, zu kennen? Begreife ich, dass ich von Worten, Vorstellungen und Empfindungen, die voll von Zweifel, Glauben und Angst sind, gebremst werde? Ich muss durch Erfahrung dahinterkommen, was diese Unverbundenheit meiner Zentren bedeutet. Ich habe eine bestimmte Empfindung meiner selbst, und mein Denken beschäftigt sich mit der Empfindung. Aber eines von beiden ist immer stärker. Ich bin nicht eins, keine Einheit.

Diese Übereinstimmung meiner Energiezentren und ihr kongruentes Funktionieren können nicht durch Zwang erreicht werden. Es muss zu einer Beruhigung, einem Loslassen ihrer Aktivitäten kommen, damit sich ein energetisches Gleichgewicht zwischen ihnen einstellen kann. Aber etwas fehlt. Ich spüre, dass ich stets zu passiv bin. So entsteht das Bedürfnis nach einer Energie, nach einer Aufmerksamkeit, die frei und an nichts haften bleibt. Es ist eine Aufmerksamkeit, die alles umfasst und nichts ausschließt, die keine Position bezieht und nichts fordert. Sie wird ohne Besitzanspruch sein, ohne Begierde, doch immer mit einer Aufrichtigkeit, die aus dem Bedürfnis entsteht, frei zu bleiben, um zu wissen.

22
Für eine neue Kraft erwachen

Wir haben den Wunsch, für den Zustand und die Bewegung von Energie in uns bewusst zu werden. Das kann nur im gegenwärtigen Augenblick geschehen. Ich muss innerlich aktiver werden. Ich übe, gegenwärtig zu sein, aufzuwachen. Aber jede Aktivität, die ich noch nicht gemeistert habe, erzeugt Anspannung. Ich wünsche es, doch ich schaffe es nicht. Also verspanne ich mich und stehe mir auf diese Weise selbst dabei im Weg, mein Ziel zu realisieren. Immer wieder treffe ich auf dieselbe Hürde, bis ich von der Falschheit meines Konzepts von Anstrengung – nämlich von ihrer Resultatorientierung – überzeugt bin. Dann fühle ich mich erleichtert, fühle ein Loslassen als klares Zeichen meiner eigenen Präsenz.

Die Übung des Beobachtens ist nicht einfach zu verstehen. In der Regel möchte ich mich als ein Objekt sehen und begreifen. Ich bin getrennt von dem, was ich beobachte, und versuche, es mit meinen unterschiedlichen Zentren zu verstehen. Ich sehe, wie ich erst die eine Funktion, dann eine andere gebrauche. Ich bin mir der Anstrengungen, die jede Funktion separat unternimmt, und ihrer Unruhe bewusst. Und dann erkenne ich, dass all diese Anstrengungen vergeblich sind. Ich bemühe mich, mit einer passiven Energie zu erkennen und zu sehen, mit einer Qualität von Aufmerksamkeit, die nicht aktiver ist als das, was sie wahrnimmt. Sie generiert nicht genügend Kraft, um zu erkennen. Ich versuche, ein Zentrum durch das andere zu erkennen; doch beide sind von derselben Qualität. Dies führt unvermeidlich zu Konflikten. Daher kann ich nicht beobachten. Ich sehe nichts. Ich habe den Eindruck von Zerstreuung und Unordnung.

Aber von wo kommt denn dann Wissen her? Wie kann ich mich selbst erkennen? Ich weiß es nicht... Und da ich es nicht weiß, werde ich ruhig. Da ist ein Bestreben nach Verfügbarkeit, ein Erwachen einer neuen Kraft in mir. Sie erscheint erst dann, wenn ich erkenne, dass all die anderen Impulse nutzlos sind und mich nicht mit der wirklichen Tatsache, mit dem, was ich bin, verbinden. Ich möchte mir der Wirklichkeit des Lebens bewusst werden. In mir gibt es etwas Geheimnisvolles, das nichts zu fassen vermag, etwas, zu dessen Verständnis mir kein Denken und kein Fühlen helfen können. Es taucht nur dann auf, wenn ich nicht im Netz meiner Gedanken und Gefühle verstrickt bin. Es ist das Unbekannte, das sich mit dem, was ich weiß, nicht begreifen lässt.

Um völlig zur Ruhe zu kommen und frei zu werden für Erkenntnis, muss ich mich von zweierlei lösen: vom Anspruch, dass ich dazu fähig sei, und vom Glauben an das, was ich weiß. Ich muss einsehen, wie ich immer wieder blindlings an das glaube, was mein Denken und meine Gefühle mir vermitteln. Ich muss einsehen, dass ich solange zum Narren gehalten werde, bis ich die Sinnlosigkeit von all dem begreife, bis ich spüre, wie armselig ich in Tat und Wahrheit bin. Dann stellt sich eine Gemütsruhe ein und ich lerne vielleicht etwas Neues. Auf jeden Fall ist es so, als ob sich eine Tür öffnet. Alles, was ich tun kann, ist, sie offen zu lassen. Was folgen wird, kann ich nicht voraussehen.

Die Qualität des Einflusses, der mich erreicht, hängt von der Qualität meiner Präsenz ab. Und die Qualität meiner Präsenz hängt ihrerseits von der Verbindung zwischen meinem Denken, meinem Fühlen und meinem Empfinden ab. Um mich auf eine subtilere Kraft einzustimmen, muss sich die Aufmerksamkeit jedes Teils in mir sammeln, muss aufgeladen werden mit einer neuen Bedeutung und der Fähigkeit, sich willentlich zu verbinden. Auf diesem Weg reinigt das Denken sich selbst, genauso wie das Fühlen und das Empfinden. Für das gemeinsame Ziel, auf eine subtilere Präsenz abgestimmt zu sein, spielt jeder Teil seine eigene Rolle und funktioniert in Übereinstimmung mit den anderen Teilen. Diese Präsenz muss leuchten, um meinen Körper anzutreiben. Sie hat eine Intelligenz, eine Vision, die einem Licht in der Dunkelheit und der Zähigkeit meines Schlafes gleicht.

In meinem heutigen Zustand, gesteuert von meinem Ego, kann ich die eigentliche Essenz meines Seins nicht erfassen. Ich bin dafür nicht vorbereitet. Es muss zu einer stärkeren Loslösung, einer größeren Anziehung in Richtung meines wirklichen Ichs, meiner »Göttlichen« Natur, kommen. Ich spüre die Notwendigkeit dafür und ich erwache für diesen Wunsch, für dieses Leben. Ich spüre, wie diese Intelligenz erwacht.

23
Die Haltung, die wir einnehmen

Die Haltung, die wir innerlich wie äußerlich einnehmen, ist gleichzeitig unser Ziel und unser Weg.

Wir haben jederzeit eine bestimmte Einstellung, eine unvermeidliche Haltung. Die Haltungen, die unser Körper einnimmt, sind immer dieselben und rufen entsprechende Haltungen oder Einstellungen im Verstand und im Gefühl hervor, die ebenfalls immer dieselben sind. Ich bin in einer subjektiven Welt von gewohnheitsmäßigen Haltungen eingeschlossen. Aber ich sehe es nicht. Ich bin mir noch nicht einmal bewusst, welche Teile angespannt und welche locker sind. Der Körper hat sein Repertoire an Posen, die mich einsperren. Ich muss eine Einstellung finden, innerlich wie äußerlich, die mich von meinen Haltungen befreit und es mir erlaubt, mich aus dem Schlafzustand zu erheben, damit ich mich gegenüber anderen Dimensionen, gegenüber einer anderen Welt, öffnen kann.

Beim Arbeiten in der Stille ist die Körperstellung sehr wichtig. Sie muss präzise sein, damit sich ein Energiefeld aufbauen kann. Gleichzeitig muss ich eine Leichtigkeit empfinden, ein Wohlbefinden, eine Art Stabilität, die es meinem Verstand erlaubt, in einen Zustand der vollkommenen Verfügbarkeit zu gelangen, sich selbst auf natürlichem Weg zu leeren und die Unruhe der Gedanken loszulassen. Mit einer richtigen Körperhaltung kommen meine Zentren zusammen und können miteinander verbunden werden. Das erfordert eine enge und anhaltende Zusammenarbeit zwischen meinem Denken, meinem Fühlen und meinem Körper. Sobald sie sich voneinander trennen, bricht die Körperhaltung zusammen.

Wir suchen Stabilität. Essenziell ist immer die Haltung der Wirbelsäule, die zugleich locker und aufrecht sein soll. Wenn sie nicht aufrecht gehalten wird, kann es nicht zur richtigen Verbundenheit zwischen Empfinden und Denken oder zwischen Denken und Fühlen kommen. Jeder Teil bleibt dann isoliert, ohne eine echte Verbindung mit den anderen Teilen. Bleibt die Wirbelsäule jedoch aufgerichtet, fühlen wir, dass die im Körper enthaltene Energie eine Wirkung auf den Körper ausübt. Seine Dichte verändert sich. Da gibt es nicht länger eine Form und eine Präsenz getrennt voneinander – sie sind ein und dasselbe.

Meine Haltung wird stabiler sein, wenn ich auf einem Kissen auf dem Boden sitze, sodass meine Knie unterhalb meiner Hüften liegen. Wenn möglich liegt ein Fuß auf dem Oberschenkel oder der Wade des anderen Beins. Die Position mit gekreuzten Beinen zügelt den aktiven Impuls und ermöglicht den tiefsten Ruhezustand. Die Hände ruhen im Schoß, die bevorzugte Hand liegt unter der anderen, die Handflächen sind nach oben gerichtet, die Daumen berühren einander. Ich sitze absolut aufrecht, Ohren und Schultern in einer vertikalen Linie. Die Augen sind nur leicht geöffnet oder geschlossen. Wenn es mir nicht möglich ist, auf dem Boden zu sitzen, nehme ich einen Sessel oder einen Stuhl, der es mir erlaubt, aufrecht zu sitzen, die Knie unterhalb der Hüften. Indem ich die Wirbelsäule aufrecht halte, wird der Druck gelöst, sodass der Oberkörper kein Gewicht spürt.

Wenn ich mit der Arbeit in der Stille beginne, versuche ich die bestmögliche Position für das Becken zu finden, sodass es meinen Körper weder nach vorne noch nach hinten zieht. Wenn sich meine Wirbelsäule einer Mittellinie gleich in senkrechter Stellung befindet, wird dadurch auch mein Kopf in der richtigen Position gehalten. Das Loslassen kommt von allein. Wenn die Spannungen von mir abfallen, fühle ich eine Bewegung der Energie Richtung Bauch und gleichzeitig eine Bewegung zum Höheren. Die Genauigkeit in meiner Haltung entspringt ausschließlich der wichtigen Notwendigkeit, an keinem Punkt die Bewegung in Richtung Einheit zu behindern, die für die Öffnung der höheren Zentren erforderlich ist. Es ist nicht einfach, diese Haltung einzunehmen. Sie kann nicht einfach einmal für die ganze Zeit eingenommen werden, sondern muss Augenblick für Augenblick erneuert werden. Das verlangt nach einer Intelligenz, die die ganze Zeit über anwesend bleiben muss. Ohne eine absichtliche Aufmerksamkeit wird meine Wirbelsäule nicht in ihrer Position bleiben und die ganze Bedeutung dieser Haltung dem Leben gegenüber wird verloren gehen. Ich muss verstehen, dass, sobald die Anstrengung aufhört, meine Körperhaltung sofort zu einem Hindernis für das Bewusstsein werden kann. Und die Anstrengung dauert nur einen kurzen Augenblick an.

24
Zusammenkommen

Aufmerksamkeit ist die bewusste Kraft, die Kraft des Bewusstseins. Sie ist eine Göttliche Kraft. Bei der Suche geht es um den Kontakt mit einer Energie, die aus den höheren Teilen unserer Zentren kommt. Manchmal haben wir eine Intuition davon, die mal stärker und mal weniger stark ist. Diese Intuition ist eine Wirkung der höheren Zentren auf uns, von denen wir getrennt sind, weil wir dermaßen an unseren Funktionen kleben. Wenn wir diese Wirkung spüren, beeinflusst sie unseren Körper, sodass er feinere und lebendigere Sinneseindrücke empfängt. Sie wirkt sich auch auf das Denken aus, das dazu fähig wird, das, was unmittelbar gegenwärtig ist, unter seiner Beobachtung zu behalten. Und sie beeinflusst unsere Emotionen und ermöglicht ein neues Fühlen.

Aber diese von den höheren Zentren ausgehende Wirkung kann nicht im Äußeren gefunden und auch nicht durch Zwang von irgendeiner Funktion der niedrigeren Zentren hervorgebracht werden. Damit diese Wirkung von meinem Körper, meinen Verstand und meinem Gefühl wahrgenommen werden kann, ist ein ganz bestimmter Zustand der Verfügbarkeit vonnöten. Und darin liegt die Hürde, die Schranke. Die Qualität der Energie der niedrigen Zentren muss mit den Schwingungen der höheren Zentren korrespondieren. Ansonsten wird die Verbindung nicht hergestellt und die niedrigen Zentren können die Wirkung der höheren nicht auf der Ebene des Lebens ausdrücken. Sie dienen dann nicht als Vermittler und werden nicht zu diesem Dienen herangezogen. Als Resultat daraus haben sie keine bewusste Aktivität und fühlen keine Notwendigkeit, gereinigt zu werden.

Warum entsteht diese Verbindung mit den höheren Zentren nicht? Ist das so schwierig? Der Grund liegt darin, dass die niedrigen Zentren nicht untereinander verbunden sind, kein gemeinsames Ziel und kein gemeinsames Interesse haben. Sie fühlen keinerlei Notwendigkeit zusammenzukommen, weil wir ihre Getrenntheit und das, was dies bedeutet, nicht sehen und nicht erfahren. Nichtsdestotrotz muss es, damit Transformation stattfinden kann, eine absolute Aufmerksamkeit geben, das heißt eine Aufmerksamkeit, die von all meinen Teilen herrührt. Damit es zu einem bestimmten Maß an Verschmelzung kommen kann, müssen mein Denken, mein Fühlen und mein Empfindungsvermögen zusammen sein.

Am Anfang, im Absoluten, gibt es drei Kräfte, die zusammenkommen, um einander kennenzulernen und ein Ganzes zu formen. Sie bleiben vereint und trennen sich niemals. In diesem Zusammenkommen kann etwas Neues geschehen. Aus dem Absoluten kommt es jedoch zu einer Projektion, die, wenn sie nicht in Einheit geschieht, mechanische Bewegungen und Trennung schafft. Im Menschen ist alles voneinander getrennt, isoliert. Wir existieren als Maschine. Trotzdem haben wir die Möglichkeit, vereint als eine Präsenz zu existieren. Wenn man eine relative Einheit zu fühlen vermag, ist es möglich zu sagen: »ICH – ICH BIN.« Um diese Einheit aufrechtzuerhalten, braucht es ein anhaltendes Bestreben, und es ist dieses Bestreben, das ich ständig verliere.

Die Gesetze, die das Universum regieren, sind hier und wirken in uns. Ziel ist, dass all die Kräfte, die in uns sind, sich auf ein Zentrum ausrichten und wieder ein Ganzes formen. Es ist dieses nach oben gerichtete Bestreben, das wir lernen müssen. Doch alles, was unten ist, hält uns zurück. All das muss gereinigt werden. In diesem Zusammenkommen erhält die Energie eine andere Qualität. Das Ziel dieser Wiedervereinigung ist die Macht *zu sein.*

III

In eine gemeinsame Richtung

Bin ich wirklich von meiner Ignoranz überzeugt und davon,
dass all das, von dem ich glaube, dass ich es weiß,
nutzlos ist?

—

Wahrheit kann nicht gedacht werden.

—

Nicht zu wissen, sich von allem zu entledigen,
ist die höchste Form des Denkens.

—

Empfinden ist ein Instrument des Wissens,
ein Werkzeug des Kontakts mit mir selbst.

—

Ich muss die Präsenz des Spirituellen in mir erkennen.
Der Geist durchdringt die Substanz und transformiert sie.
Genau diesen Akt brauche ich, um spiritualisiert zu sein.

—

Beziehung ist Berührung, ein direkter Kontakt
auf gleicher Stufe mit derselben Intensität.

—

Fühlen ist das wesentliche Instrument des Erkennens.

Ein freies Denken

25
Das Funktionieren des Verstandes

Was bedeutet es, gegenwärtig zu sein, jetzt hier zu sein? Ich habe die Empfindung, dass ich präsent bin. Ich denke es, ich fühle es. Die drei Zentren sind mit derselben Kraft anwesend, mit einer Intensität, die vom selben Aktivitätsgrad herkommt. Ich fühle eine Energie, die freier zwischen ihnen zirkuliert, die an keinem Ort stärker als an einem anderen konzentriert ist. Diese Energie wird bewusst von drei Teilen genährt. Da ist eine gemeinsame Richtung, die die Möglichkeit einer bewussten Handlung mit sich bringt, deren Impuls von allen drei Zentren gleichzeitig ausgeht. Ich möchte mit allen Teilen meines Selbsts *wissen*.

Um gegenwärtig zu sein, muss ich die Arbeitsweise meines denkenden Verstandes verstehen, erkennen, dass es seine Funktion ist, festzustellen und zu erklären, nicht aber zu erfahren. Denken besteht aus angesammeltem Wissen in Form von Vorstellungen und Assoziationen, und es erfasst eine Erfahrung nur, um sie in bereits bekannte Kategorien passend einzuordnen. Obwohl das Denken, wenn es ruhig ist, Neues aufnehmen kann, wird dieses vom Denken sogleich anhand einer Vorstellung, die bereits Objekt einer Erfahrung war, in etwas Altes verwandelt. Dieses Vorstellungsbild ruft eine sofortige Reaktion hervor. Dies wiederholt sich ständig, sodass es niemals etwas Neues gibt.

Kann ich heute sagen, dass ich weiß, was ich bin? Erlaubt mir die Haltung meines Verstandes, mich wahrhaftig mit dieser Frage auseinanderzusetzen? Das ist wichtiger, als ich denke. Bin ich wirklich von meiner Ignoranz überzeugt und davon, dass all das, von dem ich glaube, dass ich es weiß, nutzlos ist? Ich kann das behaupten, aber ich fühle es nicht wirklich. Ich schätze mein Wissen und möchte immer eine Antwort oder eine Lösung parat haben. Das konditioniert mich. Alles, was ich weiß, beschränkt meine Wahrnehmung und bestimmt meinen Verstand. Alles, was ich weiß, ist eine Ansammlung von Erinnerungen, die mich dazu zwingen, weitere anzuhäufen und immer dieselbe Art Erlebnisse zu wiederholen.

Ich muss erkennen, dass mein Verstand dauernd durch die Forderungen meines gewöhnlichen Ichs, durch seine Assoziationen und Reaktionen, in Bewegung gehalten wird. Das korrumpiert ihn. Ein Gedanke, der durch Assoziationen angetrieben wird, ist nicht frei. Die Wege, die er nimmt, sind voller Hürden – Bilder, festgefahrene Vorstellungen und Erfahrungen. Sie machen ihn unbeweglich oder bringen ihn von seinem Kurs ab, während sie laufend einen Eindruck von Kontinuität vermitteln. Doch nicht dem Gegenstand des Gedankens wohnt die Kontinuität inne, sondern seiner Energie selbst. Der Glaube an ihren Gegenstand hält die Energie im Karussell der Gedanken gefangen. Die Energie verliert all ihre Bewegungsfähigkeit und Schärfe und wird schwächer und schwächer; der Gedanke wird unbedeutend und engstirnig. Wir spüren dies in der ständigen Anspannung in Kopf, Gesicht und Nacken.

Ein Verstand, der dem gewöhnlichen Ich untergeben ist, kann nicht still sein. Aber Gelassenheit, ein ruhiger Verstand, entsteht auch nicht dadurch, dass man sich abwendet oder gegen diesen Zustand ankämpft. Das wird nicht zur Befreiung führen. Mich aus dieser Konditionierung zu befreien, kann nur dadurch geschehen, dass ich sie erkenne, ohne sie zu ignorieren oder zu verneinen, und dadurch eine neue Konditionierung schaffe. Ich muss erkennen und verstehen, wie der Verstand funktioniert. Der Verstand ist die Quelle und das Zentrum meines gewöhnlichen Ichs, meines Egos. Dieses »Ich« sucht nach Sicherheit. Es ist ängstlich, also identifiziert es sich, um Sicherheit zu finden. Dies ist ein unaufhörlicher Kampf. Mein normales Bewusstsein besteht zur Gänze aus Urteilen – aus Akzeptieren und Ablehnen. Dies ist nicht das wahre Bewusstsein. In Tat und Wahrheit kann mir in diesem Zustand, ohne einen ruhigen Verstand, nichts Wirkliches offenbart werden.

26
Nicht zu wissen

Mich so zu sehen, wie ich bin, würde bedeuten, wahrzunehmen, was wirklich ist, eine direkte Wahrnehmung, die nur in einem Zustand möglich wird, der frei ist von jeglicher Konditionierung. Ich glaube, dass ich suche. Aber ich erkenne nicht, dass meine Suche genau durch das, was sie motiviert, gelähmt ist. Ich versuche, nicht eingeschränkt zu werden durch die Konditionierung meines Denkens, meiner Erinnerungen und dessen, was ich zu wissen glaube. Ich trachte danach, darüber hinauszugelangen. Ich versuche es: Ich strenge mich an zu arbeiten, gegenwärtig zu sein. Aber darin bin ich verfangen – ich bin ganz und gar gefangen, mein ganzes Leben hindurch. Der erste Gedanke, der mich behindert, ist der, dass »ich arbeite«. Ich erkenne nicht, wer arbeitet, ich sehe nicht, dass mein Verstand ein Hindernis darstellt. Ich stülpe dem, was ich suche, ein Wort oder eine Vorstellung über, projiziere damit ein Bild und breche aus einem Gefühl des Mangels auf, um Richtung Ziel zu kommen. Ich glaube, dass es notwendig ist zu wissen, wonach ich suche. Die Vorstellung wird wichtiger als die Suche nach Wahrheit.

Meine Beziehung zu meinem denkenden Verstand muss sich ändern. Ich muss seine Konditionierung erkennen und alle Illusionen über seine Fähigkeiten loswerden, um das, was jenseits seiner Funktionsweise liegt, direkt wahrnehmen zu können. Wahrheit kann nicht gedacht werden. Sie kann nicht allein mit dem Denken gesucht werden oder aufgrund des Wunsches, sie zu erlangen oder zu ihr zu werden. Wahrheit wird nicht – sie *ist.* Ich muss erkennen, dass mein Denken durch die Starrheit einer Vorstellung oder die Bindung an eine Form eingeschränkt ist. Genau in dem Moment, in dem ich dies erkenne, ist der Verstand von den Vorstellungen oder den Formen befreit und eine neue Wahrnehmung kann stattfinden. Eine direkte Wahrnehmung zu haben, würde bedeuten, etwas völlig Neues, etwas Unbekanntes zu entdecken, etwas, was mein Verstand mir niemals verschaffen könnte.

Woran liegt es, dass mein Verstand niemals etwas Neues entdeckt? Ich bin eine Gefangene all der Eindrücke, die sich in mir niedergeschlagen haben. Ich bin konditioniert durch das Reservoir meiner Erinnerung, durch das Ergebnis der Einflüsse, die mich berührt haben. Das ist alles, womit ich im Leben zu antworten vermag. Ganz allmählich akzeptiere ich unbewusst diesen Zustand der Konditionierung, und die Energie meines Verstandes vermindert sich. Er verliert an Stärke und Lebenskraft und häuft nur noch Information um Information an. Ich kann meinen Verstand disziplinieren, mein Wissen polieren. Er kann sogar brillant werden. Und doch bleibe ich im Reich des Bekannten. Wie kann ich über diese Art zu denken hinausgelangen, sodass etwas Neues zu erscheinen vermag?

Ich muss frei genug werden, um alles abzuwerfen und Fragen zu stellen, ohne dass ich eine Antwort erwarte. Ich verstehe, dass nicht zu wissen, sich von allem zu entledigen, die höchste Form des Denkens ist und dass, wenn eine Antwort auftaucht, sie falsch sein wird. Ich muss verbleiben, ohne zu antworten, und muss lernen zu sehen, ohne zu beurteilen, ohne einen Gedanken, ohne ein Wort. Sehen ist ein ganz besonderer Akt, der eine Aufmerksamkeit erfordert, die mir unbekannt ist. Das ist der Faktor, der befreit, der ein neues Denken mit sich bringt, einen neuen Verstand. Aufmerksamkeit ist die essenzielle Energie im Menschen. Und diese Energie kann nur dann auftauchen, wenn ich ununterbrochen dabei bin zu sehen, zu hören, zu fragen – niemals wenn ich mit meinem denkenden Verstand weiß. Wir müssen unsere ganze Aufmerksamkeit auf die vor uns liegende Frage richten. Die Aufmerksamkeit wird nicht vollständig sein, wenn wir nach einer Antwort suchen. Vollständige Aufmerksamkeit ist der Vorgang der Meditation.

Durch Wachsamkeit und Meditation kann mir die Natur des Denkens, die Art und Weise, wie es handelt, enthüllt werden. Wenn ich mit meinem ganzen Selbst erkenne, dass »ich nicht weiß«, verlasse ich mich nicht länger auf mein Gedächtnis, um eine Antwort zu finden. In diesem Augenblick, und nur in diesem Augenblick, werde ich frei von meiner Konditionierung, dem Gefängnis meines Gedächtnisses, und kann direkt wahrnehmen, was sich jenseits davon befindet. Ich verstehe die Rolle des Denkens lediglich als einen Erinnerungsfaktor, ausschließlich als einen Verwalter des Gedächtnisses.

27
Ein neues Denken

Unsere Gedanken und Gefühle errichten eine subjektive Welt, eine Welt, die uns versklavt. Feiglingen gleich akzeptieren wir, von den Strömungen niedriger Qualität, in denen wir baden, dominiert zu werden. Solange wir kein Sehnen nach einem anderen Strom verspüren, wird dieser Zustand andauern.

Ich setze mein Denken, meine Gedanken, mit dem Ich gleich, genauso wie ich meinen Körper als Ich begreife. Stets bin ich ein williges Opfer meiner Gedanken, weil ich mich nie von ihnen distanziert habe. Noch immer habe ich nicht begriffen, was für ein riesiges Hindernis sie für das Bewusstsein darstellen, nach dem ich suche. Ich muss verstehen, dass ich nicht mein Denken bin und dass ich nicht jeden in mir auftauchenden Gedanken willkommen heißen und etwas von ihm erwarten muss.

Ich muss begreifen, dass der Gedanke »ich« das größte Hindernis für ein Bewusstsein meiner selbst ist. Alles, was ich durch meine Sinne kenne, hat einen Namen. Ich bin vollgestopft mit Namen, die wichtiger werden als die Dinge als solche. Ich nenne mich selbst »ich«, und indem ich vorgebe, mich selbst zu kennen, akzeptiere ich einen Gedanken, der mich in Unwissenheit hält. Wenn ich lerne, mich von den Namen, von den Gedanken zu trennen, werde ich nach und nach das Wesen des Verstandes begreifen und den Schleier lüften, den er über mich wirft. Ich werde beides erkennen: nämlich, was es bedeutet, durch das Denken versklavt, wie auch die Möglichkeit, von diesem Tyrannen befreit zu sein.

Gleichzeitig darf sich mein Verstand nicht abwenden, denn der Wunsch, sich abzuwenden, erzeugt Furcht; sich nicht den Tatsachen zu stellen, schafft Angst. Mein Verstand muss sich selbst sehen, seine Funktionsweise durchschauen und sich nicht von den Wörtern fesseln lassen. Das verlangt eine außerordentliche Präzision des Denkens, eine Aufmerksamkeit, die sich nicht ablenken lässt. Was bleibt, wenn die Wörter verschwunden sind? Man gelangt an die Pforte der Wahrnehmung. Der Verstand versteht, dass er allein ist. Dann nähert er sich der Bedeutung, dem Gewicht eines Wortes – der Frage, ob ein Wort ein Gefühl erzeugt. Indem er das Wort als Tatsache betrachtet, befreit sich der Verstand von dessen Einfluss.

Es muss mir klar werden, dass mein Denken fast nie darauf ausgerichtet ist, mich selbst zu kennen, so wie ich in diesem Augenblick bin… und in diesem Augenblick. Für das Denken ist es schwierig, bei dem zu bleiben, *was ist,* da es auf Gedächtnis beruht und unablässig die Möglichkeit des *Werdens* erwägt. Wie widersteht man dem Drang *zu werden* zugunsten von einfach dem, *was ist?* Für mein Denken ist es schwer, sich dem Unbekannten zu stellen. Es bedeutet, den Glauben an alles, was es weiß, aufzugeben, ja sogar den Nachhall des vorangegangenen Augenblicks loszulassen.

Um sich dem Unbekannten zu stellen, muss mein Verstand äußerst still sein. Es ist ein Schweigen, das nicht durch Unterdrückung oder Opfer zu erreichen ist. Nicht ich erzeuge diese Stille. Sie entsteht, wenn der Verstand erkennt, dass er allein durch sich selbst nicht mit etwas in Berührung kommen kann, was er nicht zu beurteilen vermag, mit etwas Höherem. Dann sucht der Verstand nicht länger, er versucht nicht zu werden.

Ich muss einsehen, dass es niemals still ist und dass all dieses Denken des Bekannten mich davon abhält, die Wirklichkeit zu erfahren. Dann gewinnen Schweigen und Stille Bedeutung für mich. Es eröffnet sich die Möglichkeit eines ruhigen Verstandes. Ich suche nicht länger nach dem Bekannten. Ich trachte nicht mehr nach Sicherheit oder danach zu werden. Ich fühle mich freier, offener. Das Denken wird frei, Augenblick um Augenblick, und dann kommt es zu einem Verstehen der Wahrheit in jedem Moment. Dies ist der einzige Weg zu wissen. Wahres Denken kommt zu keinem Schluss. Es beginnt immer von Neuem.

28
Jenseits unseres gewöhnlichen Bewusstseins

Wir suchen nach etwas, was jenseits der Welt unseres gewöhnlichen Bewusstseins, unserer üblichen Gedanken und Gefühle liegt. Wir denken an Wahrheit, an Wirklichkeit, als ob sie feststehe gleich einem zu findenden Punkt, dem wir uns annähern müssen. Aber Wirklichkeit ist nicht feststehend. Sie ist lebendig. Sie kann durch nichts, das wir kennen, beurteilt werden. Man kann sich ihr nur mit einem völlig freien Denken nähern – frei von allem, von jeglicher Erwartung und jeglicher Angst –, einem Denken ohne Bestrebung, absolut schweigend, einem Denken, das nur sich selbst kennt. Denken, das nur sich selbst kennt, lebt im gegenwärtigen Augenblick. In diesem Moment, hier, jetzt, hat es nichts zu erwarten und nichts zu verlieren. Es ist »Bewusstsein des Seins« – nicht des So- oder des Andersseins, nur des Seins. Es *ist.*

Hier entdecken wir die Quelle des Denkens. Wir erkennen, dass die Trennung zwischen dem Beobachter und dem Beobachteten am Ausgangspunkt unseres Denkens steht. Der Beobachter stützt sich auf das Gedächtnis, auf das, was aus vergangenen Erfahrungen weiß. Er schaut, denkt und handelt aus dem Gedächtnis heraus. Diese Trennung zwischen Beobachter und Beobachtetem berührt nicht die Realität, sie festigt das Ego. Doch wenn der Beobachter zum Beobachteten wird – wenn das Denken die Erfahrung ist –, gibt es keine Gedanken mehr. Es herrscht ein Zustand der Ruhe, in dem ein Eindruck als neu empfangen werden kann, gerade so, wie es bei kleinen Kindern geschieht. Die Augen nehmen das Bild klar von außen auf, doch es gibt keinen wahrnehmenden Beobachter, keine intellektuelle Bearbeitung.

Um diesen einheitlichen Zustand ohne einen Beobachter zu erleben, muss ich meinen gewöhnlichen Zustand durchleben und erkennen, dass dieser nicht ausreicht. Solange mein Denken verfolgt, was ich tue und erlebe, und es auf die eine oder andere Art beurteilt, verbleibe ich im Reich meines beschränkten Bewusstseins. Ich bleibe unter dem Einfluss meines gewöhnlichen Ichs. Wichtig ist, diese Trennung zwischen Beobachter und Beobachtetem zu sehen und zu erkennen, dass das Denken die Trennung herbeiführt. Wenn ich dies begreife, befreie ich mich von der Macht des Denkens und kann mich einer anderen Realität öffnen.

Wer bin ich? Diese Frage entzieht sich mir, weil ich von ihr getrennt bin. Sie ist zwar direkt vor mir, doch außen. Solange sie von mir getrennt ist und ich nicht vollständig mit ihr vereint bin, ist sie für mich nicht zu verstehen. Diese Unmöglichkeit des Verstehens einzusehen, lässt mich leiden. Wenn dieses Leiden wirklich ist, gibt es keine Trennung mehr und das Denken lässt nach. Es bleibt nur noch Stille.

Doch der Moment, in dem ich ganz in der Gegenwart bin, ist kurz. Sobald ich wieder zu mir zurückgekehrt bin, lässt mich der Eindruck nachdenken, und im Denken bin ich wieder getrennt. Ich entferne mich von mir selbst und lebe nicht mehr in der Gegenwart. Dann, wenn ich dies erkenne, bringt mich der Eindruck, verloren zu sein, wieder zurück zu mir. Dieses Zurückkommen und Fortgehen ist eine normale Bewegung, die ich akzeptieren muss. Das Gefühl zu leben, zu existieren, hängt davon ab. Meine Gedanken hören niemals auf. Sobald der eine vorbeigezogen ist, kommt schon ein anderer, und der nächste folgt ihm auf dem Fuß. Ich klebe an jedem von ihnen. Doch wenn im Denken nur für einen Augenblick ein Zwischenraum entsteht, gibt es nichts mehr, an das ich mich klammere. Ich bin frei. In der Stille kann sich der Verstand jeder Regung des Denkens bewusst sein. Eine solche Wahrnehmung ist frei von jeglicher Reaktion, und die Energie, die daraus entsteht, ist keine mechanische, kein Produkt des Denkens. Es ist jene Energie, nach der spirituell Suchende seit Jahrtausenden Ausschau halten.

Ein inneres Empfinden

29
Ein Werkzeug des Kontakts

Ich möchte die Tatsache erfahren, dass ich nicht nur als Körper, als Tier oder als Maschine existiere, sondern als ein menschliches Wesen. Meine Gedanken und meine Gefühle sind auf dem Niveau eines Tieres. Wenn ich meine Aufmerksamkeit wirklich auf mich selbst richte, stelle ich fest, dass ich nie bewusst bin, nie wach. Ich weiß nicht, dass oder wie ich existiere. Ich vergesse es ganz einfach. Mein ganzes Leben vergeht, ohne dass ich das Allerwichtigste erfahre.

Wenn ich versuche, meine Aufmerksamkeit auf mich zu lenken, merke ich, wie schwierig das ist, und tatsächlich probiere ich es so gut wie nie. Meine Aufmerksamkeit richtet sich ständig auf etwas, was nicht *ich* ist. Alles außer *mir* ist wichtig. Ich kann über die Welt nachdenken, aber nicht über *mich,* darüber, wer ich bin. Also liegt der erste Schritt darin zu denken, »ich existiere«, in der Tatsache, dass ich existiere. Ohne diesen Gedanken werde ich mich niemals an meine Existenz erinnern. Aber dieser Gedanke allein reicht nicht aus, es ist keine Erfahrung. Nur mein Denken ist anwesend. Um mich meiner Existenz zu erinnern, muss ich es auch wollen. Aber ich habe keinen Wunsch, es ist mir nicht wichtig. Ich habe kein Interesse an der Tatsache, dass ich existiere. Wenn ich dies wirklich erkenne, ist es ein Schock. Ich fange an zu verstehen, dass mein Gefühl mir nicht gehorcht. Ich habe absolut keine Macht darüber.

Ich nehme meine Existenz als gegeben an, doch ich *kenne* sie nicht. Ich weiß nicht, was es heißt, als menschliches Wesen zu existieren. Doch solange ich nicht erkenne, dass ich existiere, werde ich niemals verstehen, warum oder wie ich existiere. Ich muss es erleben, ich muss es erkennen – mein Existieren muss eine bewusste Existenz sein, ansonsten ist es sinnlos. Was bedeutet es *zu erkennen,* zu erleben? Ich muss begreifen, dass mein Denken nicht genug ist, dass ich niemals irgendetwas erlebe, indem ich darüber nachdenke. Ich muss mehr in meine Präsenz bringen. Aber wie?

Ich muss einsehen, dass das, was fehlt, eine Verbindung mit meinem Körper ist. Ohne eine Verbindung bin ich in Gedanken oder wechselhaften Gefühlen gefangen, die der Träumerei Tür und Tor öffnen. Und mein Körper ist entweder mein Meister, ein Tyrann, der sein Verlangen befriedigt sehen will, oder mein Feind, der für all meine Gedanken und Gefühle zahlen muss. Dabei könnte mir mein Körper beim Erfahren meiner Existenz die größte Stütze sein. Er steht auf der Stufe der Erde und zieht seine Kraft aus ihr. Unsere Lebenstätigkeit findet auf dieser Ebene statt, nicht irgendwo hoch oben in der Luft. Ich muss den Körper auf der Erde, auf dem Boden spüren. Ich tue dies mit meinem Empfinden – ich spüre sein Gewicht, seine Größe und, was noch wichtiger ist, dass da eine Kraft in ihm ist, eine Energie. Durch Empfinden muss ich eine solch tiefe Verbindung mit meinem Körper spüren, dass diese den Charakter einer Gemeinschaft annimmt.

Wir werden später noch sehen, dass es solche und solche Empfindungen gibt. Doch für den Augenblick muss ich erkennen, dass Empfinden ein Instrument des Wissens, ein Werkzeug des Kontakts mit mir selbst ist. Wenn ich wissen möchte, dass ich existiere, muss ich die Kraft und Energie in mir durch Kontakt spüren. Wenn ich beispielsweise die Qualität meines Denkens erkennen möchte, muss ich durch eine bestimmte Empfindung mit ihm in Kontakt kommen. Genauso funktioniert es mit der Energie des Körpers und der Energie des Fühlens. Ich muss eine Empfindung haben, nicht nur des Fleisches und seiner Anspannungen, sondern ein inneres Empfinden der Energie, ich muss spüren, dass mein Körper lebendig ist.

Willentlich etwas zu empfinden, ist schwierig. Nichts im Leben führt zu einem inneren Empfinden, außer einem seltenen Schicksalsschlag wie großes Leid oder Gefahr. Wenn mich nichts dazu zwingt, habe ich keine Empfindung meiner Existenz. Wenn mein Magen nicht schmerzt, vergesse ich, dass ich einen habe. Doch um den Zustand der Energien in mir selbst zu kennen, muss ich freies Empfindungsvermögen besitzen. Ein bewusster Mensch hat eine andauernde Empfindung seiner selbst und weiß zu jedem Zeitpunkt, wie es in ihm aussieht. So ist es also unser erstes Ziel, ein inneres Empfinden zu entwickeln.

30
Der Anziehungskraft der Erde Folge leisten

Der Körper gehorcht der Anziehungskraft der Erde, aus der er seine Energie zieht. Die subtile Kraft, eine feinere Energie in mir, folgt einer anderen Anziehung. Während der Körper sich auf die Anziehungskraft der Erde ausrichtet, ist diese feinere Kraft freier, so als ob sich diese beiden Bewegungen gegenseitig ergänzen. Und das ist es, was es dem Menschen erlaubt, sich aufrecht zu halten. Immer und unter allen Umständen muss ich dieses Gesetz, von dem mein Gleichgewicht herkommt, akzeptieren und diese Kräfte sich frei in mir bewegen lassen. Wenn ich der Anziehung der Erde auf bewusste Weise Folge leiste, wird die feine Kraft in mir befreit und mein gewöhnliches Ich, mein Ego, findet seinen Platz, seinen Zweck. Die Pole stehen miteinander in Verbindung. Ich gehorche diesem Gesetz und finde meinen Platz in einer Welt von Kräften, die mich zu dem gemacht hat, was ich bin. Aber es bloß zu denken, hilft nicht weiter. Ich muss es leben.

An- und Entspannung haben einen großen Einfluss auf die Art, wie wir uns verhalten und mit der Welt um uns herum in Beziehung setzen. Wir spannen uns dem Leben gegenüber an, um zu nehmen, um uns zu widersetzen, um zu bezwingen. All unsere Selbstbestätigung geschieht unter Anspannung. Doch diese Spannungen trennen uns von einer feinen Energie, von einer essenzielleren Wirklichkeit. Durch die Spannungen werden wir gefangen gehalten und unsere Möglichkeiten bleiben unentwickelt. Unsere Aufmerksamkeit wird niemals eine Wirkung zeigen, wenn unser angespannter Körper Widerstand leistet. Sie wird an der Oberfläche zurückgehalten und vermag nicht, in unsere tieferen Ebenen vorzudringen.

Nur durch das Empfindungsvermögen habe ich Zugang zu mir selbst. Doch es gibt verschiedene Formen von Empfindung. Diejenige, die wir normalerweise spüren, kommt von einer unkontrollierten Anspannung – wie leicht diese auch immer sein mag – und taucht dann auf, wenn mein Denken auf einen Teil meines Körpers fokussiert ist. Es ist eine statische, auf ein bestimmtes Körperteil ausgerichtete Empfindung, die nur dann studiert werden kann, wenn wir aufhören, uns zu bewegen. Diese Empfindung erweckt eine Energie, die nur sehr flüchtig ist und nicht tief eindringen kann. Um eine tiefergehende Empfindung zu erhalten, ein Empfinden der Wirklichkeit, bedarf es eines Loslassens, in dem ich vollkommen frei und empfänglich bin. Anstatt nach Empfindung zu trachten, muss ich mich öffnen und den Eindruck einer feineren Schwingung erhalten. Dafür braucht es ein neues Fühlen, welches es der Schwingung erlaubt, sich auszubreiten. Deswegen forderte Gurdjieff uns auf zu sagen: »Herr, erbarme Dich«; das öffnet uns für ein Gefühl unserer Nichtigkeit und erweckt eine tiefere Energie.

Die Qualität meines Empfindens hängt vom Zustand meines Körpers ab. Indem ich aufmerksam bin für meinen gewöhnlichen Zustand, entdecke ich, dass Entspannung und Anspannung andauernd vor sich gehen. Entweder handelt es sich um eine übertriebene Spannung, unter der ich mit Gewalt, mit Stolz, mich selbst bestätige, oder ein Nachlassen, bei dem ich aus einer Schwäche heraus aufgebe. Wenn ich einsehe, dass dieses Wechselspiel von meinem Ego geleitet wird, beginne ich die Notwendigkeit zu fühlen, dessen harte Ummantelung aufzulösen, sodass sich Leben in mir ausbreiten kann. Dann ist es möglich, dass ich eine herabsteigende Bewegung erlebe, ein Freisetzen der in meinen Anspannungen steckenden Kraft. Einmal in Bewegung gesetzt, unterwirft sich diese Kraft von selbst der Anziehung der Erde und gehorcht ihr. Zur selben Zeit fühle ich, wie eine aufsteigende Kraft in mir erscheint, die es allen Zentren erlaubt, in einer vollständigen Präsenz integriert zu werden.

Die Möglichkeit, eine feinere Energie zu empfangen, ergibt sich nur in dem Augenblick, in dem ich um meine Unfähigkeit und meine Ablehnung weiß. Weil ich es weiß, öffne ich mich für Schwingungen einer anderen Dichte, so als ob eine Schwelle übertreten würde. Als Auswirkung eines unmittelbaren Verstehens seiner Unzulänglichkeit lässt der Körper als Ganzes los, um sich auf diese Präsenz einzustimmen. Ich beginne einzusehen, dass es unendlich viele Stufen des Empfindens gibt, die eine unbekannte Welt repräsentieren.

Ich brauche Stille und große Sensibilität, um eine Präsenz in meinem Körper spüren zu können. Diese Empfindung resultiert nicht aus Anspannung, sondern entspringt einem Kontakt, der mir enthüllt wird. Mein Körper ist zentriert und in keine Richtung angespannt. Er strebt nicht nach oben; das ist nicht sein Wesen. Er zieht mich nicht. Ich ziehe ihn nicht. Es gibt keine Anspannung.

Ich fühle mich frei. Meine Ganzheit ist nicht länger bedroht. Ich erkenne, dass Empfinden eine Gehorsamkeit gegenüber dieser Präsenz ist. Das Bedürfnis, sich zu öffnen, nennen wir »Gebet«.

31
Ein umfassendes Empfinden

Es wird lange dauern, bis ich die Bedeutung meiner Spannungen verstehe. Aber ich kann erkennen, dass sie da sind und dass die Energie in mir nicht frei ist. Gedanken sind Spannungen, und Gefühle ebenso. Die Energie wird durch Vibrationen der Trägheit behindert, die mich in dem niedrigen Teilen meines Wesens festhalten. Ich bin durch meine Spannungen gebunden und damit beschäftigt, die spezifischen Bedürfnisse eines Teils in mir zu befriedigen, ohne das Ganze im Blick zu haben. Meine Energie ist nicht frei, um sich ungehindert zu bewegen wie das Leben einer Ganzheit. Vor allen Dingen muss ich eine befreite Energie spüren.

Normalerweise erlebe ich die Energie in mir in degradierter, nicht gebündelter Form. Trotzdem kann ich sie vielleicht auf eine Art kennenlernen, die reiner, destillierter, ist, und somit spüren, was ich bin. Dafür muss ich mich jedoch darauf einlassen, ohne Anspannung zu sein. Ich muss fähig werden, nicht zu urteilen, keine Erwartungen zu haben, nichts zu hoffen, in voller Aufmerksamkeit zu sein für das, *was ist.* Vielleicht komme ich dann zur Wahrnehmung einer lebendigen Gegenwart in mir, zu einem umfassenden Empfinden des Lebens einer Ganzheit. Mein Vorstellungsvermögen umfasst meinen ganzen Körper, sieht die Bewegungen des Ganzen. Obwohl ich absichtlich einen Teil besonders fokussieren kann, den Arm, das Bein, den Kopf, darf ich nicht den Sinn für das Ganze verlieren. Sobald ich von der Vorstellung eines meiner Körperteile gestoppt werde, wird mein Empfinden fehlgeleitet und meine visionäre Kraft verliert ihre Bedeutung.

Die Suche nach dem Gleichgewicht zwischen An- und Entspannung öffnet mich für den Kampf mit dem gewöhnlichen Ich. Wenn ich entspannt bin und eine umfassende Empfindung meiner selbst habe, bin ich nicht getrennt von meinem inneren Wesen. Ich bin eins. In meinem wahren Wesen, *bin ich* bereits, und ich bin frei. Und dies kann ich leben, solange ich die richtige Einstellung habe, die richtige innere Haltung, ein Gleichgewicht zwischen An-

und Entspannung. Ich fühle mich zentriert mit einem ganzheitlichen Empfinden meiner selbst. Und dennoch beobachte ich die Neigung, wieder partiell zu werden, zu den Spannungen zurückzukehren, die immer dieselben sind und mein gewöhnliches Ich bewahren. Ich fühle das Bedürfnis nach einem Loslassen, das mich von ihnen befreit.

Das ist der Kampf darum, zu sein, was ich bin; ein Kampf zwischen dem subjektiven, in meinen Spannungen personalisierten Ich und dem unbekannten Leben in mir. Entweder bin ich eingesperrt in meinem normalen Ich-Gefühl, das mich von jedem Kontakt mit meinem wirklichen Selbst abhält, oder ich sehne mich nach dem »Göttlichen«, das ich in meinem Wesensgrund fühle und das mir zeigt, wem ich zu dienen habe. Mein ganzes Leben wird durch diesen Kampf gestaltet, und ihn gilt es zu verstehen, wenn ich es bewusst verbringen will. Meine Spannungen spinnen das Netz meines Lebens. Immer sind sie da: mein Verstand hingezogen in Richtung eines Ziels, mein Körper angespannt von dem, was der Verstand mir auferlegt. Auch wenn ich kein dringliches Ziel habe, gibt es kristallisierte Spannungen in mir. Und in jeder dieser Spannungen bin ich mit Haut und Haar gebunden.

Wenn ich versuche, mich für ein Empfinden meiner selbst zu öffnen, erkenne ich, dass ich noch immer voller Spannungen bin. Alles, was ich empfinde, ist dieses Ziehen; es ist wie eine Mauer, die mich von mir selbst trennt. Meine Aufmerksamkeit erreicht nicht die Präsenz in mir, die ein anderes Leben führt. Ich spüre diesen Mangel. Ihn zu empfinden, ist die höchste Wahrheit, der ich mich heute anzunähern vermag, der Stern, der mir den Weg weist. Solange ich mir dieses Mangels bewusst bin, ganz aufmerksam und ungestört von meinem Denken oder meinen Gefühlen, sehe ich die Grenzen der bekannten Welt, der Welt der Formen, die ich zurücklassen muss, um mich dem Unbekannten zuzuwenden.

32
Spiritualisiert sein

Heute haben die Kräfte, die uns antreiben, nur beschränkte Macht, uns zu beleben. Ihre Wellen, ihre Vibrationen ebben schnell wieder ab. Es handelt sich um Vibrationen der Trägheit. Die in Bewegung gesetzte Energie ist nur minimal mit Willen, einem »Willen *zu sein*«, aufgeladen und unfähig, diesen Willen zu übermitteln.

Aus den Tiefen unseres Selbsts ertönt immer ein Ruf. Nach und nach wird er drängender, so als ob eine andere Energie sich Gehör verschaffen will und nach einer Verbindung sucht. In einem Zustand der Bewegungslosigkeit, in Stille, kann diese Verbindung besser gebildet werden; doch dies verlangt, dass ich mich für einen anderen inneren Zustand, für eine andere Qualität von Vibration öffne. Spüren ist das Wahrnehmen dieser neuen Qualität. Ich muss die Präsenz des Spirituellen in mir erkennen. Der Geist durchdringt die Substanz und transformiert sie. Genau diesen Akt brauche ich, um spiritualisiert zu sein.

Die schöpferische Wirkung der Lebenskraft erscheint nur dort, wo keine Anspannung herrscht, das bedeutet: nur in der Leere. Wenn ich mein Wesen entwickeln möchte, muss ich an diesen Punkt gelangen, wo es keine Anspannung gibt, den ich als Leere empfinde, als mir unbekannt. Er ist frei von meinem Ego... er ist etwas, was ich nicht kenne – meine Essenz. Ich empfinde Leerheit, weil die Feinheit des Vibrierens jenseits der meiner inneren Dichte liegt, die ich normalerweise kenne. In diesem Moment erlange ich den Wunsch *zu sein,* den Willen, das zu sein, was ich jenseits von Form und Zeit bin. Durch die Veränderung meiner Empfindung, die mit dem Lösen der Anspannung feiner wird, werde ich mir meiner inneren Leere bewusst.

Ich beginne zu verstehen, was mit einer reinen Empfindung gemeint ist, die sich einstellt, wenn mein Denken frei ist und ohne Vorstellungen begreift. Mit diesem Weitblick entspannt sich mein Körper. Die Entspannung geschieht von selbst und schreitet mit der Klarheit meines Sehens voran. Diese Empfindung ist das erste Zeichen von Gehorsam gegenüber etwas Größerem. Sie kann nur dann bewusst sein, wenn ich willentlich passiv bin. Es ist nicht mein gewöhnliches Ich, das dies tut, nicht das Ich, das versucht, die eigene Kraft zu manifestieren. Meine Kraft ist von anderer Art. Wenn das für mich nicht wirklich wahr ist – wenn ich es in dem Moment, in dem ich arbeite, nicht aufrichtig weiß –, werde ich nicht fähig sein, mich zu befreien. Ich muss eine höhere Kraft erkennen, einen Meister, und dessen Autorität fühlen. Dieses Erkennen kommt, wenn das gewöhnliche Ich, das Ego, aufhört, seine eigenen Aktivitäten zu verursachen. Dann erscheint eine Energie von ganz besonderer Qualität, die, solange man sie erkennt und sich ihr fügt, unwiderstehlich, übermächtig ist. Es ist diese Energie, der wir in Übereinstimmung mit allen Traditionen den Namen »Liebe« geben könnten, wenn wir wüssten, was Liebe bedeutet. Bewusstes Empfinden ist der erste Schritt in Richtung dieser Kraft.

Um ein bewusstes Empfindungsvermögen zu erlangen, ein Empfinden dessen, *was ist,* benötigt man eine neue Art zu denken, ein Denken, das frei ist von allem Bekannten und Geglaubten, sogar frei von vergangenen Erfahrungen. Während dieses Denken sofort all die Widersprüche und die Unordnung erkennt, ist es gleichzeitig fähig, absolut ruhig und gelassen zu bleiben. Dann ist es möglich, meinen Körper als absolut passiv zu erleben, als ob er gar nicht mehr existierte. Wenn ich diesen Zustand von Passivität zu erhalten vermag, habe ich eine erste Macht über meinen Körper. Das zeigt, dass eine neue Energie in meiner Präsenz mitwirkt. Ich lasse mich nicht mehr von irgendeiner Anspannung, sei es ein Zusammenziehen, ein Gedanke oder ein Gefühl, absorbieren. Ich verfolge nur noch ein Ziel, an dem alle meine Zentren teilhaben: die feinen Vibrationen in dem Maß zu spüren, wie ich ihre Qualität wahrnehmen kann.

Ein bewusstes Empfinden unserer selbst bedeutet und ist ein Kennzeichen von Inkarnation, in welcher der Geist sich materialisiert und eine bestimmte Dichte annimmt. Im physischen Körper eine reine Empfindung zu spüren, kann zu einer spirituellen Erfahrung führen. Wir dringen ein in die Welt der Schwingungen, in die Welt der feinen Substanzen. Hier ist mein Körper und hier ist Energie, ein Leben in mir. Und dennoch fühle ich sie als ein und dasselbe. Ist das möglich? Diese Frage, die sich mir stellt, kann ich weder verneinen noch bestätigen, und es entsteht ein Gefühl von Wahrheit, von Wirklichkeit.

Ein neues Fühlen

33
Ich vertraue meinen Gefühlen blind

Dem Leben gegenüber werde ich durch die Kraft meines gewöhnlichen Ichs angetrieben, dessen eigentliche Daseinsmöglichkeit von der Welt abhängig ist, die es umgibt. Dieses Ich hat eine tiefsitzende Angst davor, nichts zu sein, und fürchtet sich, keine Sicherheit, keine Macht, keine Besitztümer zu haben. Es ist dünnhäutig und sehr verletzlich, immer darum bemüht, erkannt zu werden, leicht zu entmutigen, aufbegehrend gegen andere, voller Selbstmitleid. Es ist beständig in Angst – und zwar keine besonders ausgeprägte, sondern eine generelle –, unsicher und unfähig zu sein oder anderweitig verletzt zu werden. Ebenso ist da immer eine Form von Begierde: Ich will bekommen, ich will verändern, ich will werden.

Mein gewöhnlicher Gefühlszustand ist negativ, immer reagiere ich von meinem selbstsüchtigen, egozentrierten Blickwinkel aus auf Leute und Ereignisse – auf das, was *mir* gefällt oder missfällt, was *ich* mag oder was *ich* nicht mag: ein fortwährendes Verschließen, in dem ich mich verhärte, gefangen in einem Ego, das »ich« ruft. Das Wesen, das vollständige Wesen, geht dabei vergessen. Gleichzeitig besteht der Wunsch zu geben, zu lieben. Aber außerhalb des Bewusstseins kann ich nicht lieben. Liebe ist eine Qualität des Bewusstseins.

Wenn ich wissen möchte, *was ist,* muss ich erkennen, dass weder Worte noch die sie begleitenden Gefühle Wahrnehmungen der Wirklichkeit sind. Das Wort ist nicht die Tatsache, das Gefühl ist nicht die Tatsache. Beides sind Reaktionen meiner Konditionierung auf Eindrücke, auf alles, was mich beeindruckt. Aber ich vertraue meinen Gefühlen blind. Ich zweifle niemals an ihnen. Ich glaube, dass sie Ausdruck einer reinen Wahrnehmung sind, und merke gar nicht, dass sie nur hartnäckige Konditionierung reflektieren. Aus diesem Grund begreife ich nicht, wie absolut unabdingbar es ist, sie zu beobachten – das heißt, mich ihnen zu stellen, ohne auf sie anzuspringen, und unbarmherzig zu sein gegenüber meinem Verlangen zu reagieren. Mein Wunsch, meine Gefühle besser zu kennen, muss stärker sein, ohne sie zu entschuldigen oder abzuweisen. Um sich von ihrer Wirkung zu befreien, muss mein Denken scharf und genau sein, und meine Aufmerksamkeit darf nicht schwächer werden oder abschweifen, falls ich die Bedeutung meiner Gefühle und das Ausmaß ihres Einflusses auf mein Leben verstehen will. In genau diesem Augenblick muss ich fähig sein, mich für die Intelligenz des Stillschweigens zu öffnen; allein hierin kann Verständnis auftauchen.

Um diese Suche zu beginnen, muss ich ein Gefühl beobachten, das normalerweise von einem großen Teil meiner Aufmerksamkeit Besitz ergreift – zum Beispiel Angst, Ärger oder Neid. Ich versuche immer zu vermeiden, diese Gefühle zu betrachten. Aber nun möchte ich sie sehen, ich muss mich ihnen stellen, da ich ununterbrochen mit ihnen lebe. Mit meiner ganzen Präsenz bin ich auf die Regungen meiner Gefühle aufmerksam. Die Aufmerksamkeit ist rein, ohne jegliches subjektiv ambitionierte Ziel, und sie muss rein bleiben, um zu erkennen. Sie ist eine höhere Energie, mächtiger und intelligenter als die Gefühle, die in mir wallen. Nur, wenn ich auf diese Art und Weise arbeite, werde ich die Stärke meiner Bindung an sie ermessen können.

Ich muss erfahren, durch was mein Denken und mein Fühlen in einer bestimmten Sphäre zurückgehalten werden – durch den ständigen Kontakt mit einer Art von Ideen, denen sich mein Denken unterwirft. Ich muss die Hypnose erkennen, die dieser Kontakt ausübt. Um nach anderen Kontakten, nach anderen Eindrücken zu streben, werde ich sensibler für eine feinere Energie, die einer stärker vergeistigten Ebene angehört. Eine häufigere Berührung mit dieser Energie bringt neue Möglichkeiten.

34
Fühlen erlaubt Verbindung

Ich habe alle Möglichkeiten in mir, aber ich kann mein ganzes Leben ohne wirkliche Veränderung verbringen. Die höchste Energie, die alle anderen hervorbringt, ist in mir. Sie ist Teil von mir. Es geht nicht darum, sie zum Vorschein zu bringen, sondern es ihr zu erlauben zu erscheinen, sich ihr hinzugeben. Je mehr ich mich darum bemühe, desto beschränkter ist der Weg... nichts geht hindurch. Ich muss lernen, mich ihrem Einfluss willentlich zu unterwerfen. Die aktive Kraft und die passive Kraft sind ständig in uns präsent. Aber zwei Kräfte allein reichen nicht aus. Sie sind nicht miteinander verbunden. Eine dritte, versöhnende Kraft, muss auftreten, ein bestimmtes Gefühl, das eine Verbindung zulässt und damit alles transformiert.

Wenn wir die Wirkung dieses Gesetzes der Kräfte erkennen könnten, würden wir besser verstehen, warum es so schwierig ist, für sich selbst wach zu sein und hier zu bleiben. Ich muss gleichzeitig für zwei Teile in mir wach sein und die Notwendigkeit spüren für eine Kraft, die beide miteinander verbindet. Dann muss ein neues Gefühl erwachen – ein Ich-Gefühl, das gleichzeitig einer größeren Wirklichkeit zugewandt ist, an der ich teilhabe, und angezogen wird von der Welt, in der ich lebe. Was diese beiden Welten von mir verlangen, ist, dass ich anwesend bin im Verständnis, dass sie ohne einander nicht existieren können und dass die eine durch die andere spiritualisiert werden muss. Eine bewusste Verbindung muss entstehen.

Beziehung ist Berührung, ein direkter Kontakt auf gleicher Stufe mit derselben Intensität. Es gibt verschiedene Arten von Kontakt: Manchmal fühle ich, ein anderes Mal spüre ich etwas und ein weiteres Mal wiederum erkenne ich. Wenn in allen drei Zentren dieselbe Intensität herrscht, besteht Bewusstsein. Aber eine bewusste Verbindung kann nicht aus altem Denken entstehen, das sich an Wörter und Vorstellungen klammert. Diese Art von Denken hat nicht die Macht, das Unbekannte zu erkennen. Solange das alte Denken aktiv ist, kann keine andere Dimension auftauchen.

Ich beginne zu entdecken, dass die höchste Energie in mir nicht frei ist, dass mein Denken den Zustand formt, in dem ich mich befinde. Wenn ich meine Beeinflussbarkeit durch den kleinsten Gedanken erkenne, erwacht mein Interesse. Aber ich muss noch viel weiter gehen, zur Quelle, und sehen, wie die Gedanken entstehen. Mit Vorsicht, ohne etwas zu erwarten oder irgendetwas als selbstverständlich vorauszusetzen, beobachte ich still die Absichten und Reaktionen meines Denkens. Es ist eine komplizierte Anstrengung, die Geduld erfordert. Sie führt mich dazu, dass ich alles aufgebe. Aus einem tiefen Wunsch heraus zu wissen, die Wahrheit zu kennen – was immer sie auch sein mag und unabhängig davon, was ich erwarte –, entdecke ich etwas Neues. Der Qualität der

Aufmerksamkeit, die sich den Tatsachen, so wie sie sind, stellt, wohnt ein Licht inne, eine Intelligenz – ich zögere, »Gefühl« zu sagen, da wir zu wissen glauben, was Gefühl ist. Es ist eine völlig neue Qualität mit der Kapazität zu wissen. Wenn sie auftaucht, legt mein Denken seine Autorität ab und mein Körper, von diesem Einfluss befreit, entspannt sich. Die befreite Energie findet ihren eigenen Fluss, und mein Körper gibt sich ihr hin, um die richtige Beziehung zu ihr zu finden. Dieses Gefühl für das, was ich bin, bringt das, was gesehen wird, und das, was sieht, zusammen. Es gibt nicht länger ein Objekt und einen Beobachter. Ich bin sowohl diejenige, die sieht, als auch diejenige, die gesehen wird.

Wenn ich mich meiner Präsenz ganz öffne, wenn ICH BIN, betrete ich eine andere Welt, in der es weder Zeit noch Raum gibt. Ich bin eins, ein Ganzes. Die Gedanken lassen nach und der Verstand verschwindet. Ich *fühle* das ICH. Fühlen ist das wesentliche Instrument des Erkennens.

35
Ich fühle, ICH BIN

Können Sie erkennen, dass das vor uns liegende Problem eine Frage des Fühlens ist? Wir beginnen, die Armseligkeit all unserer Gefühle zu sehen und das Erfordernis nach reinerem, eindringlicherem Fühlen zu begreifen. Aber wir erreichen nicht die Tiefe in uns selbst, wo eine Transformation stattfinden kann. Ich gebe meine Götzenbilder nicht her. Es taucht ein Wunsch auf, mehr ich selbst zu sein, mich einem sehr hohen Teil meiner selbst zu öffnen und eine emotionale Kraft zu erfahren, die erkennt. Ich muss sie hören. Dafür ist es notwendig, eine tiefe Stille zu erreichen, in der mein Fühlen nicht mehr an meinem normalen Egoismus hängt. Nur in der Stille ist dies möglich.

Ich wünsche mir, gegenwärtig zu sein, präsent zu bleiben. Aber ich fühle, dass ich machtlos bin, nicht zu wünschen vermag, nicht sein kann. Ich habe kein starkes Verlangen, keinen starken Willen. Ich brauche Hilfe, eine Kraft von einer anderen Qualität. Hilfe erscheint in der Form eines aktiveren Fühlens mit mehr Überzeugung, eines Fühlens, das von einem höheren emotionalen Zentrum herkommt. In diesem Moment erlebe ich eine neue Möglichkeit des Präsentseins, die mich in eine andere Lage in Beziehung zu dem versetzt, was mich umgibt und was meiner Präsenz Bedeutung verleiht.

Aber diese Hilfe erhalte ich nur dann, wenn ich ein unwiderstehliches Bedürfnis danach empfinde. Dieser Ruf kommt aus der Einsicht und Erfahrung meiner Machtlosigkeit, so wie ich bin. Dann ist an meiner Wachheit für meine Situation etwas Richtiges, etwas Wahres, und ich kann mir von dieser Kraft Hilfe wünschen und mich nach einer anderen Möglichkeit des Seins sehnen. Indem ich mir wünsche, mich ihrem Gesetz zu beugen, schaffe ich Raum für diese Kraft und bin aufmerksam, sodass die Haltung all meiner Teile im Gleichklang ist, um sie zu empfangen. Solange diese Kraft für mich das Wichtigste ist, kann ich ihre Hilfe empfangen. Doch dieses Gefühl von Machtlosigkeit ist zu flüchtig. Schon wieder glaube ich daran, dass ich »tun« kann, so wie ich bin, und kehre zu meinem eingebildeten Ich, zu meiner Blindheit zurück.

Wie lässt sich die Erfahrung des Fühlens verstehen? Wir wissen, was Empfinden ist: eine innere Berührung. Fühlen benötigt eine andere Qualität. Es hat nichts mit »mögen« oder »nicht mögen« zu tun und ist trotzdem eine Emotion. Ich *fühle* Mitleid oder Vergnügen. Gefühle kommen ständig hoch. Wie Feuer, das aufflackert und wieder abstirbt. Und ich *fühle,* dass ICH BIN. Reines Gefühl hat kein Objekt. Ich kann es nur verstehen, wenn ich fähig bin, ohne Vorstellung, Wort oder Bild zu sehen, wenn ich es schaffe, mit dem in Berührung zu sein, *was ist.*

Ich beginne die Welt, in der ich lebe, als eine Welt der Fiktion zu sehen. Sie ist nicht wirklich. Das Bild, das ich von mir selbst habe, ist keine Vision meiner eigenen Wirklichkeit. Ich sehe mich durch das Denken, verloren in meiner Vorstellung meines Ichs. Nur für kurze Augenblicke ertaste ich etwas Wirkliches in mir – habe ich ein Gefühl, dass ICH BIN. Das Gefühl, das ich von mir selbst habe, lässt mich meine Realität erkennen. In diesem Moment, und nur in diesem Moment, weiß ich, dass ich bin. Ich bin bei der Quelle. Jetzt habe ich ein Maß für meine Wirklichkeit, die die Wirklichkeit selbst ist, anstelle meines üblichen Zustandes mit meiner gewöhnlichen Wahrnehmung. Diese Wirklichkeit ist immer hier. Sie muss für mein Fühlen zum Zentrum der Anziehungskraft werden.

Gurdjieff gab uns die »Ich bin«-Übung, um mit dem Fühlen zu arbeiten. In einem Zustand der Sammlung gelange ich zum Ich-

Gefühl. Ich leite es in meinen rechten Arm – *»Ich«* – und spüre dann in meinem rechten Bein – *»bin«*. Danach fühle ich im rechten Bein, dann spüre ich das linke Bein; fühle im linken Bein, spüre den linken Arm; fühle im linken Arm, spüre den rechten Arm. Ich wiederhole das drei Mal, fühle jedes Mal *»Ich«* und spüre *»bin«*. Nachdem ich dies drei Mal wiederholt habe, fühle ich den ganzen Körper – *»Ich«* – und spüre den ganzen Körper – *»bin«*. Ich erfahre das *»Ich«* immer als Fühlen und das *»bin«* immer als Spüren. Fühlen ist eine intensivere Qualität des Spürens. Diese Übung kann auch durchgeführt werden, indem man mit dem rechten Bein, dem linken Bein und so weiter beginnt. Die Worte »ich – bin« können ersetzt werden durch die Worte »Herr – erbarme Dich.«

36
Die Liebe, zu sein

Ich fühle die Energie, die meinen Körper antreibt; es besteht eine Verbindung zwischen meinem Verstand und meinem Körper, aber sie reicht nicht aus. Eine Art Gleichgewicht wird aufgebaut, aber solange mein Fühlen sich nicht öffnet, ist es nicht wirklich lebendig.

Ich beginne mir zu wünschen, ein Ganzes zu sein und mich selbst als Ganzes zu fühlen, doch bin ich dauernd mit der Kraft meines Automatismus konfrontiert. Auf der einen Seite gibt es eine Bewegung zur Einheit, die mich für eine neue Wahrnehmung öffnet, auf der anderen Seite ist da eine unerbittliche Bewegung der Zersplitterung. Dieses Aufeinandertreffen ruft eine Kraft in mir hervor, die ich nicht vermutet hätte, eine Aufmerksamkeit, die ansonsten nicht in Erscheinung getreten wäre.

Die Aufmerksamkeit, die zu dem Augenblick der Bewusstheit führt, ist das Feuer, das eine Vermischung von Kräften, eine Transformation bewirkt. Mir gleichzeitig beider dieser Bewegungen bewusst zu werden, erfordert eine größere Aktivität meiner Aufmerksamkeit. Die Anstrengung *erweckt* sie, erweckt eine Kraft, die bisher schlief. Meine Aufmerksamkeit ist völlig mobilisiert und schließt gleichzeitig die höheren und die niedrigeren Zentren, das Funktionieren meiner ganzen Präsenz, mit ein. Dies ist abhängig von einem neu auftauchenden Gefühl, dem Fühlen des *Seins.* Sich seiner selbst zu erinnern, bedeutet in erster Linie, sich an diese andere Möglichkeit zu erinnern, an die Suche nach einer aktiveren Kraft in mir. Ich wünsche mir zu wissen, ich wünsche mir *zu sein.*

Ich muss verstehen, was es braucht, um eine Seinsveränderung zu erzielen, und begreifen, dass ich ohne Hilfe durch die höheren Zentren nichts erreichen kann. In unserem üblichen Zustand können wir nur auf unseren gewöhnlichen Verstand zurückgreifen, der nicht über die notwendige Energie verfügt. Wir würden mehr verstehen, wenn wir gefühlvoller sein könnten in Bezug auf unseren Zustand und hinsichtlich der Tatsache, dass wir den Ruf der höheren Zentren nicht vernehmen, nicht auf ihn hören. Damit mein Sein sich verändern kann, muss ich meinen Zustand gefühlsmäßig verstehen.

Ich denke, dass ich meinen Zustand verstehe, doch mein Fühlen bleibt davon unberührt. Diese Art des Denkens ist passiv und erkennt nicht. Es fehlt ihr an durchdringender Sehkraft, die eine Wahrnehmung des tatsächlich Wirklichen erlauben würde, und an der Energie, mit diesem in Kontakt zu kommen. Also versuche ich entweder, meine Gedanken und Gefühle zu vermeiden, oder ich gehe gegen das an, was mich gefangen nimmt und mich am Entkommen hindert. Ich verstehe meine Wirklichkeit als Ganzes nicht, und das Faktische hat keine Wirkung auf mich. Ich denke, ich fühle, ich spüre, oder aber meine Aufmerksamkeit zieht sich abrupt zurück und ich werde still und ruhig. Aber ich merke nicht, dass ich passiv geworden bin. Was danach folgt, resultiert nicht aus dem Erkenntnisakt, sondern aus dem Verlangen, an dem festzuhalten, was ich fühle, und dem, was ich akzeptiere oder ablehne. Ich begreife nicht, wie notwendig eine Energie ist, die nicht von meinem Denken und Fühlen kontaminiert ist, eine Energie, die das Wesen dessen zu durchdringen vermag, was sich ihr widersetzt.

Die einzige Kraft, die etwas ändern kann, erscheint, wenn mir das Bedürfnis bewusst wird. Ich bin unzufrieden, ich habe nichts in mir, das weiß. Es ist keine Befürchtung, sondern eine Tatsache, die ich erkenne: das Fehlen einer Übereinstimmung meiner Zentren. Diese Tatsache berührt mich. Ich habe ein neues Gefühl, ein Gespür der Dringlichkeit, eine Sorge, eine Liebe zum *Sein.* Ich verpflichte mich – zu sehen; und aus diesem Akt des Sehens taucht eine Energie auf. Sie gehört zu dem Akt des Sehens, und solange der Akt rein ist, ist sie da. Es ist das Erscheinen des ICHS.

Um sich seines Selbsts bewusst zu sein, muss man sich des Eindrucks bewusst sein, den man erhält. Im Augenblick dieser Bewusstheit vermischen sich das, was sieht, und das, was gesehen wird, zu einer Einheit. Das ganze Sein ist verändert. Ein reines Fühlen erhebt sich, eine nicht verunreinigte Energie, die absolut notwendig ist, wenn ich weiterkommen will. Ohne sie werde ich niemals wissen, was wahr ist, niemals in eine ganz neue Welt eintreten.

IV

Die Arbeit daran, präsent zu sein

Was verstehe ich heute, und was ist es,
was ich verstehen muss?

—

Verstehen hängt vom Zustand meines Seins,
vom Zustand meiner Präsenz ab.

—

Es ist absurd, wenn ich in meinem Schlaf vorgebe,
dass ich zu arbeiten wünsche, während ich die ganze Zeit
davon träume, dass ich es kann.

—

Unsere Bemühungen, im Leben zu arbeiten,
zielen vor allem darauf ab zu entdecken, wie weit wir
von unseren höchsten Entwicklungsmöglichkeiten
entfernt sind.

—

Im Zentrum unserer Arbeit steht der Wunsch,
auf eine wirklichere Art zu leben.

—

Meine Lüge ist: Ich bestätige mich selbst,
ohne den Geschmack von Wahrheit,
den Geschmack der Wirklichkeit zu kennen.

—

Wir können entweder ein unbewusster Sklave sein
oder ein bewusster Diener.

In einem ruhigen Zustand

37
Ein Weg des Verstehens

Der Vierte Weg ist ein Weg des Verstehens, der gelebt werden muss. Wie wir existieren, unsere Lebensart, ist ein Fakt, der exakt das Maß unseres Verstehens reflektiert. Ich kann nicht behaupten, dass ich verstehe, was es bedeutet, gegenwärtig zu sein. Es ist ganz einfach deswegen nicht wahr, weil ich es nicht lebe. Wenn ich lebe, ohne gegenwärtig zu sein, bedeutet dies, dass da etwas ist, was ich, so wie ich bin, nicht verstehe. Und so wie ich bin, werde ich es nie verstehen, bis sich mir diesbezügliche eine Frage stellt.

Was ist diese Anstrengung, die wir »arbeiten« nennen? Was versuchen wir denn zu erreichen? Was verstehe ich heute, und was ist es, was ich verstehen muss? Dauernd möchten wir etwas in uns selbst verändern, weil wir es nicht mögen. Doch dies ist nicht der richtige Ausgangspunkt. Er basiert nicht auf Verständnis. Er kommt nicht aus einem Verstehen heraus und wir können ihm nicht trauen. Ich bin nur im Maße meines Verstehens fähig, mich zu verpflichten.

Verstehen basiert auf bewussten Eindrücken und hängt vom Zustand meines Seins, vom Zustand meiner Präsenz ab. Das, was ich in einem Moment der Bewusstheit weiß, ist das, was ich verstehe. Sobald mein Zustand sich ändert und meine Bewusstheit abnimmt, geht dieses Verständnis verloren. Es wird augenblicklich gefesselt durch assoziatives Denken und automatisches Fühlen, meine üblichen Mittel, die es stehlen und vorgeben, es gehöre ihnen. Wir müssen diesen Verlauf als Tatsache anerkennen, sodass wir nicht getäuscht werden. Verstehen ist ein kostbarer Schatz, der als ein lebendiger Funke in meine Anstrengung einfließen muss. Wenn dieses Verstehen mit Klarheit eintritt, kann es einen Impuls geben, der richtig ist und zu einem bewussten Eindruck, einem neuen Verständnis führt. Wir müssen aufpassen, dass wir es nicht zulassen, dass unsere normalen Mittel diesen neuen Eindruck verunreinigen oder er von unerwünschten Assoziationen begleitet wird.

In unserem gewöhnlichen Schlafzustand, im Zustand der Identifikation, können wir nichts wissen. Wenn ich gänzlich identifiziert bin, bin ich völlig abwesend. Dann ist niemand anwesend, um zu sehen oder zu wissen. Da ist keine Spur von freier Aufmerksamkeit, um zu sehen. In meinem Schlafzustand wünsche ich mir zu arbeiten, und ich versuche es auf die eine oder andere Weise. Aber es ist unmöglich. Es ist absurd, wenn ich in meinem Schlaf vorgebe, dass ich zu arbeiten wünsche, während ich die ganze Zeit davon träume, dass ich es kann. Ich muss meine Illusion meiner selbst, meine gewohnheitsmäßige Selbstbestätigung anzweifeln. Die erste Anstrengung ist das Erwachen, sodass ich sehen kann.

Wir schenken dem Moment des Aufwachens, dem Moment, in dem wir sehen, wie wir schlafen, zu wenig Beachtung. Wir glauben, aufzuwachen bedeute, in ein völlig anderes Leben einzutreten, das nichts gemein hat mit dem Leben, das wir führen. In Tat und Wahrheit heißt aufwachen vor allem, uns selbst gegenüber, so wie wir sind, zu erwachen, den Schlaf, die Identifikation, zu sehen und zu fühlen. Der Moment, in dem wir uns erheben und unsere Identifikation sehen, ist *der einzige Moment,* aus dem ein Impuls hervorgehen könnte. Nur dann habe ich die Möglichkeit aufzuwachen. Danach, nur einen Augenblick später, rechtfertige ich, lüge ich. Im Moment des Eindrucks realisiere ich, dass das Niveau meines Zustandes sehr niedrig ist. Das macht mich betroffen und ich möchte frei sein. Dann wünsche ich, gegenwärtig zu sein. Wenn ich sehe, wie ich von meiner Vorstellung gefesselt bin, werde ich plötzlich wie von einem Licht geweckt. Ich erwache, indem mir mein Traum bewusst wird. Ich erkenne eine große Möglichkeit: Wenn ich nicht vollständig gefesselt bin, kann ich aufwachen.

Obwohl wir aufwachen könnten, lehnen wir diese Möglichkeit meistens ab. Wir könnten gegenüber unserer eigenen Präsenz erwachen, aber tun es nicht. Und wenn wir es tun, erkennen wir, dass wir nicht gegenwärtig bleiben können. Ich war wach, doch jetzt finde ich mich wieder schlafend. Ich war gegenwärtig, und schon wieder bin ich nicht mehr da. Den größten Teil der Zeit bin ich abwesend, aber ich weiß es nicht. Und wenn ich nicht entdecke, auf welche Weise ich gefesselt werde, bleibe ich in diesem ausweglosen Kreislauf gefangen. Zu sehen, zu wissen, wird zum wichtigsten Ziel. Es ist nötig zu verstehen, dass ich fähig sein, wünschen und daran arbeiten kann, gegenwärtig zu sein. Ich muss gegenwärtig bleiben wollen und fähig sein, gegenwärtig zu bleiben.

Die Art und Weise, wie ich mich hinterfrage, wie ich zu erfahren versuche, was ich brauche, ist sehr wichtig. Ich kann nicht länger mit einem vagen Wunsch beginnen, den ich für selbstverständlich halte. Ich muss wissen, warum ich arbeite und welche Anstrengung ich unternehme.

38
Tag für Tag

Wir müssen unser Ziel immer wieder neu definieren. Und zwar aus dem Grund, weil der eigentliche Sinn unserer Arbeit, der richtigen Anstrengung, unterwegs verloren geht. Wir vergessen, dass es nötig ist, zwei unterschiedliche Ebenen in uns zu erkennen und miteinander in Beziehung zu bringen. Wir sehen die beiden gleichzeitigen Bewegungen nicht, die zwei Arten von Schwingungen: nach außen in Richtung Manifestation und nach innen hin zu einer Wirklichkeit an der Quelle. Ständig nähre ich mein gewöhnliches Ich-Gefühl und hänge blindlings der ersten Bewegung nach, der Schwingung, die mich hinauszieht. Ich werde mitgerissen von meiner momentanen Handlung und glaube, in dieser Schwingung liege meine Selbstbestätigung. Derart identifiziert, habe ich mich im einen oder anderen Teil von mir verloren und bin mir des Ganzen nicht bewusst. Ich muss mich also bemühen, mich meiner selbst zu erinnern.

Wir sind nach den Gesetzen dieser Welt der Identifikation unterworfen, doch da wir dies nicht erkennen und um keine andere Möglichkeit wissen, unterwerfen wir uns dieser Verhaftung und werden darin gefesselt. Solange wir nicht erkennen, dass dies ein Zustand des Schlafs ist, und wir nicht zu einem anderen Leben erwachen, zu einer höheren Wirklichkeit in uns, können wir nicht entkommen. Damit dies gelingt, müssen wir zunächst einmal einen Zustand von einer anderen Qualität kennenlernen als von der, die wir die ganze Zeit über erleben. Dies ist nur durch die Arbeit im Stillen möglich, unter Bedingungen, die frei von den Anforderungen des äußeren Lebens sind.

Um sich zu konzentrieren, beschäftigt sich mein Denken ausschließlich mit der Frage nach dem ICH und all meine Teile achten darauf, meine Existenz zu kennen. Nur die eine Sache zählt: »Ich existiere.« Ich weiß, dass ich existiere. Ich kann existieren, ich möchte existieren. Nichts anderes ist wichtig. Weil ich um meine Existenz weiß, weiß ich auch, dass alles um mich herum existiert. Alles steigt und fällt, erscheint und verschwindet. Dennoch bleibt hinter diesen Bewegungen etwas still und unveränderlich. Anstatt an der Oberfläche zu bleiben, muss ich mir dessen bewusst werden und mich so eingehend wie möglich auf eine Ebene konzentrieren, zu der ich kaum vordringen und auf der ich noch viel weniger verweilen kann. Ich möchte dieses Wissen, ich habe eine Sehnsucht nach dem, was ich hier wissen kann. Es ist stärker als alles andere. Es ist ein bewusster Wunsch, den Klang des ICHS zu vernehmen, ihn in mir selbst schwingen zu hören.

Jeden Tag muss ich so viel Zeit darauf verwenden wie nötig – mal mehr, mal weniger –, um zu einer klaren Wahrnehmung einer inneren Präsenz zu gelangen, zu einem Leben in mir, das meinem Körper weit übergeordnet ist. Ich muss diese Präsenz als etwas wirklich Existentes erkennen, nicht nur als eine Möglichkeit, der ich manchmal nahekomme. Es kann mir gelingen, wenn ich in einem aktiven Sinn passiv, ruhig genug bin, sodass eine Energie einer anderen Qualität in mir erscheinen und bewahrt werden kann. Das ist ein Zustand eines tiefen Loslassens, in dem die Funktionen passiv gehalten werden. Ich lasse meine Funktionen in meine Präsenz kommen. Nicht ich gehe in sie hinein, sie kommen in mich hinein. Nur die Aufmerksamkeit ist aktiv, eine Aufmerksamkeit, die aus allen Zentren kommt. Ich muss diese Präsenz immer wieder finden, bis ich sie als eine Wirklichkeit kenne, an der ich nicht zweifeln kann.

Diese besondere Wirklichkeit wird die Grundlage bilden, auf der ich meine Arbeit aufbauen kann. Wenn ich jeden Tag zu etwas absolut Sicherem zurückkehre, das ich verstehe und von dem ich überzeugt bin, werde ich den Weg sehen, die Richtung, die es mir erlaubt zu erkennen, wie ich lebe. Ich werde mich eingeschlossen sehen in den engen Kreislauf meiner Wünsche und Interessen, vom Leben gefesselt. Doch weil ich mich Tag für Tag in einem anderen Zustand, außerhalb dieses Kreislaufs, erlebe, werde ich begreifen, dass ich tatsächlich entkommen kann, und vielleicht werde ich sogar erkennen, dass es den Kreislauf gar nicht gibt.

39
Der Weg hinauf

Was ist nötig, um zu einem inneren Gespür, einem inneren Gefühl für die Wirklichkeit zu gelangen? Wir müssen den Weg, den Prozess, kennen und akzeptieren, dass wir so, wie wir heute sind, über keine Mittel verfügen, uns inmitten des Treibens unseres Lebens für die Wirklichkeit zu öffnen. Ich muss die Straße kennen, auf der ich reise – den Weg hinauf und den Weg hinab. Zuerst lerne ich, mich dem Treiben zu entziehen, damit ich diese Präsenz, etwas Wirkliches in mir finde. Anschließend werde ich mich wieder in Richtung Manifestation bewegen.

Indem ich mich der Wahrnehmung einer anderen Qualität zuwende, erkenne ich, dass mein gewöhnliches Denken, mein Fühlen und mein Empfinden mir nicht helfen können, und ich gebe meine gewohnheitsmäßige Haltung und meine Illusion über mich selbst auf. Ich kann nichts »tun«. Trotzdem kann ich mir bewusst werden, wie sich Dinge in mir abspielen, und ich kann eine Einstellung, eine innere Haltung, finden, die es mir erlaubt, mich für eine höhere Energie zu öffnen. Bewusst zu sein, bedeutet, dass alle Teile meiner selbst über dieses Wissen verfügen. Mich in Richtung dieser Öffnung zu bewegen, würde erfordern, dass, in einem bewussten Bestreben, mich meiner selbst zu erinnern, jeder Teil passiv und damit fähig wird, diese Energie zu empfangen. Dieses Öffnen wäre abhängig von einer gleichen Intensität der Aufmerksamkeit in allen Zentren, so als ob alle Teile aufeinander abgestimmt seien. Es wäre, als würde man eine Welt schaffen, in der jeder Teil freiwillig seinen Platz einnimmt.

Was dem Bewusstsein vor allen Dingen im Weg steht, ist der ruhelose Verstand. Alles, was mich von meiner Konzentration ablenkt, ist mein Feind. Und doch muss ich nicht gegen diese Ablenkungen ankämpfen. Ich muss sie ignorieren, anstatt sie mit meiner Energie, meiner Aufmerksamkeit zu nähren. Mein Denken ist zu unstabil und wird durch jeden Schock angeregt, von dem ich naiverweise etwas erwarte. Dieses Denken wird von den immer anwesenden Gedanken aufgewühlt, von ihren Schwingungen, die in mein Gehirn eindringen. Dennoch verfügt mein Verstand über die Fähigkeit, sich auf bestimmte Gedanken zu konzentrieren, deren Schwingungen dann andere Gedanken daran hindern, durch die

Tür des Bewusstseins zu gelangen. So kann mein Verstand die Ursache meiner Versklavung oder ein Faktor für meine Befreiung sein.

Indem ich in Stille arbeite, lerne ich, mich von der Vielzahl der Gedanken abzusondern und zu der einen Schwingung einer einzigen Frage zu kommen: »Wer bin ich?« Während ich versuche, mich darauf einzustimmen, erscheint hinter den Gedankenwellen eine stille, beständige Wahrnehmung des Ichs. Dann werde ich nicht länger von den Schwingungen aufgewühlt, bleibe gleichmütig und erwarte nichts von ihnen. Wer bin ich? Ich verbleibe im Schock dieser Frage, bis all die anderen Gedanken sich ihr unterwerfen. Es ist nicht einfach, aber ich erlaube es mir nicht, entmutigt oder verängstigt zu sein. Noch hänge ich der Vorstellung nach, mir meiner selbst bewusst zu werden. Die Absicht, mich auf diese eine Frage zu konzentrieren, soll mich zum Bewusstsein leiten. Jede andere Vorstellung, die hinzugefügt wird – sogar die des Bewusstseins –, ist nutzlos und stört. Falls ein anderer Gedanke auftaucht, erkenne ich ihn als das, was er ist, und verfolge ihn nicht weiter. Mein Verstand wird ruhig und gewinnt an Stärke mit einer Erkenntniskraft ohne Beteiligung des Denkens.

Da mein Verstand ruhig ist, erhebt sich das Empfinden einer feineren Energie, einer lebendigen Präsenz in mir. Ich fühle sie von meinem Kopf herkommen, eine Schwingung hinter meinen Assoziationen, und in meinem Körper zirkulieren – ein Energiestrom in den Muskeln. Der Strom, den es für ein intensives Empfinden meiner selbst braucht, ist von viel höherer Stärke als derjenige, der für die Manifestation [oder das Verhalten] notwendig ist. Ich dehne die Reichweite meiner Aufmerksamkeit aus, sodass sie alles durchdringt und wie zu einem Netz oder einem Filter wird, in dessen Maschen sich der stärkere Strom sammeln kann. Die innersten, kleinsten Muskeln sind entspannt, doch nur bis zu einem ganz bestimmten Punkt. Sie behalten genau die Straffheit, die erforderlich ist, um den Strom zu halten – weder zu viel, was mich von meinem Körper abschneiden würde, noch zu wenig, was dem Strom erlauben würde zu entweichen. Die größeren Muskeln sind geschmeidig und ohne Anspannung, bereit, durch den anderen Strom in Gang gesetzt zu werden, den es zur Manifestation braucht. Das Regulieren des Gleichgewichts zwischen Anspannung und Entspannung, die »Gesamtspannung«, beeinflusst das Aufsteigen und den Rhythmus der Gedanken und kann im Resultat zu einer Art Meisterschaft über die Assoziationen führen. Ich fühle eine Ruhe, habe ein inneres Gespür für die Wirklichkeit.

Mich meiner selbst zu erinnern, gelingt mir zunehmend besser, weil meine Aufmerksamkeit geteilt ist und das Fühlen dabei mitwirkt. Wenn ich sowohl mit dem Verstand als auch mit dem Körper beschäftigt bin, ist es dem Fühlen unmöglich, nicht mit hineinzukommen – es kann nicht neutral bleiben. Mein Fühlen muss entweder von der Qualität meines Zustandes oder von der fehlenden Übereinstimmung berührt werden. Die besondere Energie, die für die Selbsterinnerung nötig ist, kann nur im Augenblick eines starken Gefühls generiert werden. Bis zu diesem Punkt ist alles nur Vorbereitung.

40
Eine Übung ist eine temporäre Hilfe

Wenn ich im Stillen arbeite, bin ich nicht gestört durch Einflüsse, die normalerweise in meinem Leben wirken, und ich kann die richtige Einstellung, eine innere Haltung, einnehmen, die meine beiden Naturen einschließt. Anders ist es in meinem alltäglichen Leben, wo ich das Subjekt für Einflüsse bin, die sehr unterschiedliche Bedingungen für meine Anstrengung schaffen.

Wenn ich den Unterschied zwischen den Empfindungen von Anspannung und Loslassen erlebe, erkenne ich, dass sich nur in einem entspannten Körper ein Gespür für eine andere Präsenz einfinden kann. Es ist so, als ob diese Präsenz ihre eigene Ordnung im Körper errichten müsste. Diese neue Ordnung muss ich verstehen und erkennen, dass ich Teil davon bin, dass ich mich danach sehne und dass ich darin wesentlicher ich selbst bin.

Bei der Rückkehr zu mir selbst gibt es Übungen, die ich in Angriff nehmen kann, um mir über die Erfahrung der Präsenz klar zu werden. Eine Übung ist stets eine temporäre Hilfe, ein Mittel, das mich darin unterstützt, einen notwendigen Schritt zu unternehmen, meine Situation besser zu erkennen und die Anstrengung zu verstehen, die ich machen muss. Sie kann nur in dem Augenblick eine Hilfe sein, in dem ich sie brauche und ihren Sinn verstehe. Ansonsten vermag eine Übung keinesfalls hilfreich zu sein und kann mich im Gegenteil sogar von weiterem Verstehen abhalten. Das ist der Grund, warum es wichtig ist, niemals blindlings mit

Übungen herumzuexperimentieren oder Übungen zu übernehmen, die anderen gegeben wurden.

Wenn ich eine Übung ausführen möchte, muss ich mir zunächst einmal die Fragen stellen, warum ich sie ausführe und ob ich sie wirklich machen will. Sonst wird die Übung passiv durchgeführt und, da Passivität niemals Verständnis bringt, mir nicht von Nutzen sein. Beim Ausführen der Übung muss ich immer besondere Aufmerksamkeit darauf richten, mit allen drei Zentren zu arbeiten. Wenn ich sehe, dass ich nur mit einem oder zwei Zentren arbeite, kann ich mir sicher sein, dass die Anstrengung mechanischer Natur oder nur halb bewusst ist. Wirkliches Bewusstsein besteht nur, wenn ich in allen drei Zentren mit der gleichen Intensität arbeite. Wenn die Initiative nur von einem der Zentren ausgeht – beispielsweise wenn mein Schwerpunkt zunächst im Kopf ist und sich dann zum Solar Plexus verschiebt –, ist das Schwäche, eine eingebildete Arbeit, die lediglich zu Selbsttäuschung führt. Und wenn ich mich ganz allgemein entspanne, ist dies ebenso eine Schwäche. Ohne Bewusstsein hat Entspannung keinen Wert. Um mich ganz und gar der Übung zu widmen, muss mein Kopf wachsam sein wie ein Nachtwächter, muss mein Körper so empfindsam sein für die Energie, die ihn füllt, dass er ohne unbeabsichtigte Spannung ist, und muss mein Fühlen sich stets der Wahrheit dessen bewusst sein, was ich lebe. Dann kann ich die Gegenwart einer feinen Energie, die in meinem Körper zirkuliert, fühlen.

Weil es so schwierig ist, eine Empfindung des Ganzen zu haben – dessen, was ich wirklich bin –, kann ich damit beginnen, die unterschiedlichen Teile meines Körpers zu spüren. Ich fühle diese Energie stärker in meinem rechten Arm, lebendig und fließend. Sie zirkuliert von meinem rechten Arm zu meinem rechten Bein, dann zu meinem linken Bein und dann zu meinem linken Arm. Und ich gehe durch meine vier Gliedmaßen, jedes Mal abwechselnd mit dem nächsten beginnend. Dann fühle ich die Energie in meinem Rücken fließen… in meinem Kopf… in meinem Solar Plexus… in meinem Körper als Ganzes. ICH BIN. Ich kann die Übung dadurch intensivieren, dass ich das Spüren jeder Gliedmaße zähle – beispielsweise: 1, 2, 3, 4… 4, 3, 2, 1; dann 2, 3, 4, 5… 5, 4, 3, 2; dann 3, 4, 5, 6… 6, 5, 4, 3; bis hin zu 9, 10, 11, 12… 12, 11, 10, 9 und dann wieder bei 1 beginnend.

Wenn ich eine Übung durchführe, versuche ich, mich nicht durch die Erfahrung wegtragen zu lassen. Es ist ein ernster Moment. Ich fühle seinen Ernst. Meine Arbeit ist davon abhängig, was ich jetzt erkenne. Wenn jeder Teil die Initiative behält, verstärkt sich der Geschmack der Wahrheit und die Erfahrung von ICH BIN wird getragen von einer Schwingung, die aus dieser bewussten Anstrengung hervorgeht. Aber das wird mehr oder weniger schnell wieder verschwinden. Damit es länger andauert, ist ein gewisser Vorsatz vonnöten. In der Ruhephase am Ende der Übung beschließe ich, dass etwas davon bis zum nächsten Mal in mir zurückbleiben soll und dass nach dem nächsten Mal mehr davon da sein wird.

In der Betriebsamkeit des Lebens

41
Nur im Alltag

Ich muss in meinem Leben anwesend sein, wenn ich wissen möchte, was ich bin. Wenn ich mich Kräften einer höheren Ebene öffne, bin ich fähig, an diesem Augenblick teilzuhaben; aber es ist nicht meine Rolle, nicht mein Platz, dort zu verweilen. Ich kann mich selbst nicht in dieser Verbindung halten, und nach einer bestimmten Zeit, bilde ich es mir nur noch ein. Wenn ich dann zum Leben zurückkehre, antworte ich wieder mit meinem gewöhnlichen Ich. Ich falle in mein übliches Denken und mein gewohntes Fühlen zurück und vergesse die andere Möglichkeit, der ich mich genähert hatte. Sie ist nun weit, sehr weit weg von mir – in großer Entfernung. Ich glaube nicht mehr an sie und richte mein Verhalten nicht länger nach ihr. Ich gehorche der Kraft meiner Reaktionen und bin verloren, identifiziert mit meinen subjektiven Gefühlen. Ich glaube, dass ich aus mir selbst heraus etwas bin und nichts Weiteres brauche. Für den Ruf einer höheren Kraft bin ich taub.

So wie ich bin, kann ich mich nicht davor bewahren, im Leben verloren zu gehen. Der Grund liegt darin, dass ich nicht glaube, mich zu verirren, und nicht erkenne, dass ich es mag, mich fesseln zu lassen. Ich weiß nicht, was es bedeutet, »gefesselt zu werden«. Ich erkenne es nicht, da ich mich selbst nicht in meinem Verhalten sehe und weder mein Ja noch mein Nein wirklich kenne. Ich habe keine starken Eindrücke, die meine Bemühungen, gegenwärtig zu sein, untermauern. Daher muss mein erster Bewusstseinsakt darin bestehen, das Mechanische an mir zu sehen und zu erkennen, wie ich blindlings einer automatischen Kraft von Anziehung und Abscheu gehorche, und meine Passivität, meine Trägheit, angesichts dieser Kraft zu begreifen. Mein Automatismus ist ein Gefängnis. Solange ich glaube, ich sei frei, werde ich nicht entkommen. Um die notwendige Anstrengung zu unternehmen, muss ich verstehen, dass ich gefangen bin. Ich muss begreifen, dass ich eine Maschine bin, muss mich selbst als Maschine erkennen und hier sein, während ich wie eine Maschine funktioniere. Mein Ziel ist es, zu erleben, dass ich mechanisch bin, und dies niemals zu vergessen.

Was im Augenblick meines Verhaltens auf die Probe gestellt wird, ist das Gefühl, das ich von mir selbst habe. Alle unsere Identifikationen werden von einer inneren Kraft angetrieben. Ihr müssen wir uns stellen. Die Formen, die die Identifikation annimmt, sind unwichtig. Nicht sie sind der Kern des Problems. Wir müssen zu dieser inneren Quelle gelangen und erkennen, dass sie hinter jeder unserer Masken steckt. Tatsächlich ist es unsere eigene Kraft, die uns durch die Bestätigung unseres individuellen Selbsts gestohlen wird. Den ganzen Tag über sagen wir: »Ich.« Egal, ob wir allein sind oder mit anderen sprechen – wir sagen: »Ich«, »ich«, »ich.« Wir glauben an unsere Individualität, und diese Illusion unterstützt unser Existenzgefühl. Ständig streben wir danach, etwas zu sein, was wir nicht sind, weil wir Angst davor haben, nichts zu sein.

Gleichzeitig sind wir die Träger höherer Möglichkeiten. In besseren Momenten fühlt sich jeder von uns als Teil von etwas Größerem. Wir tragen einen Samen dieser Größe in uns. Das ist unser Wert als menschliche Wesen. Wir müssen uns dieser Möglichkeiten bewusst werden, um diese mit unserer Lebenskraft in Verbindung zu bringen, um sie an unserer Lebenskraft teilhaben zu lassen. Durch dieses Bewusstsein können sich mein wirkliches Selbst und mein gewöhnliches Ich kennenlernen und eine Verbindung aufbauen.

Das gewöhnliche Leben stellt sich gegen mein Wissen um die in mir versteckten höheren Möglichkeiten. Dies tut es auf eine ebenso natürliche wie unnachgiebige Weise, die mich zwingt, das zu sein, was ich heute bin. Doch wenn ich in mir den Gegensatz zweier Leben sehe, zweier verschiedener Ebenen, die von unterschiedlichen Gesetzen abhängig sind, fühle ich das Bedürfnis nach einem Weg, nach einer Richtung. Ohne diesen Gegensatz würde ich dies nicht so fühlen und ich könnte nicht lernen, mich selbst zu sehen, wie ich bin. Nur unter den Bedingungen meines Alltagslebens kann ich untersuchen, wo meine Kraft und wo meine Schwäche liegt. Später, wenn ich diese kenne, werde ich auch wissen, ob es notwendig ist, mich zu ändern.

42
Die Quelle der Manifestation

Die Lebenskraft ist in uns immer gegenwärtig und eine unaufhörliche Quelle der Manifestation [unseres Verhaltens]. Aber wir haben keinen Kontakt, keine Verbindung zu ihr. Wir fühlen uns nicht involviert. Wir kennen unsere Lebenskraft nicht. Um sie kennenzulernen, müssen wir für unsere Identifikation wach sein. Wir müssen akzeptieren, dass wir uns in Richtung Manifestation bewegen, und uns gleichzeitig bemühen, uns selbst zu beobachten, wie wir von der Lebenskraft eingenommen werden, und die Veränderungen verfolgen, die sich in uns vollziehen. Wir müssen dahin kommen, uns freiwillig involviert zu fühlen – in einer bewussten, von uns gewählten Teilhabe, für die wir uns entscheiden.

Wir müssen einsehen, dass eine Kraft in uns immer aktiv sein wird, sich stets ausdrücken, manifestieren will. Mein Denken wird immer ablaufen, mein Fühlen wird sich immer regen, mein Körper wird sich immer bewegen. Es existiert ein Hunger nach Betätigung, eine Art Begierde, die immer da sein wird. Wie habe ich daran teil? In welcher Beziehung stehe ich dazu? Genau hier liegt die Wurzel des Problems: Ich sehe nicht das Ego hinter meinem ganzen Verhalten, ich erkenne es nicht. Ich sehe nicht den Impuls, der diese Begierde in mir auslöst – diesen Gedanken »Ich... ich... ich...«, der in all meinen Emotionen, all meinen Bewegungen auftaucht, diesen ständigen Ich-Gedanken. Dieser Impuls ist ein Teil von mir, ich kann ihn nicht leugnen. Aber ich weiß nicht, in welcher Beziehung ich zu ihm stehe, welcher Platz ihm zukommen sollte. Ich weiß noch nicht einmal, was gut oder schlecht daran ist oder welche Haltung ich ihm gegenüber einnehmen soll. Da ist nichts bewusst. Ich kann mich ihm noch nicht einmal stellen, um zu versuchen zu verstehen.

Um meine Identifikation zu sehen, muss ich meine Machtlosigkeit, wach zu bleiben, als Tatsache akzeptieren. Ich muss diese Erfahrung machen und immer wieder versuchen, sie zu verstehen. Um eine Kraft zu erkennen, muss ich ihr widerstehen. Also stemme ich mich gegen die Identifizierung, um die Kraft zu verstehen, durch die ich identifiziert werde. Aber was bedeutet es »zu widerstehen«? Worin besteht die Arbeit der bewussten Trennung zweier Kräfte, um sich beider bewusst zu werden? Im Bestreben, meine Aufmerksamkeit zu befreien, wird mir klar, dass die Haltung wichtig ist. Um wach zu bleiben, muss ich erkennen, wann sich meine Haltung verändert, und darf mich der Kraft, die mich fesselt, nicht hingeben.

In meinem gewöhnlichen Zustand der Identifikation folge ich blindlings der Bewegung der Manifestation. Ich gehe in einem Teil meiner selbst verloren, bin von der Betriebsamkeit des Augenblicks gefesselt und mir des Ganzen nicht bewusst. Dies nährt mein gewöhnliches Ich-Gefühl, das ich für meine Selbstbestätigung halte. Und dennoch gibt es in mir eine feinere, lebendigere, intensivere Energie. Wenn ich mir ihrer bewusst würde, könnte ich eine andere Qualität meiner selbst bekräftigen.

Der Augenblick der Manifestation [meines Verhaltens] stellt das Gefühl, das ich von mir selbst habe, auf die Probe. Ich weiß, dass das Gefühl von Präsenz nicht stark ist. Es verschwindet schnell wieder. Es muss vergehen, da ich die Anstrengung nicht aufrechterhalten kann. Aber ich kann sie wiederholen und kann dieselbe Kraft, denselben Geschmack von etwas Realem wiederfinden. Dann bemühe ich mich, nicht wieder so schnell in den Aktivitäten zu verschwinden, und versuche zu erkennen, was vonnöten ist, um präsent zu bleiben. Was opfere ich in einem Augenblick der Arbeit? Was brauche ich, damit ich »Willen« haben kann? Wer will, wer wünscht? Falls ein Selbstgefühl besteht, was für ein Selbst ist das? Wer ist hier? Ich muss begreifen, wie bereitwillig ich verschwinde.

43
Ein Maß höherer Ordnung

Unsere Bemühungen, im Leben zu arbeiten, zielen vor allem darauf zu entdecken, wie weit wir von unseren höchsten Entwicklungsmöglichkeiten entfernt sind. Nach und nach lernen wir unsere unterschiedlichen Zustände kennen; unser Wissen ist ein Wissen über Unterschiede. Es besteht ein Unterschied zwischen dem Zustand, den wir in der Stille erleben, und unserem Zustand in der Betriebsamkeit des Lebens. Unser Lebenszustand ist sehr unbeständig. Wir sind hier nicht dieselben wie dort, sind jetzt anders als eine Stunde oder bereits fünf Minuten später. Sogar wenn wir merken, dass sich unser Zustand ändert, bleibt dies bedeutungslos, wenn wir die Unterschiede nur auf einer Ebene registrieren. Wir müssen sie an etwas Höherem messen, an etwas, was immer dasselbe ist, das heißt an einer inneren Einsicht, die sich nie verändert. Wir messen das Niedere an einem höheren Teil unserer selbst.

Im Zentrum unserer Arbeit steht der Wunsch, auf eine wirklichere Art zu leben. Doch sobald wir beginnen, ist der ganze Widerstand da, der uns dazu bringt, zu lügen und unseren Wunsch zu verleugnen. Wir haben kein Gespür für uns oder kein Gefühl von uns. Wenn wir also »ich« sagen und denken, bestätigen wir nichts, was wir als wirklich erkennen. Hier ist meine Lüge – ich bestätige mich selbst, ohne den Geschmack von Wahrheit, den Geschmack der Wirklichkeit, zu kennen. Aber ich kann nicht gleichzeitig an dieser Lüge und an der Wahrheit festhalten. Um zu wissen, was ich bin, muss ich Platz schaffen und meine Lüge zugunsten des Wahrheitsgefühls aufgeben. Mein Kampf ist ein dauerndes Bemühen, von dieser Lüge frei zu sein und das, was wahr ist, im Zentrum meiner Arbeit wiederzufinden. Dafür brauche ich einen Referenzpunkt, ein bestimmtes Gefühl in mir, das immer da und immer dasselbe ist – mein effektives Verständnis dessen, was es heißt, ein bewusstes Wesen zu sein. Jedes Mal, wenn ich arbeite, muss ich zu diesem Gefühl Kontakt herstellen. Dieser Kontakt, der schwächer oder stärker sein kann, ist eine Beziehung, die von einer bewussten Aufmerksamkeit abhängt. Er ist meine Maßeinheit, das Maß sowohl für meine Fähigkeit als auch für die Qualität meines Augenblicks der Arbeit.

Um wieder zu mir zurückzukommen, muss ich von Wörtern, Vorstellungen und Emotionen frei werden, sodass ich mich dem Spüren einer feineren, höheren Energie zuwenden kann. Um diese zu empfinden, muss ich präsent und mit all meinen Zentren für einen Akt des Bewusstwerdens verfügbar sein. Wenn ich ein Gleichgewicht finde, kann ich die Präsenz dieser anderen Energie, den Kontakt mit einer Kraft von einer anderen Ebene fühlen. Jedoch ist dieses Gefühl des Kontakts mit einer höheren Welt nur ein Teil der bewussten Anstrengung, mich selbst im Leben zu kennen. Darin lerne ich nur einen Aspekt meiner selbst kennen.

In einem Augenblick der Arbeit hole ich zuerst einen Teil der Aufmerksamkeit, die in der Identifikation verloren war, zurück und bringe ihn mit der innersten Wirklichkeit in mir selbst in Verbindung. Meine Aufmerksamkeit verändert sich Kraft ihrer Neuausrichtung auf eine andere Möglichkeit. Aber um präsent zu sein, muss ich mich dann mit dieser neuen Aufmerksamkeit wieder dem Leben zuwenden. Ein Teil davon bleibt auf meine Wirklichkeit aufmerksam, der andere ist auf das Leben gerichtet mit allen Risiken der Identifizierung. Es kommt zu einer bewussten Anstrengung, gleichzeitig sowohl mit den höheren als auch mit den niedrigeren Kräften in Beziehung gebracht zu werden. Ich bin in der Mitte, zwischen zwei Welten. Meine Aufmerksamkeit ist zur Gänze in zwei Richtungen gleichzeitig mobilisiert und bleibt aktiv, um es mir nicht zu erlauben, mich wegtragen zu lassen oder mich aus der Handlung zurückzuziehen. Ich erkenne die Schwankungen meines Seinsgrades.

44
Der Weg hinunter

Ich muss die Straße, auf der ich reise, kennen – den Weg hinauf und den Weg hinunter. Nachdem ich mich zurückgezogen habe, um etwas Wirkliches in mir zu finden, lerne ich, mich in meinem Verhalten bewusster zu manifestieren, mich inmitten der Betriebsamkeit des Lebens für die Wirklichkeit zu öffnen.

Wenn ich zufällig mitten im Leben aufwache, sehe ich, dass ich dafür nicht vorbereitet bin. Mein Involviertsein geschieht nicht aufgrund einer bewussten Entscheidung und meine Aufmerksamkeit ist zerstreut. Damit ich präsent sein kann, braucht es einen bestimmten Wunsch oder Willen, eine gewisse Qualität, die nicht von meiner normalen Person herkommt. Meine Anstrengung muss mit etwas unternommen werden, das jenseits meiner üblichen Mittel, jenseits meines gewöhnlichen Ichs, liegt.

Dazu muss ich eine Entscheidung treffen. Ich entscheide mich, mich meiner selbst zu erinnern und, zu einem festgelegten Zeitpunkt und unter ganz bestimmten Umständen, in zwei Richtungen verbunden zu bleiben. Normalerweise sind meine Arbeitsmomente isoliert und unzusammenhängend. Wenn ich mich meiner selbst im Stillen allein erinnere, entferne ich mich von dem, was ich im Leben bin. Ich verneine das, was ich im Leben bin, und kann es nicht erkennen. Dann, wenn ich es mitten im Leben versuche, habe ich nichts im Voraus vorbereitet, nichts, worauf ich meinen Versuch stützen kann. Daher ist meine Anstrengung schwach, lasch. Also muss ich die Momente, in denen ich in der Stille arbeite, mit den Momenten des Arbeitens mitten im Leben verbinden. Ich muss sie bewusst, aufgrund einer Entscheidung, verknüpfen. Etwas von dem, was ich im Leben erfahre, muss in meine stille Arbeit Einlass finden, und etwas aus meiner stillen Arbeit muss in mein Arbeiten im Leben hineinkommen. In meiner Arbeit im Stillen versuche ich, den Eindruck dessen wiederzufinden, was ich im Leben bin, und fühle auch den Widerstand. Wenn ich dann dazu imstande bin, einen starken Eindruck beider Aspekte meiner selbst auf einen zukünftigen Moment der Arbeit zu projizieren, kann meine Entscheidung, präsent zu sein, bewusst getroffen werden. Die frühzeitig akzeptierte Beziehung kann zu einem gewünschten Zeitpunkt hergestellt werden, vorausgesetzt, meine Anstrengung ist klar. Aber eine Entscheidung zur Arbeit zu treffen, ist sehr schwierig, da die Entscheidung diese beiden Aspekte in mir gleichzeitig berücksichtigen muss. Meine Unzulänglichkeit spiegelt meine begrenzte Kraft *zu tun.*

Unsere ganze Präsenz, einschließlich unseres gewöhnlichen Ichs, muss im Augenblick unserer Entscheidung gegenwärtig sein. Auch wenn wir es aus der Perspektive des Bewusstseins als illusorisch oder enttäuschend ansehen, ist dieses »Ich« das vorläufige Zentrum der Entschlusskraft, die unser Leben trägt. Es muss mit der Entscheidung einverstanden sein, sodass alle Kräfte in mir gegenwärtig sind, wenn sie umgesetzt wird. Natürlich möchte mein »Ich« dies nicht und ist nicht an einer Ausführung der Entscheidung interessiert. Aber es muss fühlen und akzeptieren, dass es etwas Dringlicheres gibt, etwas Größeres. Bei der Entschlussfassung wehrt es sich, doch gleichzeitig akzeptiert es auch – es akzeptiert den Kampf. Zum gewählten Zeitpunkt des Arbeitsbeginns, wenn wir uns nochmals an die Entscheidung erinnern, müssen wir ein Gefühl von Gehorsamkeit haben, von Hingabe an etwas Größeres. Mit unserer normalen Entschlusskraft akzeptieren wir, eine Entscheidung im Namen von etwas Höherem umzusetzen. Dann ist es unsere transformierte Lebenskraft, die im Kern unserer Handlung wirkt. Um zu sehen, was ich im Leben bin, muss ich scharfsinnig sein. Ich darf mich in meinem Verlangen, mich zu manifestieren, nicht verändern. Ich muss mich selbst ertappen und noch im selben Augenblick meine Aufmerksamkeit aufteilen. Es ist beinahe unmöglich.

Wenn wir eine Entscheidung treffen, müssen wir »Maß nehmen«, um die richtige Anstrengung anzupacken zu können. Das bedeutet, die Kräfte zu ermessen. Um einen bewussteren Kampf zu führen, muss ich meine Leistungsfähigkeit – wozu ich fähig bin und wozu nicht – kennen und den Widerstand vorhersehen können. Es gibt Hindernisse, die ich verstehen muss, einschließlich der Illusion meines gewöhnlichen Ichs wie auch der wiederkehrenden Zweifel bezüglich meiner Fähigkeiten. Meine Passivität möchte nicht aufgeben und ist ein äußerst gerissenes Biest. Sie wird mir einreden, dass sie nicht entscheiden oder einen Entschluss nicht ausführen könne. Und das ist wahr – sie kann es nicht. Aber etwas anderes ist dazu fähig. Darauf muss ich hören, und nicht auf die Zweifel, die meine Passivität hegt. Gleichzeitig jedoch vermag ich heute [noch] nicht, unter allen Umständen präsent zu sein. Es ist wichtig, eine Aktivität zu wählen, die meinem Maß, meiner Fähigkeit, präsent zu sein, entspricht. Ich muss erkennen, dass ich sogar bei der einfachsten Aktivität unfähig bin, mich für die Präsenz zu öffnen.

Wenn ich etwas erreicht habe, neige ich dazu, mich zufriedenzugeben und nicht weiterzuarbeiten. Ich vergesse die Stärke meiner Trägheit, wenn erst einmal ein kompletter Stillstand eintritt, und wie schwierig es ist, wieder von Neuem zu beginnen. Ich muss lernen, wie ich mir immer wieder neue Arbeitsimpulse schaffe, Umstände, die zwar schwierig sind, jedoch nicht zu schwierig. Wenn sie nicht schwierig sind, sind sie als Impuls nicht zweckdienlich. Sind sie zu schwierig, rufen sie so starke Widerstände hervor, dass ich nicht weitermachen kann. Versprechen Sie sich selbst nichts, von dem Sie nicht sicher sind, dass Sie es auch einhalten können. Wenn Sie sich etwas vorgenommen haben, müssen Sie diese Aufgabe von Beginn des Tages an als eine gewichtige Notwendigkeit empfinden. Um einen Kampf hervorzurufen, muss das Verlangen die Kraft einer starken Identifikation aufweisen.

Sich stellen

45
»Mich selbst kennen«

Zwei unterschiedliche Bestrebungen sind Teil meiner Präsenz: ein Streben nach der Quelle und ein Streben nach dem Leben. Ich muss begreifen und mich daran erinnern, dass ich zwei Ebenen angehöre. Ich kann nur dann bewusst werden, wenn ich eine Wirklichkeit fühle, die höher ist als ich selbst, wenn ich erkenne, dass ich ohne sie nichts bin und nicht über die Kraft verfüge, mich gegen das Gefesseltwerden durch die Identifikation zu wehren. Dann erst kann ich mich für diese Realität öffnen, ihr Wirken bewusst empfangen und mich durch sie nähren lassen. Aber dies erfordert eine Einstellung, die ich nicht aufrechtzuerhalten vermag. Immer wieder falle ich in mein gewöhnliches Gefühl des Ichs zurück, das nicht versteht, dass es zu dienen hat. Dieses Ich ist blind. Es hält sich für frei und kehrt doch immer wieder in seine Versklavung zurück.

Wenn ich meine Situation betrachte, beginne ich, diese Illusion des Ichs, das durch meine Lebenskraft gefüttert wird, zu verstehen, und fühle die Notwendigkeit einer neuen Haltung mir selbst gegenüber. Die erste Anstrengung muss darauf gerichtet sein, meine Aufmerksamkeit von der Identifizierung zu befreien. Aber es herrscht keine Festigkeit, keine Stabilität. Ich muss herausfinden, welche Anstrengung es mir ermöglicht, einen inneren Kern zu bilden, einen stabileren Schwerpunkt meiner Aufmerksamkeit. Um mich mit beiden Ebenen in Verbindung zu halten, muss meine Aufmerksamkeit vollkommen mobilisiert und in zwei Richtungen gleichzeitig aufrechterhalten werden. Die Kraft geteilter Energie ist meine Kraft der Aufmerksamkeit.

Die kurzen Augenblicke, in denen wir uns zwischen zwei Kräften befinden, schätzen wir zu wenig. In jeder Phase unserer Selbsterinnerung stoßen wir auf Zweifel. Ich zweifle an mir selbst, ich zweifle an einem wirklicheren Teil meiner selbst und ich bezweifle, dass ich Hilfe – höhere Möglichkeiten, als die mir bekannten – finden kann. In diesen Momenten muss ich aufrichtig sein angesichts der Lüge, die sogar in meinen besten Augenblicken im Raum steht. Ich muss mit den Zweifeln ringen, bis etwas aufgibt. Dann kommt Hilfe, die mich ermahnt, wahrhaftig zu bleiben, um die Verbindung mit einer höheren Energie aufrechtzuerhalten. Es ist nicht nötig, jedes Mal in einen höheren Zustand zu gelangen; es reicht, eine Stufe zu erreichen, auf der ich ein bisschen länger gegenwärtig bleiben kann. Schon nur, oberhalb des Schlafzustandes zu bleiben – nur ein bisschen darüber, das aber mit einer gewissen Stabilität –, ist bereits außergewöhnlich. Dadurch wird ständig etwas in uns aufgerüttelt, das aufweckt. Wir müssen wissen, was wir sind – entweder ein unbewusster Sklave oder ein bewusster Diener.

Unsere Aufmerksamkeit hat keinen Schwerpunkt. Sie wird nicht von einer Kraft ausgerichtet, die Autorität oder Macht über sie besitzt, und so springt sie weiter, wohin auch immer sie gerufen wird. Daran erkenne ich vielleicht, dass ich nicht vorhanden bin, weil meine Aufmerksamkeit nicht vorhanden ist. Ich bin unfähig, stärker in mir selbst, innerlich gesammelt, und gleichzeitig mehr im Außen zu sein. Was also wird gebraucht? Die innere Wirklichkeit ist die Quelle meines Lebens, doch genauso habe ich ein zwingendes Bedürfnis, mich nach außen zu projizieren. Wenn ich sehen kann, dass diese innere Wirklichkeit wie ein Magnet wirkt, werde ich das Außen als eine entgegengesetzte Anziehung, als einen Gegenmagneten, erkennen. Dann werde ich vielleicht verstehen, was mit »Aufmerksamkeit« gemeint ist. Es handelt sich dabei um eine Energie, die mich sowohl mit der inneren Quelle als auch mit der äußeren Welt verbindet und es mir erlaubt, Wissen zu empfangen, das heißt *zu wissen.*

Wir verwenden das Wort »wissen« so häufig, dass es nichts mehr bedeutet. Aber wenn wir sagen: »Ich möchte mich selbst kennen«, reden wir nicht vom Erlangen konzeptionellen Wissens, von etwas ein für alle Mal Gelerntes, das dann passiv wieder abgerufen wird. Wir sprechen von einer sehr intensiven und aktiven Handlung.

Nach dem ersten Schock der Präsenz, des Aufwachens und des Zu-mir-Zurückkommens ringe ich darum, mich zwei Bestrebungen oder zwei Ebenen in mir zu stellen. Das Bedürfnis, diese Präsenz aufrechtzuerhalten, bringt einen zweiten Schock mit sich: das Erwachen eines neuen Fühlens, eines neuen Wunsches, eines *Willens.* Um fortzufahren, mich selbst zu kennen, und um nicht zu verschwinden, *will* ich, dass diese Präsenz andauert.

Das Ergebnis von Anstrengung ist immer vorherbestimmt. Es ist festgelegt, es muss sich als Konsequenz von Gesetzen einstellen. Wenn das, was geschieht, nicht immer das ist, was wir erwarten, bedeutet das lediglich, dass unsere Anstrengung nicht die war, die sie hätte sein sollen. Mit dem rechten Bemühen wird das Ergebnis immer zur richtigen Zeit eintreten.

46
Nur Kontakt, nur Beziehung

Es liegt etwas zu Passives in der Art und Weise, wie ich versuche, mir selbst präsent zu sein. Ich vergesse, dass es bei meiner Anstrengung darum geht, mir bewusst zu machen, wie die Kräfte, die Teil meiner Präsenz sind, zueinander in Beziehung stehen, und meinen Platz in dieser Konstellation zu finden. Nachdem ich es eine kurze Zeit versucht habe, spüre ich nichts Weiteres als die Form, in der diese Anstrengung unternommen wird, und ich verkrampfe mich, um diese Form zu bewahren. Die Notwendigkeit, die Beziehung der Kräfte untereinander kennenzulernen, sehe ich nicht mehr. Ich vergesse, dass meine Rolle darin besteht, dieses Bild zu sehen und es nicht wieder aufzugeben. Passiv hänge ich mich an eine Form, in der nichts weiter geschehen kann.

Es wird immer eine Energie geben, die sich in einem Zustand intensiver Konzentration befindet. Und immer ist da auch eine andere Energie, eine zerstreute Energie, die weniger stark ist und nach außen fließt. Der Sinn meines Lebens liegt im Bewusstsein, das ich von diesen Kräften habe. Es geht nicht darum, sie von dem abzuhalten, was sie sind, sondern darum, ihre gegenseitige Beziehung zu kennen. Dazu ist eine reinere Art von Aufmerksamkeit erforderlich, damit ich nicht von Bestrebungen fortgetragen werde, die eine Spannung nach außen erzeugen. Diese Beziehungen von Kräften, dieses ständige Wahrnehmen von Kräften, ist der eigentliche Sinn meiner Bemühung um Bewusstsein. Aber ich vergesse das und glaube, es reiche aus, eine Kraft allein zu betrachten, beispielsweise wenn ich meinem Körper Entspannung auferlege und dabei innerlich einschlafe. Die Form der Anstrengung wird zum Ziel, so als ob sich zu entspannen bedeute, präsent zu sein. Ich muss diese ständige Gefahr erkennen und davor auf der Hut sein. Der Sinn meiner Suche liegt darin, jeden Augenblick in der Frage zu leben. Die Frage: »Wer bin ich?«, ist immer da – wer bin ich inmitten dieser Kräfte, die Teil meiner Präsenz sind?

Zu erkennen erfordert eine aktive Aufmerksamkeit, nicht einfach eine nur vom Schock eines Eindrucks hervorgerufene. Wir müssen begreifen, dass unsere gewöhnliche Aufmerksamkeit nicht in Kontakt steht mit dem, was sie wahrnimmt; und als Folge davon sehen wir nicht wirklich. Für diesen Kontakt muss die Aufmerksamkeit aktiv werden. Wir müssen uns ihre Passivität eingestehen, unsere Unzulänglichkeit begreifen, unsere Nichtigkeit erkennen und uns dem stellen. Das führt zur Aktivierung.

Alles wiederholt sich ständig. Wir müssen uns dieser Wiederholung stellen, um auf das Neue, das Unbekannte, zuzugehen. Mit unserem gewöhnlichen Verstand können wir dies nicht. Immer erwarten wir ein Ergebnis, und so ist unser Denken niemals frei. Wir freuen uns über Veränderung und wollen nicht wirklich wissen. Um über diesen Punkt hinauszukommen, müssen wir uns einem Bewusstsein jenseits des gewöhnlichen Funktionierens öffnen, einem Bewusstsein, das nicht urteilt, sondern erkennt. Ist es besser, das, was auftaucht, verändern zu wollen und dadurch ein flüchtiges Erlebnis zu haben, oder sich ihm zu stellen, ohne abzuschweifen, um zu wissen, was ich bin? Ich lerne zu sehen, erneut zu sehen und meinem Mangel an Willen gegenüberzustehen, meinem mangelnden Verlangen, mir das, *was ist,* einzugestehen. Mich dem zu stellen, was ich nicht weiß, ist eine sehr große Sache – und ich bin mir selbst eine Unbekannte. Ich beginne zu verstehen, dass nur Kontakt, nur Beziehung eine wirkliche Veränderung, Bewusstsein, mit sich bringt.

In meiner gewöhnlichen Aufmerksamkeit können die höheren Zentren nicht auf mich wirken. Sie werden behindert durch den zerstreuten und unharmonischen Zustand, in dem ich mich ständig befinde. Dies ist ein Gesetz: Ich kann nichts tun. Ist es möglich, diese Zerstreuung zu sehen, sie zu verstehen? Solange ich sie nicht erkannt habe, kann sich nichts für mich ändern. Es wird zu keinem neuen Impuls, zu keiner Veränderung von Richtung oder Qualität in meinem Energiefluss kommen. Der Übergang zu einer von den höheren Zentren ausgehenden höheren Qualität geschieht durch Öffnung – das heißt durch das Eintreten einer Aufmerksamkeit, die vorher nicht da war. Dies geschieht in dem Augenblick, wenn ich, unfähig zu verstehen und zu empfangen, innehalte. Und in diesem Innehalten wird die Aufmerksamkeit, die vorher gebunden, gefesselt und sich ihrer selbst nicht bewusst war, plötzlich frei. Einmal befreit, ist sie fähig, sich aufzubauen und sich ihrer selbst bewusst zu werden. Dieses Öffnen für eine andere Ebene stellt das infrage, was ich bin.

47
Der Kampf um das Sein

Wenn wir mechanisch sind, handeln wir nur mit einem Zentrum und unsere Energie wird verbraucht, ohne dass wir dies sehen. Sie wird aufgebraucht in Assoziationen, Emotionen und Bewegungen. Wir müssen das Mechanische an uns erkennen, und dies können wir nur, indem wir ihm Widerstand leisten. Wir widerstehen unserer Identifizierung, um die Kraft zu erkennen, mit der wir uns identifizieren. Wenn wir Widerstand leisten, taucht eine andere Qualität von Energie, eine andere Präsenz auf und vermittelt einen anderen Geschmack – einen vorübergehenden Schwerpunkt. Aber was bedeutet es, zu widerstehen?

Wo bin ich, wenn ich nicht gegenwärtig bin? Ich muss einsehen, wie vollumfänglich ich mich Einflüssen unterwerfe, wie bereitwillig ich mich in Versklavung begebe. Ich gehorche gerne, ich nehme es hin, feige zu sein. Ich verstehe noch nicht einmal, was der Wunsch bedeuten würde, mich selbst zu befreien. Ich bin noch nie auf die Idee gekommen, dass der Sinn einer unabhängigen Existenz im Kampf darum gefunden werden könnte, meine Versklavung zu kennen. Ich habe nie versucht, im Leben präsent zu bleiben, indem ich mich bemüht hätte, nicht so schnell nachzugeben.

Mein Wunsch zu kämpfen, ist nicht stark genug. Anderenfalls wäre ich wachsamer. Wenn ich anfange, sollte ich mich nur gerade so weit zurückziehen, dass ich darum kämpfen kann, präsent zu bleiben. Aber ich vergesse meinen Wunsch und bevorzuge es, mich komplett zurückzuziehen. Würde ich verstehen, dass meine einzige

Möglichkeit, präsent zu bleiben, im Kampf liegt, würde ich nicht versuchen, mich herauszuhalten oder ihn zu vermeiden, indem ich mich zurückziehe und vor der Identifikation fliehe. Das Erkennen meiner Identifikation stünde dann im Zusammenhang mit dem Kampf. Sie wäre Teil meines Kampfes. Bewusste Anstrengung bedeutet nicht, unverändert an ein und derselben Stelle zu verweilen, sondern mit der Anstrengung *fortzufahren.* Wir träumen immer davon, eine Position zu erreichen, in der wir dauerhaft verbleiben können. Doch Beständigkeit lässt sich nur in der Bewegung finden. Wir suchen nicht nach etwas Statischem, sondern nach der Kraft einer beweglichen und bewussten Aufmerksamkeit, die dem gesamten Verlauf unserer Verhaltensäußerungen folgen kann, unabhängig von den Umständen.

Wir müssen uns daran erinnern, dass der Kampf *für* etwas und nicht *gegen* etwas geführt wird, insbesondere hinsichtlich dessen, was wir »Verlangen« nennen – des Wunsches nach Vergnügen oder irgendeiner anderen Befriedigung. Die Illusion des Verlangens entsteht aus Bildern, die im Gedächtnis mit Vergnügen oder Schmerz aufgezeichnet wurden. Obwohl Verlangen zu einer Zersplitterung führt, ist es nicht schlimm, Befriedigung zu erlangen; schlimm ist die Tatsache, dass ich dabei abwesend bin, unfähig, das Verlangen wirklich zu befriedigen oder nicht zu befriedigen. Beispielsweise kann ich in einem bestimmten Moment den Wunsch verspüren, mich einem Vergnügen wie dem Rauchen oder dem Essen hinzugeben. Entweder gebe ich der Vorstellung augenblicklich nach und habe keinen weiteren Kontakt mehr mit dem ursprünglichen Verlangen, oder ich widerstehe und schaffe einen Konflikt, bin aber wiederum ohne Kontakt, da ich das Verlangen abgetan habe. Und alles, was in mir auftaucht, verläuft auf diese Weise. Das Verlangen ist das Leben selbst in mir, außergewöhnlich schön, doch weil ich es nicht kenne und es nicht verstehe, erlebe ich Frustration, einen bestimmten Schmerz, wenn ich ihm entweder nachgebe oder es unterdrücke. Also geht es in dem Kampf darum, mit dem Verlangen zu leben, nicht darum, es abzulehnen oder mich darin zu verlieren, bis der Mechanismus des Denkens keinen Einfluss mehr auf mich ausübt und die Aufmerksamkeit frei ist.

Bei diesem Kampf liegt alles an der Aufmerksamkeit. Ein einziger Moment der Unaufmerksamkeit, und alles ist verloren. Ich muss in mir selbst etwas Wirkliches finden. Es ist immer hier. Ich muss darauf vertrauen. Ohne dieses Vertrauen habe ich keine

Unterstützung bei meinen Verhaltensäußerungen. Es ist dann unvermeidbar, dass ich mich fesseln lasse und verloren gehe. Das ist der Grund, warum ich zu dieser Wirklichkeit zurückkehren muss, die ich in mir selbst erkenne – zu der ich gehöre. Ich weiß, dass es mir nur dann möglich ist *zu sein,* wenn ich mich daran zu erinnern vermag, was in diesem Augenblick für mich wirklich ist, und es nicht vergesse, wenn ich ins Leben hineingehe. Ich muss dieses Bedürfnis haben, dieses Gefühl, dass ich es brauche. Dies ist mein Wunsch *zu sein.* Ich brauche ihn, weil ich ohne ihn nichts bin, weil ich dann wirklich absolut verloren bin.

Gleichzeitig muss ich mit Rückschlägen rechnen. Die Suche nach dem Ich ist eine lebenslange Reise. Ich mache einen ersten Schritt und ich strauchle. Ich nehme zwei weitere Schritte und ich strauchle. Im Straucheln lerne ich die Hindernisse kennen, und wenn ich von Neuem beginne, bin ich vorgewarnt. Erst erkenne ich eine Hürde, dann eine zweite. Wir würden gerne emporsteigen, ohne hinzufallen, aber sehen nicht die Gefahr, die darin liegt. Es wäre schrecklich, wenn wir beim vorletzten Schritt wieder ganz nach unten fielen und keine Zeit mehr hätten, von Neuem hochzuklettern. Also müssen wir Unterbrechungen akzeptieren. In der Evolution beinhaltet jede Stufe oder Note der Oktave die Hindernisse der vorangegangenen.

48
Eine Rolle spielen

Präsent zu sein, verlangt ein Aufteilen unserer Aufmerksamkeit. Drei Viertel müssen im Inneren behalten werden; nur einem Viertel sollte es erlaubt sein, unser Bestreben nach Verhaltensäußerung zu unterstützen. Dies ist ein unumstößliches Gesetz. Um *zu sein,* müssen wir »eine Rolle spielen«.

Mein Bedürfnis ist es, das Streben nach dem Höheren in Einklang zu bringen mit dem Reiz, mich selbst in meinen Funktionen zu bestätigen. Ich möchte beide Kräfte vereinen, damit ich mir meiner selbst als Ganzes bewusst werde und bewusst bleibe, aktiv präsent gegenüber meiner Situation. Wenn ich nicht präsent bleibe, werde ich passiv und von der einen oder anderen Kraft gefesselt. Hier muss ich meine Grenzen erkennen und begreifen, dass meine Zentren nicht miteinander verbunden sind. Meine Aufmerksamkeit muss sich dieser Tatsache stellen und so lange standhalten, bis das Ich-Gefühl auftaucht. Nur durch den Versuch, länger anwesend zu sein, zeigt sich dieses Gefühl als eigentlicher Ansporn des Kampfes. Ich allein kann die Sache lösen... wenn ich es wünsche, wenn ich es *will.* Aber um es *zu wollen,* muss ich fortfahren, mich ihr mit einer aktiven Aufmerksamkeit zu stellen. Das ruft eine Kraft hervor, die auf meine Passivität einwirkt, und es kommt zu einer Veränderung in der Beziehung zwischen den Zentren.

Wenn ich erkenne, dass meine Energie gänzlich nach außen gezogen wird, fühle ich die Notwendigkeit, in einen anderen Zustand zu gelangen. Dies erfordert eine völlige Stille, in der ich die Unverbundenheit der Zentren fühlen und die Notwendigkeit, sie aufeinander abzustimmen, erfahren kann. Ich lebe diesen Mangel an Verbindung, diese Tatsache, und erkenne, dass die Energien des Verstandes und des Körpers nicht miteinander verbunden sind. Wenn ich mich dem stelle, erlangen beide dieselbe Intensität. Aber ich sehe, dass dies nicht ausreicht. Ein neues Fühlen muss sich einstellen: das Seinsgefühl. Dieses ist eine neue Energie, eine bewusste Kraft, die vorhanden sein muss, wenn ich mich nicht wieder an meinen Automatismus verlieren will.

Wir können uns mit unserer inneren Wirklichkeit in Verbindung setzen, wenn wir uns in einen ruhigen Zustand zurückziehen, doch sobald wir uns im äußeren Leben manifestieren, verschwindet alles wieder. Unser gewöhnliches Ich, unser Ego, übernimmt. Wir sehen die Veränderung noch nicht einmal. Der Schlüssel, um hier zu bleiben, liegt im Dienen, vorausgesetzt dieses Ich kann unserem Ideal dienlich sein. Das ist es, was Gurdjieff mit dem »Spielen einer Rolle« meinte, einer Übung, die so häufig missverstanden wurde. Innerlich müssen wir unsere eigene Nichtigkeit anerkennen und uns mit nichts identifizieren; äußerlich spielen wir eine Rolle. Das eine unterstützt das andere. Wenn wir äußerlich keine Rolle spielen, ist es unmöglich, nicht identifiziert zu sein. Ohne innerlich stark zu sein, ist es nicht möglich, äußerlich stark zu sein. Ohne äußerlich stark zu sein, können wir innerlich nicht stark sein. Ziel ist es, innere Freiheit zu erlangen, indem wir nicht das tun, was wir mögen, sondern das, was die andere Person mag. Wenn jemand will, dass ich zu seiner Rechten sitze, tue ich dies. Wenn er ein andermal die andere Seite bevorzugt, tue ich das. Auf diese Weise gewöhne ich mich daran, Pflichten nachzukommen:

eine potenzielle Eigenschaft eines freien Menschen. Wir müssen uns den Kräften unterwerfen, denen wir dienen möchten, und gleichzeitig Willen in unseren Funktionen ausüben.

Wir möchten in allem, was wir tun, präsent sein. Normalerweise leben wir unbewusst in unseren Funktionen oder wir ziehen uns in Richtung Bewusstsein zurück ohne eine Verbindung mit unseren Funktionen. Aber wenn unsere Anstrengung klar ist, können wir auch mit Bewusstsein funktionieren. Zum Beispiel genau jetzt, in diesem Augenblick. Wenn ich innerlich schlafe und ich Ihnen diese Schachtel übergebe, bin nicht wirklich »ich« es, die Ihnen die Schachtel überreicht. Aber wenn ich in mir gegenwärtig bin und *ich* Ihnen die Schachtel geben *möchte* und geben *will,* dann weiß ich, was ich tue. Ich bin hier. *»Ich«* gebe Ihnen die Schachtel. Ich weiß es, ich bin gegenwärtig.

Wir möchten uns selbst gegenüber aufrichtig sein, unseren Wunsch nach etwas Höherem nicht gänzlich verlieren und dennoch fähig sein, auf das Leben zu antworten. Es ist mein Leben, das ich zu leben habe. Aufrichtig zu sein, heißt, mich selbst zu fragen, wie sehr ich mich dieser Situation zu stellen vermag. Immer mehr, als ich es denke, immer mehr, als ich es tue. Ich kann aktiver sein. Ich kann immer wieder beginnen.

V

Mit anderen

Das »Werk« ist ein besonderer Strom,
gespeist von einer Energiequelle, mit der nur eine Person
in Berührung kommen kann, die ganz ist.

—

Andere sind für uns ebenso notwendig
wie die Lehre selbst.

—

Leben ist Beziehung und Zusammenarbeit, Kooperation.

—

Die Arbeit mit anderen ist eine Bedingung dafür,
diese Lehre zu leben.

—

Die Lehre ist der Führer; und nur wer tiefer hinterfragt,
kann die Verantwortung tragen zu dienen.

—

Die Gruppe schafft eine Möglichkeit des Bewusstseins.
Was wir einsetzen, was wir hineingeben, ist wichtiger als das,
was wir herausnehmen möchten.

—

Die [Gurdjieffschen] Bewegungen sind ein Weg, um die
Vorstellung von Präsenz zu leben und zu erfahren.

Ein besonderer Strom

49
Wir sagen, wir seien »im Werk«

Wir sagen, wir seien »im Werk« [oder »in der Arbeit«]. Was bedeutet das? Das »Werk« ist ein besonderer Strom, gespeist von einer Energiequelle, mit der nur eine Person in Berührung kommen kann, die ganz ist. Dieser Strom besteht aus einer bestimmten Energie des Denkens, des Fühlens und des Handelns. Seine Lebendigkeit ist abhängig von den Individuen, die in ihn eintreten und sowohl einzeln als auch gemeinschaftlich für das verantwortlich sind, was ihm Qualität und Klarheit verleiht. Er bedarf eines gemeinsamen Bemühens, einer Zusammenarbeit, um etwas zu schaffen – ähnlich einer Kette von Menschen, die danach streben, bewusster zu werden, und deren Anstrengungen sich gegenseitig unterstützen. Jeder, der sich der Kette anschließt, muss seinen eigenen Platz finden, einen Platz, der durch seine Nützlichkeit bestimmt wird. Durch seine Einstellung und sein Handeln erhält und belebt er dann die Kette dort, wo er das Glied ist, oder er fällt heraus und ist nicht länger ihr Bestandteil.

Die Lebenskraft mit ihrer unablässigen Wirkung auf mich ist immer da. Die höhere Kraft ist ebenso immer hier, aber ich bin nicht bereit, sie zu empfangen. Es ist schwierig, auf mich allein gestellt die notwendige Anstrengung zu unternehmen, die es braucht, um über die geforderte Intensität in den verschiedenen Zentren zu verfügen. Das ist der Grund dafür, dass eine Gruppe notwendig ist. Eine gemeinschaftliche Arbeit ist vonnöten, um zusammen zu einer größeren Intensität zu gelangen. Die geistige Sammlung einer bestimmten Anzahl von Menschen in Richtung einer höheren Ebene erzeugt eine gemeinsame Schwingung. Das aus dieser Schwingung hervorgehende Leben kann ein Anziehungspunkt, ein mächtiger Magnet werden, der andere in sein Bestreben hinzieht. Das ist die Kraft von Klöstern, Kirchen, Tempeln und heiligen Orten. Je bewusster diese konzentrierte Sammlung ist, desto größer ist ihre Anziehungskraft. Doch in einer Gruppe, genauso wie in einem selbst, müssen die Elemente, die an dieser Konzentration teilnehmen, Qualitäten aufweisen, die ein bestimmtes Gleichgewicht erlangen können. Ansonsten werden das Zentrum und die Dichte genauso wie die Resonanz auf den Vereinigungsimpuls schwach sein.

Jede Aktion im Namen des Werkes [oder der Arbeit] bereichert oder schmälert die gemeinsame Unternehmung um eine Möglichkeit. Mit dem Werk verbunden zu sein, bedeutet, mit denjenigen verbunden zu sein, die sich dafür verantwortlich fühlen. Mit dieser Verbundenheit geht eine Verpflichtung einher. Der erste Schritt liegt darin zu kennen, dass zwischen uns keine bewusste Verbundenheit besteht und dass wir eine solche herstellen müssen. Wenn wir uns nicht bewusst miteinander verbinden können, wird es keinerlei Werk geben. Jeder unserer Schritte, wie klein er auch sein mag, wird entweder unsere Verbundenheit stärken oder uns in die entgegengesetzte Richtung führen. Bis heute haben wir die Früchte der Anstrengungen und der Leistungen derjenigen genossen, die uns vorausgegangen sind. Von nun an wird das Leben des Werks von uns abhängen. Das Werk wird ohne uns, ohne dass wir unseren Teil der Verantwortung übernehmen, nicht leben. Dies erfordert eine rückhaltlose Verpflichtung mit all unserer Intelligenz und all unserer Bereitschaft.

Das Werk könnte seine Rolle in der Welt dann spielen, wenn wir die Art und Weise, also die Form, verstehen würden, die es braucht, um den heutigen Zuständen zu entsprechen. Wir werden auf Widerstand stoßen, auf innere und äußere Opposition, aber dies ist notwendig. Ein solcher Widerstand kann uns helfen, unseren Platz und unsere Verantwortung zu finden in Zeiten der Einigkeit ebenso wie in Zeiten ohne jegliche Verbundenheit. Alles hängt ab sowohl von einem fundamentalen Bestreben in einer bestimmten Anzahl von Menschen als auch von einem kreativen, neue Möglichkeiten eröffnenden Verlangen in uns selbst sowie von einer Entwicklung, die einen Austausch mit einer größeren Gruppe erlaubt. Was wir leben und was wir empfangen können, bestimmt die Kraft und die Qualität des Stroms, den wir »das Werk« nennen.

50
Warum gemeinsam?

Weshalb kommen wir zum Arbeiten zusammen? Wir spüren, dass wir uns, wenn wir uns bestimmten Bedingungen nicht aussetzen, in Gewohnheiten und Lebensumständen verfangen, in denen wir uns verlieren. Vielleicht ist es hier gemeinsam möglich, Bedingungen zu erfahren, unter denen eine höhere Energie in uns und um uns herum erscheinen kann. Dann werden wir gemeinsam dafür verantwortlich, dieser Energie zu dienen.

Wir müssen die Notwendigkeit verstehen, mit anderen zu arbeiten und dass die anderen für uns ebenso notwendig sind, wie die Lehre selbst. In schwierigen Momenten denken wir, es wäre einfacher, alleine zu arbeiten... nicht mit diesen Leuten hier, nicht unter diesen Bedingungen. Das beweist ein vollkommenes Unverständnis für unseren Weg, für die Notwendigkeit, zu erkennen und uns selbst zu befreien von unserem Egoismus und unserer Eigenwilligkeit, die nichts mit dem wirklichen Willen zu tun haben. Wir müssen über die engen Gedankenkreise und Gefühle, in denen wir gefangen sind, hinaustreten. Wir müssen entkommen, um die Möglichkeit zu gewinnen, uns einer anderen Welt anzunähern und auf eine andere Art zu existieren. Dazu sind Anstrengungen notwendig.

Wir kommen zusammen, weil jeder von uns die Notwendigkeit spürt, sich seiner selbst bewusst zu werden. Solange ich bin, was ich bin – also denke, wie ich denke, und fühle, wie ich fühle –, werde ich nichts Wahres, nichts Wirkliches kennen. Ich muss mir meiner Art zu denken und zu fühlen, die all meine Handlungen konditioniert, bewusst werden. Nur die Wahrnehmung der Wahrheit verbindet. Wirkliches gemeinsames Arbeiten, wirkliche Zusammenarbeit entspringt einem gemeinsamen Verständnis von Wahrheit und der Tatsache, dass jeder von uns die Wahrheit erkennt und die Notwendigkeit sieht, sie gemeinsam in Handlung zu verwandeln. Die Grundlage dieser Arbeit ist keine besondere Herangehensweise, keine spezielle Methode oder ganz bestimmte Bedingung. Sie besteht zuallererst darin, sich für einen neuen Zustand in sich selbst und anderen zu öffnen. Leben ist Beziehung und Zusammenarbeit, Kooperation, Dinge gemeinsam betrachten, gemeinsam fühlen und zusammen leben. Diese Beziehung bedarf derselben Intensität auf derselben Stufe und zur selben Zeit, oder sie ist nicht »gemeinsam«.

Jeder von uns ist allein und *muss* in sich selbst allein sein – allein vor unserem Verstehen, angesichts des Göttlichen Rufens und hinsichtlich der Tatsache unserer menschlichen Person. Ich werde mit anderen verbunden, wenn ich meine ursprüngliche Natur zu erkennen beginne und sehe, dass es für uns alle dieselbe Schwierigkeit darstellt, sie mit unserem ganzen Selbst zu verwirklichen. Dies bringt eine besondere Energie mit sich, die es einer feineren, subtileren Natur ermöglicht zu wirken. Diese Energie vermag, uns zu locken und uns unwiderstehlich anzuziehen; sie repräsentiert die wahre Hilfe, die wir uns gegenseitig bieten können. Sie ist die einzige Hilfe, die einzige wahre Verbindung. Jede andere Beziehung enttäuscht. Doch diese Verbindung muss akzeptiert und aufrechterhalten werden. Sie verlangt in jedem Moment Aufrichtigkeit und Genauigkeit. Jeder ist von jedem abhängig, und jeder ist für jeden verantwortlich. Was der eine von seiner Arbeit mitbringt, erhalten die anderen als Hilfe, und was ein anderer von seiner Trägheit oder von seinem Widerstand mitbringt, zieht in eine andere Richtung. Vielleicht begreife ich die Anstrengung weniger als andere und andere wiederum mögen stärker suchen, aber das spielt keine Rolle. Die gemeinsame Richtung, in die wir gehen, erkennen alle.

In einem tieferen Sinn ist die Arbeit mit anderen eine Bedingung dafür, diese Lehre zu leben, das Schauspiel, das Gurdjieff uns hinterlassen hat, auszuschöpfen. Der Weg zur inneren Neugeburt verlangt Wachsamkeit, zuallererst im Kampf gegen die Lüge, die in unserer Selbstbestätigung liegt. Dies ist eine entscheidende Prüfung. In Sachen Wahrheit darf es keine Kompromisse geben. Daher ist die wichtigste Bedingung, die notwendige Bedingung, mit anderen zusammenzuarbeiten, die über vergleichbare Erfahrung und vergleichbares Verstehen verfügen und fähig sind, die von der Persönlichkeit entwickelte, vollkommen falsche Werteskala auf den Kopf zu stellen. Wir müssen erkennen, dass der Ausgangspunkt von allem das monströse Anschwellen unserer Eitelkeit und unseres Egoismus ist, das den ganzen Raum einnimmt. Aufrichtig zusammenzuarbeiten, würde bedeuten, unsere Nichtigkeit zu verstehen und zu erkennen, was eine wirkliche menschliche Beziehung ist.

51
Sich organisieren

Unsere Arbeit muss organisiert werden. Zufällige und chaotische Bemühungen führen zu nichts. Meine Anstrengungen müssen diszipliniert und Regeln unterworfen sein, Gesetzen einer anderen Ordnung, einer überdurchschnittlichen Stufe. Solange ich die unbedingte Notwendigkeit, mich dieser Ordnung zu unterwerfen, nicht erkenne, glaube ich an mein normales Ich und arbeite nicht wirklich, mache keine Fortschritte in Richtung meines Ziels. Diese Notwendigkeit muss ich erkennen. In einem Lebenszyklus, dessen wichtigstes Ziel das Erwachen ist, muss ich mich selbst – mein normales Ich – der Prüfung unterziehen. Zu diesem Zweck ist es zu gewissen Zeiten notwendig, einer Organisation anzugehören, einem Zentrum, in dem Menschen in dieselbe Richtung arbeiten.

Sich zu organisieren, bedeutet, ein Organ, einen Organismus mit einem vorgegeben Zweck zu schaffen. Wie jeder Organismus muss er die Ursache für sein Erscheinen in sich selbst enthalten und diese Ursache in den Einzelheiten seiner Organisation und in all seinen Resultaten manifestieren. Die Wirkung in all seinen Zweigen, in seinen Zentren, sollte etwas von der Qualität seiner Ursache ausstrahlen. Wer diese Ursache versteht, nimmt sie in all seinen Verästelungen wahr. Die Organisation muss einen Sinn für das Heilige enthalten. Diese Dimension sollte nie fehlen. Hinter dem, was sichtbar ist, muss eine Intensität liegen, die von außen nicht erkannt wird. Das ist es, was das Wunder erzeugt; und ein Organismus, von dem das Wunder ausgeschlossen ist, ist kein lebendiger Organismus.

Die erste Anforderung an eine lebendige Organisation ist es, zusammenzukommen, zu einen. Wir können nichts erreichen, wenn die Bedingungen des »Zusammenkommens« nicht stimmen. Ein Ereignis muss ohne Ungeduld, ohne Intellektualität und ohne Sentimentalität stattfinden. Ich muss gerufen werden und ich muss rufen. Die Ursache ist dieselbe. Ich muss lauschen und ich muss den Ruf hören, und ich muss auf eine Art rufen, die angenommen werden kann. Was notwendig ist, ist eine bewusste, von Wachsamkeit genährte Beziehung und das Aufgeben meines gewöhnlichen Willens zugunsten des Zusammenarbeitens. Diese Beziehung zu den anderen akzeptiere ich, oder ich akzeptiere sie nicht. Ab einem gewissen Punkt gibt es keine Führer und keine Nachfolgenden mehr, nur noch jene, die sowohl fragen als auch zuhören. Die Lehre ist der Führer; und nur wer tiefer hinterfragt, kann die Verantwortung tragen zu dienen. Was jeder von uns versteht, hängt von seinem Seinsgrad ab. Ich muss lernen, meine eigenen Grenzen zu sehen und zu erkennen, wenn andere mehr verstehen.

Wenn ich an mich selbst und die anderen denke, sehe ich, dass andere mir angenehm sind, mich ängstigen oder mich bedrohen. Aber ich brauche sie. In meinen Reaktionen kann ich sowohl mich selbst als auch die anderen sehen, nicht nur mich allein. Um zu erkennen, was ich wirklich bin, muss ich von Entdeckung zu Entdeckung schreiten. Befreiung findet sich nicht im Urteilen über das »Schlechte« oder das »Gute«; sie liegt im Verschwinden des Egos und in der Einheit mit allem und jedem. Das einzig Schlechte ist die Unwissenheit, das einzig Gute ist das Erwachen. Trotzdem möchte jeder nach seinem Geschmack steuern oder gesteuert werden und urteilen und kritisieren, bevor er zu verstehen sucht. Diese Haltung ist grundlegend falsch. Was wir versuchen müssen, ist, keine Ordnung aufzudrängen, sondern in eine Ordnung einzutreten, die bereits lange vor uns existierte. Die Ordnung ist wichtig, nicht die Organisation.

Wir müssen verstehen, dass unsere Organisation im Leben auf zwei Ebenen besteht. Die eine Ebene, die allein uns wahre Bedeutung gibt, ist diejenige der Arbeit, unsere Suche mit all den Bedingungen, die sie verlangt. Die andere ist der offizielle oder äußere Aspekt, der nicht mehr ist als eine Hülle, die uns aber helfen kann, unserer Arbeit ungestört nachzugehen. Diese Unterscheidung scheint einfach zu verstehen, aber tatsächlich ist sie es nicht. Ich habe gesehen, dass diese offizielle Seite, die organisiert wird, um dem Bild und der Routine zu genügen, welche vom täglichen Leben gefordert werden, immer ihr Recht verlangt und dem Werk ihre Struktur aufzuzwingen versucht, das heißt, ihm eine Form aufzunötigen versucht, die in keiner Art und Weise seiner wahren Werteordnung entspricht.

52
Eine Schule des Vierten Weges

Genau wie eine Schule, basiert ein Haus der Arbeit auf den Prinzipien dieses Weges, dieser Lehre. Es besteht für eine begrenzte Zeit, in der bestimmte Dinge erreicht werden müssen. Das Haus erfüllt seine Rolle entsprechend der Ebene der Menschen, die sich daran beteiligen. Es mögen dort solche sein, die verstanden haben, dass sie nicht das sind, was sie sein sollten, die jedoch nicht davon überzeugt sind, dass sie ihr Wesen ändern möchten, und noch nicht verstehen, dass es dazu der Anstrengung bedarf. Das Haus mag auch solche Menschen beherbergen, die bereits von sich selbst enttäuscht sind, die nicht mehr an ihr normales Ich glauben und die wissen, dass ihr Leben nur dann Bedeutung erhalten wird, wenn sie eine konkrete Anstrengung unternehmen, um aufzuwachen und ihre Situation zu erkennen. Und es kann Häuser geben, in denen manche bereits darüber hinausgegangen sind. In Abhängigkeit von der Stufe der sich beteiligenden Menschen ist die Rolle des Hauses für das Werk als Ganzes jedes Mal eine andere. Doch wir müssen verstehen, dass das Werk niemals sehr weit voranschreiten wird ohne ein organisiertes Zentrum, das bestimmte notwendige Bedingungen zur Verfügung stellt, ohne ein Leben, das den Prinzipien der Lehre folgt. Eine Schule braucht sowohl das Verstehen ihrer Arbeitsprinzipien als auch die darauf basierende Disziplin. Für das, was wir erhalten, müssen wir bezahlen.

Ein solches Haus ist wie eine Welt innerhalb einer anderen Welt. Ich möchte wissen und sein, was ich bin. Dazu ist meine Aufmerksamkeit dauernd auf mich selbst gerichtet, auf die Wahrnehmung meiner wahren Natur, die nicht mit dem Ausdruck meiner Person, meines Egos identisch ist. Ich sehe, wie mein Ego sich in meinen Gedanken, meinen Begierden, meinen Bewegungen ausdrückt. Und ich versuche, mich von ihnen nicht fesseln zu lassen. Ich habe mich ständig im Blick. Deshalb, weil ich mich die ganze Zeit über infrage stelle, beurteile ich die anderen nicht. Ich lerne, ohne Urteil zu sehen und zu verstehen. Da ist kein »ich« und »ihr«. Es gibt nur Manifestation. Ich lerne, die Gesetze der Welt zu erkennen, in der wir leben, die Gesetze der Manifestation.

Ein grundlegendes Prinzip dieser Schule lautet, immer mehr zu tun, als wir es gewohnt sind. Nur dies führt zu Veränderung.

Wenn wir lediglich das Mögliche tun, bleiben wir, wie wir sind. Wichtig ist, das Unmögliche zu tun. Das macht den Unterschied zum normalen Leben aus, in dem man nur das tut, was möglich scheint. Ein weiteres Prinzip besteht darin, dass wir uns bewusst nicht auf ein vorgegebenes Format verlassen, sodass eine aktive und bewusstere Suche stattfinden kann. Unser Ziel ist es, uns von allem zu befreien, das uns an eine Tätigkeit bindet, und eine Art von Wachsamkeit zu entwickeln, die es uns erlaubt weiterzugehen. Wenn eine Arbeitsform eingebracht wird, nehmen wir sie zunächst als etwas Neues an, doch später wiederholen wir sie als etwas Gegebenes. In dieser Wiederholung verstehen wir die Prinzipien hinter der Form immer weniger. Damit eine Form lebendig bleibt, müssen wir immer wieder zur Quelle, zur Wahrheit, zurückkehren. Auf allen Ebenen unterhalb des Absoluten besteht ein Erinnern und ein Durst, sich dem Größeren, dem *was ist,* zuzuwenden. Doch wenn wir die Leiter der Involution hinuntersteigen, erhebt sich das Vergessen und wird tiefer und tiefer.

Wahrheit einer anderen Ebene kann durch Ideen vermittelt werden. Dies erfordert Wissen und Verstehen, die auf Sein basieren. Es braucht ein Wissen über Vorstellungen, zum einen über ihre Struktur als Ganzes, zum anderen über den Platz jeder Idee innerhalb dieser Struktur. Genauso wichtig ist es, ein Verständnis zu haben, das auf persönlicher Erfahrung der Wahrheit, die in diesen Vorstellungen enthalten ist, beruht. Wir müssen fähig sein, selbst die Idee zu leben, sodass das, was kommuniziert wird, ihr Leben ist und nicht eine tote Form. Die Vorstellung ist der Schöpfer von allem. Sie hat eine außerordentliche Kraft, die in uns leben kann. Wir müssen verstehen lernen, wie wir durch Ideen aufgeweckt und belebt werden können und wie wir Verantwortung übernehmen für das Leben, das verloren geht, wenn wir diese in uns sterben lassen. Wir haben eine große Menge an Ideen erhalten, trotzdem sind wir arm an Vorstellungen.

Dieses Werk ist eine Schule zur Entwicklung eines neuen Schwerpunktes. Bis jetzt war dieser Schwerpunkt, um den unser Leben sich drehte, – ob wir dies akzeptieren können oder nicht – unser gewöhnliches Ich. Und es ist noch immer dieses Ich, das hofft, das bewertet, das urteilt... und all das sogar im Namen des Werkes. Solange sich meine gesamte Psyche um dieses Ich dreht, wird alles, was sich manifestiert, – ob ich das möchte oder nicht – die Autorität dieses Ichs reflektieren. Unser Ziel in einer Schule des

Vierten Weges ist es, anders zu werden, unser Sein von der Stufe des Menschen Nummer eins, zwei oder drei hin zu einem Menschen der Nummer vier mit einem neuen Schwerpunkt zu verändern, und von einem Menschen der Nummer vier zu einem Menschen Nummer fünf mit einem unteilbaren ICH.

Austausch in einer Gruppe

53
Eine besondere Bedingung für den Austausch

Unsere voneinander unabhängigen Anstrengungen, die jeder für sich unternimmt, reichen nicht aus. Eine Gruppe, in der die Menschen versuchen, auf eine bewusstere Art zu leben, ist der Anfang von allem. Einer Gruppe kann es eher gelingen, die Anstrengungen aufrechtzuerhalten. Manche von uns sind wachsamer, verantwortungsvoller. Wir helfen uns gegenseitig. Aber das Auftreten dieser Form muss anerkannt werden und darf nicht aufgezwungen sein. Wir müssen die Notwendigkeit spüren zusammenzukommen, mit anderen gegenwärtig zu sein, um eine Beziehung der gegenseitigen Aufmerksamkeit miteinander zu teilen. Um eine Grundlage für eine bewusste Verbindung zu haben, muss jedes Mitglied der Gruppe sich selbst kennen und akzeptieren. Jeder muss das Bedürfnis nach einer Gruppe, nach einer Welt, die von einer gewissen Strömung des Denkens und des Fühlens durchzogen ist, fühlen. Jede und jeder muss wissen, dass sie oder er die Gruppe braucht, und darf diese Notwendigkeit nicht vergessen.

Natürlich sprechen wir hier von einer Gruppe, die für den Zweck gebildet wurde, an sich selbst zu arbeiten, und die sich nicht auf der Ebene des gewöhnlichen Lebens befindet. Die Gruppe wird durch Gedanken und ebenso durch Gefühle lebendig gehalten, die sich von denjenigen des normalen Lebens unterscheiden. Ihre Existenz muss durch Disziplinen gekennzeichnet sein, die sich grundlegend von denen des normalen Lebens unterscheiden. Die erste Disziplin ist die aktive und ernsthafte Suche nach einem Schwerpunkt der Wachsamkeit in uns selbst. Eine zentrierte Aufmerksamkeit kann vielleicht in unterschiedliche Richtungen gelockt werden, doch sie kehrt immer wieder zum Zentrum zurück. Wenn wir zerstreut sind, können wir nichts Neues lernen. Das ist der »alte Mensch«, der Automat, der zu wissen vorgibt, der nutzlose Worte über Vorstellungen, die scheinbar verstanden wurden, im Mund führt. Derjenige, dessen Aufmerksamkeit zentriert ist, versucht, nur das Essenzielle über seine Suche und seine Beobachtungen auszudrücken. Er ist anders, er ist der »neue Mensch«.

Wir sind in einer Gruppe, weil wir Hilfe dabei benötigen, eine Qualität, einen Zustand in uns selbst, zu finden, in dem wir etwas Wirkliches erfahren können. Wir brauchen höhere Einflüsse, die uns, wenn wir allein und mit unseren normalen Mitteln arbeiten, nicht zugänglich sind. Ohne eine Gruppe können wir die erforderliche Intensität nicht erlangen. Die Gruppe ist somit eine besondere Bedingung für den Austausch und eine Art Verbindungskanal zu den höheren Einflüssen, zu den Ideen aus einer höheren Ebene des Lebens. Aber wir müssen ganz und gar präsent sein. Wir empfangen diese Ideen in genau dem Maß, in dem wir gegenwärtig sind.

Was ist dann unsere Verantwortung? Wir haben eine Verpflichtung, uns auszutauschen, uns gegenseitig zu akzeptieren und uns dabei zu helfen, unsere Rolle in der Gruppe zu übernehmen, damit Bewusstheit, das Maß unserer aktuellen Aufmerksamkeit, alles, was wir tun, bestimmt. Indem wir uns alle als einer Gruppe bewusst werden, erfahren wir die Wahrhaftigkeit unserer Arbeit. Es ist nicht in Ordnung, nur das zu tun, was ich auf meine eigene Art tun möchte, unabhängig und unwillig, auf die Probe gestellt zu werden. Dies zeigt, dass ich unfähig bin, mich mit mir selbst zu konfrontieren und mich mit der Arbeit eines anderen zu verbinden. Es bedeutet, dass mein Arbeiten aufgehört hat. Wenn eine Gruppe sich selbst nicht als Gruppe bewusst wird, kann sie auch nicht ihren Platz und ihre Verpflichtung im Werk kennen. Sie kann nicht dienen, sie kann ihre Rolle im Werk nicht wahrnehmen.

Die Gruppe, die Tatsache, dass wir zusammen sind, schafft eine Möglichkeit des Bewusstseins. Was wir einsetzen, was wir geben, ist wichtiger als das, was wir nehmen möchten. Jedes Mal, wenn sich aufs Neue die Möglichkeit ergibt, erhalten wir Gelegenheit, unsere Aufmerksamkeit einzusetzen und zu dienen. Diese Möglichkeit ist etwas Großes, und wir müssen bestrebt sein, sie aufrechtzuerhalten. Wir müssen sie als etwas Kostbares, als etwas Heiliges begreifen.

Ich bin in meiner Arbeit nicht allein. Wenn ich etwas für mich allein entscheide, muss ich meine Zugehörigkeit zur Gruppe fühlen. Ihr Leben ist größer als mein eigenes, und sie repräsentiert auf der Skala des höheren Seins etwas Bedeutsameres.

54
Ich muss sprechen

Wir beginnen immer weit entfernt vom Essenziellen. Auch wenn wir etwas wiederholen und wiederholen – wir müssen über das, was wir tun, über die Bedeutung unserer Arbeit und unserer Präsenz nachdenken. Dies sollte nie vergessen werden, aber wir vergessen es dauernd. Wir vergessen die Bedeutung und müssen wieder zurückkommen. Wir dürfen nicht vorgeben und davon ausgehen, dass wir die Bedeutung verstanden haben. Das ist nicht wahr. Jedes Mal, wenn wir zusammenkommen, muss ich die Bedeutung für mich selbst erneuern. Jedes Zusammentreffen muss ein Augenblick durchdringenden Hinterfragens sein. Wenn ich jetzt selbst nicht weiß, was ich tue, was auf dem Spiel steht, worum es geht – wenn ich es nicht jedes Mal weiß –, wird etwas anderes geschehen, das in eine entgegengesetzte Richtung geht. Meine Anstrengung muss gezielt sein; das, was ich zu erreichen wünsche, muss klar sein. Jeder, zusammen und zugleich mit den anderen, muss diese Präsenz in sich selbst entstehen lassen. Sie muss eine Wirklichkeit werden, unsere gemeinsame Verbindung über der persönlichen, eine Wirklichkeit, der wir dienen und gehorchen.

Das Leben einer Gruppe hängt von unserem Zustand und von unseren Fragen ab. Was unsere eigene Arbeit betrifft, fragen wir, was immer wir möchten. Was sind jetzt meine Schwierigkeiten? Was muss ich verstehen, was möchte ich wissen? Was scheint in meiner Arbeit so wichtig zu sein, dass es sich lohnt, darüber zu reden? Wenn wir zusammenkommen, muss ich darauf vorbereitet sein, zu sprechen. Ich muss meine Arbeit dauernd reflektieren und sollte nicht in einem passiven Zustand aufkreuzen. Wenn ich komme, ohne vorbereitet zu sein, macht es keinen Sinn. Wenn ich kein erklärtes Ziel habe, gibt es nichts, worüber wir reden können. Wie soll so ein Austausch zustande kommen? Es ist unmöglich.

Eines unserer größten Hindernisse ist unser Konzept von Fragen und Antworten, das heißt von der Übermittlung von Wissen, nach dem gesucht und welches von einer Person zur anderen weitergegeben wird. Wir glauben, dass der Fragensteller weniger weiß und in Wirklichkeit nach einer Antwort fragt, um seine Unkenntnis zu beseitigen. Und im Alltag, wo jeder auf das Gewusste vertraut, ist dem tatsächlich so. Aber in einer Gruppe richten wir uns auf das Unbekannte aus. Der Fragende öffnet die Tür zum Unbekannten, und der Zuhörer ist zu einem Austausch aufgerufen, der zwischen ihnen fließt, zu einer Bewegung in zwei Richtungen. Eine wirkliche Veränderung des Verstehens würde bedeuten, dass, indem der Zuhörer auch fragt und der Fragesteller wirklich zuhört, sich die Ebene beider Teilnehmer verändert.

Wenn ich, um damit zu beginnen, in der Position der Zuhörerin bin, ist eine Veränderung meines Zustandes erforderlich. Wenn ich nach einer aktiveren Aufmerksamkeit strebe, wenn ich freier zuhören, freier von Assoziationen und Reaktionen sein will, kann sich die Möglichkeit vergrößern, die Frage zu untersuchen und mich tiefer auf sie einzulassen, ohne dass ich von den äußerlichen Formulierung gefangen genommen werde. Wenn meine Aufmerksamkeit aktiver ist, kann es zu einer Beteiligung kommen, die es dem Austausch erlaubt, in zwei Richtungen zu fließen und die den »Hörer« sowohl im Fragenden als auch im Zuhörer aufweckt. Doch wenn ich nicht nach dieser aktiven Aufmerksamkeit strebe, sondern die Frage mit meiner üblichen Wachsamkeit empfange – also passiv –, antworte ich auch passiv, und es wird nichts ausgetauscht, egal, wie klug meine Worte sind oder wie stark meine emotionale Kraft ist. Anstelle einer neuen Qualität von Aufmerksamkeit und Empfänglichkeit, die den Fluss neuen Wissens in beide Richtungen erlaubt hätte, handelt es sich um eine einseitige Abhängigkeitsbeziehung, die ohnehin bereits bestanden hat und nun verstärkt wird. Dieses Verhalten in Abhängigkeit, welches für beide Seiten nachteilig ist, wird immer stärker gefestigt und verunmöglicht die für einen wirklichen Austausch erforderliche Aktivität und Freiheit...

Wenn ich in einem konzentrierteren Zustand bin, muss ich über meine Arbeit und meine Fragen sprechen, muss ich mich austauschen, während ich kontinuierlich daran arbeite, präsent zu sein. Mein Denken ist erforderlich, doch ausschließlich für das, was ich gerade sage, nicht für das, was ich bereits gesagt habe oder noch sagen will. Es ist nur für das nötig, was ich in genau diesem Augenblick sage.

55
Wirklicher Austausch

Üblicherweise wird das Fragen und Antworten äußerlich praktiziert, außerhalb von einem selbst, und zwar für den Fragenden und den Zuhörer. Natürlich ist es notwendig, dass eine Frage auftaucht, aber ebenso braucht es Stille. Die Frage ist die Öffnung zur Stille, das Tor zum Unbekannten. Welches ist der neue innere Zustand, der durch die Frage gebracht wurde?

In Gruppen entwickelt sich eine falsche Haltung zwischen denen, die Fragen stellen und denjenigen, die antworten. Dadurch entsteht ein falsches Fragen-mit-Antworten oder ein Antworten-auf-Fragen, statt eines Augenblicks der gemeinsamen Gegenwart im Streben nach einem neuen Verständnis, nach einer neuen Art und Weise des Denkens und Fühlens. Dabei verlassen sich Fragender und Hörender auf irgendein Wissen und es kommt nicht dazu, dass ein Ereignis stattfindet. Es hat nichts damit zu tun, dass nichts passieren *könnte* – die Elemente sind alle da –, es liegt daran, dass der Stoff, der vorgebracht wird, nicht das richtige Material ist.

Wenn ich mich in einer Gruppe austausche, muss ich mir bewusst sein, wozu und zu welcher Beteiligung ich eine andere Person aufrufe. Es kann sein, dass ich im Augenblick meines Sprechens schwierig oder unzulänglich bin. Ich weiß nicht, auf was ich vertrauen kann, und bin zu schnell bereit zu lügen, indem ich ein falsches Bild meiner selbst abgebe. Nichtsdestotrotz muss ich das Wesen der gemeinsamen Anstrengung, an der ich beteiligt bin, verstehen. Wie kann ich mich dem stellen, was das Thema ist? Wie kann ich den anderen verstehen, seine Fragen erfassen und mit meiner eigenen in Verbindung bringen, um einen echten Austausch zu ermöglichen? Das Wichtigste ist, mich für meine Frage zu öffnen und offen zu bleiben. Wir möchten zusammen lernen, uns dem Unbekannten öffnen.

Es gibt eine Haltung, die wir uns nicht gestatten dürfen und die unsere Arbeit und die der anderen ruiniert. Wir sind mit den anderen hier, um unsere Nichtigkeit zu begreifen, was ohne Gruppe zu schwierig wahrzunehmen ist, und um uns für Möglichkeiten in uns selbst und mit anderen zu öffnen. Das erfordert eine enorme Anstrengung, unser Maß zwischen diesen beiden Dingen wiederzufinden. Stattdessen aber bekräftigen wir durch unsere Fragen oder unsere Antworten unser gewöhnliches Ich und glauben sogar, dass wir den anderen etwas beibringen.

Niemand kann lehren. Wir können nur arbeiten. Und bevor wir arbeiten, müssen wir Maß genommen haben, um von der Anstrengung überzeugt zu sein, die wir aufzubringen haben. Niemand kann uns darum bitten, mehr zu sein, als wir sind. Aber wir haben kein Recht, vor anderen im Namen des Werks etwas vorzugeben, das nicht wahr ist. Es geht vor allem darum, dass ich selbst arbeite, meinen eigenen Maßstab anlege. Wenn die anderen Fragen vorbringen, bin ich es, die genauso mir selbst wie auch den anderen eine Frage stellen muss. Wenn ich fähig bin, ein wenig auf die Frage zu antworten, bin ich diejenige selbst, der ich antworte.

Wir müssen miteinander austauschen, was wir empfangen haben, damit dieses Material in uns lebendig bleibt. Wenn es nicht geteilt wird, bleibt es nicht lebendig. Doch ein Austausch kann nicht einseitig sein. Im Augenblick des Austauschs muss ich selbst in der Frage sein, offen für meine Nachforschungen, sie wahrhaftig leben, empfindsam sein für all meine Reaktionen und die der anderen, die meine Erfahrungen teilen. In diesem Augenblick, in dem ich danach dürste, frei genug zu sein, um dem Gesetz der höchsten Kraft zu gehorchen und mir meiner unaufhörlichen Reaktionen bewusst zu sein, weiß ich, was ich bin. Ich weiß um meine Schwäche. Und dennoch, wenn ich erkenne, dass der Sinn meines Lebens hier ist, nur hier, dann habe ich eine dauerhafte Ausrichtung für meine Anstrengung, eine Anstrengung, ein verantwortliches Individuum zu sein. Alles andere – beispielsweise, dass ich mehr als die anderen weiß – gehört ins Reich der Träume.

56
Diese Form

Wir fangen an, besser zu verstehen, dass diese Arbeit bestimmte Bedingungen benötigt, von gewissen Umständen abhängig ist. Eine davon ist, dass wir unsere Anstrengungen vereinen. Wir sind von anderen Menschen abhängig, die entweder das Problem der Existenz tiefer bewegt als uns oder die auf derselben Ebene wie wir selbst Fragen stellen.

Das Bedürfnis von jedem von uns hängt von der Wahrhaftigkeit unserer Arbeit ab. Tatsächlich sind wir enorm abhängig voneinander. Wir können nichts ohne den anderen tun. Der Austausch, den wir miteinander haben können, ist notwendiger als unser tägliches Brot. Wir strengen uns allein an – wir kämpfen allein, leiden allein, antworten allein. Doch es kommt ein Punkt, an dem Austausch unentbehrlich ist, an dem es notwendig wird, dass wir uns gegenseitig mit den Früchten unserer Arbeit nähren. Und ohne diesen Austausch kommen wir nicht weiter. Je mehr wir unser Dasein schätzen, desto mehr erscheint die Frage der Verbundenheit.

Nur zu Beginn ist es notwendig, Gruppen künstlich zu bilden mit einem Leiter, der Fragen beantwortet. Eine bestimmte Zeit lang kann eine Arbeit mit Tiefenwirkung nur durch solch ein Zusammentreffen erfolgen. Später bildet sich der Organismus auf natürliche Art und Weise um diejenigen herum, die sich auf ein und derselben Stufe befinden und die das Bedürfnis danach verspüren. Wenn wir weiter gehen, wird das Bedürfnis nach bewusstem Austausch dringender. Wir mögen getrennt voneinander arbeiten und jeder mag seine eigenen Anstrengungen machen. Dennoch ist es ab einem bestimmten Punkt zwingend zusammenzukommen, um sich zu überprüfen und sich auszutauschen und damit, durch eine ganz bestimmte gemeinsame Anstrengung, die Wahrheit deutlicher hervortritt.

Es gibt für alles eine richtige Zeit. Ich spreche von der Form, die unsere Arbeit heute angenommen hat, von Gruppen und von der Möglichkeit, die geschaffen wurde. Wenn diese Möglichkeit nicht ausreichend verwirklicht wird, wird diese Form von selbst entarten und niemals wieder eine neue, innerlichere Form mit einer neuen Möglichkeit hervorbringen. Formen erfinden sich nicht selbst. Sie entstehen aus dem Bedürfnis der Zusammenarbeit, die bestimmte Elemente für den Erhalt ihrer Existenz als notwendig verspüren.

Wie lange sollte solch eine Form bestehen bleiben? Dies hängt von der Tiefe der Arbeit einer bestimmten Anzahl von Menschen ab und von der unter ihnen aufgebauten Verbindung – von der Qualität ihres Austausches. Ich muss an einer gemeinsamen Anstrengung in Richtung Aufstieg mitarbeiten. Wenn ich das nicht tue, bin ich, ob ich es will oder nicht, für den Stein verantwortlich, den ich nicht in das Gefüge einsetze. Also müssen wir uns eingehend mit unserer Zusammenarbeit auseinandersetzen, die sich langsam aber sicher in unserem Leben manifestieren soll. Wir müssen über unsere Verbindung, über die Form unseres Zusammenlebens und vor allem über unseren Austausch nachdenken.

Arbeit mit den Bewegungen

57
Ein zweifaches Ziel

Im Menschen, wie auch im Universum, ist alles in Bewegung. Nichts steht still oder bleibt gleich. Nichts hält ewig oder endet völlig. Alles, was lebt, entwickelt sich oder verfällt in einer endlosen Bewegung von Energie. Die diesem universellen Prozess zugrunde liegenden Gesetze waren den alten Wissenschaften bekannt, die dem Menschen seinen richtigen Platz in der kosmischen Ordnung zuweisen. Gemäß Gurdjieff verkörpern heilige Tänze, die über die Jahrhunderte hinweg weitergegeben wurden, die Grundprinzipien dieses Wissens und erlaubten es, sich ihm auf einem dynamischen und direkten Weg zu nähern.

Alle Lebensäußerungen des Menschen werden durch Bewegungen und Körperhaltungen ausgedrückt. Von der gewöhnlichsten bis hin zur höchsten Stufe hat jede mögliche Manifestation ihre eigene Bewegung und ihre eigene Haltung. Ein Gedanke hat eine Bewegung und eine Form, die zu ihm passen. Ein Gefühl hat ebenfalls eine passende Bewegung und Form. Für eine Handlung trifft dies genauso zu. Unsere gesamte Erziehung besteht eigentlich im Erlernen eines ganzen Repertoires an Haltungen des Denkens, des Fühlens und des Bewegens. Dieses Repertoire formiert unseren Automatismus. Aber wir wissen nicht darum. Hierzu ist eine Sprache notwendig, die wir nicht verstehen.

Wir glauben, wir seien bewusst und unsere Bewegungen seien frei. Wir sehen nicht, dass jede Bewegung eine Reaktion ist, eine Antwort auf den Schock eines Eindrucks. Der Eindruck hat uns kaum erreicht, schon ist die reagierende Bewegung ausgelöst – in der Regel lange, bevor wir uns dessen gewahr sind. Das Registrieren der Bewegung erfolgt erst später. Der ganze Vorfall passiert plötzlich, und nichts in uns ist schnell oder sensibel genug, ihn im Moment des Geschehens wahrzunehmen. Was auch immer die antwortende Bewegung sein mag, wo immer sie auch herkommt, sie ist unvermeidlich konditioniert vom Automatismus unserer Assoziationen, von all unseren Gewohnheiten und Klischees, die in unser Gedächtnis eingeprägt sind. Wir verfügen über nichts anderes, mit dem wir reagieren könnten. So ist unser Leben eine endlose Wiederholung angesammelter Erinnerungen. Doch weil wir uns dessen nicht bewusst sind, erscheinen uns unsere Bewegungen als frei.

In Tat und Wahrheit sind wir Gefangene unserer Haltungen des Denkens, des Fühlens und des Bewegens, als wären wir in einem magischen Kreis eingeschlossen, aus dem wir nicht entfliehen können. Um daraus zu entkommen, müsste ich fähig sein, eine neue Haltung anzunehmen – anders zu denken, anders zu fühlen, anders zu handeln, und all das zur selben Zeit. Aber ohne dass ich darum weiß, sind diese drei miteinander verbunden, und sobald ich versuche, eins davon zu verändern, kommen die anderen beiden dazwischen und ich kann dem Ganzen nicht entkommen. Mein Automatismus hält mich auf einer sehr gewöhnlichen Stufe des Denkens und Fühlens.

Die Gurdjieffschen Bewegungen sind wie Noten einer Oktave auf einer anderen Ebene als der, auf der wir automatisiert leben. Sie leiten die Energien unserer Funktionen in eine aufsteigende Richtung, zu einer Schwingungsqualität derselben Intensität in allen Zentren. Eine bestimmte Abfolge dieser Bewegungen ist darauf ausgerichtet, eine besondere Aufmerksamkeit des Denkens, des Verstandes zu fordern. Ohne diese Aufmerksamkeit kann der Prozess nicht weiterlaufen. Das Denken muss also mit einer gewissen Qualität, einer gewissen Intensität betrieben werden. Aber es ist der Körper, der die Bewegungen vollzieht. Um sie auszuführen und ihre Lebendigkeit voll auszudrücken, braucht der Körper eine große Freiheit. Er muss sich vollständig anpassen. Der geringste körperliche Widerstand wird das Denken davon abhalten, der Ordnung der Bewegungen zu folgen. Wenn diese Qualität in Verstand und Körper nicht aufrechterhalten werden kann, folgt die Bewegung nicht der vorgeschriebenen Anweisung. Sie wird unvollständig und zwecklos sein. Im Angesicht dieser Forderung erwacht das Gefühl. Das Auftauchen des Gefühls geht einher mit einer neuen Intensität, einer Vereinigung, die in uns einen besonderen Strom, eine neue Oktave erzeugt.

Die Bewegungen haben ein zweifaches Ziel. Indem sie die Aufrechterhaltung einer gewissen Qualität an Aufmerksamkeit in mehreren Zentren gleichzeitig verlangen, helfen sie uns dabei, aus dem engen Kreislauf unseres Automatismus auszubrechen. Und durch die exakt vorgegebene Reihenfolge der Körperhaltungen führen sie uns zu einer neuen Möglichkeit des Denkens, Fühlens und Handelns. Wenn wir wahrhaftig ihre Bedeutung wahrnehmen und ihre Sprache sprechen könnten, würden uns die Bewegungen eine neue Ebene des Verstehens enthüllen.

58
Wozu Bewegungen?

Wir fragen uns nicht, warum Gurdjieff die Bewegungen als eine der wichtigsten Übungen für die Umsetzung seiner Lehren einführte. Wozu Bewegungen? Manche sind die Verkörperung eines sehr hohen Wissens und repräsentieren Gesetze. Andere wurden gelehrt, weil seine Schüler einer bestimmten Art und Weise der Arbeit bedurften. Zu gewissen Zeiten widmete Gurdjieff dem Üben der Bewegungen mehrere Stunden am Tag und passte sie dem aktuellen Stadium der Arbeit an. Beispielsweise gab es Phasen, in denen die Körperwahrnehmung noch ungenügend entwickelt war und die Aufmerksamkeit nicht auf den Körper ausgerichtet bleiben konnte. Zu anderen Zeiten lag der Fokus auf dem Denken, das nicht frei genug war, um sich einer feineren Energie zu öffnen. Die Übungen verlangten, dass die Aufmerksamkeit auf eine bestimmte Weise gelenkt wurde und einem bestimmten Weg folgte. Das brachte eine Erfahrung von einer neuen Qualität, die dem Schüler ein besseres Verstehen erlaubte und ihn erkennen ließ, wie er diese Qualität im Alltag finden konnte. Gleichzeitig ermöglichte das Arbeiten an den Übungen eine direkte Erfahrung der Gesetze der Energietransformation. Dies schloss das Symbol des Enneagramms mit ein, von dem Gurdjieff sagte, es sei ohne das Gefühl, das durch die Beteiligung an den darauf basierenden Bewegungen hervorgebracht wird, fast nicht zu verstehen.

Das Universum besteht aus Energien, die uns durchdringen. Jede Bewegung, die innerhalb oder außerhalb von uns stattfindet, ist ein Energieübergang. Die Energie fließt, wohin sie gerufen wird. Wir können das nicht verhindern. Wir sind den uns umgebenden Kräften unterworfen. Entweder sind wir mit einer Energie verbunden, die ein wenig höher ist, oder wir werden von einer niedrigeren Energie ergriffen. Wir sind keine Einheit, wir sind nicht eins. Unsere Energie muss in einem geschlossenen Kreislauf gehalten werden, in dem sie umgewandelt werden kann. Das erlaubt ihr, mit anderen Energien derselben Qualität in Berührung zu kommen, um einen neuen Kreislauf, einen neuen Strom zu bilden. Solange in mir kein Strom einer höheren Energie fließt, werde ich keine Freiheit erlangen.

Es gibt eine Energie, die von einem höheren Teil des Verstandes herkommt. Aber wir sind dafür nicht offen. Es ist eine bewusste Kraft. Die Aufmerksamkeit ist Teil dieser Kraft, die es zu entwickeln gilt. Ohne diese Kraft lasse ich mich fesseln und meine Bewegungen laufen automatisch ab. Der Kopf mag vielleicht verstehen, der Körper hingegen versteht nicht. Und doch ist es der Körper, der diese Kraft spüren muss. Dann wird er gehorchen, die Spannungen werden verschwinden und die Bewegungen können frei sein. Ich bin nicht länger gefesselt und die Bewegungen erfolgen nicht mehr nur automatisch.

Ein bewusstes Bewegen erfordert völlige Aufmerksamkeit. Die Qualität dieser Aufmerksamkeit ruft in uns die Wahrnehmung einer vollkommenen Präsenz hervor. Diese perfekte Aufmerksamkeit ist eine von der Natur geschenkte Möglichkeit. Im Augenblick einer bestimmten Bewegung denken wir nicht mehr an die vorangegangene oder an die nachfolgende Bewegung. Wir versuchen nicht, die Form einer Bewegung auszudrücken, indem wir uns zwingen, eine bestimmte Haltung einzunehmen. Wir sind ganz und gar aufmerksam für eine Energie, die frei sein muss, damit sie auf eine bestimmte Art im Körper erhalten werden kann. Diese kann man nur erfahren, wenn man sich ihr unterwirft.

Die Bewegungen können uns aufzeigen, wie man im Leben sein kann, wie es möglich ist, die Gegenwart zu erleben und sich in seinen Lebensäußerungen freier zu bewegen. Anstelle von endlosen Reaktionen – den konditionierten Antworten unseres Automatismus – ergibt sich die Möglichkeit des Handelns, das aus einer Vision, von einer bewussten höheren Kraft herrührt. Die Bewegungen sind ein Weg, um die Vorstellung von Präsenz zu leben und zu erfahren. Dabei ist die Idee allein nicht genug. Es braucht eine Handlung, welche die Energie hervorbringt, von der wir sprechen. Wenn alle Energien in unserem Inneren miteinander verbunden sind, wird durch die Bewegungen eine neue Energie geschaffen. Wir können sie fühlen. Sie hat eine andere Qualität, eine andere Kraft und ein Bewusstsein, über das wir normalerweise nicht verfügen. Diese Energie kommt von meinem Intellekt her, von einem höheren Teil meines Verstandes, in dem eine Intelligenz, eine Erkenntnisfähigkeit herrscht. Ich muss mit diesem Teil meines Verstandes in Verbindung stehen. Dann werde ich eine Vision haben, die absolut klar ist. Ich erkenne mich selbst, ich erkenne andere Menschen. Ich sehe sehr deutlich und ohne Reaktion, *was ist.* Ich sehe mich selbst, wie *ich bin.*

59
Bestandteil der Lehre

Die Gurdjieffschen Bewegungen sind Teil, nur *ein* Teil, der Lehre über die mögliche Transformation von Energien in uns und über den Sinn des menschlichen Lebens. Sie drücken die Lehre in einer Sprache aus, in der jede Geste, jede Körperhaltung, jede Sequenz eine besondere Rolle und Bedeutung einnimmt. Wir können die Bewegungen nicht getrennt von der Lehre verstehen, und mit unserem automatisierten Denken und Fühlen können wir die Bewegungen nicht auf die richtige Art üben. Sie verlangen nach einer Beteiligung meiner ganzen Präsenz. Ich muss mich für eine Energie öffnen, die ein Eigenleben in mir haben kann. Dann ist es der Energiekörper, die Präsenz, die in Bewegung ist. Solange diese Präsenz nicht besteht, werden die Bewegungen automatisch ausgeführt. Sogar wenn wir denken, dass wir sie gut praktizieren, drücken sie nichts aus, sind sie bedeutungslos. Diese Art des Übens ist eine totale Verzerrung und hat nichts mit den Bewegungen zu tun, wie sie geschaffen worden sind.

Diejenigen, welche die Verantwortung übernommen haben, die Bewegungen anderen zu vermitteln, befinden sich in einer schwierigen Lage. Wir wiederholen bestimmte Bewegungen und versuchen, ein Interesse daran aufrechtzuerhalten. Aber wir wissen nicht wirklich, was wir da tun. Wir klammern uns an eine Form, die bedeutungsleer ist. Wir brauchen die Erfahrung von etwas, was wir bisher noch nicht erlebt haben, eine Erfahrung der Gegenwart, und zwar der Gegenwart in Bewegung. Tatsächlich verfügen wir nur über ein sehr begrenztes Verständnis von beidem, der Lehre und der Sprache der Bewegungen. Es wird Jahre dauern, die notwendige Aufmerksamkeit zu entwickeln. Was wäre demnach heute eine richtige Haltung, wenn wir dem Werk dienen wollen?

Was ist notwendig, um anderen eine Bewegung zu übermitteln? Zunächst einmal müssen wir die Bewegung selbst ausgeführt haben, und wir müssen Bescheid wissen über ihre Struktur – die Abfolge der Positionen – und ihren Rhythmus, über ihr Leben. Dann fordern wir, von uns selbst wie auch von den anderen, die korrekten Positionen und eine klare Visualisierung ihrer Abfolge. Die Körperhaltungen müssen exakt sein. Ohne Präzision bleibt unsere Arbeit oberflächlich. Schließlich müssen wir in uns selbst erkennen, womit die Positionen korrespondieren, und das richtige Tempo herausfinden, um die Bewegung zum Leben zu erwecken. Natürlich wird es immer Fragen geben. Ist es notwendig, die Bewegung zu vereinfachen und die Haltung aller Gliedmaßen der Reihe nach zu lernen? Müssen wir mit einer Übung beginnen, die uns in die Aspekte der Bewegung einführt? Was wird die größte Wirkung auf unsere Aufmerksamkeit erzielen? Welche Art des Verlangens muss mitgebracht werden und auf welche Art und Weise? Sollte etwas Zusätzliches dazu gesagt werden, stets im Wissen darum, dass Worte das Denken provozieren und *den Kopf* verleiten können, die Bewegungen »zu machen«? Und immer wieder: Was ist diese Bewegung, zu was ruft sie auf? Jedes Mal, wenn wir mit einer Bewegungsklasse beginnen, müssen wir uns einen Moment gestatten, in dem wir uns daran erinnern, was wir dienen wollen und in was wir unser Vertrauen legen. Am wichtigsten ist mein Zustand. Ich brauche eine bewusste Aufmerksamkeit, die stärker als der Automatismus ist. Ohne Vision, ohne Erkennen ist es nur das Ego, das die Bewegungen übermittelt oder sie ausführt.

Jede der Bewegungen besteht aus einer Abfolge von Körperhaltungen, die zusammen ein Ganzes bilden, das ohne Fehler bewerkstelligt werden muss. Die gesamte Bewegung muss eine vorgegebene Zeit lang, wenn alles in uns ruhig ist, von unseren Funktionen gleichzeitig vorhergesehen werden. Die Abfolge der Positionen reflektiert die Linie der sich entwickelnden Kräfte und den Zustand der Verbindung zwischen den Energiezentren. Eine

Bewegung einfach nur zu wiederholen, bekräftigt den Automatismus und unsere Neigung, uns, ohne das Denken einzusetzen, auf unseren Körper zu verlassen. So sind also Übungen und das Konzentrieren auf Teile einer Bewegung nicht nur wichtig, um eine Bewegung einzuführen, sondern auch, um an den Aspekten der Aufmerksamkeit zu arbeiten, die entwickelt werden muss. Da jede der Bewegungen etwas Ganzes ausdrückt – ihre Bedeutung als Ganzheit hat –, müssen wir es der Klasse gleichzeitig erlauben, die Bewegung als Ganzes zu erleben.

Wir müssen verstehen, dass verschiedene Positionen und Tempi unterschiedliche Zustände der Energie repräsentieren. Wenn beispielsweise der rechte Arm einen Kreis zieht, drückt dieser ununterbrochene Bewegungsfluss eine Qualität des Denkens aus, welches ruhig ist und sich nicht rührt; wenn der linke Arm bei einer Reihe von Positionen einen Rhythmus aufrechterhält, hat er ein anderes Tempo und repräsentiert eine andere Energie im Körper. Wir müssen auch lernen, wie unterschiedliche Körperhaltungen die Verteilung der Energien in uns beeinflussen. Wenn ich eine bestimmte Haltung eingenommen habe, um der Energie eine freie Zirkulation entlang der Wirbelsäule zu erlauben, wird eine Positionsänderung auch diese Verteilung verändern, da die Ausrichtung der Energie wechselt. Wenn ich zum Beispiel meinen Kopf senke, wird der Energiestrom nicht mehr in derselben Art verlaufen; er wird wieder hinunterfließen. Wenn ich meine Hand auf meine Brust lege, halte ich den Strom in diesem Bereich fest. Wenn ich den Kopf anhebe, erhalte ich Energie von oben. Strecke ich meinen Arm vorwärts aus, stoppe ich den Fluss. Wenn ich dann meinen Unterarm hebe, während ich den Ellbogen in derselben Position behalte, bin ich bereit, das Einströmen der Energie zu empfangen. Und wenn ich meinen Arm senke, wird die Energie empfangen und im Körper gespeichert. Beim Verändern der Bewegungen müssen wir sehr vorsichtig sein, insbesondere was die Reihenfolge der Haltungen angeht, die ein Gesetz ausdrückt. Jede Haltung, jede Geste hat ihren Platz, ihre Dauer, ihr eigenes Gewicht. Wenn ein Fehler auftritt oder etwas Neues eingeführt wird, kann die ganze Bedeutung dadurch entstellt werden.

Wir haben eine Tendenz, uns etwas auszudenken, sinnlose Vorstellungen, Bilder und Gefühle in unsere Haltungen hineinkommen zu lassen. Doch was geschehen kann, ist schwerwiegender, nämlich, dass die Erfahrung des Energieflusses den Zustand verursacht, den der Schöpfer der Bewegung beabsichtigt hat. Es ist eine Wissenschaft, ein Wissen – das grundlegendste überhaupt –, das nur in Etappen erlangt werden kann, beginnend mit der Verbundenheit der Zentren während des Handelns. Es muss entschlüsselt und vor Ort studiert werden, indem man sich selbst der Übung hingibt.

60
Nur mit einer stabilen Präsenz

Wir werden nicht einfach Gurdjieffsche Bewegungen »machen«. Wir werden versuchen, Bewegung zu verstehen. Was ist Bewegung? Wie bringen wir uns selbst in Bewegung? Woher kommen unsere Bewegungen?

Wir verstehen Bewegung auf eine statische Weise – eine Körperhaltung gefolgt von der nächsten – und wir sehen nur das Ergebnis, ohne dass wir fähig wären, der Bewegung selbst zu folgen. Nie fühlen wir die Bewegung. Wir sehen das Bild einer Position und beginnen, uns in diese Richtung zu bewegen. Aber solch eine Bewegung ist mechanisch. Wir nehmen die Position ein, ohne zu wissen wie, gänzlich von unserem Automatismus gelenkt. Und wir nehmen jede Position gesondert ein, statt von einer zur anderen wie in der Musik von Note zu Note zu fließen. Nichtsdestotrotz sind wir Energie in Bewegung, eine kontinuierliche Bewegung, die niemals aufhört. Wir müssen die Energie spüren und der Bewegung folgen, sie fließen lassen, ohne dass das Denken auf irgendeine Art und Weise interveniert. Wir müssen diese Energie als eine Präsenz fühlen, die nicht verschwinden darf. Dann wird die Bewegung mit einer Vision ausgeführt. Sie geschieht noch immer automatisch, aber die Vision hat eine Wirkung. Die Bewegung ist freier.

Bevor ich mit irgendeiner Bewegung beginne, muss ich diese Energie finden, diesen Zustand, in dem es eine Verbindung zwischen dem Verstand und dem Körper gibt. Das Fühlen kommt von selbst. Die Bewegung ist ein Ausdruck dieses Zustandes. Woher soll meine Bewegung ohne diesen Zustand kommen? Als Erstes versuche ich, mich für eine Energie zu öffnen, die von knapp oberhalb meines Kopfes herkommt und die in mich hineinfließt. Sie ermöglicht ein Bewusstsein, dass ich ansonsten nicht kenne. Ich muss sie in mir behalten, während sich mein Körper zur selben Zeit bewegt. Die beiden müssen vollkommen zusammen sein. Diese Energie ist wichtiger als alles andere. Ich bewege mich, doch bleibt die Energie dieselbe und ist stärker als die Bewegung. Um mit dieser Energie verbunden zu bleiben, muss ich in einem Rhythmus einer besonderen Intensität und Stärke sein. Ich bin »in einem Rhythmus« – was bedeutet das? Nicht, dass ein Teil in einem Rhythmus und ein anderer Teil in einem anderen ist, auch nicht, dass ich eine Position im Rhythmus ausführe und die nächste nicht. Die Energie ist überall dieselbe.

Wir akzeptieren nicht, dass keine Verbindung zwischen dem Denken und dem Körper herrscht. Das Denken dreht sich um und geht seines Weges. Den Körper kümmert es nicht und er wartet auf irgendetwas, was ihm sagt, was er zu tun hat. Damit eine Verbindung entstehen kann, muss es einen Fluss vom einen zum anderen geben. Die Verbindung bildet eine neue Energie, die zu einer stabilen Präsenz werden muss, ähnlich einem zweiten Körper. Das Werk hat verschiedene Stadien. Aber fürs Erste besteht die ganze Arbeit in diesem Stadium, obwohl es, nachdem der zweite Körper gebildet ist, ein weiteres Stadium geben wird. Um diese Verbindung zu schaffen, muss ich eine Aufmerksamkeit entwickeln, die ich jetzt noch nicht habe, eine freiwillige Aufmerksamkeit. Wenn ich *will,* kann ich – wenn ich wirklich *will.* Wenn diese Aufmerksamkeit, diese Vision, entwickelt ist, wird mein Körper gehorchen, weil er eine Kraft fühlt, die größer ist und die ihm etwas Größeres bringen wird. Die Anstrengung der Verbindung zwischen den Zentren, die von den Bewegungen verlangt wird, bringt die notwendige Energie für die Bildung höherer Körper. Somit erzeugen die Bewegungen das Element des Schocks in der richtigen Art und Weise. Dadurch wird es uns vielleicht erlaubt, das Intervall zwischen Si und Do zu durchschreiten, das wir ansonsten niemals überschritten hätten. Nur mit einer stabilen Präsenz, einem zweiten Körper, werden wir in der Lage sein, die Bewegungen so auszuführen, wie sie beabsichtigt sind.

VI

Zentriert sein

Wir müssen einen Weg zur Einheit finden.

—

Unser Ziel ist es, zentriert zu sein
im Sinne einer Sammlung unserer Energien und
im Finden des Zentrums unseres Wesens.

—

Um ganz zu werden, eine Einheit, muss ich zentriert sein.

—

Damit mein Wesen hervortreten kann, muss es
in meiner Wahrnehmung eine Qualität geben,
die überall dieselbe ist, eine Einheit an Schwingungen,
sodass ein wellenloser Zustand eintritt.

—

Der Schwerpunkt ist der Sitz der Einheit.

—

Durch das Atmen habe ich am Leben teil.

—

Der wahrnehmbare Atem
ist nicht der wahre Atem, also die Strömung,
die Einatmung und Ausatmung belebt.

Ein Gespür fürs Ganze

61
Ziel der Anstrengung

Wir schwanken zwischen einem inneren Bestreben der Rückkehr zu uns selbst, zu unserem essenziellen Wesen, und einem Streben hin zum Äußeren. Mal streben wir nach dem einen, mal nach dem anderen; wir schaffen es nicht, beides gleichzeitig zu leben. Dies wird zu einer Art von Gegensatz, von Widerspruch, und wir verbringen unsere Zeit damit, einen Lebensstil zu finden, in dem dieses Spannungsverhältnis gelöst werden kann. Wir müssen einen neuen Zugang zu dieser Problematik finden, einen, der nicht die Vollständigkeit unseres Seins aufs Spiel setzt. Wir müssen einen Weg zur Einheit finden. Dazu würde gehören, dass alle unsere Zentren und Funktionen im Dienst der einen Lebenskraft stünden. Es würde bedeuten, dass in beide Richtungen etwas unternommen, etwas erkannt wird. Diese zwei Bestrebungen sind füreinander unentbehrlich. Die Lebenskraft kann ohne mich nicht wirken; doch ich muss jeglichen Anspruch aufgeben, irgendetwas durch mich selbst zu sein, fähig zu sein, ohne diese Lebenskraft selbstständig zu handeln.

Unser Leben dreht sich immer um eine Kraft, die danach strebt, verwirklicht zu werden. Doch haben diese Kraft und das, was verwirklicht wird, unterschiedliche Bedeutungen je nach dem beteiligten Ich. Dem Leben gegenüber werde ich von der Kraft meines Egos gelenkt. Ich begreife mein Leben als ein Netz von Beziehungen, das von einem Zentrum her betrachtet wird. Ich spüre, fühle dieses Zentrum – ich bin es. Ich nenne dieses Zentrum »ich«, und von hier aus denke und fühle ich. Diese Vorstellung vom Ich nimmt jeglichen Raum ein; sogar in den besseren Augenblicken des Arbeitens kehrt sie zurück. So ist es immer ein einzelner Teil von mir, der die Oberhand gewinnt – manchmal mein Denken, manchmal meine Gefühle, manchmal vielleicht mein Körper. Niemals handeln sie gemeinsam. Da ist kein Sinn fürs Ganze.

Zentriert zu sein, bedeutet zu verzichten; jeder Teil muss sich vom Anspruch lossagen, dass er das Ganze sei und dass er das

Ganze sehe und lenke. Es ist, als ob ich mich einer größeren Ordnung unterwerfe, einer Ordnung von kosmischer Größenordnung, und alle meine Teile akzeptieren es, ihr zu dienen und ihr gegenüber freiwillig passiv zu bleiben. Mein Körper, mein Fühlen und mein Kopf lassen los. Ich fühle, wie eine feinere Energie in mir hinunter zu ihrer Quelle fließt, so als ob sie sich nochmals sammeln müsse, bevor sie wieder aufsteigt, um die anderen Zentren zu nähren. Es ist eine Zirkulationsbewegung, ein konstantes Gleichgewicht und ein Zusammenhang. Dafür brauche ich meine Funktionen, aber ein Funktionieren ohne Hindernisse. Ich brauche mein Denken – doch nicht einfach nur Gedanken, Wörter und Bilder, die die reine Energie des Denkens an sich reißen und es passiv werden lassen. Ich brauche mein Fühlen – aber kein Gefühl, das von Bildern gefesselt ist, an die es passiv gebunden bleibt. Und ich brauche meinen Körper, frei und ohne jegliche Spannung, die die Energie zurückhält. Ich erkenne, dass ich die Hilfe meiner Funktionen brauche, die sich ansonsten zu einem unüberwindbaren Hindernis werden. Ohne ihre Hilfe kann ich mich der Präsenz in mir nicht öffnen.

In meinem normalen Zustand ist meine Aufmerksamkeit nicht unabhängig. Sie ist von niedriger Qualität, ohne Kraft, und fließt in passiver Weise nach außen. Aber diese Aufmerksamkeit kann dadurch, dass sie in eine als notwendig erkannte Richtung geleitet wird, transformiert werden und zu reinerer Qualität gelangen. Durch die Kraft meiner aktiv nach innen gerichteten Aufmerksamkeit verändert sich der Energiefluss. Anstatt nach außen zu fließen, sammelt sie sich im Inneren, bis sie den Schwerpunkt meiner Präsenz bildet. All meine Anstrengung, all meine Arbeit, konzentriert sich darauf, diese Ausrichtung beizubehalten – meinen Körper derart entspannt zu halten, dass die Energie ihn nicht verlässt; mein Denken so wachsam auf mich selbst gerichtet zu lassen, dass nur schon dessen Präsenz die Ruhe meines Körpers unterstützt; und ein Gefühl dafür zu hegen, was erkannt werden möchte, was hier ist, ein Gefühl für das Ich. Es ist eine Anstrengung der Aufmerksamkeit, die aus allen Teilen meiner selbst kommt, eine Reinigung der Aufmerksamkeit, um mich auf das Ich zu konzentrieren. Bei dieser Anstrengung entdecke ich eine Art des Funktionierens, die nicht mehr passiv ist, eine Arbeit, bei der die Funktionen aufgerufen werden, der Bewegung der Aufmerksamkeit zu gehorchen.

Das Ziel meines ganzen Kampfes, meiner Anstrengung, liegt darin, zu einer bestimmten Einheit zu gelangen. Ich kann nur dann in einen bewussteren Zustand kommen, wenn meine Zentren im Gleichgewicht sind und die Verbindungen zwischen ihnen durch die Aufmerksamkeit aufrechterhalten bleiben. Die verschiedenen Teile meiner Präsenz müssen lernen, in dieselbe Richtung zusammenzuarbeiten, alle dem gleichen Ziel verpflichtet, damit alle denselben Eindruck empfangen. Ich erkenne, dass meine Vision und mein Verstehen, meine Intelligenz, von diesem Zustand der Präsenz abhängen. Wenn ich für diese Präsenz wach bin, fühle ich ihr Bestehen, ein geheimnisvolles Leben, das mich mit allem Lebendigen der Welt in Beziehung bringt. Meine Vision meiner selbst ist mit dem Ganzen verbunden.

62
Das erste Gefühl von Einheit

Gurdjieff lehrte, dass es innerhalb des physischen Körpers feinere Substanzen gibt, die sich gegenseitig durchdringen und unter bestimmten Bedingungen einen unabhängigen zweiten oder sogar dritten Körper bilden können. Der physische Körper arbeitet mit diesen Substanzen, doch weder gehören sie zu ihm noch kristallisieren sie sich darin. Seine Funktionen sind analog denjenigen der höheren Körper, unterscheiden sich davon jedoch insbesondere durch die Trennung der emotionalen von den intellektuellen Funktionen. So wie wir sind, wird alles durch den physischen Körper beherrscht, der seinerseits durch äußerliche Einflüsse gelenkt wird. In ihm besetzen die Gefühle, obschon sie von zufälligen Schocks abhängen, den Platz des zweiten Körpers, und das Denken entspricht den Funktionen des dritten Körpers. Wenn andere Körper vorhanden sind, geht die Kontrolle vom höheren Körper, vom Bewusstsein des höheren Körpers aus. Dann gibt es ein unteilbares und dauerhaftes Ich, eine Individualität, die den physischen Körper beherrscht und seine Widerstände überwindet. Und es besteht anstelle des mechanischen Denkens ein Bewusstsein mit Willen als einer aus ihm hervorgehenden Macht.

So wie ich bin, bin ich wehrlos gegenüber Einflüssen, die auf der gewöhnlichen Ebene wirken, da ich nicht in mir selbst zentriert bin. Weil ich passiv bin, sind meine verschiedenen Zentren zwangsläufig jeglichem gewöhnlichen Schock, der sie in Vibration versetzt, auf Gedeih und Verderb ausgeliefert. Aber wenn meine Funktionen einen Schwerpunkt besitzen, eine Achse, kann ich Schocks von einer anderen Ebene empfangen. Solange meine Aufmerksamkeit bewusst auf diesem Schwerpunkt fixiert bleibt, bin ich von der Anziehung der gewöhnlichen Ebene unbeeinflussbar. Die Schocks von außen betreffen mich nicht, weil ihre Schwingung langsamer als die meiner Konzentration ist. Hingegen überträgt ein belebender Schock von einer anderen Ebene meinen Zentren eine schnellere Schwingung, wodurch Zusammenhalt und Vereinigung bewirkt werden.

Wenn ich ruhig bin, empfinde ich deutlich, dass ich eins und ganz bin. Ich beginne zu fühlen, dass es hinter all den Bestrebungen meines gewöhnlichen Ichs etwas gibt, was Bestand hat ähnlich einer Achse, die ein bestimmtes Gleichgewicht hält. Ich habe die Intuition einer Schwingung, die in ihrer Intensität völlig anders ist. Es fällt mir schwer, mich mit ihrer Resonanz in Einklang zu bringen, die langsamen und unzusammenhängenden Schwingungen, die mich bewegen, darauf einzustimmen. Doch ich höre zu und bin empfindsam für diese andersartigen Qualitäten. Und je mehr ich zuhöre und empfindsam bin, desto mehr erscheint die Resonanz wie ein darunter liegender, elementarer Klang aus dem Hintergrund, der unwiderstehlich wird. Die anderen Schwingungen verändern sich, so als ob die disharmonischen Noten sich selbst in Einklang bringen und die Bewegung sich von selbst beschleunigt. Hier geschieht nichts unbewusst. Ich kann nur noch zustimmen und bewusst wünschen – bewusst *wollen* –, die Stätte dieser Metamorphose zu sein. Dies ist es, dem ich diene, der Zweck meines Lebens. Dies zu verstehen, bringt den Akt des Loslassens mit sich, eine Beruhigung all meiner Spannungen im Einklang mit der essenziellen Schwingung. Ich muss verstehen, was ich möchte. Ich brauche eine erwachende Aufrichtigkeit, damit diese Vermischung stattfinden kann. Etwas muss Platz machen.

Dieses Öffnen für die Präsenz benötigt eine Aufmerksamkeit, die unabhängig ist und von meinem ganzen Wesen getragen wird. Ich muss in mir selbst einen Wunsch und eine Macht von Aufmerksamkeit finden, einen Willen, der meine gewöhnliche Kapazität übersteigt. Es ist eine »Super-Anstrengung«, ein bewusster Kampf. Ich muss, während ich mich manifestiere, mir dessen bewusst bleiben, dass ich eine Einheit bin, muss innerlich verbunden bleiben und mich gleichzeitig nach außen hin verbinden. Die Anstrengung besteht darin, die Beziehung zwischen den Funktionen und den höheren Teilen der Zentren zu erkennen, wodurch mir das erste Gefühl von Einheit, davon, ein Ganzes zu sein, beschert wird. Es verlangt eine unabhängige Aufmerksamkeit, die sich auf den Punkt der Kräfteteilung konzentriert und dort gehalten wird. Dies hängt von meinem Ich-Gefühl ab, meinem Gefühl der Präsenz. Ich muss mich selbst als ein Ganzes kennen und mich als ein Ganzes ausdrücken, und das bedeutet, *ein Ganzes zu sein.* Aber dieses Bedürfnis nach Einheit kann nur auftreten, wenn ich ausreichend verstanden habe, dass ich nur teilweise lebe, dass ich die ganze Zeit über in dem einem oder dem anderen Teil meiner selbst gefesselt bin. Wenn all die gewöhnlichen Zentren am Selbsterinnern teilnehmen, kann es zu einer Öffnung in Richtung der höheren Zentren kommen, zu einer Öffnung, die von der Verfeinerung der Aufmerksamkeit herrührt.

63
Durch Bewusstsein zentriert

Für uns ist so lange kein bewusstes Streben möglich, bis wir in einer inneren Form zentriert sind, die unserer doppelten Natur entspricht. Unsere Zentren müssen mit einer essenziellen Energie verbunden und für sie durchlässig sein, die jenseits ihres Verstehens liegt. Doch obwohl wir es uns wünschen, verfügen wir noch nicht über diese Beziehung oder diese Durchlässigkeit, und so sind unsere Handlungen niemals bewusst. Wir betrachten die Außenwelt mit dem Blick unserer Eigenliebe, unseres Egos, welches den Schwerpunkt unseres Zustandes bildet. Als solches entstellt es die Bedeutung unserer Wahrnehmungen und versklavt uns. Wir verhalten uns nicht wie ein lebendiges Wesen, ein Wesen, das in sich selbst lebendig ist. Da ist nur Selbstliebe. Wir wissen nicht, was es bedeutet zu lieben.

Wir erkennen, dass unsere Funktionen ohne Bewusstsein ablaufen können, und wir beginnen zu realisieren, dass Bewusstsein ohne Funktionen existieren kann. Wir müssen immer wieder zu unserem Ziel zurückkommen: durch Bewusstsein in uns selbst zentriert zu sein. Darin liegt sowohl unsere Möglichkeit als auch unser Risiko als menschliches Wesen. Wir mögen unser wahrhaftes Selbst finden, genauso aber können wir scheitern.

Ich fange an zu erkennen, dass ich zwischen zwei Wirklichkeiten hin- und hergerissen lebe. Einerseits ist da die Wirklichkeit meines Daseins auf der Erde, die mich in Zeit und Raum begrenzt, mit all ihren Bedrohungen und Gelegenheiten zur Befriedigung. Andererseits ist da die Wirklichkeit des Seins, die jenseits dieses Daseins liegt, eine Wirklichkeit, nach der ich mich sehne. Sie ruft durch all unsere Enttäuschungen und Unglücke hindurch nach unserem Bewusstsein, um uns dahin zu führen, dem Sein, dem »Göttlichen« in uns selbst, zu dienen. Wenn mein Leben nur gelebt wird, um mich zu erhalten, ist das essenzielle Sein verhüllt, verborgen. Auch wenn ich mich auf eine intelligente, vernünftige Art und Weise erhalte, erkenne ich den wahren Sinn meines Lebens nicht – ich habe keine Ausrichtung. Ich werde ganz und gar in Richtung einer äußeren Existenz gezogen und somit davon abgehalten, mir meines echten Seins bewusst zu werden. Wenn ich jedoch eine andere Wirklichkeit fühle, vergesse ich unter der Kraft dieses Eindrucks mein Leben und ziehe mich in eine Isolation zurück. Also verlangt die Welt nach mir, ohne auf mein inneres Leben Rücksicht zu nehmen, und mein Wesen ruft nach mir, ohne sich um die Anforderungen der weltlichen Existenz zu kümmern. Das sind zwei Pole eines größeren Selbsts, eines einzigen Wesens. Ich muss einen Zustand erlangen, in dem ich mich mehr und mehr für eine essenzielle Kraft in mir öffne und ihr gehorche und in dem ich gleichzeitig fähig bin, diese Kraft auszudrücken und sie ihre Arbeit in der Welt ausüben zu lassen.

Wenn ich meinen Zustand in diesem Augenblick betrachte, sehe ich, dass ich keinen wirklichen Schwerpunkt habe, kein wirkliches Ich. Ich bin es gewohnt, meinen Körper und meine anderen Funktionen als »ich« oder »mich« zu bezeichnen. Aber ich verfüge über kein Ich, das wirklich und immer dasselbe ist, das sich nicht verändert, ein Ich, das *wollen* kann – nicht begehren, nicht hoffen, sondern *wollen*. Die unterschiedlichen Teile in mir stehen nicht in Beziehung zueinander. Mein Fühlen erlebt nicht das, was mein Kopf denkt, und mein Kopf denkt nicht das, was mein Körper spürt. Ihre Intensität ist unterschiedlich und sie haben kein gemeinsames Ziel. Sie sind persönlich beschäftigt, jedes für sich selbst mit seinem eigenen Begehren.

Meine Gedanken, Emotionen und Wahrnehmungen hören niemals auf. Wenn ich sie als wirklich begreife, schenke ich ihnen meine Aufmerksamkeit. Ich bin gefesselt und abgeschnitten. Von Zeit zu Zeit berühre ich eine andere Wirklichkeit, eine Wirklichkeit, die sich wie ein leerer Raum anfühlt, entleert von meinem gewöhnlichen Ich. Dann fühle ich den Wunsch *zu wissen,* frei dafür zu sein, in Kontakt mit dieser Wirklichkeit zu treten. Ich spüre das Bedürfnis zusammenzukommen. Und sobald ich dies fühle, kommt es in mir zu einem Loslassen, zu einer Befreiung. Es ist, als ob sich ein Raum öffnet und in diesem Raum die Energie zusammenströmt, um ein Ganzes zu bilden. Plötzlich fühle ich mich als ein anderes Wesen. Dieser Moment der Einheit ist ein vollständiger Wandel im Bewusstsein meiner selbst. Es bleibt nichts übrig von meinem gewöhnlichen Denken und Fühlen.

Die Möglichkeit eines inneren Wachstums liegt im Sich-Öffnen für ein neues Funktionieren, das die verschiedenen Zentren miteinander verbinden kann. Das Denken muss unabhängig werden, um die Vorstellung der Selbsterinnerung zu behalten, eines Erinnerns, das zum Bewegungszentrum wandert, dann zum Gefühlszentrum und sich von dort mit den höheren Zentren verbindet. Dafür braucht es einen inneren Schwerpunkt. Ich muss erkennen, was dies erfordert.

Ein innerer Schwerpunkt

64
Unser Lebenszentrum

Für mich selbst wach zu werden, für das, was ich bin, würde bedeuten, den Schwerpunkt und die Quelle meiner Energien, die Wurzel meines Wesens zu finden. Ständig vergesse ich meine Herkunft. Und darum sind all meine Vorstellungen darüber, was ich bin, verzerrt. Erst einmal ist es notwendig zu erkennen, dass ich ständig die Verbindung zu dieser Quelle verliere. Solange mein fundamentales Bedürfnis ein anderes ist, als diese Quelle zu kennen und sie mehr als alles andere zu lieben, ist es mein Ego, durch das mein Leben und meine Kraft gelenkt werden. Es tut dies, ohne dass ich es überhaupt bemerke, und all meine Unterfangen, was immer sie auch sein mögen, werden durch das Verlangen des Egos bestimmt – sogar das, was ich als meine »Arbeit« bezeichne.

Richtiges Arbeiten an sich selbst beginnt gemäß Gurdjieff mit der Bildung eines beständigen Schwerpunkts. Dieser zeichnet jenen Seinszustand aus, den er »Mensch Nummer vier« nannte. Das ist jemand, der zu sich selbst erwacht ist und fragt: »Wer bin ich?« Ein solcher Mensch erkennt, dass er nicht weiß, dass er existiert und wie er existiert. Er merkt, dass er in einem Traum lebt, und fühlt ein Bedürfnis, seine eigene Wirklichkeit zu kennen. Er beginnt, Dinge in sich zu unterscheiden, das Wirkliche vom Eingebildeten, das Bewusste vom Automatischen. Anders als Mensch Nummer eins, zwei oder drei, erkennt er mit einer gewissen Klarheit und weiß um seine Lage. Die Kräfte in ihm beginnen, sich auszurichten auf einen Schwerpunkt der Aufmerksamkeit. Sich selbst zu kennen, ist zu seinem wichtigsten Ziel, zum Schwerpunkt seines Denkens und seines Interesses geworden. Er möchte sich selbst so sehen, wie er ist. Sein Schwerpunkt ist eine Frage, eine Frage, die ihn nicht mehr ruhig schlafen lässt. Und um sich selbst zu kennen, kämpft er darum, seine Aufmerksamkeit zu dem Punkt zu bringen, wo er sie aufteilen kann in eine Präsenz, die er versucht aufrechtzuerhalten, und eine Manifestation, in der er verloren ist. Das erfordert eine Wachsamkeit, die nur beibehalten werden kann, wenn alle Zentren mit derselben Intensität arbeiten. Er muss gleichzeitig spüren, denken und fühlen, ohne dass eines der Zentren dominiert. Wenn das Gleichgewicht zerstört wird, bricht die Anstrengung in Richtung Bewusstsein ab. Mensch Nummer vier ist jemand, der um die Fähigkeit ringt, eine Verbindung zwischen seiner Essenz und seinen Funktionen herzustellen.

Unser Ziel ist es, zentriert zu sein – sowohl im Sinne einer Sammlung unserer Energien als auch im Finden des Zentrums unseres Wesens, des Lebensquells unserer Kraft. Zunächst sammeln wir die Energie, dann erkennen wir, warum dieses Zentrum notwendig ist. Von hier aus kann ich eine richtige Beziehung mit all meinen Teilen aufrechterhalten und ihren Bewegungen folgen, ohne darin verloren zu gehen. Wenn ich zentriert bin, ist es mir möglich, mit der Quelle meines Lebens in Kontakt zu bleiben, die sich ständig erneuert. Ich muss diesen Kontakt nicht *herstellen*. Ich muss – mit einer Haltung, die sich ihrer selbst niemals sicher ist und dem inneren Sein immer Platz macht – es ihm nur erlauben, sich mir zu enthüllen. Ich mache Platz, indem ich eine Ahnung von Leere spüre, von einem Besetzen eines anderen Raums.

Um »individuell« zu sein, muss man an der Quelle selbst gegenwärtig sein, im Zentrum, dort, wo die Kraft noch keine Richtung eingeschlagen, noch keine Form angenommen hat. Wenn ich an diesen Punkt gelangen könnte, an dem meine Aufmerksamkeit wach ist, bevor meine Energie mobilisiert wird, würden vielleicht ein neues Verstehen und eine neue Macht auftauchen. Zurzeit klappt es noch nicht. Meine gewöhnliche, passive Aufmerksamkeit nimmt meine Energie erst wahr, wenn sie aufgespalten und in diese oder jene Reaktion verwickelt ist. Dann ist die Energie bereits weit entfernt von ihrer Quelle, und es nützt nichts, sich abzumühen, sie nicht zu verlieren. Dennoch kann ich diese Situation verstehen und sie als meine gegenwärtige Wirklichkeit akzeptieren.

65
Den Schwerpunkt festlegen

Wir müssen ein Gleichgewicht finden zwischen Anspannung und Loslassen. Es gelingt mir nicht, mich selbst zu erkennen, weil ich versuche, mich als etwas Unbewegliches, etwas Statisches zu begreifen. Doch ich bin Energie, die dauernd fließt, entweder hin zum Inneren oder in Richtung des Äußeren. Das Fließen entspringt meinen verschiedenen Zentren. Wenn sich der Fluss nach außen wendet, bricht die Verbindung mit dem Inneren ab und es gibt keine innerliche Unterstützung, keinen Schwerpunkt. Es herrscht eine Anspannung, die wie eine Mauer zu sein scheint. Wenn die Energie nach innen fließt, verschwindet diese Anspannung, doch schafft sie Platz für eine Lockerheit, die sehr oft in Passivität endet.

Ich weiß nicht, wie ich mich auf das Äußere einlassen kann, und ich weiß nicht, wie ich innerlich leben soll. Ich kenne die Gesetze des Lebens nicht. Der Einsatz und die Rückkehr meiner Energie – die Anspannung und das Loslassen – vollziehen sich ohne Sinn, Ordnung oder Bestätigung. Es existiert unter ihnen kein Gleichgewicht und kein Ziel. Innerlich sind meine Aufmerksamkeit und mein Wille immer passiv. Gleichzeitig sind mein Körper und meine Funktionen aktiv. Solange diese Beziehung bleibt, wie sie ist

– innerlich passiv, äußerlich aktiv –, wird sich keine neue Möglichkeit eröffnen. Ich muss die Notwendigkeit fühlen, diese Beziehung zu verändern, sodass mein Körper und meine Funktionen den Zustand einer bewussten Passivität akzeptieren. Das kann nur geschehen, wenn ich den Schwerpunkt meiner Aufmerksamkeit, die unabhängige Aufmerksamkeit meiner gesamten Präsenz, das Echo des ICHS, aktiv festlege.

Irgendeine Wahrnehmung taucht auf und, indem sie sich ausbreiten muss, kommt es zu einem Loslassen, das von selbst geschieht. Die Empfindung wird eindeutig. Es ist so, als ob ich Platz mache für etwas Essenzielles, oder vielmehr als ob eine essenzielle Präsenz sich in meinem ganzen Körper fühlbar macht. Ich erkenne, dass ich dauernd dazu neige, mich einzumischen, diese Empfindung fixieren und festhalten zu wollen, wodurch sie verhärtet und um ihre Lebendigkeit gebracht wird. Also muss ich auf eine Stufe, zu einer Tiefe in mir selbst, zurückkehren, auf der das Gleichgewicht zwischen der Empfindung und dem Loslassen ohne Einmischung wirklich möglich ist. Das vollzieht sich in einer bestimmten Geschwindigkeit. Dann erscheint eine Einheit, nicht durch Zwang, sondern durch ein Verstehen der wirkenden Kräfte. Eine bewusste Aufmerksamkeit, die teilweise von einem neuen Gefühl herrührt, verbindet das Empfinden mit dem Loslassen.

Zu Beginn neige ich dazu, diese Empfindung vorwiegend im Solar Plexus oder im Kopf zu erleben. Aber mit dem Loslassen erweitert sich die Empfindung und nimmt die Form einer vollständigen Präsenz an, die im Bauch verwurzelt ist. Gurdjieff verwies immer auf diesen Ort als den Schwerpunkt des Wesens, als den Punkt, wo der zweite Körper mit dem ersten verbunden ist. Ich lasse meine Energie in Richtung dieses Schwerpunkts fließen, was eine Unterstützung für den ganzen oberen Teil des Körpers bewirkt. Es ist auch eine Unterstützung für mein Denken und Fühlen. Sobald ich zentriert bin, fühle ich, wie mein Denken frei ist, wie mein Gefühl frei ist. Von diesem Zentrum aus, kann ich auf eine ganz natürliche Art und Weise in Kontakt mit allen Teilen meiner selbst stehen. Ich befinde mich in einer Haltung des Gleichgewichts. Dieses wird aufrechterhalten durch die Empfindung, die erneuert wird als Akt des Gehorsams gegenüber der Präsenz, deren Prinzip ich fühlen möchte. Mein Körper ist gänzlich unbewohnt. Er wird durch die Präsenz belebt, welche in diesem Augenblick stärker ist als der Körper, stärker als die Gedanken oder die Begehren.

Meine Präsenz ist so total, wie sie nur sein kann. Das gewöhnliche Ich beurteilt und berechnet nicht länger. Ich werde nicht mehr davon gelenkt. Ein anderes ICH taucht auf, eines, das fähig ist, sich in zunehmendem Maße für eine Ahnung der höheren Zentren zu öffnen. Ich fühle mich stabiler. Um diese Präsenz wahrhaftig zu erleben, muss ich eine richtige innere und äußere Haltung einnehmen, eine Einstellung, die einen Kontakt ermöglicht mit der eigentlichen Quelle des Lebens, aus der ich komme.

66
Zur zweiten Natur werden

Wenn zwischen innerer Kraft und äußerer Form eine Disharmonie besteht, fehlt es am richtigen Verhältnis in einem selbst. Entweder liegt ein Übermaß an Lebenskraft vor, das alles nach außen treibt, oder eine übertriebene Ansammlung, die zu allzu strenger Selbstverteidigung führt. Wenn zu viel Kraft für das Manifestieren aufgewendet wird, fühlen wir die innere Form verloren gehen und das Fehlen von innerer Ordnung oder Ausrichtung. Unsere Bewegungen geschehen unkontrolliert und unkoordiniert. Ein zu starker Selbstschutz hemmt die Bewegungen. Die Kraft, die in Schach gehalten wird, scheint zu machtvoll für das zu sein, was sie umfasst. In beiden Fällen fühlen wir das Fehlen eines aktiven Zentrums, eines dritten Elements, das die Disharmonie zwischen äußerer Form und innerem Leben beseitigen und ein ganzes Wesen aus mir bilden könnte. Wenn es einen Schwerpunkt gäbe, wäre das äußerlich Manifestierte Ausdruck eines Lebens, welches das Ganze immer wieder erneuern würde.

Um einen Schwerpunkt zu erfahren, muss ich in jedem Moment ein Verlangen verspüren und den Eindruck des Lebens in mir empfangen. Dazu bedarf es der Ergebenheit, einer Akzeptanz seines Wirkens. Ich muss ständig dafür Platz schaffen. Es ist ein Kampf darum, einen Raum freizulassen, in dem der Eindruck dieser Kraft andauern und mir dazu verhelfen kann, kein Spielball für äußere Kräfte zu werden. Durch Übung entwickle ich ein Talent, falsche Haltungen zu erkennen und sie zu korrigieren. Dies muss zu einem immer gegenwärtigen Bestandteil meines alltäglichen Lebens werden. Das ist meine Ergebenheit dem Leben gegenüber.

Am schwierigsten ist es, die Ergebenheit des Verstandes zu erlangen. Freiwillige Passivität bringt immer Leiden für das Ego mit sich, das dieses nur für sehr kurze Momente hinzunehmen vermag. Sobald ich mich der Leere nähere, kommt von meinem egozentrischen Ich her ein Gedanke oder ein Gefühl und löst den Zustand auf. Die Wellen brechen herein und überschwemmen alles.

Ich wünsche mir, diesen Schwerpunkt zu erleben, aber ich lasse mich doch nie zur Gänze sein Gewicht, seine Konsistenz fühlen. Immer besteht eine gewisse Spannung, eine Neigung, nach oben abzuschweifen. War ich soeben noch locker und weich, bin ich nun angespannt und verhärtet. Mein Wille, etwas *zu tun,* mein Ego, hat wieder die Oberhand gewonnen. Ich vertraue nicht länger der Lebenskraft, die ich in diesem Schwerpunkt erfahre. Erneut vertraue ich nur »mir«. Sogar wenn ich die Wirklichkeit dieses Lebens in mir aufsteigen fühle, habe ich doch keine Kontrolle weder über meine Anspannung noch über mein Loslassen. Und es ist mir nicht möglich, beides gleichzeitig zu beachten. Entweder ich verspanne mich oder ich bin locker. Und doch ist es ein einziges Fließen in mir. Diese beiden sind mein innerer Lebensfluss. Anspannung steht nicht im Gegensatz zu Entspannung, und Entspannung ist nicht unvereinbar mit Anspannung. Beide folgen einem Rhythmus, dessen Zweck es ist, die lebendige Form, nach der ich suche, aufrechtzuerhalten. Was schwer zu verstehen ist, ist die Einstellung, die ich brauche, um loszulassen, der Respekt, der allein mir eine uneingeschränkte Öffnung ermöglicht. Stets möchte ich nehmen oder empfangen, *was mir geschuldet wird,* anstatt dass ich loslasse, um die Präsenz des Seins, eine Göttliche Präsenz, zu fühlen. Ich lasse diese Präsenz nicht auf mich wirken.

Nur wenn ich lange um Einheit gekämpft habe, kann ich verstehen, wie schwierig es ist, die nachteiligen Auswirkungen dieser Spannungen wiedergutzumachen. Das hat damit zu tun, dass sie immer das Ganze meiner selbst involvieren. In jeder Spannung, wie schwach sie auch sein mag, ist das Ganze beteiligt. Und wenn die Spannung erst einmal Bestand hat, ist der Zugang zu meinem Wesen blockiert. Dennoch wird es zu einem echten Loslassen kommen, wenn ich fähig bin, die geheime Energiequelle in mir zu fühlen, die Quelle, aus der mein ICH ohne meine Einmischung erwachsen kann. Es wird mich in einer neuen, ganz anderen Form enthalten als der von meinen gewohnheitsmäßigen Spannungen geprägten, in einer inneren Form, in die alle Teile meiner selbst integriert sind. Sie wird mir eine Ahnung meiner selbst, meiner wahren Individualität geben.

Mein Ziel ist es, ganz zu werden – eine Einheit. Erst dann kann ich wissen, was für das Ganze nötig ist. Dafür muss ich zentriert sein. Unermüdlich wende ich mich wieder und wieder meinem Schwerpunkt zu. Was heute nur gelegentlich geschieht, muss zu meiner zweiten Natur werden. Ohne Spannung wird die Energie in einem Abwärtsfließen des Loslassens befreit. Die Ganzheit ist nicht länger bedroht. Ich entdecke ein Prinzip, unter dessen Einfluss ich bleiben möchte. Das ist das Gesetz der Drei, das aus mir ein neues Wesen schaffen kann.

67
Meine wahre Form

Wir müssen eine innere Ordnung, eine innere Form finden. Zu diesem Zweck muss die Körperhaltung kontrolliert werden. In einem Körper, dessen Form kontrolliert wird, kann eine innere Form etabliert werden. Wenn ich in der Stille arbeite, gestatte ich es mir nicht zu beginnen, ohne rund um meinen Schwerpunkt eine Ordnung hergestellt zu haben. Ich halte mich aufrecht und in einem Gleichgewicht, elastisch und ohne Anspannung. Ich trachte nicht nach physischer Entspannung, sondern danach, mein hartnäckiges Ego aufzugeben, welches immer nach Autorität strebt und seinen Meister noch nicht erkannt hat. Ich muss nicht bloß in einer anderen Haltung sitzen, ich muss als andere Person sitzen. Wenn ich mich in meinem Schwerpunkt befinde, existiert kein Ego, das mich gefangen hält. Was es vor allem zu verstehen gilt, ist eine Abwärtsbewegung, um wieder in die Quelle einzutauchen, in den Urquell meines Lebens. Ich muss unaufhörlich hierhin zurückkommen und mich der Lebenskraft ergeben, dem einen wahren Leben, von dem ich ein Teil bin. Ich muss die Wirklichkeit des Seins hervortreten lassen, muss die Einheit dessen, was ich bin, in mir erschaffen lassen.

Ich wiederhole das Gehenlassen meiner Spannungen, meines gewöhnlichen Ichs, das sich in einer konstanten Bewegung befindet und es nicht mag, Teil eines Ganzen zu sein. Die Brust, die Schultern... alles ist entspannt. Die Sammlung der Kraft im Bauch trägt den ganzen Rumpf. Alles unterliegt dem Gesetz dieser inneren Ordnung. Ich komme zur Ruhe und zur Einheit in mir selbst. Ich erkenne, dass mein Wesen nur dann hervortreten kann, wenn es eine Qualität in meiner Wahrnehmung gibt, die überall dieselbe ist, eine Einheit an Schwingungen, sodass ein wellenloser Zustand eintreten kann. Dann fühle ich mich emporgehoben, befreit von der Form meiner gewohnheitsmäßigen Spannungen, die das Ich ausdrücken. Ich befinde mich jenseits davon und bin meiner inneren wie auch meiner äußeren Haltung als meiner wahren Form gewahr, als meiner persönlichen Form, durch die meine Essenz zirkuliert. Ich fühle die Lebenskraft, frei von jeglicher Angst. Ich fürchte nicht länger, mich selbst zu verlieren. ICH BIN. Diese Kraft ist unwiderstehlich. Es ist nicht meine Kraft, aber ich befinde mich in ihr. Die Kraft und ich sind eins, vorausgesetzt ich gehorche ihrem Gesetz. Das bedeutet eine Transformation in all meinen inneren und äußeren Haltungen. Wenn ich nicht üben und danach meine Haltungen transformieren kann, bleibt, wenn die Erfahrung erst einmal vorbei ist, nichts von dem Eindruck, der mein Wesen berührt hat, und ich werde wieder unter die Macht meines Egos, meines Tyrannen zurückfallen. Jede Anspannung bedeutet eine Bewegung weg von der Einheit und geht mit der Notwendigkeit des Loslassens einher, und jedes Entspannen beinhaltet ein Risiko der Ablenkung und bringt das Bedürfnis nach Spannung mit sich. Hinter diesem Prinzip, steht mein Ganzes auf dem Spiel, wird das Gleichgewicht in jedem Moment infrage gestellt.

Was ich trainiere, ist nicht mein Körper, sind nicht meine Funktionen. Es ist das ganze Wesen. Ich schaue nicht mit meinem Intellekt von außen her auf meinen Körper. Der Körper ist der Sitz, das Fundament meines Lebens, und vom Ganzen nicht zu trennen. Er muss von innen her wahrgenommen werden. Ich möchte dem Leben, dieser unwiderstehlichen, in meinem Bauch zentrierten Macht trauen. Ich suche nach einer Haltung, nach einer Art zu leben, in der mein Schwerpunkt unerschütterlich ist. Dafür muss mein Bauch mit der Kraft meines ganzen Körpers angefüllt sein. Wenn er nicht voller Energie ist, hat der Körper keinen Schwerpunkt und wird von außen her überwältigt. Er verliert seine Bedeutung als Träger des Lebens. Die Muskeln unterhalb des Nabels sind leicht angespannt. Dies erzeugt dort eine bestimmte Sammlung an Kraft, die durch Energie aus allen Teilen aktiviert werden muss. Wenn meine Haltung richtig ist, wird die Körperbasis zu einem Fels in der Brandung und der Bauch unterstützt den ganzen oberen Körper, der frei bleibt. Es darf keinen Widerspruch zwischen den beiden geben. Sie negieren sich nicht gegenseitig. Sie sind füreinander unentbehrlich. Die Kraft von oben steigt hinunter zum Schwerpunkt, der sie unterstützt. Es ist notwendig, die Brust zu entspannen und sie nicht verkrampfen zu lassen. Im Körper darf keine Dualität bestehen. Der Nacken ist wichtig. Wenn wir den Kopf falsch halten, sind Kopf und Rumpf voneinander getrennt und haben nicht denselben Schwerpunkt.

Ich versuche nicht ängstlich, eines nach dem anderen dieser Dinge auszuführen. Ich versuche, in dieser Haltung die Einheit zu fühlen und diese Empfindung von Einheit wertzuschätzen. Dann sind alle Unterscheidungen zwischen Subjektivem und Objektivem, Innerem und Äußerem vergessen. Solange ich dieser neuen Ordnung gehorche und mich unter ihren Einfluss begebe, habe ich eine neue Form. Ich erkenne, dass der Schwerpunkt der Sitz der Einheit ist. Wenn all meine Energie hier gesammelt ist, öffne ich mich einer neuen Sphäre von Bewusstsein.

Atmen

68
Eine unmerkliche Strömung

Ich lerne, zwei Schwingungsströme zu unterscheiden. Der eine kommt von den Gedanken und den Gefühlen her und hält mich auf einer niedrigen Ebene. Der andere ist eine feinere Strömung, die andere Zonen des Denkens und Fühlens erwecken und beleben kann. Solange ich den Unterschied zwischen diesen beiden Strömungen und deren Einfluss auf mein Wesen nicht über eine lange Zeit hinweg erfahren habe, kann ich zu keinem neuen Verständnis gelangen. Ihre Wirkung auf mich hängt von meiner passiven Duldung der ersten Strömung ab oder, andersherum ausgedrückt, von der bewussten Wachsamkeit, die ich gegenüber der zweiten aufbringe. Durch das Atmen, durch das bewusste Öffnen gegenüber einer geheimnisvollen, lebensspendenden Kraft, kann ich mir dieser feineren Strömung bewusst werden, die mich für in mir liegende latente Möglichkeiten aufschließt.

Durch das Atmen habe ich am Leben teil. Ich fühle, dass ich in meinem Atmen bin. Es ist der Weg, auf dem ich existiere. Aber ich traue ihm nicht. Ich lasse mich nicht natürlich atmen. Ich atme ein, doch ich atme niemals vollständig aus. Ich möchte eingreifen, unfähig, diese Bewegung des Lebens, so wie sie ist, zu akzeptieren.

Ich muss beobachten, ob ich von der Brust oder von einer darunter liegenden Stelle, dem Zwerchfell, her atme, und erkennen, was an meinem Atmen nicht richtig ist. Ich lasse das Atmen nicht frei geschehen: Entweder leiste ich Widerstand oder ich zwinge es dazu, vollständiger zu sein. In beiden Fällen handelt es sich um ein Eingreifen. Und sogar, wenn ich darum weiß, was gebraucht wird, und ich es versuche, glückt es mir nie ganz, es einfach geschehen zu lassen. Sogar wenn ich glaube, dass ich das Atmen einfach nur beobachte, greife ich ein. Es ist meine Art zu beobachten, die nicht richtig ist. Ich kann mein «Ich« nicht davon abhalten zu glauben, dass es intelligenter sei als die Lebenskraft, die in meinem Atmen enthalten ist.

Mir ist nicht klar, was ich bin, wenn ich atme. Ich sehe nicht, dass der Akt des Atmens immer beeinflusst ist durch bildhafte Überzeugungen, Ideen und Emotionen, die vom Ego herkommen. Ich muss lernen, meine Atmung geschehen lassen, sodass ihr Rhythmus nicht abgeändert wird. Ich muss einen Zustand erreichen, in dem mein gewohnheitsmäßiges Ich nicht interveniert. Dies werde ich niemals zustande bringen, solange ich den Schwerpunkt in meinem Bauch nicht fühle. Es ist ein wirkliches Ereignis, das Atmen von selbst und allein ablaufen zu lassen. Ich bin an etwas Größerem beteiligt. Ich bin Teil dieser Erfahrung, die mich transformiert.

Der wahrnehmbare Atem ist nicht der wahre Atem, also die Strömung, die Einatmung und Ausatmung belebt. Wir sind uns zwar der Luft, doch nicht der Strömung bewusst, die unmerklich ist. Eine Art von Magnetismus schafft dieses Handeln und berührt die essenziellen Teile unseres Wesens. Einatmen und Ausatmen erfolgen nicht in einer geraden Linie. Es ist eher wie ein Kreislauf, ein Rad mit einer Ausstrahlung, die alle Teile meines Körpers berührt. Wir erkennen nicht die Wirkung des Atems, die Ausstrahlung auf den Körper. In Wirklichkeit bringt diese Strömung den Körper in Kontakt mit allen Ebenen des Seins. Wenn ich es schaffe, die Einheit zu fühlen, werde ich ein Bedürfnis spüren, bewusster zu atmen.

69
Stufen des Atmens

Wenn wir uns des Akts des Atmens bewusst werden, werden wir die Gesetze, die das Leben regeln, besser verstehen und erkennen, wie sie Bedeutung in unser Dasein bringen, wenn wir ihnen dienen. Wirkliches Verstehen der Atmung kommt durch deren Erleben auf unterschiedlichen Stufen.

Die erste Stufe besteht darin, sich des physischen Atmens bewusst zu werden und es geschehen lassen. Die Atmung passiert von allein. Wenn sie gepresst und mehr aus der Brust als aus dem Zwerchfell heraus stattfindet, zeigt dies, dass ich angespannt und in meinem gewöhnlichen Ich eingesperrt bin. Ich erlaube dem Atmen nicht, frei kommen und gehen zu können. Ich nehme zwar die Luft auf, doch lasse ich kein vollständiges Ausatmen zu, so als ob ich Angst hätte, nicht genügend Luft zu erhalten. Zuallererst muss ich lernen, das Atmen zuzulassen, ohne dass mein gewöhnliches Ich eingreift. Ich muss dem Atmen gestatten, sich weiter nach unten im Körper zu verschieben, und muss die Luft ganz hinausgehen lassen.

Auf der zweiten Stufe des Atmens geht es darum, nicht nur den Körper, sondern sich selbst zu trainieren. Ich fokussiere nun nicht länger auf das vollständige Ausatmen, sondern versuche, mich selbst mit dem Ausatmen loszulassen. Ich entspanne nicht nur die Schultern und den Brustraum, ich entspanne mich im Ganzen. Ich erkenne, dass meine gewöhnliche Atmung eine falsche Haltung meines Ichs reflektiert. Nicht mein Körper atmet auf eine falsche Weise, sondern ich. Indem ich daran arbeite, entdecke ich, dass all meine Lebensäußerungen und mentalen Haltungen den Fluss des Atems blockieren – wie in einem Widerstand gegenüber dem grundlegenden Lebensrhythmus, einer Angst, mich selbst zu verlieren, einem Mangel an Vertrauen ins Leben.

Die dritte Stufe wird sein zu erleben, dass nicht ich, sondern »es«, das universale Sein, atmet, und zu erkennen, dass das Atmen ein grundlegendes Bestreben eines lebenden Ganzen ist. Wir lernen, uns des Lebens und des in uns verkörperten Seins, der rhythmischen Ordnung, die uns mit einschließt, bewusst zu werden. Dies lässt sich nicht von außen, indem wir uns selbst abseits halten, beobachten; wir müssen eins mit der Erfahrung werden und uns durch sie transformieren lassen. Normalerweise kann es uns nicht verändern, weil wir uns selbst von der Wirklichkeit abschneiden und im gewöhnlichen Ich verloren gehen. Das wahre Bewusstsein ist verschüttet und spielt nur eine untergeordnete Rolle. Wir müssen all unsere bildhaften Überzeugungen und voreingenommenen Ideen sich auflösen lassen, um uns dessen Quelle bewusst zu werden. Wir müssen das Bewusstsein sich erheben und die wichtigste Rolle übernehmen lassen. Dann können wir entsprechend unserem Wesen leben. Dieses aktive Erkennen des inneren Lebens geht einher mit einem Gefühl der Verpflichtung, dem »Bewusstsein« zuzuhören, sich zu ändern und gemäß unserem Verständnis zu leben.

Schließlich gelangt der Mensch zur Ergebenheit und zum Vertrauen dem Leben und dem Selbst gegenüber. Er gibt sich der kosmischen Bewegung von Ebbe und Flut hin und versteht mit seinem ganzen Wesen, dass alle Formen in der Leere, in der Stille entstehen, und, nachdem sie ihre Rolle erfüllt haben, wieder aufgelöst werden. Er versteht, dass er sich findet, indem er sich verliert. Er wird frei von bestimmten subjektiven Begrenzungen, aber realisiert, dass sein Selbst ein verantwortlicher Teilnehmer im großen Leben des Universums ist. Er hat teil am Ganzen.

70
Ich lebe in meinem Atmen

Wenn ich mich sehr nahe an der Oberfläche meiner selbst befinde, verfüge ich nicht über die Freiheit loszulassen. Wenn ich wesentlich tiefer in mir selbst bin, kommt ein Punkt, an dem ich nicht mehr frei bin, mich anzuspannen. Dennoch gibt es eine Ebene in mir, auf der ich sehen kann, wie die Spannungen sich bilden und aufeinander reagieren, ohne dass ich von ihnen gefesselt werde. Ich bleibe aufmerksam für etwas, was sich nicht fesseln lässt. Dies hängt direkt vom Erleben meines Schwerpunktes ab, zu dem ich immer wieder zurückkehren muss. Diese Bewegungen der Anspannung und des Loslassens sind meine Antwort auf das Leben, und sie beeinflussen mein Atmen. Wenn ich erkenne, dass mein Atmen niemals frei ist, taucht die Frage nach dessen Bedeutung und seiner Verbindung zu meinem Denken, Fühlen und organischen Leben auf.

In der Stille sitzend, fühle ich mich durch zahllose Spannungen verkrampft, kleine Spannungen, die mich wie in einem Netz halten. Genau in dem Moment, in dem ich das spüre, lockert sich das Netz. Wenn die Spannungen weichen, taucht mein inneres Leben wie aus einer Wolke auf und ich werde freier. Ich erkenne deutlich, dass meine Körperhaltung diese Freiheit entweder erlaubt oder verhindert. Zunächst muss die Position des Beckens und der Beine dafür sorgen, dass sich die Wirbelsäule aufrecht halten kann. Die Knie dürfen nicht höher liegen als die Hüften. Das stützt alles – den Rumpf, den Bauch, den Kopf. Ich sehe, dass das innere Gefühl von Präsenz von meinen Spannungen abhängt. Wenn der Solar Plexus zu weit geöffnet oder zu eingeschnürt ist, wird dieses innere Leben nicht erscheinen. Die Energie muss sich frei hindurchbewegen können; das kleinste Hindernis kann verunmöglichen, dass die Strömung zu fließen beginnt. Sobald die Energie auftaucht, fühle ich mich frei. Ich fühle, dass ich in einem neuen Dasein existiere, das ich bis jetzt nicht kannte. Und plötzlich werde ich mir des Atmens gewahr. Ich weiß, dass ich atme. Es ist die Bewegung des Lebens, die ich in mir fühle.

Ich konzentriere mich nicht auf die Atmung, versuche nicht, das Denken mit dem Atmen in Beziehung zu setzen. Ich muss eins werden mit dem Gefühl des Atmens, das Einatmen und Ausatmen als natürlich und spontan wahrnehmen, alles akzeptieren, sodass es zu keinem Ringen kommt. Ich halte nichts zurück, lasse mich bis zum Ende ausatmen. Wenn es mir gelingt, das Atmen freier und vollständiger geschehen zu lassen, fühle ich, wie die Energie meinen Bauch erfüllt und nicht länger dazu neigt, dauernd hochzusteigen. Während ich atme, sehe ich Gedanken auftauchen und verschwinden, und ich erkenne, dass sich hinter ihnen eine Energie herrscht, die Energie des Denkens. Die Gedanken sind nicht das Denken.

Im tieferen Loslassen fühle ich, dass das Atmen das Leben dieser Energie in mir ist. Seine Elemente können die innere Präsenz nähren. Ich fühle, dass die Wege, die es nimmt, wichtig sind, dass sie das Leben des einen Zentrums mit dem des anderen verbinden können. Doch zuerst muss ich einen Kontakt durch Wahrnehmung herstellen und mich daran gewöhnen, die Wege ohne jegliche Erwartung zu fühlen.

Wenn ich mir des Atmens bewusst werde, fühle ich, dass ihm eine große Bedeutung zukommt, so als ob es der eigentliche Lebensakt sei. Ich fühle es als eine lebendige Bewegung, als die Bewegung des einen Lebens, das mich mit einschließt. Ich existiere in dieser Bewegung. Ich kann mich nicht von ihr trennen, sie von außen her beobachten; auch kann ich diese Bewegung weder festhalten noch stoppen und sie für mich anpassen. Ich kann nur fühlen, dass ich ein Teil von ihr bin. Ohne sie bin ich nichts, und sie kann ohne mich nichts tun. Ich lasse los, und indem ich mich verliere, finde ich mich. Ich ergebe mich dieser Bewegung, in der Form geschaffen wird und augenblicklich wieder verschwindet. Ich lebe in meinem Atmen.

71
Ohne Angst, mich zu verlieren

Es gibt einen Sinneseindruck, der mich an die Wahrheit des Augenblicks bindet und meine Aufmerksamkeit erweckt – die Tatsache, dass ich atme. All meine Aufmerksamkeit widmet sich diesem Akt des Atmens. Ich weiß um nichts anderes. Ich muss meine ganze Sorgfalt darauf richten. Ich bin eins mit diesem Gefühl des Atmens. Doch ich versuche nicht, mich beim Atmen anzustrengen. Ich fühle ganz einfach den Atem – einatmen, ausatmen, einatmen, ausatmen... Gedanken werden auftauchen. Ich beobachte sie als Gedanken, einfach als vorüberziehende Gedanken. Ich versuche weder, sie loszuwerden, noch verliere ich mich in ihnen. Ich betrachte sie, als hätten sie keine Wirklichkeit. Und ich komme zurück zum Atmen. In diesem Zustand suche ich nichts und habe kein Verlangen. Ich erwarte nichts.

Ich atme; ich bin dieses Atmen. Damit ich es erkenne, muss mein Blick weiter auf das Atmen gerichtet bleiben. Der eine ohne das andere ergibt keine Ordnung, kein Wissen. Zusammen haben sie einen Sinn. Dann geschieht das Atmen ohne jegliche Anstrengung oder Einschränkung, und ich fühle die Bewegung des Atems. Dies ist abhängig von der Intelligenz, von der Qualität meines Denkens, welches einen Blick verleihen kann, der bewusst ohne Worte aufrechterhalten wird, ein Schauen. Es erfordert ein vollständigeres Loslassen, einen Zustand, der freier ist vom gewöhnlichen Ich, welches immer auf dem Sprung ist zu intervenieren. Ich versuche, mein Atmen nicht zu lenken. Ich lasse es sein, was es ist.

Ich beginne mit dem Loslassen von Spannungen in den verschiedenen Teilen meiner selbst. Als Erstes ist der Kopf dran. Ich fühle den Unterschied zwischen einer ruhigeren Energie und den ungeordneten Wellen meiner Gedanken. Wenn ich loslasse, klingen die Wellen ab. Nach einer gewissen Zeit, wenn ich fühle, dass die Energie in meinem Kopf freier wird, wechsle ich zu Gesicht und Nacken, dann zur Wirbelsäule. Ich halte mich im Gleichgewicht und spüre eine Tiefe an Wahrnehmung, die ich normalerweise nicht erlebe. Meine Wahrnehmung ist ein Sich-Fügen, ein Gehorsam gegenüber der freien Schwingung, der freien Lebenskraft in mir. Dann gehe ich zum Solar Plexus über. Auch hier lassen die Spannungen nach. Ich gehorche. Ich lenke die Energie nicht. Sie gehört nicht mir, sie ist frei. Doch ich erfahre die Energie nur, wenn ich sie natürlich in den Bauch fließen lasse. Wenn in mir absolut keine Spannung mehr besteht, wenn nichts die Energie irgendwo zurückhält, fließt sie frei zu ihrer Quelle zurück und fühlt sich an wie eine Kraft aus einer anderen Dimension. Ich habe keine Angst, ihr Platz zu machen, und fühle mich nicht bedroht.

Jetzt, da ich mich freier fühle, wende ich mich dem Atmen zu. Ich atme sanft, ohne etwas zurückzubehalten, ohne Angst, mich selbst zu verlieren. Es ist, als ob ich mein Selbst trainiere und an einer Bewegung teilnehme, die mehr als ein Akt meines Körpers ist. Ich vertraue dieser Bewegung und erlaube allen Ideen und Vorstellungen, sich aufzulösen. Ich fürchte mich nicht, ganz auszuatmen. Und ich stoße auf eine neue Bedeutung, eine Ahnung des Heiligen in meinem menschlichen Selbst.

Erneut erkenne ich, dass ich nur mir selbst traue. Und doch ist es die aktive Kraft der Luft, der ich vertrauen sollte. Wenn ich mehr im Gleichgewicht bin, atme ich wie durch die Zentren und sage im Stillen: »Ich bin.« Beim »Ich«-Sagen fühle ich die drei Zentren, als ob etwas sich erheben würde; und beim »Bin«-Sagen fühle ich sie ebenfalls, doch so, als ob sich etwas setzen würde. Beim Einatmen sage ich: »Ich«, und stelle mir vor, dass die aktiven Elemente der Luft eintreten. Beim Ausatmen sage ich: »bin«, und fühle sie in meinen Körper einfließen und ihn ausfüllen. Ich versuche nicht, aus diesem »Ich« und diesem »Bin« mehr zu machen; ich sage die Wörter einfach zu mir selbst. Atemzug für Atemzug fülle ich in dieser Reihenfolge: den rechten Arm, das rechte Bein, das linke Bein, den linken Arm, den Bauch, den Brustraum, den Kopf und schließlich den ganzen Körper.

VII

Wer bin ich?

Stets glaube ich, dass ich existiere und dass meine Vorstellung
meiner selbst, also was wir »Persönlichkeit« nennen,
nicht existiert.

—

Diese fürchterliche Selbstsucht bin ich, und ich muss mir
ihrer Wirkung bewusst werden.

—

Was ich erforschen muss, liegt nicht jenseits des Selbsts,
vielmehr ist es die eigentliche Grundlage,
auf der ich denke und fühle.

—

Ich weiß nicht, wer ich bin.
Ich weiß nicht, woher ich gekommen bin.
Ich weiß nicht, wohin ich gehe.

—

Der Wunsch, bewusst zu sein, ist der Wunsch *zu sein.*
Er kann nur in der Stille verstanden werden.

—

Das Selbst gehört zum Absoluten.
Außerhalb des Absoluten, außerhalb des Selbsts des Absoluten,
kann ich nicht existieren. Das wahre Selbst ist
wie der Weltraum – ungebunden, rein, endlos.

—

Meine wahre Natur ist Bewusstsein.
Das Selbst *zu kennen,* bedeutet, das Selbst *zu sein.*

Ego und Illusion

72
Die Einbildung meiner selbst

Um zu wissen, wer ich bin, muss ich erkennen, was in mir wirklich ist. Dabei ist die Illusion das größte Hindernis. Ich akzeptiere Einbildung anstelle von Bewusstsein, eine Vorstellung von mir selbst anstelle eines Ich-Gefühls.

Wenn wir zusammenkommen, um zu arbeiten, bringt jeder von uns etwas sehr Wichtiges mit – sein Ego. Ich versuche nachzuvollziehen, weshalb ich gekommen bin. Ich erkenne, dass es mein Ego, meine Person, ist, die hier ist, an der ich hänge; und ich wenn ich ehrlich bin, realisiere ich, dass dieses Ego in großem Maße mit dem vermengt ist, was mich hierher geführt hat. Aber es wird nicht in der Lage sein, mir zu helfen. Dies zu verstehen und zu erkennen, dass ich mich selbst noch immer für diese Person halte, bringt mich dazu, die Frage mit größerem Nachdruck zu stellen: »Wer also bin ich?«

So wie wir nun mal sind, stehen wir alle unter dem Einfluss unserer Vorstellung von uns selbst. Dieser Einfluss ist allmächtig und konditioniert jeden Aspekt unseres Lebens. Einerseits ist da diese Einbildung, dieses falsche Bild meiner selbst. Andererseits gibt es ein wirkliches ICH, das ich nicht kenne. Ich kann den Unterschied nicht erkennen. Es ist, als ob dieses ICH unter einer Ansammlung von Überzeugungen, Interessen, Geschmäckern und Anmaßungen begraben läge. Alles, was ich bekräftige, ist die Einbildung meiner selbst. Was ich nicht bestätigen kann – weil ich es nicht kenne – ist das wirkliche ICH. Es will erkannt werden und sehnt sich danach zu erkennen, hat ein Verlangen zu wirken... zu wissen. Doch heute ist es schwach. Trotzdem wirkt es wie ein Same, und wenn mein Interesse ausreicht, kann die Suche nach diesem Wissen der Boden sein, auf dem mein ICH zu wachsen vermag.

Ich muss das wahre ICH erkennen und es von der Einbildung meiner selbst unterscheiden lernen. Dies ist eine mühsame Aufgabe, weil sich mein eingebildetes Ich verteidigt. Es steht dem wahren ICH feindlich gegenüber und ist genau das, was ich nicht bin.

Wenn ich über mich nachdenke, glaube ich stets, dass ich existiere und dass meine Vorstellung meiner selbst, also was wir »Persönlichkeit« nennen, nicht existiert. Ich habe keine Vorstellung von dieser Einbildung. Solange ich sie nicht kenne, kann ich auch nicht wissen, was ich bin.

Diese Einbildung meines Ichs, von »mir«... liegt im Kern meines gewöhnlichen Selbstgefühls, im Ego, und alle Bewegungen meines inneren Lebens beschützen diesen Kern. Und diese Neigung besteht sowohl in den unbewussten als auch in den bewussten Ebenen meiner selbst. Weil wir diese Einbildung um jeden Preis schützen wollen, sind unsere Erfahrung und unser Wissen so außerordentlich bedeutungsvoll für uns. Die Dinge, die wir tun, wählen wir nicht, weil wir sie tun möchten, sondern weil wir dadurch unser eingebildetes Ich bekräftigen und absichern. Es gibt keinen Gedanken und kein Gefühl, die nicht dadurch motiviert sind. Dies geschieht jedoch so subtil, dass wir es gar nicht bemerken. Wir sind dermaßen davon in Anspruch genommen, wie wir idealerweise sein möchten, dass wir gar nicht erkennen, was wir tatsächlich gerade sind, jetzt in diesem Moment. Vielleicht steckt hinter der Bildung dieser Vorstellung unseres Ichs das Echo eines sehr tiefen Wunsches, des Wunsches *zu sein,* des Wunsches, ganz und gar das zu sein, was ich bin. Heute aber liegt die beherrschende Macht bei der Idee meiner selbst; und dieses eingebildete Ich begehrt, kämpft, vergleicht und urteilt die ganze Zeit über. Es will an erster Stelle stehen, es will anerkannt, bewundert und respektiert werden, und lässt seine Kraft und Macht spürbar werden. Dieses komplexe Gebilde wurde über Jahrhunderte hinweg durch das psychologische Gefüge der Gesellschaft geformt.

Weiß ich dies? Nicht nur beiläufig oder dadurch, dass ich es an diesem oder jenem Tag mal bemerkt habe... sondern erkenne ich dies wirklich im Augenblick jeglichen Handelns, wenn ich arbeite, wenn ich esse, wenn ich mit einer anderen Person spreche? Kann ich mir bewusst sein über mein Verlangen, »jemand« sein zu wollen und mich ständig mit anderen zu vergleichen? Wenn ich es erkenne, kann ich den Wunsch erfahren, mich selbst davon frei zu machen, und verstehen, warum ich mir wünsche, mich zu befreien. Solange ich nicht verstanden habe, dass dies die Essenz meiner Suche ist, dass hierin der erste Schritt in Richtung Selbsterkenntnis liegt, werde ich auch weiterhin getäuscht werden und alle meine Anstrengungen, alle meine Wege, auf denen ich versuche, mich zu ändern, werden nur in Enttäuschung enden. Dieses eingebildete Ich, meine Vorstellung meines Ichs, wird weiterhin, sogar bis in die allerunbewusstesten Ebenen meiner selbst hinein, gestärkt werden.

Ich muss aufrichtig akzeptieren, dass ich wirklich nichts davon weiß. Nur dadurch, dass ich diese Tatsache anerkenne, entwickle ich ein Interesse daran und wünsche mir wahrhaftig, es zu verstehen. Erst dann werden meine Gedanken, Gefühle und Handlungen nicht mehr meiner undifferenzierten Sichtweise ausgeliefert sein. Sie sind *ich,* Ausdrücke meines *Selbsts,* die nur ich verstehen kann. Wenn ich sie zu verstehen wünsche, muss ich mit ihnen leben, und das nicht als ein Zuschauer, sondern mit Zuneigung und ohne sie zu beurteilen oder zu rechtfertigen. Es ist notwendig, mit meinen Gedanken, Gefühlen und Handlungen zu leben und sie zu erleiden, von Augenblick zu Augenblick.

73
Fürchterliche Selbstsucht

Wir sind nicht das, wofür wir uns halten. Geblendet von unserer Einbildung überschätzen und belügen wir uns. Dauernd lügen wir uns an, in jedem Moment, jeden Tag, unser ganzes Leben lang. Wenn wir innerlich innehalten, ohne Vorurteil beobachten und diese Idee des Lügens für eine Weile akzeptieren könnten, dann würden wir vielleicht erkennen, dass wir nicht das sind, was wir zu sein glauben.

Ich kann Augenblicke wirklichen Friedens, echter Stille erleben, in denen ich mich einer anderen Dimension, einer anderen Welt, öffne. Was ich jedoch nicht sehe, ist, dass ich, abgesehen von diesen Augenblicken, eine leichte Beute bin für Kämpfe und Widersprüche, das heißt für die Gewalttätigkeit meines egoistischen Handelns, das nicht davon ablässt, mich zu isolieren und zu zerteilen. Alles, was ich tue, entspringt diesem Handeln. Im Entdecken neuer Möglichkeiten muss ich erkennen, was die Wurzel dieser anderen Seite meiner Natur ist. Ich muss begreifen, dass sie nichts Fremdes ist, was ich einfach beiseitelegen kann, wann immer es mir passt. Sie ist, was ich bin, und anders kann ich nicht sein. Diese fürchterliche Selbstsucht bin ich, und ich muss mir ihrer Wirkung bewusst werden. Um ihre Gewalttätigkeit zu erkennen, muss ich in einen intimen und wirklichen Kontakt mit mir selbst treten und mich frei von jeglichen Bildern beobachten.

Warum haben wir dieses zwanghafte Bedürfnis, uns selbst zu beweisen, uns selbst zu verwirklichen? Hier wirkt ein starker Impuls: die tiefe Angst davor, nichts zu sein, die Angst vor totaler Isolation, vor Leere, vor Einsamkeit. Diese Einsamkeit haben wir mit unserem Verstand geschaffen, durch unseren Selbstschutz und unsere selbstsüchtigen Gedanken von »mir« und »mein«: *mein* Name, *meine* Familie, *meine* Position, *meine* Fähigkeiten. Doch tief in uns fühlen wir uns leer und allein, leben enge und oberflächliche, emotional verarmte und intellektuell repetitive Leben. Weil unser unbedeutendes Ich eine Quelle des Leidens ist, wünschen wir – bewusst oder unbewusst –, uns in individuellen oder kollektiven Reizen oder sonstigen Spielarten von Gefühlen zu verlieren. Alles in unserem Leben – Unterhaltung, Spiele, Bücher, Essen, Trinken, Sex – befeuert Anreize auf unterschiedlichen Ebenen. Wir schwelgen darin und streben danach, in einem Zustand des »Glücks« und des Vergnügens zu verweilen, der uns das Ich vergessen lässt. Die ganze Zeit über ist unser Verstand mit Ausflüchten beschäftigt; auf die eine oder andere Art sucht er unablässig nach etwas Äußerem, das ihn absorbieren kann, und lässt sich gefangen nehmen von irgendeiner Meinung, Vorliebe oder Tätigkeit. Die Ausflüchte sind uns wichtiger geworden als die Wahrheit, der wir nicht ins Gesicht schauen wollen.

Sich um seinen Eigennutz drehend, reduziert unser begrenzter Verstand die Herausforderungen des Lebens dadurch, dass er sie mit seinem begrenzten Verständnis interpretiert. Daraus resultierend leidet unser Leben an einem Mangel an Intensität, starkem Gefühl und Leidenschaft. Das ist ein grundlegendes Problem. Mit echter Leidenschaft tief in uns haben wir ein starkes und extrem feines Gefühl für das Leben – für das Leid, für die Schönheit, für die Natur... für alles. Das Leben ist uns wichtig mit seinen Möglichkeiten der Zusammenarbeit und der Beziehung zu anderen. Ohne diese Leidenschaft ist das Leben leer und bedeutungslos. Wenn wir tief in uns nicht die Schönheit des Lebens und seine Herausforderung fühlen, hat das Leben keinerlei Sinn. Wir funktionieren mechanisch. Doch diese Leidenschaft ist weder Eifer noch Sentimentalität. Sobald Leidenschaft eine Absicht oder eine Präferenz hat, wird sie zu Vergnügen oder Schmerz. Die Leidenschaft, die wir brauchen, ist die Leidenschaft *zu sein.*

Wenn wir in unserem gewöhnlichen Ich zentriert sind, lieben die meisten von uns nicht und werden nicht geliebt. Wir haben sehr wenig Liebe in unserem Herzen, was der Grund dafür ist, dass wir so sehr um sie betteln und Ersatz für sie suchen. Unser normaler Gefühlszustand ist negativ, all unsere Gefühle sind Reaktionen. In Tat und Wahrheit wissen wir noch nicht einmal, wie es wäre, einen positiven Gefühlszustand zu haben, wie es wäre zu lieben. Mein gewöhnliches Ich, mein Ego, ist ständig damit beschäftigt, was ihm gefällt oder nicht gefällt, was »*ich* mag« oder was »*ich* nicht mag«. Es will immer bekommen, geliebt werden und zwingt mich, nach Liebe zu suchen. Ich gebe, um zu bekommen. Vielleicht ist dies die Großzügigkeit des Verstandes, meines Ichs, aber es ist nicht die Großzügigkeit des Herzens. Ich liebe mit meinem Ich, meinem Ego, doch nicht mit meinem Herzen. Tief in mir ist dieses »Ich« im dauernden Streit mit der anderen Person und weigert sich zu teilen. Ohne Liebe zu leben, bedeutet, in fortwährendem Widerspruch zu leben, in einer Zurückweisung des Wirklichen, dessen *was ist*. Ohne Liebe können wir niemals etwas Wahres finden und alle menschlichen Beziehungen sind schmerzbeladen.

Ohne mich ganz und gar zu kennen, meinen Verstand und mein Herz, meinen Schmerz und meine Gier, kann ich nicht in der Gegenwart leben. Was ich erforschen muss, liegt nicht jenseits des Selbsts, vielmehr ist es die eigentliche Grundlage, auf der ich denke und fühle. Mein Denken benötigt Kontinuität, Dauerhaftigkeit, und dieser Wunsch des Denkens lässt das gewöhnliche Ich in mir aufsteigen. Dieses Denken ist die Ursache von Angst, Angst vor Verlust, Angst vor Leid. Wenn ich nicht mein komplettes Bewusstsein kenne – das Bewusste wie auch das Unbewusste –, werde ich Angst nicht verstehen und meine ganze Suche wird fehlgeleitet und entstellt. Es wird keine Liebe geben, und mein einziges Interesse wird sich darauf richten, die Beständigkeit dieses Ichs sicherzustellen, sogar noch nach dem Tod.

74
Befreit von Angst und Illusion

Ist es möglich, über einen Verstand zu verfügen mit einer Qualität, die immer frisch, immer neu ist, mit einem Denken, das keine Gewohnheiten produziert und an keinen Überzeugungen hängt? Dafür müssen wir das gesamte Bewusstsein verstehen, mit dem wir leben. Es funktioniert innerhalb eines begrenzten Rahmens, der aufgebrochen werden muss, um es zu befreien. Was wir suchen, ist der Zustand des Verstandes, der sagt: »Ich weiß nicht.« Anstatt herausfinden zu wollen, was unbewusst ist, müssen wir das Falsche als falsch erkennen. Es ist die Verneinung des Falschen, die den Verstand vom Bekannten leert. Nur ein leerer Verstand kann einen Zustand des Nichtwissens erreichen und entdecken, was wahr ist.

Es ist wichtig zu sehen, dass Worte und Ideen uns in Formeln und Konzepten versklaven. Solange wir in einem Netz von trostbringenden Überzeugungen gefangen sind, mangelt es uns an der Intensität und der Feinheit, die für echte Erforschung nötig sind. Bis ich dies verstanden habe, bleibt meine Beobachtung auf bekannte Schablonen gegründet und wird von keinem Entdeckergeist belebt, durch den ich alles wie zum ersten Mal betrachte. Und sie wird egozentrisch bleiben, da mein gewöhnliches Ich alles interpretiert, was sich ihm aus seiner selbstbezogenen Perspektive präsentiert.

Wir müssen Angst als eine fundamentale Tatsache in unserem Leben begreifen. Fürwahr wird es uns nicht gelingen, uns weitgehend und tief selbst zu erforschen, wenn nicht unser gesamtes Bewusstsein von der Angst befreit wird. Aufgrund ihrer besonderen Natur steht Angst unserer gesamten Suche unvermeidlich entgegen. Doch was ist die Grundlage der Angst in uns? Existiert Angst wirklich als solche? Haben wir sie jemals als Realität erfahren und nicht bloß als Gefühl, das einem Ereignis vorangeht oder folgt? Wenn wir einem solchen Ereignis wahrhaftig gegenüberstehen – zum Beispiel einer Gefahr –, haben wir dann Angst? Tatsächlich existiert Angst nur in dem Augenblick, in dem das Denken die Vergangenheit oder Zukunft fixiert. Wenn unsere Aufmerksamkeit im gegenwärtigen Moment ist, bedeutet das Denken an gestern oder morgen schlicht eine Unaufmerksamkeit, eine

Unaufmerksamkeit, die Angst hervorruft. Wenn wir dem gegenwärtigen Augenblick unsere ganze Aufmerksamkeit schenken, wenn wir vollkommen gegenwärtig sind, existiert Angst nicht. Wir erkennen, dass wir nicht wissen, nicht antworten können. In diesem Zustand völliger Unsicherheit können wir das entdecken, was wahr ist. Falls wir wirklich tief in uns hineinschauen und erkennen wollen, was hier ist und sogar noch weiter, dürfen wir keinerlei Angst haben, nicht vor dem Versagen oder vor dem Leid, und vor allem dürfen wir keine Angst vor dem Tod haben.

Niemals haben wir mit unserem ganzen Wesen nachgefragt, was Tod bedeutet. Er wird immer betrachtet im Zusammenhang mit Überleben, mit Leben, das sich gleich einer Kette oder einer endlosen Bewegung fortsetzt. Aber dieses Überleben ist nur das Überleben dessen, was wir kennen. Tatsächlich ist unser Leben eine Fortführung des Bekannten. Wir handeln vom Bekannten zum Bekannten. Wir wünschen uns Kontinuität und hängen am Überleben, ohne uns jemals die Frage nach dem Ursprung dieses Wunsches zu stellen. Wir sehen nicht, dass er nur eine hohle Projektion des Denkens ist, dass er vom eingebildeten Ich herrührt, das von unseren Identifikationen geschaffen wurde – meiner Familie, meinem Haus, meinen Verdiensten. Wenn wir dies klar erkennen, können wir uns der Frage nach der Kontinuität ohne Sentimentalität und ohne unser übliches Streben nach Selbstbestätigung nähern.

Wir müssen erkennen, dass kein »Denker« existiert, dass dieses eingebildete Ich, welches »mich« und »mein« denkt, eine Illusion ist. Damit wir die Wahrheit empfangen können, muss diese Illusion aufgelöst werden genau wie all die anderen Illusionen des Denkens, einschließlich jener, die unserem Begehren nach Vergnügen oder Befriedigung zugrunde liegen. Erst dann können wir die wahre Natur unserer Bestrebungen, Kämpfe und Leiden erkennen. Erst dann sind wir fähig, sie zu durchschauen, und können in einen Zustand gelangen, der frei von Widersprüchen ist, in einen Zustand der Leere, in dem wir Liebe erfahren können. Es ist wichtig, mit dieser Leere zu leben, in der das Selbst aufgegeben wird. Mit diesem Aufgeben erhebt sich die Leidenschaft *zu sein,* ein Wunsch jenseits von Gedanke und Gefühl, eine Flamme, die alles Falsche zerstört. Diese Energie erlaubt es dem Verstand, das Unbekannte zu durchdringen.

Keine Bewegung von der Peripherie hin zum Zentrum wird den Mittelpunkt je erreichen. Eine oberflächliche Bewegung, die versucht, tiefer zu werden, wird immer an der Oberfläche bleiben. Um sich selbst zu verstehen, muss der Verstand vollkommen still werden, ohne Illusion. Dann können wir mit Klarheit sehen, wie sich die Bedeutungslosigkeit des Ichs in einer unermesslichen Unendlichkeit auflöst. Es gibt keine Zeit, nur den gegenwärtigen Augenblick. Doch in der Gegenwart zu leben, ist an sich vollkommen ausreichend. In jedem Moment sterben wir, leben wir, lieben wir, *sind* wir. Frei von Angst und Illusion, sterben wir Augenblick um Augenblick gegenüber dem Bekannten, um das Unbekannte zu betreten.

Hin zum Unbekannten

75
Ich weiß nicht

Auf meiner Suche nach Wirklichkeit in mir selbst könnte ich an die Pforte der Wahrnehmung gelangen. Doch wird sie sich nicht öffnen und die Wahrheit nicht offenbart werden, solange ich dem anhänge, was ich weiß. Ich muss mit leeren Händen kommen, wenn ich mich dem Unbekannten nähere.

Am Anfang kann ich nicht bezeugen, wer ich bin. Alles, was ich tun kann, ist, damit zu beginnen, mich vom gewöhnlichen Ich zu unterscheiden und zu erkennen, dass ich nicht meine Assoziationen bin, nicht meine Gefühle, nicht meine Empfindungen. Aber die Frage taucht auf: Wer bin ich? Ich muss zuhören, ich muss still werden, um all meine Aufmerksamkeit aufzubieten und in einen ausgeglicheneren Zustand zu kommen. Bin ich dies? Nein, aber die Richtung stimmt. Aus der Zersplitterung gehe ich in Richtung Einheit. Meine Suche kann weitergehen. Doch ich erkenne, dass die Energie meines Denkens, das von all den Gedanken bewegt wird, die sich seiner bemächtigen, weder Kraft noch Ausrichtung besitzt. Um zur Quelle des ICHS zu gelangen, muss die Energie gebündelt und auf die Frage fokussiert werden: »Wer bin ich?« Ich lerne, mich nicht länger abzuwenden.

Ich weiß nicht, wer ich bin, und all das, was ich weiß, kann nicht die Antwort sein. Das Unbekannte, das Geheimnisvolle, kann nicht durch das Bekannte erkannt werden. Im Gegenteil: Das, was ich weiß, was ich gelernt habe, hält mich davon ab, entdecken zu können, *was ist.* Mein ganzer Denkprozess, die Konditionierung des Bekannten, schließt mich in meinem Denkrahmen ein und hält mich vom Voranschreiten ab. Es gefällt mir in dieser Konditionierung und Sicherheit, und so halte ich unbewusst daran fest.

Ich bin unfähig, mich dem Unbekannten zuzuwenden. Ich empfinde es als leer, als eine Lücke, die es zu schließen gilt. Dauernd verspüre ich den Hang, diese Leere mit Antworten zu füllen, und projiziere eine falsche Vorstellung auf den Bildschirm meines Verstandes. Ich befürchte, dass ich mich nicht finden werde. Und um diese Unsicherheit aufzulösen und Unzufriedenheit zu vermeiden, erlaube ich es ständig, dass etwas Falsches bekräftigt wird. Und doch brauche ich diese Ungewissheit, diese Unzufriedenheit, als einen Hinweis von meinem Gefühl, welches mir den Weg zurück zu mir weist. Es zeigt mir, wie notwendig es ist, feinfühliger für genau die Sache zu werden, von der ich mich abwende, die Leere, die Lücke zu akzeptieren.

Sich dem Unbekannten zu nähern, würde heißen, zur Pforte der Wahrnehmung zu gelangen und fähig zu werden, diese zu öffnen und zu sehen. Aber solange ich von Wörtern gefesselt bin, solange ich dauernd alles benenne und Dinge an ihren Namen erkenne, kann ich nichts sehen. Wörter ziehen eine Grenze, errichten eine Barriere. Um das Unbekannte zu betreten, muss mein Verstand diese Begrenzung als Tatsache erkennen, ohne sie als gut oder schlecht zu beurteilen oder sich ihrem Einfluss zu unterwerfen. Kann ich mich selbst sehen, ohne ein Wort dafür zu benutzen, was ich sehe? Ich stehe an der Pforte der Wahrnehmung mit einer Aufmerksamkeit, die sich nicht abwendet.

Ich lerne, dem Unbekannten in mir zuzuhören. Ich weiß nicht, und ich höre, während ich die ganze Zeit jede mir bekannte Antwort ablehne. Von Augenblick zu Augenblick erkenne ich, dass ich nicht weiß, und höre zu. Allein der Akt des Zuhörens ist eine Befreiung. Es ist ein Akt, der der Gegenwart nicht entflieht, und wenn ich die Gegenwart als das begreife, was sie ist, geschieht Veränderung. Ich gehe so lange in Richtung Unbekanntem, bis ich in einen Augenblick komme, in dem kein Gedanke meinen Verstand bewegt, in dem nichts außerhalb von mir existiert. Ich weiß nicht, wer ich bin. Ich weiß nicht, woher ich gekommen bin. Ich weiß nicht, wohin ich gehen werde. Alles, was ich weiß, stelle ich infrage und habe nichts, auf das ich mich verlasse. Das Einzige, was ich mir wünsche, ist zu verstehen, was ich bin. Ohne Worte, ohne Formen, scheinen der Körper und seine Dichte zu verschwinden. Ich werde für mich selbst wie durchsichtig. Nun gibt es nur noch Platz für Reinheit, für eine Qualität so leicht wie Luft. Ich fühle, dass in dieser Suche nach mir selbst, und *nur* in dieser Suche, meine Befreiung liegt.

76
Die Resonanz von ICH BIN

Um eine lebendige Energie in mir selbst zu erfahren, reicht die *Erinnerung* daran nicht aus. Es braucht eine direkte Wahrnehmung des Unbekannten. Aber wir leben in Andenken und Erinnerungen. Das Gedächtnis ersetzt eine lebendige Sache durch ein totes Bild und hält mich so davon ab, diese wahrzunehmen. Wir errichten etwas Unwirkliches, etwas, was nicht ist, an Stelle von dem, *was ist.*

Ich wünsche, mir dieser unbekannten Energie, die in mir ist, bewusst zu sein. Dazu muss ich die Vorstellung, dass ich meinen Körper kenne, loswerden. Ich muss begreifen, dass die Erinnerung an meinen Körper, an die bekannte Empfindung meines Körpers, sich im Augenblick der Frage nach dem »Wer bin ich«, im Augenblick des Nichtverstehens, selber als Antwort aufdrängt. Und weil diese Antwort plötzlich auftaucht, bleibe ich passiv und wache nicht auf, schaue nicht hin. Ich muss diese permanente Neigung, das direkte Wahrnehmen von der Erinnerung an bereits stattgefundene Wahrnehmung unterlaufen zu lassen, durchschauen. Ich muss begreifen, dass auch mein Körper unbekannt ist.

Ich fühle mein essenzielles ICH als ein Echo einer weit entfernten Schwingung, deren ich mir kaum gewahr bin. Es wird von meinem Körper wie übertönt; und weil es übertönt wird, kann es sich selbst nicht daraus abheben. Ich muss mich von meinen Gedanken, gewöhnlichen Gefühlen und Bestrebungen sowie Empfindungen distanzieren. Deren Trägheitsschwingungen konditionieren mich, stellen ein Hindernis dar für das Bewusstsein des ICHS. Doch ich habe die Macht, sie zu ignorieren und sie nicht in mein Bewusstsein eindringen zu lassen, wenn ich mich auf das ICH konzentriere, auf dieses Echo einer machtvollen Schwingung, das mich verändern kann.

Wenn ich in tiefer Sorge und Unzufriedenheit bin, so wie wir alle es ab und zu erleben, liegt es daran, dass ich den feineren, subtileren Schwingungen meiner Präsenz nicht zuhöre. Ich lasse mich nicht von ihnen beleben. Ich bin für sie nicht erreichbar. Immer wieder bin ich ganz und gar von den Trägheitsschwingungen meiner Funktionen ergriffen. Doch Sorge und Unzufriedenheit reichen nicht aus. Ich brauche ein bewussteres Fühlen und ein bewussteres Denken, die auf diese unterschwellige Strömung ausgerichtet sind. Ich muss erkennen lernen, dass hinter meinem Denken etwas steckt, hinter meinem Fühlen etwas steckt, hinter meinen Bewegungen etwas steckt... und ich muss aktiv auf dieses »Etwas« zusteuern. So wie ich bin, ist meine Energie zu zerstreut, zu passiv. Sie wird nicht in eine Richtung gezogen.

Es wird mir klar, dass eine größere Konzentration notwendig ist, um über meinen gegenwärtigen Zustand hinauszugelangen. Wenn ich diese Notwendigkeit einsehe, fließt meine Konzentration in die Richtung dessen, was in mir ins Sein kommen will. In diesem freien Fließen wird meine Aufmerksamkeit aktiv und verfeinert, und der Fluss überschreitet eine Schwelle, hinter der Worte nicht mehr erforderlich sind, wo mein Ego beruhigt und mein Körper still wird. *Wer bin ich?* In einem Zustand wortlosen Fragens nähere ich mich der Leere. Ich willige ein, dort nichts hineinzubringen, nichts zu wissen, und bin für die Stille durch und durch aufmerksam. Als wäre ich ein Magnet, der die gesamte Wahrnehmungskraft an sich zieht, bin ich vollständig präsent für die Frage *»Wer... ?«* Hinter unserem ganzen Leben, hinter all unseren Handlungen muss die Resonanz dieser Frage stärker sein als der beharrliche Ruf der Bewegung hin zum Leben. *»Wer ...?«* Ich möchte in jenen Zustand gelangen, der vor dem Auftauchen des Denkens liegt. Also beobachte ich, woher dieser Gedanke stammt. Vorsichtig und sehr ruhig komme ich in diesen Zustand. Absolute Stille ist vonnöten.

Wer bin ich? Ich lausche der Resonanz dieser Frage. Und ich beginne, den Wiederhall der Antwort zu hören, den ich durch eine Lebensempfindung, durch einen Lebensstroms, wahrnehme. Er zeigt mir, dass in diesem Moment meine Essenz berührt wird. Meine Arbeit ist keine Einbildung, sie findet nicht nur an der Oberfläche statt. Sie ist tiefer eingedrungen.

Ich gehöre diesem Leben, dessen Echo ich fühle, und wünsche mir nur noch, mich darauf einzustimmen. Ich höre in mir auf die Resonanz von ICH BIN. Dies muss wichtiger als alles andere werden. Es ist meine Seele selbst, die hier ist.

77
Stille

Ich habe eine vorgefasste Meinung darüber, dass ein Zustand der Stille, des Friedens, ein der Energie und des Lebens beraubter Zustand sei, in dem es zu einem Stopp kommt, zu einer Unterbrechung all dessen, was mich normalerweise antreibt. In Tat und Wahrheit aber ist Stille ein Augenblick größter Energie, ein derart intensiver Zustand, dass alles andere ruhig zu sein scheint.

Mehr und mehr fühle ich mich hingezogen zum Bewusstsein für das, *was ist,* für das, was ich bin. Doch ich bin nicht wirklich offen. Es dauert lange, bis das Ego Platz macht, und es gibt eine Grenze, die ich nicht überschreite. Ich fühle, dass eine Veränderung notwendig ist, um das Wirkliche zu empfangen, eine Pause von meiner Konditionierung. Um zu wissen, wer ich bin, brauche ich eine Wahrnehmung meiner selbst, die die Kapazität meiner Sinne und Funktionen übersteigt. Hierfür brauche ich Stille und Ruhe. Die Empfindung des ICHS, die sich in der Stille einstellt, muss genauso stark sein, wie die im Körper verwurzelte Vorstellung meiner selbst.

Um eine Erfahrung der Wirklichkeit zu machen, muss es eine Art Raum geben. Doch der Raum, den wir durch unser Denken schaffen, ist begrenzt und eng. Wir isolieren uns selbst, wir vergleichen und beurteilen, und aus diesem beschränkten Raum heraus denken und handeln wir und glauben sogar, dass wir anderen etwas bringen. Weil er alles ist, was unser Denken kennt, glauben wir, dieser Raum sei sehr wichtig. Aufgrund der Angst, nichts zu sein, hält sich unser gewöhnliches Ich daran fest. Doch in diesem engen Raum entspringt das einzige auftauchende Gefühl aus dem Gegensatz zwischen diesem Ich, diesem Mir, und dem, was nicht Ich ist. Das Denken vermag nicht, sich für eine andere Dimension zu öffnen, für jenen riesigen Raum, in dem die Stille zu finden ist. Und so kann sich kein grenzenloses Fühlen einstellen.

Das Entkommen aus diesem engen Raum geschieht nicht durch Denken. Von selbst kann das Denken nie still werden. Erst wenn ich gegenüber all dem sterbe, was ich kenne und was ich gelernt habe, werde ich mich etwas Neuem öffnen können. Erst dann kann ich mich selbst wirklich kennen – das heißt wissen, wie ich von Augenblick zu Augenblick lebe. Nur dieses Sterben wird mir meine Angst, nichts zu sein, nehmen und meinem Verstand die Energie verschaffen, die es ihm ermöglicht, vollständig still zu sein. Manchmal kommt es zu einem Halt zwischen zwei Gedanken, und für einen Moment spüre ich, wie sich der Raum über alle Grenzen hinaus ausdehnt. Und nur innerhalb dieses riesigen Raumes, den das normale Ich niemals erreichen kann, wird das Denken still. Dort suche ich nicht länger nach einer Antwort und betrete, indem ich meine ganze Aufmerksamkeit aufbiete, das Unbekannte. Ich suche nicht mehr, ich nehme wahr. Ich muss nicht mehr nach dem Guten suchen; die Aufmerksamkeit ist das einzig Gute. Diese Aufmerksamkeit ist der Prozess der Meditation.

Es ist die Ruhe als solche, die wichtig ist, die Stille als Fakt an sich, nicht das, was man durch sie erhält. Wir müssen das Wesen der Stille entdecken, wenn Denken, Fühlen und Körper verstummen. Was geschieht, wenn das Denken und ebenso das Fühlen wirklich ruhig werden? Die Stille... erwacht sie für sich selbst? Während ich aufmerksam für das Wesen der Stille werde, fühle ich eine Intelligenz erwachen. Wichtig daran ist ihr Auftauchen, nicht was sie beleuchtet. Diese Intelligenz ist heilig und kann nicht meinem Ego, meinen Ambitionen dienen. Die Stille, die entsteht, wenn ich mich von Vorstellungen gefesselt sehe, ist aufschlussreich, doch nur dann, wenn ich es mir nicht wünsche. Ich fühle die Wirkung der Wirklichkeit auf mir, aber ich liefere mich ihr nicht aus. Ich lerne, mein Denken sich entfalten und es so zu einem Ende kommen zu lassen. Das Feld ist frei; ich biete keinen Widerstand. Das Denken wird zu einem Licht für sich selbst und sucht nicht länger nach Erfahrungen. Um das Unbekannte, die Leere, das Wirkliche zu betreten, muss die Welt des Bekannten durchschritten werden.

Ich beginne zu verstehen, dass Stille sich nicht deshalb einstellt, weil ich versuche, still zu werden. Sie tritt ein, wenn der Verstand den Denkprozess und dessen Konditionierung durch das Bekannte sieht. Dazu muss er so beobachten, wie man einem geliebten Kind zuschaut, ohne Vergleich und ohne Tadel. Man beobachtet, um zu verstehen. Nur wenn ich um diese Konditionierung weiß, werden Stille und Ruhe nicht um der Sicherheit willen gesucht, sondern um frei dafür zu werden, das Unbekannte, die Wahrheit, zu empfangen. Dann wird der Verstand sehr ruhig. Und dies öffnet die Tür zu einem Zustand, der die Wirklichkeit ist, mit immensen Möglichkeiten. Dann ist der Verstand nicht länger ein Beobachter des Unbekannten. Er selbst ist das Unbekannte.

Der Wunsch, bewusst zu sein, ist der Wunsch *zu sein.* Er kann nur in der Stille verstanden werden.

78
Innere Einsamkeit

Unser gewöhnliches Ich« dürstet nach Kontinuität. Unser Verstand ist niemals still. Im Angesicht der Leere, einer erschreckenden Einsamkeit, wagen wir es nicht, ohne Denken, ohne etwas zu tun, zu bleiben. Wir fürchten uns davor, allein zu sein, weil wir Angst haben, nicht *zu sein,* nicht zu erleben. Unser Leben ist ein Andauern des Bekannten; andauernd handeln wir von etwas Bekanntem zu etwas Bekanntem, wagen es nicht, uns dem Unbekannten zu nähern. Aber das Bekannte kann mit dem Unbekannten nicht in Kontakt treten, und ein Denken, das auf Bekanntem gründet, kann keine Zwiesprache mit dem Unbekannten halten. Wir müssen gegenüber dem Bekannten sterben, damit das Unbekannte offenbart wird.

Wie also soll ich dem Wirklichen in mir gegenübertreten? Ich werde dem Wirklichen erst dann wahrhaft begegnen, wenn ich verstehe, wie mein gewöhnliches Ich und sein unaufhörliches Begehren, sich selbst aufrechtzuerhalten, funktionieren. Was kann dieses Ich erleben? Um mich selbst zu kennen, muss ich die Bewegungen meines gewöhnlichen »Ichs« unermüdlich und mit Scharfsinn betrachten. Der Weg zu diesem Verständnis ist anstrengend, aber es bringt unvergleichliches Glück und Stille. Das Ich erhebt sich unaufhörlich und sinkt immer wieder, ist dauernd auf der Jagd nach irgendwas, gewinnt und verliert. Doch immer ist es frustriert. Es will immer »mehr«, und seine Begierden sind widersprüchlich. Damit ich dies verstehen kann, darf das Denken nicht intervenieren. Es darf keinen Richter geben, der Konflikte am Leben erhält, indem er Partei ergreift. Es darf weder ein Subjekt noch ein Objekt der Erfahrung geben. Dann entsteht eine direkte Verbindung. Und es ist diese direkte Verbindung, die Verstehen hervorruft. Es gibt eine Stille, die nicht aus Reaktion entsteht, sondern dadurch, dass der Denkprozess verstanden wird.

Es wird der Moment kommen, in dem ich absolute Einsamkeit erfahre, in dem ich mich nicht mehr mit meiner Umgebung zu verbinden weiß. Überall und immer fühle ich mich einsam. Sogar wenn ich mit engen Freunden oder meiner Familie zusammen bin, bin ich allein. Ich weiß nicht, welche Beziehung ich zu ihnen habe, was uns eigentlich verbindet. Dieses Gefühl der Einsamkeit und Isolation wird von meinem selbstbezogenen Denken produziert – *mein* Name, *meine* Familie, *meine* Stellung. Ich muss mit dieser Einsamkeit leben und, wie durch eine Tür durch sie hindurchschreitend, zu etwas Größerem gelangen: einem tieferen Zustand absoluten »Loslassens«, einem Zustand der »Individuation«. Dies ist dann kein Zustand der Isolation mehr, weil die Isolation mit eingeschlossen ist, genauso wie der gesamte Prozess des Denkens und Erlebens mit all den darin enthaltenen Reizen und Reaktionen. Wenn wir diesen Prozess auf allen Bewusstseinsebenen verstehen, sind wir frei von Einflüssen, weil unser Denken und unser Fühlen nicht länger durch äußere Geschehnisse oder innere Erlebnisse geformt werden. Wenn der Verstand frei von Reizen oder Reaktionen ist, kommt es zum »Loslassen«. Nur in diesem Zustand können wir das Wirkliche finden.

Um Stille zu leben, um zu wissen, *was ist,* muss ich zur Wahrnehmung einer Leere gelangen, muss ich entleert sein von all meinen eingebildeten Projektionen. Ich versuche, aus dieser Welt der Illusionen, die meine Wirklichkeit verdeckt, aufzutauchen und mich von ihr nicht länger beeinflussen zu lassen. Ich konzentriere mich auf *»das Hier... das Jetzt«*. Ich versuche nicht – so wie sonst immer –, die Leere zu füllen. Ich fühle, dass ich diese Leere bin. Indem ich akzeptiere, dass da nichts ist, suche ich weder Schutz noch Sicherheit. Mich selbst als einen Beobachtungsposten fühlend, der nichts als Leere sieht, suche ich die Stille. Diese innere Stille bedeutet Loslassen und Ergebenheit. Mein gewöhnliches Ich ordnet sich unter, und mein Verstand ist freier und in einer Haltung, die über Gedanken und Worte hinausgeht. Es ist wie Meditation ohne mentale Aktivität.

Ich muss das Gefühl echter Einsamkeit verstehen, auch wenn ich mich von denjenigen, die um mich herum sind, nicht erkannt, nicht verstanden fühle und dies als Traurigkeit erfahre. Einsamkeit als Verlassenheit von dem, was gewöhnlich, eingebildet und falsch ist, ist etwas sehr Großes. Es bedeutet, dass ich zum ersten Mal weiß, dass ICH BIN. Es ist eine Verlassenheit von allem Bekannten und von all dem, was nicht gerade *jetzt,* im gegenwärtigen Augenblick außerhalb der Zeit, ist. Diese Einsamkeit erscheint als Leere. Aber es ist keine Leere der Verzweiflung. Es ist eine vollkommene Veränderung der Qualität meines Denkens. Wenn der Verstand frei ist von all dem Geschwätz, den Ängsten, Begierden und Kleinlichkeiten, ist er still. Dann entsteht ein Gefühl vollkommener Nichtigkeit, der wahren Essenz der Demut. Gleichzeitig haben wir das Gefühl, dass wir wahrhaft eine andere Welt betreten, eine Welt, die wirklicher erscheint. Ich bin ein Partikel einer größeren Wirklichkeit. Ich erfahre Einsamkeit, nicht weil etwas fehlt, sondern weil da alles ist – alles ist hier.

Meine wahre Natur

79
Der Schleier über meiner Wirklichkeit

Die Überzeugung, dass ich mein Körper bin, wirft einen Schleier über meine Wirklichkeit. Hypnotisiert von meinem Hingezogensein zur Materie, klammere ich mich an die Form und halte stets das Objekt für etwas Wirkliches. In meinem Bemühen, gegenwärtig zu sein, möchte ich immer eine Empfindung einer Form haben, einer neuen Form zwar, aber nichtsdestotrotz einer Form. Mein gewöhnliches Funktionieren und die Art, wie ich meinen Körper spüre, halten mich davon ab, bewusst für das zu werden, was ich meiner wahren Natur nach bin. Ein Wissen jenseits meiner üblichen Einbildung, ein neues Wissen, wird mir nur dann offenbart, wenn die Vorstellung, die ich von mir habe, nicht mehr in meinen Körper verwurzelt ist.

Ich muss aufrichtig akzeptieren, dass ich nicht mein Körper, mein Verstand oder meine Gefühle bin. Mein wirkliches ICH ist nicht temporär. Meine Gedanken, meine Wahrnehmungen, meine Zustände ändern sich ständig, doch das ICH ist immer hier. Etwas verändert sich nicht. All diese Zustände sind wie Phänomene, die an der Oberfläche meines Seins auftauchen. Sie befinden sich in immerwährender Bewegung. Dennoch bleibt etwas unbeweglich, unberührt von dieser Bewegung. Mein wirkliches Ich bleibt still, als ob es in meinem Körper versunken sei. Dennoch versucht es, sich selbst zu erkennen. Und je stärker das Ich bestrebt ist, sich zu kennen, desto weniger hat es Anteil am Körper, in dem es untergetaucht ist, und umso mehr partizipiert es am Bewusstsein. Die Frage »Wer bin ich?« klingt dann wie ein Echo, das aus einer anderen Welt durch meine höheren Zentren hindurchtönt, um in den niedrigeren Zentren widerzuhallen. Dieses Echo ist das, was ich heute über eine andere Natur in mir selbst erfahren kann.

Ich stelle mir diese Frage und konzentriere mich, doch nicht um Bewusstsein, das wirkliche Ich, zu erlangen. Ich konzentriere mich, um den Schleier von Gedanken zu entfernen, der im Wege ist. Wir befinden uns unter der Dominanz unseres denkenden Verstandes. Das ist unsere Versklavung. Solange dieser Verstand mich dominiert, glaube ich, dass ich mein Denken und mein Körper bin, und ich kann das Bewusstsein, meine wahre Natur, nicht kennen. Und solange es kein Bewusstsein gibt, bin ich verpflichtet zu fragen, wer ich bin. Im Augenblick des Bewusstseins taucht die Frage nicht auf.

Mehr und mehr fühle ich das Bedürfnis nach Ruhe und Stille. Hinter den Formen meiner unablässigen Gedanken und Gefühle existiert eine sehr feine Energie, die nicht nach außen hin übertragbar ist. Sie ermöglicht es mir zu wissen, was ich meiner Essenz nach bin. Doch in die Leere zu gelangen, in der diese lebendige Energie spürbar ist, gestaltet sich schwierig. Der Grund dafür ist, dass sogar der Wunsch *zu sein,* der in mir als Wunsch *zu wissen* erscheint und seinem Ursprung nach rein ist, von der Form, die er annimmt, betrogen wird. Bin ich fähig, dem, was sich in dieser Leere befindet, vollkommen zu trauen? Oder behalte ich mir das Recht vor, zu urteilen, zu berechnen und ein distanzierter Beobachter zu bleiben angesichts einer Energie, in der ich mich nicht selbst erkenne? Wie kann ich mich dem Bewusstsein dieser subtilen Energie annähern, wenn ich bei jedem Schritt die Falle sehe, sie irgendeinem vorgefertigten Muster anzupassen oder sie dadurch zu begrenzen, dass ich ihr eine bekannte Bedeutung zuschreibe?

Ich sitze hier. Wer bin ich? Ich will darauf antworten. Und ich sehe, dass ich nicht antworten kann, dass nichts in mir antworten kann. Ich kann nur lauschen, um besser zu hören. Stille breitet sich aus… Stille, Ruhe. Und während ich dies wahrnehme, ist es, als ob mein ganzes Wesen wünschte, diese Stille zu betreten und zuzulassen, dass sie sich ausbreitet. Gleichzeitig bin nicht ich es, die die Stille erzwingen kann. Sie ist hier. Diese Stille ist in mir, sie ist ich. Es ist, als ob eine Tür sich öffnete und mir gestattete, eine Schwingung zu spüren, die ansonsten durch die üblichen Geräusche übertönt wird. Dies ist nicht länger das Ich, wie ich mich kenne. Ich fühle etwas, von dem ich nicht wusste, dass es mich ruft. Ich entdecke in mir eine andere Dimension, die eine neue Art des Seins erfordert.

80
Was ich wirklich bin

Sich selbst zu kennen, bedeutet, seine wahre Natur zu kennen. Wenn ich frage, wer ich bin, möchte ich meine wahre Natur erkennen. Ich stehe vor einem Rätsel. Etwas, was mehr ich ist als alles, was ich kenne, ruft danach, erkannt zu werden. Es ist so, als ob ich in mir selbst geboren würde. Ich möchte fähig sein zu erkennen, was ich wirklich bin. Dies hängt von mir ab, von der Wahrhaftigkeit meines Wunsches. Ich muss mich selbst mit Augen betrachten, die mich als das sehen wollen, was ich bin. Keine meiner gewöhnlichen Wahrnehmungen wird mir dabei helfen, diesem Erlebnis näherzukommen. Ich muss über sie alle hinausgehen, um zu einer Wahrnehmung zu gelangen, die vorherzusehen unmöglich ist. Dafür gibt es keine Worte, Worte halten mich gefangen; keine Erinnerungen, Erinnerungen halten mich gefangen; kein formulierter Wunsch, Formulierungen halten mich gefangen. Ich erkenne, dass all dies sinnlos ist, und lasse es los. Eine einzige Sache bringt mich dem näher, was ich wirklich bin – das über allem stehende Anliegen, wahrhaftig zu sein.

Ich habe die Vorstellung akzeptiert, dass ich nicht weiß, was ich bin. Aber es ist eben nur eine Idee, eine Theorie, und mir ist nicht klar, was sie bedeutet. In meinem normalen Bewusstseinszustand ist das, was ich wahrnehmen kann, durch die Funktionen, die diese Wahrnehmungen regulieren, eingeschränkt. Ich nehme Dinge mit meinem Denken, meinem Fühlen und meinem Spüren wahr und versuche damit, bewusst zu werden. Doch die Funktionen arbeiten auf einem sehr durchschnittlichen, automatischen Level. Sie sind Funktionen meiner niedrigeren Zentren. Was ich zu wissen wünsche, liegt aber viel höher, ist reiner und besitzt Qualitäten, die diese Funktionen nicht wahrnehmen können. Ich will wissen, was ich meiner wahren Natur nach wirklich bin, nach meiner Essenz an sich, in der all meine Möglichkeiten enthalten sind. Ich möchte zurückkehren zur Quelle dessen, *was ist,* zur einzigen Wirklichkeit, zur Quelle des »Selbsts«. Das Selbst gehört zum Absoluten. Außerhalb des Absoluten, außerhalb des Selbsts des Absoluten, kann ich nicht existieren. Dennoch glaube ich mich außerhalb des Absoluten zu befinden, und spreche von ihm als etwas, was außerhalb von mir liegt. Ich bringe das wahre Selbst mit dem Körper und seinen Funktionen durcheinander. Doch das wahre Selbst ist wie der Weltraum – ungebunden, rein, endlos.

Ich fühle ein immer größer werdendes Bedürfnis nach einem Zustand von Ruhe und Frieden. Doch dieser Zustand hat nichts Passives an sich. Ich bin mir dieses Friedens, eines Zustands, in dem sich meine Zentren im Gleichgewicht befinden, aktiv bewusst. So erlebe ich es. Und ich verstehe, was Gurdjieff meint, wenn er in *Beelzebubs Erzählungen für seinen Enkel* schreibt, dass Ashiata Shiemash, bevor er zu meditieren begann, sich selbst (mittels aller erdenklichen Methoden) in einen Zustand der »allhirnigen, gleichgewichtigen Seinsaufnahmefähigkeit« gebracht habe. Ich nehme einen Zustand des *Lebens* wahr, eine Art von Schwingung, der nichts gleicht: die Schwingungen meines Seins. Aus dieser Quelle, aus diesem lebendigen Material, entspringen Schwingungswellen einer anderen Art: meine Gedanken, meine Begierden... Doch dies ist wie das Meer und die Wellen, die sich erheben und senken. Sie sind ein und dasselbe. Essenziell ist das Leben, das sie antreibt, ein Leben, das dauerhaft ist.

81
Wer bin ich?

Wer bin ich? Die Frage klingt in mir nach. Es ist ein Ruf von oben, von höher als das, was sich in mir bewegt. Ich höre es kaum, möchte ihm aber lauschen, möchte es nicht nur mit dem hören, was mir in diesem Augenblick mehr oder weniger zur Verfügung steht: meinem Denken, meinem üblichen Empfinden. Ich wünsche, es mit meinem ganzen Wesen zu hören. Ich *wünsche es,* ich *will es,* da nur mein Wünschen, nur mein Wille dazu führen können. Es wird sehr bedeutsam für mich. Ich möchte mich öffnen, um Platz zu schaffen und um die Präsenz eines Lebens, einer Macht, zu erkennen, vor der ich mich verbeugen muss. Ich muss mich von diesem Leben beseelt fühlen, bis die Wahrnehmung meines Körpers, der Form meines Körpers, weniger stark ist als die Kenntnis dieser Macht, die in meinem ganzen Wesen vibriert.

Normalerweise reduziere ich mein Ich-Gefühl auf meinen Körper. Es gibt Innen und Außen, Subjekt und Objekt. Ich sehe meinen Körper und die Dinge um mich herum als voneinander getrennt. Doch ich sehe nicht diese Kraft in meinem Körper, diese Kraft, die sowohl meinen Körper als auch die mich umgebenden Dinge erschafft. Dennoch *bin* ich gleichzeitig diese Kraft, diese Form und dieses Bewusstsein. Das Bewusstsein vereint alles in einem einzigen Sein, das Bewusstsein BIN ICH. Dies ist das einzige Sein, das ewige Sein. Der, der sieht, ist nicht außerhalb des Bewusstseins; er sieht nicht sich selbst. *Er ist.* Zu *sein* bedeutet, »ICH BIN« zu verwirklichen.

Ich biete mich dieser Verwirklichung an. Abgesehen von dieser Öffnung gibt es nichts anderes. Ich gebe mich ihr – jetzt und für immer *»bin ich.«* Es gibt keinen Augenblick, in dem ich nicht bin. Aber ich muss mich dieser Wirklichkeit unterwerfen, und unabhängig davon, ob sie erscheint oder verschwindet, stets bereit sein, mich ihr zu öffnen. So bin ich vorbereitet, in meine wahre Natur einzutreten. Es muss eine bedingungslose Hingabe bestehen für etwas, dessen Größe ich anerkenne. Es reicht nicht zu wollen, das wahre ICH, das Selbst, möge enthüllt werden, nur weil ich danach verlange. Das würde bedeuten, dass ich das Selbst befehlige, dass ich mich auf eine Art als wichtiger empfinde. Vielmehr muss ich auf sein Wollen warten. Ich muss an das Selbst glauben, nicht blind, sondern bewusst. Mein einziger Seinsgrund liegt im Erkennen des Selbsts.

Wer bin ich? Diese Frage hallt in meiner Präsenz wider, so als ob aus einer zentralen Quelle eine außerordentliche Macht ihre Existenz bemerkbar machen würde. Es ist, als ob eine zugrundeliegende Strömung erzeugt würde, die mir die Erfahrung eines neuen Lebens bringt. Ich fühle, dass ich mir dieser Macht bewusst werden und mich mit dieser Quelle in Einklang bringen muss, um mit ihr verbunden zu sein und ihr zu gehorchen. Dieser Wunsch nach

Bewusstsein ist wie eine Forderung nach unablässiger Reinigung, ein Zentrum der Anziehung, in welchem die Strahlen meiner Aufmerksamkeit zusammenlaufen. Aus allen Teilen meiner selbst wird meine Aufmerksamkeit angeregt, sich auf diese zentrale Schwingung zu konzentrieren. Wenn mein Denken und mein Fühlen darauf eingestimmt sind, zeigt sich ein anderes Wissen über mich selbst, und ich fühle meine Frage auf eine andere Art und Weise. Was im Erlebnis des Erkennens geschieht, ist ein direkter Fluss wie ein elektrischer Strom. Das Erkennen ist ein Erleben des Seins, da ich in diesem Augenblick um meinen Seinszustand weiß.

82
Meine wahre Natur ist Bewusstsein

Innerlich leide ich darunter, begrenzt zu sein. Ich akzeptiere keine Formen, die durch Zeit oder Veränderung, Raum oder Vielfalt begrenzt sind. Es existiert eine einzige und einzigartige Energie, in der Veränderung stattfindet, die jedoch immer dieselbe bleibt. Sie nimmt unterschiedliche Formen an, doch sie neigt dazu, sich wieder in das zurückzubilden, was sie ihrer Essenz nach ist – unendlich, eins. Ich habe einen unwiderstehlichen Wunsch, ich selbst zu sein, frei von all dem, was mich beschwert, all dem, das mich abhängig macht. Ich wünsche mir die Glückseligkeit, vollkommen und ohne jeglichen Vorbehalt ich selbst zu sein. Ich fühle, dass ich nicht außerhalb von mir danach suchen kann, in jemand oder in etwas anderem. Die einzige Quelle der Glückseligkeit ist die Tatsache des *Seins,* ohne irgendeinen Nutzen oder eine Belohnung zu erwarten, einfach nur die Enthüllung dessen, *was ist.* Ich liebe, *was ist.*

Ich halte mich hier zurück und versuche, meine Schranken zu erkennen – meine Spannungen, meine Gedanken –, sodass sie sich in meinem Erkennen selbst zu Fall bringen. Ich bilde mir kein Urteil über sie und wünsche mir nicht, sie durch etwas Besseres zu ersetzen. Ich werde aufmerksam für etwas, was sie verbergen und zu dem ich, wie durch einen Magneten, hingezogen werde. Es scheint, als ob ich darüber hinausginge. Und ich habe einen weiteren Eindruck von mir selbst, einen Eindruck von lebendiger Materie, von einem Leben, in dem die Dichte meines Körpers verschwindet. Dann erreiche ich eine zweite Schwelle, an der ich fühle, dass ich keine kompakte Masse mehr bin, sondern eine Unendlichkeit lebendiger, sich schwingend bewegender Partikel. Ich fühle mich an einem Sein teilnehmen, dessen Kraft mir Leben gibt, welches ich dann um mich herum ausstrahle. Es ist wie eine Art kosmischen Atmens, an dem ich teilhabe.

Ich darf nie vergessen, was der Form das Leben schenkt. Die Form allein existiert nicht. Das, was in der Form *»ist«*, das, was Form angenommen hat, ist die Essenz dessen, was in mir fragt. Deshalb versuche ich, zur Quelle zurückzukehren. Je mehr das ICH sich selbst zu kennen sucht, desto mehr nimmt es am Bewusstsein und umso weniger am Körper teil, in dem es versunken ist. Alles Denken kommt vom Ich-Gedanken. Aber woher stammt der Ich-Gedanke? Wenn wir nach innen schauen und zur Quelle zurückkehren, verschwindet der Ich-Gedanke. Und wenn er verschwindet, taucht das Gefühl »ICH BIN« von selbst auf. Dann erlangen wir Bewusstsein, unsere wahre Natur. Wenn wir unser wahres ICH kennen, erhebt sich etwas aus der Tiefe des Seins und übernimmt. Es befindet sich hinter dem Verstand. Es ist unendlich, Göttlich, ewig. Wir nennen es »die Seele«.

Es gibt keinen Tod. Das Leben kann nicht sterben. Die Hülle wird aufgebraucht, die Form löst sich auf. Der Tod ist ein Ende – das Ende von allem Bekannten. Er ist eine beängstigende Angelegenheit, weil wir am Bekannten hängen. Aber das Leben *ist.* Es ist immer hier, sogar wenn es für uns das Unbekannte ist. Das Leben können wir erst dann verstehen, nachdem wir den Tod kennen. Wir müssen das Bekannte sterben lassen und das Unbekannte betreten. Wir müssen freiwillig sterben. Wir müssen uns vom Bekannten befreien. Wenn wir frei sind, können wir in das Unbekannte, in die Leere, in die vollkommene Stille eintreten, wo es keinen Zerfall gibt – in den einzigen Zustand, in dem wir herausfinden können, was Leben ist und was Liebe ist.

Was ist wirklich: das, dessen ich mir bewusst bin, oder Bewusstsein an sich? Tief in meinem Wesen *bin ich* bereits das, wonach ich suche. Das ist der Antrieb meiner ganzen Suche. Wenn Bewusstsein da ist, realisiere ich, dass das Bewusstsein ich ist. Ich und alles, was mich umgibt, sind dasselbe Bewusstsein. Meine wahre Natur ist Bewusstsein.

Die Suche nach mir selbst wird – immer und immer tiefer – zur Frage nach dem Selbst. Der Schöpfer erscheint als das ICH, als das

»Selbst«. Ob es sichtbar oder unsichtbar ist, ist unwichtig, solange man weiter ihm zugewandt bleibt. Es gibt kein zu erkennendes Objekt. Das Selbst ist immer das Selbst, und das Selbst *zu kennen,* bedeutet, das Selbst *zu sein.* Wenn die wahre Natur erkannt wird, herrscht Sein ohne Anfang und Ende – unsterbliches Bewusstsein.

VIII

Hin zu einem neuen Sein

Der Vierte Weg ist ein Weg des Verstehens,
der das Erwachen einer anderen Intelligenz verlangt.

—

Die Seinsebene ist durch das bestimmt,
was zu einem gegebenen Zeitpunkt in unsere Präsenz tritt,
das heißt die Anzahl der Zentren, die daran mitwirken,
und die bewusste Verbindung zwischen ihnen.

—

Den ersten bewussten Schock – für sich selbst
wach zu werden – braucht es, um in einen gesammelten
Zustand zu gelangen, der es uns erlaubt,
uns für unser Sein zu öffnen.

—

Die Wellen, das Fließen und die Energie sind ein und dasselbe.
Es ist wichtig, die Energie als solches, die reine Energie,
zu verstehen.

—

Mein Wunsch *zu sein* ist ein kosmischer Wunsch,
und mein Wesen muss sich in einer Welt von Kräften ausrichten.
Es besteht ein kosmisches Bedürfnis nach diesem neuen Wesen,
das ich werden könnte.

—

Der Vierte Weg hat schon immer existiert,
doch nur innerhalb eines kleinen Kreises.
Heute kann er die schwächelnde Verbindung
zwischen den zwei Ebenen des Kosmos erneuern.

Mein Sein ist, was ich bin

83
Kann sich das Sein verändern?

Das normale Leben untersteht den Gesetzmäßigkeiten des Kreislaufs mechanischer Einflüsse. Der Entwicklungsweg des Seins verläuft entgegengesetzt zum alltäglichen Leben. Er basiert auf anderen Grundsätzen und ist anderen Gesetzen unterworfen. Dies ist das Geheimnis seiner Macht und seiner Bedeutung. Ohne die Hilfestellungen eines Weges, eines Einflusses einer anderen Ordnung, ist keine Veränderung des Seins möglich.

Der Vierte Weg ist ein Weg des Verstehens. Das magnetische Zentrum, das jemanden zu einer Gruppe des Vierten Weges zieht, ist ein anderes als dasjenige, was zu einem Kloster, einer Yoga-Schule oder einem Aschram führt. Dieser Vierte Weg verlangt eine andere Art von Initiative. Er fordert einen wachen Verstand und einen scharfen Blick, womit die Fähigkeit gemeint ist, das Mechanische vom Bewussten in einem selbst zu unterscheiden. Er verlangt das Erwachen einer anderen Intelligenz. Was erreicht werden kann, hängt nicht von Gehorsam ab. Das Wissen, das resultiert, steht im Verhältnis zum Status des Erwachens, des Verstehens.

Der Vierte Weg beginnt mit der Vorstellung von unterschiedlichen Ebenen des Seins. Aber was ist Sein? Die Seinsebene ist durch das bestimmt, was zu einem gegebenen Zeitpunkt in unsere Präsenz tritt, das heißt die Anzahl der Zentren, die daran mitwirken, und die bewusste Verbindung zwischen ihnen. Die Ebene des Seins bestimmt alles in unserem Leben, unser Verstehen eingeschlossen. Mein Sein ist heute nicht gefestigt. Es ist zerstreut und daher ohne Bewusstsein. Kann sich das Sein verändern? Kann mein Sein anders werden, als es heute ist? Das ist der Punkt, an dem die Vorstellung der Evolution, des Werks [oder der Arbeit], beginnt. Der erste Schritt besteht darin zu erkennen, dass ich durch eine bestimmte Anstrengung einen Augenblick einer vollkommeneren Präsenz leben kann. Dann werde ich erkennen, dass die kleinste Veränderung in der Ebene des Seins neue Möglichkeiten eröffnet, zu wissen und zu handeln.

Mein Sein ist, was ich bin. Da ich mich nicht als das erkenne, was ich bin, kenne ich auch mein Sein nicht. Ich glaube noch nicht einmal, dass ich dieses Wissen benötige. Aber solange ich nicht all das erlernt habe, was auf der Ebene möglich ist, auf der ich mich gerade befinde, kann ich weder mehr empfangen noch mehr verstehen. Gleichzeitig muss ich jedoch erkennen, dass Verständnis sich nur nach und nach verändern kann. Ein Augenblick neuen Verstehens bringt ein bestimmtes Wissen mit sich, doch reicht dies nicht aus, um mein Sein zu transformieren. Dennoch kann es mir zeigen, dass ich in meinem gegenwärtigen Zustand des Seins unfähig bin, mehr zu empfangen, und nur gerade imstande bin, den nächsten Schritt in Betracht zu ziehen. Wenn ich beispielsweise sehe, dass ich zerstreut, anstatt gesammelt bin, kann ich an genau diesem Schritt arbeiten. Erst wenn ich das richtig verstanden habe, werde ich – in einem gesammelten Zustand – fähig sein, den nächsten Schritt zu erkennen, der im Fühlen meiner Präsenz als etwas Ganzem liegt.

Veränderung des Seins vollzieht sich durch Transformation. In der von Gurdjieff verwendeten Analogie entsteht sie wie eine Mischung aus metallischen Pulvern, die durch einen Verschmelzungsprozess in eine chemische Verbindung umgewandelt werden. Dieser Vorgang benötigt eine besondere Art von Feuer, eine Hitze, die durch die »Reibung« des inneren Kampfes zwischen Ja und Nein entsteht. Die sich daraus ergebende Verbindung entspricht dem zweiten Körper, der Bildung eines einheitlichen ICHS, das ganz, unteilbar und insoweit »individuell« ist, als dass es sich den äußeren Einflüssen widersetzen kann und sein eigenes Leben führt. Durch eine bestimmte Arbeit kann diese chemische Verbindung dann eine weitere Veränderung durchmachen.

Der Vierte Weg muss gelebt, erfahren werden, nicht einfach gedacht oder geglaubt. Die von Gurdjieff übermittelten Ideen beinhalten Wissen einer höheren Ebene, welches wir im Leben umsetzen müssen, um es zu verstehen. Doch dieses Wissen ist verschlüsselt. Dies bedeutet, dass eine Person, die über »die Arbeit« spricht oder sich darin versucht, dieses Wissen weiterzugeben, vielleicht gar nicht weiß, worüber sie spricht. Solange wir nicht fähig sind, diese Ideen umzusetzen und den Code zu dechiffrieren, wird dieses Wissen immer verzerrt und zweckentfremdet verwendet und Ergebnisse verursachen, die seiner ursprünglichen Bedeutung zuwiderlaufen.

Die Aufforderung, die Lehre umzusetzen, schließt den Respekt vor gegebenen Formen ein, doch ohne Angst davor zu haben, diese anzupassen, wenn ein solides Verständnis die Notwendigkeit dafür anzeigt. Verlangt wird auch eine besondere Haltung gegenüber traditionellen Lehren. Wir sollten unseren Verstand nicht durch falsche Selbstzufriedenheit für andere Wege verschließen. In Tat und Wahrheit können wir in ihnen viele gemeinsame Prinzipien und Praktiken finden. Doch können Vergleiche erst sinnvoll sein, nachdem wir den Weg, der uns übermittelt wurde, verstanden haben. Wir müssen uns davor hüten, mit unserem Verstand zu urteilen, bevor wir es unserer Intuition, die den Kern der Erfahrung ausmacht, erlaubt haben, uns Wissen zu gewähren. Allgemeine Themen zu studieren, ist eine Sache; doch den Schritten eines anderen Weges zu folgen, ist etwas ganz anderes, insbesondere was das Experimentieren mit Übungen aus anderen Lehren betrifft. Wenn wir wahrhaftig diesen Weg betreten, bindet die Erfahrung die Energie in bestimmten Kanälen, um von unserem Verständnis abhängige Ergebnisse zu produzieren. In diesem Fall ist es eine ernste Angelegenheit, sich einer anderen Lehre zu nähern, insbesondere wenn jemand sich einer Praktik oder Disziplin unterzieht, die einen Schock im Verstand verursacht. Wenn deren Ergebnis nicht vom Verstehen herrührt, kann das eine Haltung, ja sogar eine Verhärtung hervorrufen, die uns die Freiheit nimmt weiterzugehen.

84
Die Intensität muss zunehmen

Alles in diesem Universum verfällt oder entwickelt sich in einem nicht endenden Fluss von Energie. Gemäß Gurdjieff kannten die antiken Wissenschaften die Gesetze, die diesem universellen Prozess zugrunde liegen, und wiesen dem Menschen den ihm entsprechenden Platz in der kosmischen Ordnung zu.

In unserem Leben vollenden wir nie ganz, was wir uns vorgenommen haben. All unsere Bestrebungen und Handlungen sind dem Gesetz der Sieben unterworfen. Sie zielen anfangs in eine bestimmte Richtung, doch gelangen sie nicht über das Intervall in der Oktave hinaus. Wir schaffen es gerade mal bis zur Note Mi, und kehren dann zurück zum Do. Um weiterzukommen, braucht es eine zusätzliche Kraft, die von innen und von außen hinzutritt. Heutzutage ist es vor allem unser Kopf, unser Verstand, der von der Arbeit berührt ist. Der Körper und das Fühlen agieren gleichgültig, und solange sie zufrieden sind, registrieren sie keinerlei Aufforderung. Sie leben für den Moment und ihr Gedächtnis ist kurz. Doch der Wunsch muss dem Gefühl entspringen, und die Kraft zu tun, die »Leistungsfähigkeit«, muss vom Körper herkommen. Diese beiden voneinander getrennten Teile haben eine unterschiedliche Aufmerksamkeit, deren Kraft und Dauer vom Material abhängen, die sie erhalten haben. Der Teil, der mehr Material hat, verfügt über eine größere Aufmerksamkeit.

Wir glauben, dass wir nicht intensiv zu arbeiten bräuchten; doch diese Einstellung wird nicht zu wirklicher Veränderung führen. Um einen Kontakt mit den höheren Zentren zu erlauben, muss sich die Intensität der unteren Zentren steigern. Diese Zentren, von denen jedes mit einer unterschiedlichen Frequenz schwingt, müssen auf die gleiche Geschwindigkeit kommen. Wir müssen wie in einer Oktave von Stufe zu Stufe vorrücken und dabei lernen, den Abstand zwischen Energiestufen zu erkennen, und begreifen, dass diese sich nur durch Intensivierung einander angleichen können. Sowohl in uns als auch um uns herum ist es vonnöten, eine aktivere Energie zu erzeugen, die den umgebenden Einflüssen standzuhalten und einen festen Platz zwischen zwei Strömen unterschiedlicher Stufe zu bewahren vermag.

Sogar ohne bewusste Anstrengung produziert der Körper eine sehr feine Energie oder Substanz, nämlich das Endprodukt der Transformation von Nahrung, die Gurdjieff »Si 12« nennt. Das ist der Stoff, der vom Sexzentrum gebraucht wird, welches, wenn es mit seinem männlichen oder weiblichen Gegenstück vereint ist, sich wie ein neuer Organismus unabhängig entwickeln kann. Doch es kann ebenso an einer neuen Oktave innerhalb des Körpers teilhaben. Wenn alle Zellen von dieser Substanz durchdrungen sind, kann es zur Kristallisierung oder der Bildung eines zweiten Körpers kommen. Der Weg des schlauen, des scharfsinnigen Menschen – der beschleunigte Weg, den Gurdjieff »Haida-Yoga« nannte – schließt die Umwandlung der Energie Si 12 für die Entwicklung höherer Körper mit ein. Gurdjieff sprach nie über diese heikle Arbeit und gab auch keine ausdrücklichen Hinweise dazu, aber es gibt einen Schlüssel. Beispielsweise ist die Reibung in uns, die notwendig ist, um die Substanz für unser ICH zu produzieren, identisch mit dem, was äußerlich zwischen agierender maskuliner und femininer Kraft stattfindet. Die Macht von Si 12 ist offensichtlich in der sexuellen Vereinigung, welche für die meisten Menschen die einzige Erfahrung darstellt, in der sie sich ohne bewusste Anstrengung für einen Zustand der Einheit öffnen. Der Rhythmus aller Funktionen fügt sich diesem Erleben unter, und es kommt zu einem flüchtigen Augenblick der Glückseligkeit, wenn man die Abwesenheit des gewöhnlichen Ichs spürt. Allzu oft versuchen wir, das Selbst in dieser intensiven Leidenschaft zu vergessen: eine Identifizierung, in der wir uns vollkommen verlieren können. Doch sofort danach fordert das Ich seine Rechte ein und wir kehren zurück zur engen Sphäre unserer gewöhnlichen Gedanken und Gefühle. Ohne ein Verständnis der involvierten Kräfte ist diese Erfahrung auf der Suche nach Bewusstsein zwecklos.

85
Stufen der Oktave

Gemäß Gurdjieffs Lehren bewegt sich das Werk durch die Stufen der Oktave, durch Stufen der Intensität. Er beschreibt den Ablauf folgendermaßen.

Zunächst existiert eine Note, eine Schwingung, die von einer höheren Oktave kommt und als Do erklingt. Sie ist wie die Öffnung zu einer neuen Vision, einer Qualität, die vorher nicht da war, zu einer Idee aus einer höheren Quelle. Aufgrund der Beziehung zwischen den Energien erhebt sich sodann eine Schwingung von größerer Intensität, die von einer höheren Oktave übermittelt wird. Wir haben Gefühle und Wahrnehmungen, die tieferliegenden Schichten angehören, und bewegen uns weiter zur Stufe Re. Ein neues Sehen eröffnet sich und bringt ein neues Verständnis, eine neue Gewissheit mit sich. Nun leuchtet ein gewisses Licht, aber es reicht noch nicht aus. Es hat die Kraft, seine Umgebung zu erhellen, doch man spürt die Notwendigkeit, es nicht nach außen zu projizieren. Die Aufmerksamkeit muss frei bleiben. Das, was sieht, erscheint wichtiger als das, was gesehen wird. Unser Vorstellungsvermögen erlangt eine Intensität, die nicht größer sein könnte. Wir befinden uns bei der Note Mi.

Eine weitere Stufe rückt näher, eine Wahrnehmung einer nächsten möglichen Ebene. Dennoch scheint sie durch den Einsatz der bisherigen Mittel, ohne das Eingreifen einer neuen Hilfe, unerreichbar zu sein. Man fühlt, dass die Kraft, welche die Vorstellung belebt, wachsen muss, damit wir zu dieser neuen Stufe gelangen können. Das hängt nicht allein von der Vorstellung ab. Sie braucht Unterstützung, um bestehen zu können, eine Kraft, durch die sie genährt werden kann. Dies ist ein wichtiger Augenblick. Das Denken reicht nicht länger aus. Ein zweites Zentrum muss ins Spiel kommen. Der ganze Körper muss bereitwillig seine Teilnahme anbieten. Er muss es dieser Kraft erlauben, dass sie sich durch ihn stärkt und sich manifestiert. Er spürt die Qualität dieser Kraft und verweigert sich seinem eigenen Automatismus, um ihre Wirkung zu empfangen. Der Körper ordnet sich absichtlich unter, um die bewusste Manifestation dieser Kraft, die von einer anderen Ebene stammt, zu ermöglichen. Dies ist entscheidend. Der Kampf wird zwischen zwei Oktaven ausgetragen – die eine muss die Verantwortung übernehmen, die andere muss sie akzeptieren. Wenn dieser Kampf zugunsten einer inneren Wahrnehmung entschieden ist, ist das Intervall durchschritten – die Oktave ist gesichert. Dies ist die Note Fa, die erklingt.

Die Wahrnehmung muss deutlich sein; das Fa muss etabliert werden. Es muss in meiner Präsenz als eine vollständige Wahrnehmung bestehen – stabil, mit allen neuen Vorstellungen und Gefühlen, die mit ihr einhergehen –, damit ich zur Stufe Sol voranschreiten kann. Dann beginnt wieder exakt das, was bei der ursprünglichen Vorstellung stattfand. Doch dieses Mal kommt keine Kraft von außen hinzu; es geschieht durch meine eigene Kraft. Das Denken und der Körper reichen nun nicht mehr aus. Ein neues Fühlen muss sich einstellen – das Seinsgefühl. Ich fühle, dass ich einer Kraft oder einem Willen unterworfen bin, der über mich hinausgeht, und ich sehe, wie der Prozess der inneren Verwandlung sich im Feuer des Wunsches *zu sein* verstärkt. Dann erreicht die Konzentration ihren Höhepunkt. Und aus der Vereinigung dieser drei Kräfte entsteht die Unabhängigkeit der Wahrnehmung des Selbsts, das Bewusstseins des Selbsts mit seinem eigenen individuellen Leben – einer neuen Oktave.

Die Oktaven sind übereinander angeordnet und dürfen nicht vermischt werden. Wenn wir uns mit Vibrationen tieferer Noten abgeben, ist der Abstieg unvermeidlich.

86
Der erste und der zweite bewusste Schock

In der in Richtung Bewusstsein aufsteigenden Oktave ist Selbsterinnerung der erste bewusste Schock, der nötig ist, um das Intervall zwischen Mi und Fa zu durchschreiten. Er bringt eine Kraft mit sich, die nur durch den Wunsch, den Willen, auftreten kann. Stufe für Stufe, Schritt für Schritt müssen wir den Willen anwachsen lassen.

Die Strömung, in der wir leben, hält uns auf der Ebene der Erde, auf der die Energie kontinuierlich von Reaktionen aufgesogen wird. Dies geschieht, weil unsere Zentren nicht miteinander verbunden sind. Ohne eine Verbindung sind ausschließlich Reaktionen möglich, und die Energie wird nicht transformiert. Nur durch die Verbindung mit einer höheren Energie ist Umwandlung möglich. Eine solche bewusste und tragende Verbindung ist unerlässlich. Doch der Zustand, in dem wir leben, der Energiegrad unseres Denkens und unseres Körpers, gestattet es uns nicht, die Wirkung dieser höheren Energie zu empfangen. Es ist, als würde sie gar nicht existieren.

Es ist mein gewöhnliches Ich, welches diese Verbindung verunmöglicht. Das Material meines Denkens behält seine Autorität und verhindert, dass das automatische Bewegen stoppt. Mein Körper ist nicht genug berührt. Um ein Anhalten herbeizuführen, ist Leiden erforderlich, sodass die dritte Kraft auftreten kann. Dann wird die Aufmerksamkeit zum Willensakt – ich will nicht aufgezehrt werden, ich möchte frei bleiben. Genau in diesem Augenblick fühle ich, dass ich die Freiheit haben muss *zu sein.* Ich spüre einen Freiheitswillen. Der Grad dieses Willens zur Aufmerksamkeit erzeugt eine Öffnung meines Körpers für eine feinere Energie. Alles hängt von diesem Öffnen ab. Ich muss die Energie gleichzeitig und mit derselben Kraft in meinem Verstand und in meinem Körper fühlen. Meine Aufmerksamkeit muss andauern und darf nicht abklingen.

Alle Zentren sind involviert. Wenn eines das Fa erreicht, kann es die anderen in Richtung Fa mitziehen. Um die Schwingungsintensität zu steigern, müssen sich alle Zentren vor dem Intervall befinden. Die Verbindung zwischen den Zentren ist der notwendige Schock, um das Intervall zu durchqueren – ohne diese Erschütterung lässt es sich nicht durchschreiten. Wenn wir an dieser Verbindung arbeiten, taucht eine Kraft auf und wir fühlen eine Schwingung, die uns die Tür zu einer anderen Ebene öffnet.

Beim weiteren Fortschreiten durch die Oktave kann sich die Frage nach einem zweiten bewussten Schock erst dann stellen, wenn ich während einer ausreichend langen Zeit bewusst gegenwärtig gewesen bin. In dieser Bemühung um Präsenz läuft sich mein Fühlen warm und wird umgewandelt. Es reinigt sich selbst und meine Emotionen werden positiv gestimmt. Doch dies hält nicht lange an; meine Gefühle fallen zurück und werden wieder wie gewöhnlich. Das beweist, dass das, was in mir beobachtet, was zuschaut, keinen Willen besitzt. Das Intervall zwischen Si und Do ist sehr schwer zu durchschreiten.

Ich strenge mich an, für das präsent zu sein, was ich bin; doch ich fühle es nicht. Es berührt mich einfach nicht. Ich spüre meine Unfähigkeit: Ich habe keine Gefühlskraft, keine Substanz, die es mir gestattet, mir meiner selbst bewusst zu werden. In diesem Konflikt taucht ein Gefühl auf, das sich von meinen üblichen Emotionen unterscheidet. Die Frage nach mir selbst bekommt eine neue Dringlichkeit. Ich muss hier sein, damit meine Funktionen Folge leisten können; und deswegen existiert ein Bedürfnis nach Willen. Ich fühle, dass ich ihn nicht habe, aber dass ich ihn abrufen kann. Ich muss *wollen,* weil ich *bin.* Dieser zweite Schock – ein emotionaler Schock – verändert den ganzen Charakter einer Person.

Wenn wir uns lange genug unserer selbst erinnern und für uns selbst offen sein können, werden wir durch das Eingreifen des subjektiven Ichs angesichts der Manifestationen anderer Menschen uns gegenüber auf die Probe gestellt. In dem Augenblick, wenn der Verstand den Eindruck empfängt, reagiere ich. Mit genau dieser Reaktion schießt das Konzept des Ichs wieder hervor, und ich identifiziere mich mit der Form, die von meinem Denken projiziert wird. Wenn ich also weiterkommen möchte, muss ich erschüttert und aufgerüttelt werden vom Anblick der selbstsüchtigen Reaktion meines Egos, das sich aus seiner Angst heraus, abgelehnt zu werden, verteidigt. Um mich von dieser Angst zu befreien, muss ich sie erfahren, muss ich sie gänzlich erleben mit allem, was sie mit sich bringt.

Mit einem zweiten bewussten Schock kann sich unser Bewusstsein öffnen und es wird möglich, die Wirklichkeit zu sehen.

Dies ist ein emotionales Verstehen der Wahrheit. In diesem Moment realisiere ich, dass mein Gefühl nicht mehr dasselbe ist. Da gibt es kein Verschließen, kein Verneinen mehr. Ich lehne nicht mehr ab. Ich akzeptiere nicht mehr. Mit dieser Wachsamkeit, die nicht auswählt, taucht ein neues Fühlen und ein neues Verstehen auf, das nicht aus Gegensätzen geboren wird. Es ist ein Fühlen, das alles umarmt, ein Fühlen der Einheit, des Seins. Ich bin verwandelt, und in diesem neuen Zustand fühle ich, dass eine neue Ordnung in Erscheinung tritt.

Ein Zustand der Sammlung

87
Wiederhole, wiederhole!

Den ersten bewussten Schock – für sich selbst wach zu werden – braucht es, um in einen gesammelten Zustand zu gelangen, in einen Zustand, der es uns erlaubt, uns für unser Sein zu öffnen. Wenn meine Energie zurückgehalten wird, dient sie nicht denselben Zielen, wie wenn sie durch all die äußeren Einflüssen aufgesogen wird. Weil sie dann über eine andere Qualität verfügt, kann sie für andere Ziele und in anderen Verbindungen verwendet werden.

Wir stehen vor der absoluten Notwendigkeit einer Veränderung in unserem inneren Zustand. So, wie es jetzt ist, erlaubt uns unser Zustand nicht, frei zu bleiben. In uns besteht keine Einheit, also werden wir unserer Energie beraubt. Wenn wir dies zu verstehen beginnen, versuchen wir, einen Zustand aufrechtzuerhalten, der verbundener, stärker gesammelt ist. Doch sind wir noch immer nicht transformiert, und so verlieren wir diesen Zustand wieder allzu leicht. Wodurch geht er uns verloren?

Die Verbindung zwischen meinem Verstand und meinem Körper ist nicht stark genug. Das Ego ist dauernd anwesend. Die Energie, die mich antreibt, ist nicht von einer derartigen Intensität, dass sie mich vollständig verändern könnte. Heute ist es nicht möglich. Ich muss durch unterschiedliche Zustände gehen, in denen die Verbindung zwischen dem Verstand und dem Körper stärker und stärker wird, bis ich sie nicht mehr als voneinander getrennt fühle, sondern als eine einzige Präsenz. Damit dies geschehen kann, muss ich eine bestimmte Intensität in mir behalten, sodass ich sie durch nichts verlieren kann.

Wenn ich sehe, wie ich zerstreut, nicht gesammelt, bin, versuche ich nicht, mich zurückzuholen. Das würde bedeuten, Zwang auszuüben. Ich stelle mich dieser Zerstreuung und harre davor aus. Dann kommt es zu einer spontanen Bewegung des Loslassens. Ich werde mir dessen bewusst, was es heißt *zu sein.* Dies ist das Geheimnis – zu sehen und zu leiden. Es gibt die Wirklichkeit und gleichzeitig das Mich – mein gewöhnliches Ich –, das eine Haltung an den Tag legt, die ihm seinen Fortbestand ermöglicht. Vielleicht ist es ein paar Augenblicke lang ängstlich, aber es ist listig genug und niemals wirklich erschüttert. Solange ich dies nicht erkenne und es durchleide, wird nichts Neues auftauchen. Das habe ich zu akzeptieren.

Ein gesammelter Zustand ist ein Zustand gesammelter Aufmerksamkeit, in dem die Aufmerksamkeit möglichst vollständig ist. In diesen Zustand gelange ich nicht dadurch, dass mein Denken beschließt, sich zu sammeln, um sich etwas Besseres zu verschaffen. Er kommt durch das Sehen – durch die Einsicht meiner Zerstreuung, meines Mangels. Ich sammle mich, um besser zu sehen. Die gefesselte Aufmerksamkeit wird befreit, um sich einem aktiveren, absichtlicheren Bestreben zu widmen. Damit antwortet sie dem tiefsten Wunsch in mir, dem Wunsch zu sein, was ich bin. Es kommt zu einem zweifachen Bestreben: zu einem Bestreben nach Erwachen, nach Feingefühl, nach Weitblick und zu einem Bestreben nach Loslassen, nach Aufnahmefähigkeit, die tiefer gehen muss. Beide Bestrebungen ergänzen sich gegenseitig. Doch weil dies in genau dem Augenblick wahrgenommen werden muss und alles durchwegs ungewiss ist, bedarf es einer Aufmerksamkeit, die immer feiner, immer wachsamer, immer genauer sein muss. Dann kommt der Moment, in dem eine Verschmelzung stattzufinden scheint. Mir widerfährt eine große Ruhe, die einer Stille gleicht.

Damit ich in einen gesammelten Zustand kommen kann, müssen sich die Wahrnehmung, das Denken und das Fühlen in der Bemühung, in einen Gleichschritt zu gelangen, in dem sie nicht so leicht auseinanderfallen und sich wieder voneinander trennen, nach innen wenden. Ohne diesen vorausgehenden Einklang kann nichts unternommen werden, kann sich keine bewusste Aufmerksamkeit einstellen. Je genauer der Gleichschritt ist, desto korrekter wird die Aktion. So kommt es zum Sehen seiner selbst und der Antwort, die ausgedrückt werden muss, welches alles in Betracht zieht.

Wir müssen akzeptieren, dass der Zustand der Zerstreuung normal ist, solange wir nur über eine begrenzte Fähigkeit zur Konzentration verfügen. Wir müssen es wieder und wieder repetieren, in einen gesammelten Zustand zu kommen. Nur die ständige Wiederholung wird es uns ermöglichen, die nötige Vorbereitungszeit zu verkürzen und die für die Übung nutzbare Zeit zu verlängern.

Es existiert eine Übung, die speziell dafür geschaffen wurde, diesen gesammelten Zustand zu erreichen. Ich beginne damit, mir mit meiner ganzen Aufmerksamkeit vorzustellen, dass ich von einer Atmosphäre umgeben bin, die sich ungefähr einen Meter ausdehnt. Diese Atmosphäre wird entsprechend der Bewegungen des Denkens hin- und hergeschoben. Ich konzentriere all meine Aufmerksamkeit darauf zu verhindern, dass die Atmosphäre ihren Begrenzungen entflieht. Dann ziehe ich sie bewusst in mich hinein, so als ob ich sie aufsaugen würde. Ich fühle in meinem ganzen Körper das Echo von: »Ich«, und sage schweigend: »Bin.« Ich erfahre die vollkommene Empfindung des Seins.

88
Mein Denken schweift nicht ab

Immer wieder muss ich zum »gesammelten Zustand«, wie Gurdjieff ihn nannte, zurückkehren und ihn vertiefen, sodass er lebensnotwendig für mich wird. Es ist ein Zustand, in dem meine Zentren versuchen, sich aufeinander einzustimmen, um dieses Sein zu erfahren, dieses Sein, das ich bin. Wenn alle Zentren mit derselben Frage beschäftigt sind, wachen sie auf und nähern sich einander an. Wenn sie wahrhaftig zusammen sind, kann ich *sein* und etwas bewusst *tun.* Doch all das funktioniert nur, wenn sie zusammengekommen sind.

Wenn ich mich in meinem gewöhnlichen Zustand befinde, bin ich von den besonderen Assoziationen gefesselt, die meine Eigenliebe, meine Eitelkeit oder meinen Stolz zuletzt berührt haben. Das ist mein unbewusstes Denken. Wenn ich gesammelt bin, verfüge ich über eine andere Qualität des Denkens. Ein gesammelter

Zustand ist dadurch gekennzeichnet, dass mein Denken nicht umherschweift. Es verlässt mich nicht. Mit Assoziationen beginnt mein Denken zu wandern, doch wenn ich in einem gesammelten Zustand bin, bleibt es in mir. Auch drängt es sich dann nicht in den Vordergrund. Ich bin damit beschäftigt zu fühlen, dass ICH BIN. Wenn ich gesammelt bin, ist mein Denken bewusst. Doch nur, wenn ich gesammelt bin.

Ich möchte lernen, in einem stärker gesammelten Zustand zu sein; doch es gelingt mir nicht, weil mein Denken, meine Wahrnehmung und mein Körper in ihrer Aktion nicht im Einklang sind. Ich habe eine Empfindung meines Körpers, doch mein Fühlen ist gleichgültig. Ich denke ans Sein, doch mein Körper ist mit etwas anderem beschäftigt. Dennoch bin ich in Tat und Wahrheit ein Körper, ein Denken und ein Fühlen. Und obwohl ich das weiß, kann ich sie nicht zur selben Zeit erfahren. Sie haben nicht dieselbe Intensität und schauen noch nicht einmal in dieselbe Richtung. Ich fühle mich selbst zerteilt, unbeständig.

Indem ich meinen Zustand sehe, fallen bestimmte Spannungen von mir ab. Ich befinde mich weniger an der Oberfläche. Meine Aufmerksamkeit ist durchdringender und reicht tiefer in mich hinein. Ich lasse los, nicht um auszuruhen, sondern weil, je mehr ich loslasse, die Bestrebung des Sammelns, des Zusammenkommens, umso stärker wird. Ich lasse los, um mich in mir zu fühlen. Ich konzentriere mich auf den Punkt, an dem meine Gedanken ankommen und verschwinden, und gehe darüber hinaus. Ich bemühe mich nicht, die Gedanken zu unterdrücken. Ich sehe, dass sie Schatten und Trugbilder sind. Ich lasse sie ziehen. Gedanken haben keine Substanz. Die Substanz liegt in der Quelle.

Dann ist der Verstand fähig, wahrhaftig still zu werden und eine Ruhe zu finden, die sich einstellt, wenn er gesehen hat, wie seine eigene Aktivität ein Zentrum bildet, das vom Rest getrennt ist und ihn limitiert. Ohne diese Ruhe wird der Verstand niemals fähig werden, seine eigene Bewegung zu erkennen. Und sein Bewegungsdrang ist immens, unermesslich. Unser Verstand ist unser Instrument der Suche – jedenfalls solange er nicht durch vorgefertigte Antworten beeinflusst ist. Kann der Verstand in einem Zustand des Nichtwissens sein? Und kann er das auf eine Weise, die wahr ist, eine schlichte Tatsache und nicht eine Bestätigung? Wenn der Verstand sich dem stellen kann, es als wahr zu akzeptieren und sein Wissen als armselig zu empfinden vermag, dann kann er wirklich in einen Zustand gelangen, der die höchste Form des Denkens darstellt. Dann ist der Verstand scharfsinnig, gründlich, klar, unbegrenzt und imstande, etwas Neues zu empfangen.

Ich bin hier, sehr still, ohne zu wissen, was ich bin, ohne mich anzustrengen, etwas zu erfahren. Ich sehe, dass man Wissen nicht an sich reißen kann. Mein Verstand ist still geworden, bewegungslos, verbunden mit der Wahrnehmung dieser Stille und mit einem Gefühl dieses Seinszustandes. Es herrscht Stille, aber es ist keine Leere. In diesem gesammelten Zustand beginnt in mir, eine Wirklichkeit zu wirken. Nicht ich bin es, die diese Wirklichkeit begreift, sie erkennt. Sie gibt sich selbst zu erkennen. Ich muss ihr Wirken geschehen lassen. Ich fühle die Notwendigkeit loszulassen und ich entspanne mich auf eine ganz natürliche Art und Weise. All meine Zentren sind sensibler, scharfsinniger, empfänglicher. Da sind Schichten meiner selbst, die ich bisher nie durchdrungen habe. Dies zu sehen, befreit mich.

89
Ich fühle, ich nehme wahr, ich beobachte

Unsere Arbeit besteht darin, den gesammelten Zustand besser zu verstehen, einen Zustand, in dem ich in eine neue Ordnung eingebunden bin. Jeder Teil von mir hat seine Rolle bei der Aufrechterhaltung einer Einheit, ohne die kein wirkliches Wissen und keine bewusste Handlung möglich sind.

Um diesen gesammelten Zustand zu erfahren, versuche ich, meine Präsenz in diesem Körper, was ich in diesem Körper bin, zu verstehen. Ich öffne mich für eine Wahrnehmung, einen Eindruck, der durch die Nerven zu meinem Gehirn befördert wird. Kommt es dazu, werden normalerweise augenblicklich Vorschläge oder Assoziationen mit Erfahrungen aus der Vergangenheit aufgeworfen, und alles, was in meinem Gedächtnis gespeichert ist, wird in Bewegung versetzt. Das vermischt sich dann mit jenem Eindruck und verdunkelt ihn, sodass ich nicht mehr weiß, was wirklich ist. All unsere Wahrnehmungen werden dadurch entstellt. Ich erkenne also, dass eine Wahrnehmung des Wirklichen in mir davon abhängt, dass ich weniger stark von Vorschlägen und Assoziationen überschwemmt werde, dass ich von ihnen freier werde. Dafür ist es notwendig, dass ihre Bewegungen abklingen oder sich verlangsamen. Das ist wiederum sehr stark vom Zustand meiner Muskulatur und von meinem Atmen abhängig. Und vor allem braucht es eine echte Verbindung zwischen meinem Verstand und meinem Körper.

Zunächst ist es notwendig, eine Körperhaltung zu finden, in der mich kein Druck oder keine Anspannung an einer reinen Wahrnehmung hindert. Ich versuche, eine richtige Position einzunehmen. Alles ist still, entspannt und doch lebendig. Sämtliche Glieder, Muskeln, ja, sogar die Haut müssen entspannt sein. Ich achte sehr auf die Haut. Die Empfindung des Körpers verändert sich. Ich bin hier, ich bin ruhig, mit einer Wahrnehmung der Wirklichkeit. Aber damit sie wahrhaftig sein kann, braucht es noch etwas anderes. Ich fühle mein eigenes Dasein, doch ich spüre es auch. Das Erwachen meines Fühlens ruft sofort die Beteiligung meines Denkens hervor. *Ich fühle... ich nehme wahr... ich beobachte.* Und ich erkenne, dass in diesem Zustand auf diese Verbindung unmittelbar die Aufmerksamkeit folgen muss, sonst geht die Verbindung augenblicklich wieder verloren. Wir laufen allzu schnell Gefahr, sie wieder zu verlieren. An dieser Stelle brauchen wir einen Willen, der nicht aus einer Bekräftigung oder Verhärtung einer unserer Funktionen entspringt – nur den Willen *zu sein. Ich fühle... ich nehme wahr... ich beobachte.* Wenn ich genügend wach bin und meine Energie ganz gebündelt ist, habe ich den Eindruck einer lebendigen Präsenz. Ich erkenne diese Präsenz an der Wahrnehmung, die ich von ihr habe. Aber ihr Wesen, ihre Qualität, erkenne ich am Gefühl, das ebenfalls vorhanden ist. Ohne dieses würde sich die Qualität nicht zeigen. Und weil es einen Gedankenstrahl gibt, der das Ganze beleuchtet, erwache ich für die Tatsache, dass ICH BIN.

Doch werde ich durch diesen Eindruck aus der Fassung gebracht. Ich bleibe nicht gesammelt. Meine Aufmerksamkeit schwankt. Mal übermannt mich meine Wahrnehmung, mal das Fühlen, mal das Denken. Und mit dieser Aktivierung kommen sie vom allgemeinen Rhythmus, vom Grundtempo meines Seins ab. Um es wiederzufinden, muss ich diese Instabilität beruhigen, und so lasse ich natürlich und vollständig los. Ich lerne die wahre Bedeutung von Entspannung kennen. Zugunsten der Sammlung lasse ich los, gebe ich auf. Wenn die Entspannung tief genug ist und ich mich wieder stärker gesammelt habe, erkenne ich, dass der Zustand meines Körpers eine große Bedeutung für die Fähigkeit meiner Aufmerksamkeit hat.

Das Regulieren des Gesamtspannungszustandes – des generellen Grads an Gespanntheit von Denken, Wahrnehmen und Fühlen – verändert das Empfinden des inneren Raumes, in dem Energiebewegungen stattfinden. Wenn erst einmal eine gewisse Stabilität aufgebaut ist, wird es möglich, die Energie des automatischen Funktionierens einzufangen und das Denken auf einer beliebigen Basis aufrechtzuerhalten. Durch Beeinflussung des Rhythmus der auftauchenden Vorstellungen erzielen wir eine Art Meisterschaft über die Assoziationen, die es uns wiederum ermöglicht, uns des Gedankenflusses ohne Störung oder Beurteilung bewusst zu werden. Dann kann es zum Strom eines einheitlichen Denkens kommen.

90
Wie höre ich zu?

Wir versuchen, einen Zustand der Stille zu verstehen, in welchem wir uns der Wirklichkeit des Lebens bewusst werden können, also ohne etwas zu erwarten, ohne etwas zu wünschen und ohne Überzeugungen und ohne Furcht. Dazu muss ich in einer richtigen Haltung dasitzen, nicht zu hoch und nicht zu tief, und an dieser Stelle und in diesem Körper fühlen, dass dieser Platz mein eigener ist. Ich bin still angesichts der Stille als solcher.

Ich betrachte mich selbst, meinen Zustand und was er zulässt, und gleichzeitig schaue ich auf die verschiedenen Teile meiner selbst. Ich sehe, dass sie alle mit etwas anderem beschäftigt sind. Der Körper ist passiv, schwer, und schläft. Ich spüre sein Gewicht. Der Kopf ist ruhelos, träumt, schlägt Ideen und Bilder vor. Ich spüre seine Anspannung. Ich spüre sogar, in welchem Teil des Kopfes ich angespannt bin. Mein Fühlen verhält sich gleichgültig. Doch durch die Art und Weise meines Schauens wird etwas infrage gestellt – mein Selbst, was ich bin. Und ich erkenne, dass ich nicht antworten kann. In dem Zustand, in dem ich mich befinde, kann ich nicht wissen. Ich bin nicht frei. Ich bin infrage gestellt, also höre ich zu. Wie höre ich zu?

Um besser schauen zu können, hält mein Denken für einen Augenblick inne, und die dadurch freigesetzte Aufmerksamkeit richtet sich auf meinen Körper. Unter diesem Blick erwacht mein Körper und wird feinfühliger, sehr feinfühlig. Zwischen dem Körper und diesem Denken entsteht ein Kontakt. Und wenn das

Denken die Fülle seines Schauens und der Körper die Wärme seiner Feinfühligkeit beibehalten, erweckt dies einen anderen Teil in mir, den ich angefangen habe zu vermissen. Die Intensität der beiden erweckt das Fühlen. Ich bin berührt und ich fühle, dass sich in mir eine Strömung ähnlich einem Stromkreis aufbaut. Ich fühle, dass ich hier bin, dass eine Präsenz mit einer Energie besteht, die diesen Körper erfüllt. Und es ist das Gefühl, das ich für diese Existenz, für diese Präsenz hege, welches es der Wachheit erlaubt, bestehen zu bleiben. Das Gefühl ist fragil, unstabil, aber mir hilft das tiefe Bedürfnis, das ich danach habe. Ich lerne, wie es wäre, eine Feinfühligkeit zu haben, die einfach alles in mir berührt. Es ist nie genug. Ich fühle nicht; ich bin nicht tief genug berührt.

Wenn mein Denken, mein Wahrnehmen und mein Fühlen gleich und mit derselben Intensität ausgerichtet sind, kommt es zu einer Veränderung im Bewusstseinszustand, die mich transformiert. Von außen kann dieser Zustand nicht mehr so leicht ungeschehen gemacht werden, doch meine innere Schwäche, meine Passivität, kann ihn blitzartig zunichtemachen. Tausendfach muss ich diese Möglichkeit und diese Zerbrechlichkeit zusammen erleben, damit ein neuer Wunsch, ein neuer Wille entsteht. Ich muss wissen, was ich möchte, was ich zutiefst will. Ich muss das Bedürfnis meines Wesens erkennen.

Von einer anderen Ebene aus

91
Eine intensivere Energie taucht auf

Die von den höheren Zentren kommende Energie ist ständig hier, und ich bin mehr oder weniger offen für sie. Mein Körper und meine Funktionen sind ebenso hier und verwenden ständig diese Energie. Es sind zwei verschiedene Welten, zwei Ebenen des Lebens, doch zwischen den beiden ist nichts. Auf der einen Ebene sagt der Kopf Ja und der Körper sagt Nein. Doch zwei gegensätzliche Kräfte bewirken keinen bewussten Zustand, einen Zustand, in dem es keinen Widerspruch gibt. Ein dritter Faktor ist notwendig, ein Faktor, der fähig ist, das, was Ja sagt, und das, was

Nein sagt, in ein Ganzes, in eine Einheit einzufügen, in etwas, was jenseits ihrer individuellen Existenzen liegt.

Es gibt eine Bewegung der Präsenz, einen Übergang, den ich achten muss. Ich sehe, dass auch der Körper aufmerksam wird, wenn sich die Aufmerksamkeit des Kopfes dem Körper zuwendet. Die Bewegung meines Denkens verändert sich ein bisschen und die meines Körpers ebenso. Gleichzeitig erwacht in mir ein Interesse, ein Gefühl. Doch sehe ich, dass es schwach ist und dass jeder Teil die Tendenz zur Absonderung hat, um zu seiner gewohnheitsmäßigen Bewegung zurückzukehren. Ich fühle diese beiden Kräfte in mir: das Ja und das Nein. Diese Dualität ist immer da, aber ich verstehe sie nicht, weil ich mich ihr nicht stelle und es akzeptiere, geteilt zu sein. Obwohl ein gewisses Streben nach Verbindung, nach Vereinigung aufkommt, bin ich unfähig, meinen automatischen Bewegungen zu widerstehen. Meine Aufmerksamkeit ist passiv und wird absorbiert. Ich leide, aber es nutzt nichts; dieses Leiden hilft nicht weiter.

Um über eine Verbindung zwischen meinem Denken und meinem Wahrnehmen zu verfügen, muss der Körper von einem Denken berührt werden, das von einer anderen Ebene herkommt, von einem Teil des Verstandes, der eine subtilere, reinere Energie mit sich bringt. Der Körper fühlt diesen Energiefluss. Er versteht, dass er ihn in seinem passiven Zustand nicht empfangen kann, und fühlt die Notwendigkeit, sich zu öffnen und alle Spannungen loszulassen. Und sobald das Denken und der Körper sich einander zuwenden, verändert sich die Schwingungsgeschwindigkeit. Der Körper befreit sich, um der Energie des Denkens Platz zu machen. Die zwei müssen dieselbe Kraft haben. Das ist am allerwichtigsten. Ich schaue... und harre aus. Ich stelle mich der Energie und bleibe ganz still, um sie durchzulassen. Dauert mein klarer Blick an und bleibt die Kraft im Denken und im Körper dieselbe, kann unter diesem Blick ein Austausch stattfinden. Eine intensivere Energie mit einer Geschwindigkeit, die ich bislang nicht kannte, erscheint und baut sich in mir auf. Sie ist von einer neuen Qualität, einer neuen Intensität. Ich muss diesen Fluss respektieren, muss mich ihm fügen. Mein Körper öffnet sich für ihn, mein Denken öffnet sich – dieselbe Kraft, derselbe Respekt.

Die Verbindung von Denken und Körper verlangt nach einer sehr starken Aufmerksamkeit, um eine Transformation der Energie zu bewirken. Wenn die von etwas oberhalb des Kopfes kommende

Kraft auftaucht, muss ich mich ihr hingeben. Darin liegt die ganze Schwierigkeit. Ich gebe mich ihr nicht hin. Ich muss meinen Widerstand erkennen und darüber besorgt sein, muss einsehen, dass es mein Ego ist, welches sich widersetzt. Das Ego muss seinen Platz aufgeben. Dies ist es, was man »sich selbst gegenüber sterben« nennt. Danach gibt es dieses Geschenk der vollkommenen Verbindung, die es dieser Kraft erlaubt, zu wirken.

92
Übung der geteilten Aufmerksamkeit

Wir können sagen, dass die innere und äußere Haltung, die wir einnehmen, gleichzeitig unser Ziel und unser Weg ist. Ich beginne, indem ich meine physische Haltung betrachte. Ich sehe, dass in meiner gewöhnlichen Haltung meine Aufmerksamkeit eine Gefangene meiner Körperstellung ist – ich bin nicht frei. Also ändere ich meine Stellung. Ich verlange von meinem Körper, sich selbst von allen Spannungen zu befreien und eine neue spannungslose Haltung einzunehmen: Mein Rücken ist sehr aufrecht, die Arme, der Kopf sind ohne irgendeine Anspannung. So hat das Atmen mehr Kraft. Es ist frei. Dennoch empfinde ich den Akt des Atmens, so wichtig er auch sein mag, als nicht ausreichend. Ich fühle die Notwendigkeit, mich tiefer zu öffnen.

Wenn ich die Aufmerksamkeit meines Denkens darauf ausrichte, mit meinem Körper in Kontakt zu treten, öffnet sich mein Verstand. Die Zellen, die dann vibrieren, sind nicht dieselben, die sonst in meinem gewöhnlichen Denken am Werke sind. Es handelt sich um einen Teil des Verstandes, der eine Verbindung mit einer subtileren, reineren Energie eingehen kann. Diese ist eine Energie von einer höheren Ebene und besteht, wie Gurdjieff erklärte, aus dem wirklichen Denken, dem Gebet, von bestimmten Wesen. Um eine Verbindung zu dieser Ebene herzustellen, brauche ich eine Leitung wie einen Draht, der so hoch reicht, wie mein Denken es erlaubt. Dann kann ich die Energie aufnehmen oder vielmehr einsaugen und sie durch diese Leitung hindurchziehen lassen.

In einer von Gurdjieff gegebenen Übung teile ich meine Aufmerksamkeit in zwei gleich große Teile ein. Die erste Hälfte richte ich darauf, den Vorgang meines Atmens wahrzunehmen. Ich fühle, wie ich den größeren Anteil der Luft, die ich einatme, nachdem er durch meine Lungen geströmt ist, wieder nach außen führe, während ein kleiner Anteil in mir bleibt und sich in mir niederschlägt. Ich fühle, dass dieser Teil mein Inneres durchzieht, als ob er sich im ganzen Organismus ausbreite. Da meine Aufmerksamkeit nur zur Hälfte mit der Beobachtung meines Atmens beschäftigt ist, werden all die andauernden Assoziationen von der freien anderen Hälfte registriert.

Dann richte ich diesen zweiten Teil auf mein Gehirn und versuche, den gesamten Vorgang, der gerade stattfindet, klar zu beobachten, und ich fange an zu fühlen, wie sich etwas sehr Feines, fast Unmerkliches selbst von den Assoziationen befreit. Ich weiß nicht, was dieses »Etwas« ist, doch ich sehe es auftauchen – klein, hell, so fein, dass es einiger Übung bedarf, um es wahrzunehmen. Die eine Hälfte meiner Wahrnehmung ist noch immer mit meinem Atmen beschäftigt, und ich fühle die beiden Hälften gleichzeitig.

Nun lasse ich diesen zweiten Aufmerksamkeitsteil diesem feinen »Etwas« dabei helfen, aus meinem Gehirn direkt zum Solar Plexus zu fließen oder vielmehr zu fliegen. Was im Gehirn stattfindet, ist unwichtig. Wichtig ist, dass das, was erscheint, direkt zum Solar Plexus fließen muss. Ich konzentriere mich bewusst darauf und gleichzeitig fühle ich, dass ich atme. Ich habe keine Assoziationen mehr. Und ich fühle stärker, dass ICH BIN, dass ICH KANN und dass ICH WILL. Aus der Luft und aus dem Verstand erhalte ich Nahrung für verschiedene Körper, und dann sehe ich mit Gewissheit die zwei wahren Quellen, aus denen das ICH geboren werden kann.

Das Praktizieren dieser Übungen schafft die Möglichkeit eines aktiven Denkens – und mit diesem aktiven Denken wird das ICH stärker.

93
Mein Körper muss sich öffnen

Im Bestreben, uns zu öffnen, gibt es eine Grenze, über die wir nicht hinausgelangen können. Um weiterzugehen, ist es notwendig, sich selbst gegenüber zu sterben, um nochmals geboren zu werden – das bedeutet, einer Seinsebene gegenüber zu sterben, um zu einer anderen aufzusteigen. Was erreicht werden muss – und immer nur halb getan bleibt –, ist die vollständige Verbindung zwischen den Zentren. Dies bedarf einer Öffnung gegenüber einer höheren Kraft, gegenüber einer Energie, die von einem höheren Teil des Verstandes herrührt. Dies ist die schwierigste Angelegenheit. Ich will mich nämlich nicht öffnen.

Damit sich die höhere Kraft mit dem Körper vereinen kann, muss sich der Körper vollständig für sie öffnen. Ich fühle ein Fließen vom Gehirn hinunter zum Körper, eine Energie, die von oben kommt. Um sie zu erkennen, muss meine Aufmerksamkeit sehr aktiv, ganz diesem Fluss zugewandt sein und darf ihre Intensität nicht verlieren. Es ist wichtig, dieser Energie gegenüber die richtige Einstellung zu haben. Ich muss die Notwendigkeit fühlen, mich ihr bewusst hinzugeben, damit sie wirken kann. Dann taucht ein Gefühl auf; eine neue Energie wurde geschaffen, die meinen ganzen Körper durchzieht. Die Qualität dieser Energie berührt mich. Sie hat eine Intensität, eine Intelligenz, eine Vision, die mir in meinem normalen Zustand verborgen bleibt. Ich fühle, dass ich frei bin, von nichts gefesselt.

Dies alles verlangt von mir etwas völlig Neues. Was ich bin – diese aktive Aufmerksamkeit – muss seinen Platz zwischen zwei Ebenen finden, damit diese Energie andauern kann. Ich bin offen für diese Kraft; gleichzeitig muss ich auf der Ebene des Lebens durch meinen Automatismus agieren. Ohne mich – ohne dass ICH hier bin – wird dies nicht geschehen. Die Aufmerksamkeit muss sich die ganze Zeit über sowohl dieser höheren Energie als auch des Körpers, der Kraft, die ihn lebendig macht, bewusst sein. Mir wohnen gleichzeitig diese beiden Bewegungen der Energie inne. Wenn ich die eine verliere, bin ich nicht mehr fähig, in der Welt zu handeln. Verliere ich die andere, werde ich von meinen Reaktionen, von meinem Automatismus gefesselt. Ich muss lernen, zu handeln und gleichzeitig Eindrücke zu empfangen, ohne meine Offenheit für die Energie von oben zu verlieren.

Ich fange an zu sehen, was ich gewohnheitsmäßig »ich« nenne, und zu erkennen, dass ich alleine nichts bin. Im Kern dieser Bescheidenheit existiert ein Gefühl, das von den höheren Teilen in mir herrührt und wie ein Licht, eine Intelligenz erscheint und von Vertrauen begleitet wird. Dann begreife ich, dass ich etwas ändern wollte, das zu ändern nicht an mir liegt. Jetzt kann ich dienen. Ich greife nicht länger ein, und von selbst entsteht eine Stille. In dieser Stille enthüllt sich eine unbekannte Energie und wirkt auf mich.

Bewusstsein ist anwesend. Es braucht kein Objekt. Obwohl es mich für meinen Körper aufmerksam macht, wird in diesen Eindrücken nicht mein Körper, sondern das Licht des Bewusstseins wahrgenommen. Es enthüllt, was ich bin und was die Dinge um mich herum sind.

Wenn ich eine reine, grenzenlose Energie fühle, erkenne ich, dass sie unabhängig ist. Doch diese Energie ist im Fluss. Sie wirft Wellen und ist ständig in Bewegung. Die Wellen, das Fließen und die Energie sind ein und dasselbe. Und doch ist die Welle in Bewegung, nicht die Energie an sich. Es ist wichtig, die Energie als solches, die reine Energie, zu verstehen.

94
Ein kosmischer Maßstab

Jede Person hat ein Ideal, ein Sehnen nach etwas Höherem. Es nimmt die eine oder andere Form an, doch worum es geht, ist der Ruf dieses Ideals, der Ruf des Wesens der Person. Auf dieses Rufen zu hören, ist der Zustand des Gebets. Während dieses Zustandes produziert der Mensch eine Energie, eine besondere Emanation, die nur durch ein religiöses Gefühl entstehen kann. Diese Emanationen konzentrieren sich in der Atmosphäre genau über dem Ort, an dem sie produziert werden. Sie sind überall in der Luft. Die Frage ist, wie man mit diesen Emanationen in Berührung kommen kann. Durch unser Rufen können wir eine Verbindung ähnlich einer Telefonleitung herstellen und diesen Stoff aufnehmen, damit er sich in uns ansammeln und kristallisieren kann. Dann wird uns die Möglichkeit gegeben, seine Qualität in uns zu manifestieren und anderen dabei zu helfen zu verstehen – das heißt, ihn zurückzugeben. Wahres Gebet bedeutet, diesen Kontakt herzustellen und genährt zu werden von diesem besonderen Stoff, der »Gnade« genannt wird. Als eine Übung hierzu atmen wir Luft ein, denken an Christus oder Buddha oder Mohammed und bewahren die aktiven Elemente, die sich in uns ansammeln.

Wir müssen die Vorstellung eines kosmischen Maßstabs verstehen, müssen begreifen, dass es eine Verbindung gibt, welche die Menschheit mit einem höheren Einfluss verbindet. Unser Leben, der Sinn, lebendig zu sein, kann nur in Beziehung zu Kräften verstanden werden, deren Skala und deren Größe über uns hinausgehen. Ich bin hier, um zu gehorchen, um mich einer Autorität zu beugen, die ich als größer anerkenne, weil ich ein Bestandteil von ihr bin. Sie verlangt danach, erkannt zu werden, unterstützt zu werden und durch mich zu (er)scheinen. Ich habe ein Bedürfnis, mich unter diesen höheren Einfluss zu begeben, mich mit ihm zu verbinden, indem ich mich in seinen Dienst stelle. Am Anfang realisiere ich nicht, dass mein Wunsch *zu sein* ein kosmischer Wunsch ist und dass mein Wesen sich in einer Welt von Kräften ausrichten und seinen Platz darin finden muss. Ich betrachte es als mein subjektives Eigentum, als etwas, was ich nutzen kann, um daraus einen persönlichen Vorteil zu ziehen. Meine Suche ist am Maßstab dieser Subjektivität ausgerichtet, in der alles von einem persönlichen Standpunkt aus gemessen wird – ich und Gott. Doch ab einem bestimmten Punkt muss ich einsehen, dass der Ursprung des Bedürfnisses, das ich fühle, nicht allein in mir liegt. Es besteht ein kosmisches Bedürfnis nach diesem neuen Wesen, das ich werden könnte. Die Menschheit – ein bestimmter Teil der Menschheit – braucht es. Und auch ich habe das Bedürfnis, mit ihrer Hilfe die Kraft zu erlangen, die sich genau über mir befindet.

Wir fühlen, dass das Leben ohne diese Verbindung mit einer höheren Energie keine große Bedeutung hat. Doch nur aus uns selbst heraus werden wir nicht über die Stärke verfügen, die Verbindung zustande zu bringen. Ein bestimmter Strom, ein bestimmter Magnetismus, muss erzeugt werden, in dem jede Person ihren Platz findet, das heißt den Ort, der es dem Strom ermöglicht, besser zu fließen. Hierin liegt unsere ganze Verantwortung. Alle traditionellen Wege anerkannten dieses Ziel und dienten ihm auf eine Weise, die der Entwicklung der Menschen an einem bestimmten Ort und zu einer bestimmten Zeit entsprach. Heute müssen wir den Kontakt mit dieser Energie wiederfinden.

Deshalb brachte uns Gurdjieff die Hilfe eines Vierten Weges, der nichts ausschließt und die Entwicklung der verschiedenen Funktionen in den heutigen Menschen berücksichtigt. Der Weg ist nicht neu. Er hat schon immer existiert, doch nur innerhalb eines kleinen Kreises. Heute kann er die schwächelnde Verbindung zwischen den beiden Ebenen des Kosmos erneuern. Dies bedarf einer großen Arbeit. Der erste Schritt besteht darin, Zentren zu errichten, in denen wir versuchen, diesen Weg mit anderen zu leben. Diese Erfahrung geht mit Höhen und Tiefen einher, mit mehr oder weniger vollständig übernommener Verantwortung, in einem

Kräftespiel, durch das eine gewisse Befreiung eintreten kann. Aber sie betrifft noch immer nur eine begrenzte Zahl von Menschen, und doch muss diese Kraft von einem viel größeren Teil der Menschheit gefühlt werden.

IX

In einem Zustand der Einheit

Es gibt nur ein großes Leben.
Ich kann nur dann daran teilhaben, wenn ich zunächst
zu einer Einheit in mir selbst gelange, nur wenn ich
es erreicht habe, ein Ganzes zu werden.

—

Ich bin fähig, eine Form zu sehen,
doch kann ich durch meine Sinne nicht die wahre Natur
dessen erkennen, was sie ist. Mein Denken kennt Formen,
doch kann es nicht die Wirklichkeit dahinter begreifen.

—

Sehen kommt nicht vom Denken.

—

Aufmerksamkeit ist die bewusste Kraft,
die Kraft des Bewusstseins. Sie ist eine Göttliche Kraft.

—

Die Mauer meiner Spannungen ist die Mauer meines Egos.

—

Wahrnehmung ist die fundamentale Erfahrung
auf dem Weg zum Bewusstsein.

—

Ich muss eine kontinuierliche Wahrnehmung
in all meinen alltäglichen Aktivitäten aufrechterhalten.

Der Akt des Sehens

95
Eine andere Vision

Ich trachte nach dem, was ich bin; ich bestrebe, das zu sein, was ich bin. Üblicherweise denke ich einerseits an »Körper«, andererseits an »Geist« oder »Energie«. Doch nichts existiert ohne das andere. Es gibt eine Einheit des Lebens. Ich möchte sie erfahren und suche sie in einem Bestreben der Rückkehr zu mir selbst. Ich sage, es gibt ein äußeres Leben und ein inneres Leben. Ich sage dies, weil ich mich selbst wie vom Leben verschieden, als davon abgetrennt fühle. Es gibt jedoch nur ein großes Leben. Ich kann mich nicht davon getrennt und außerhalb davon fühlen und es gleichzeitig kennen. Ich muss mich selbst als Teil dieses Lebens fühlen. Aber es reicht nicht, dies nur zu begehren oder zu versuchen, es intensiv wahrzunehmen. Ich kann nur dann daran teilhaben, wenn ich zunächst zu einer Einheit in mir selbst gelange, nur wenn ich es erreicht habe, ein Ganzes zu werden.

In mir gibt es zwei Bewegungen: eine Bewegung der Energie von oben, die, wenn ich frei genug bin, ihr zuzuhören, mich durchdringt und durch mich handelt, und eine andere Bewegung, zerstreut und ohne Ordnung, die meinen Körper, mein Denken und mein Fühlen belebt. Die beiden Bewegungen sind sehr unterschiedlich, und ich kann sie nicht in Übereinstimmung bringen. Etwas fehlt. Meine Aufmerksamkeit ist nicht fähig, beiden gleichzeitig zu folgen. Manchmal bleibt sie auf den Raum, die Unendlichkeit, die Leere gerichtet, manchmal auf die Form. Wenn die Aufmerksamkeit sich auf die Leere richtet, ist es die Form, die verschwindet. Ist die Aufmerksamkeit bei der Form, verschwindet das Gefühl für die Leere. Es ist notwendig, den Preis zu zahlen.

Kann ich frei genug sein, das Unbekannte zu empfangen, das, was hinter all meinen begierigen, nach außen gerichteten Bestrebungen steckt? Dieses Unbekannte, das dahinter liegt und darüber hinausgeht, kann nicht durch meine Sinne wahrgenommen werden. Ich bin fähig, eine Form zu sehen, doch kann ich durch meine Sinne nicht die wahre Natur dessen erkennen, was sie ist. Mein

Denken kennt Formen, doch kann es nicht die Wirklichkeit dahinter begreifen, die Wirklichkeit dessen, was ich bin, dessen, was direkt vor und nach jedem Denken und jedem Fühlen erscheint. Was wir erleben – Geräusche, Formen, Farben, Gedanken –, kann nicht ohne einen Hintergrund bestehen. Doch dieser Hintergrund kann nicht durch meine Sinne wahrgenommen werden. Er bleibt ungesehen, unerfahren. Die Formen und die Wirklichkeit sind Teile eines einzigen Ganzen, doch sie existieren in unterschiedlichen Dimensionen. Das Wirkliche wird nicht berührt vom Stoff meines Denkens und kann ihn auch nicht absorbieren. Die Wirklichkeit liegt auf einer anderen Ebene. Dennoch absorbiert mein Denken die Realität und konstruiert Illusionen, die auf Formen basieren. Die Form agiert als ein Schleier, der die Wirklichkeit versteckt. Wenn die Wirklichkeit meiner selbst nicht gefühlt wird, kann ich nicht anders, als an diese Illusion zu glauben und sie »ich« zu nennen. Nichtsdestotrotz ist die Illusion nur ein Trugbild, das sich auflöst, sobald Stille eintritt.

Ich muss erkennen, dass es zwischen den Gedanken einen Raum gibt, eine Leere, die wirklich ist, und in diesem Zwischenraum muss ich so lange wie möglich verweilen. Dann taucht eine andere Art des Denkens auf, deutlich und intelligent, ein Denken von einer anderen Ebene, aus einer anderen Dimension. Ich sehe, dass das gewöhnliche Denken, das begrenzt und messbar ist, niemals das verstehen kann, was jenseits des Messbaren liegt. Meine übliche Vision sieht den physischen Aspekt der Welt. Mit dieser anderen Vision sehe ich eine andere Dimension, in der sich allein das Unmessbare bewegt. Wenn meine Zentren ganz ruhig sind, ohne jegliche Bewegung, kann die Energie durch sie hindurchfließen. Ich sehe, was ich zuvor nicht sah. Ich sehe, *was ist.* In diesem Sehen ist Licht, ein ungewöhnliches Licht. Dinge erscheinen und verschwinden in der Leere, doch sind sie beleuchtet, und ich bin von ihnen nicht länger derart gefesselt. In dieser Vision kann ich meine wahre Natur verstehen und die wahre Natur der Dinge, die mich umgeben.

Es geht nicht darum, Gleichgültigkeit, Trägheit oder Zorn zu bekämpfen. Die wirkliche Herausforderung ist die Vision – *zu sehen.* Doch dieses Sehen ist nur möglich, wenn wir zur Quelle zurückkehren, zur Wirklichkeit in uns. Wir brauchen eine andere Qualität des Sehens, einen Blick, der durchdringen kann und sofort zur Wurzel unserer selbst gelangt. Wenn wir uns selbst von außen betrachten, können wir uns nicht durchdringen und tiefer gelangen, weil wir nur den Körper, die Form der Saat, seine Stofflichkeit sehen. Die Wirklichkeit ist hier, nur habe ich bisher meine Aufmerksamkeit nie auf sie gerichtet. Ich lebe mit dem Rücken zu mir.

96
Sehen als Akt

Die Frage ist nicht: »Was tun?«, sondern: »Wie sehen?« Sehen ist das Allerwichtigste – der Akt es Sehens. Ich muss erkennen, dass es wirklich ein Akt ist, eine Handlung, die etwas vollkommen Neues, eine neue Möglichkeit der Vision, der Gewissheit und des Wissens bringt. Diese Möglichkeit entsteht während des Akts selbst und verschwindet, sobald das Sehen aufhört. Nur in diesem Akt des Sehens finde ich eine gewisse Freiheit.

Solange ich die Natur und die Bewegung des Verstandes nicht gesehen habe, ist es sinnlos zu glauben, ich könnte davon frei sein. Ich bin Sklave meiner mechanischen Gedanken. Das ist eine Tatsache. Nicht die Gedanken selbst versklaven mich, sondern meine Bindung an sie. Um dies zu verstehen, darf ich nicht versuchen, mich selbst zu befreien, bevor ich erlebt habe, worin die Versklavung besteht. Ich muss die Illusion der Wörter und Ideen erkennen sowie die Angst meines denkenden Verstandes vor dem Alleinsein und der Leere bar jeder Unterstützung durch etwas Bekanntes. Es ist notwendig, diese Versklavung Augenblick für Augenblick als eine Tastsache zu durchleben, ohne sich ihr zu entziehen. Dann werde ich beginnen, einen neuen Weg des Sehens wahrzunehmen. Kann ich es akzeptieren, nicht zu wissen, wer ich bin, hinter einer Hochstaplerin verborgen zu bleiben? Kann ich es ertragen, meinen Namen nicht zu kennen?

Sehen kommt nicht vom Denken. Es entspringt dem Schock in jenem Moment, wenn ich, im Drang zu wissen, was wahr ist, plötzlich erkenne, dass mein denkender Verstand die Wirklichkeit nicht wahrnehmen kann. Um zu verstehen, was ich in diesem Moment wirklich bin, brauche ich Gewissheit und Demut sowie ein ungeschöntes Eingeständnis, dass ich *nicht* weiß. Dies würde bedeuten, nichts zurückzuweisen, nichts auszuschließen und einzutreten in eine Erfahrung des Erkennens all dessen, was ich in genau diesem Moment, in diesem Augenblick denke, was ich spüre, was ich wünsche.

Unser konditioniertes Denken will immer antworten. Wichtig ist, ein anderes Denken, eine Vision zu entwickeln. Dazu müssen wir eine bestimmte Energie freisetzen, die jenseits unseres gewohnten Denkens liegt. Ich muss das »Ich weiß nicht« erfahren, ohne eine Antwort zu suchen, und muss, um das Unbekannte zu betreten, alles zurücklassen. Dann ist es nicht länger derselbe Verstand. Mein Denken greift auf eine neue Art ein. Ich sehe ohne zurechtgelegte Vorstellungen, ohne auszuwählen. Der Entspannung beispielsweise gebe ich mich nicht mehr hin, bevor ich weiß, weshalb. Ich lerne, die Kraft meiner Vision zu reinigen, aber nicht indem ich mich vom Unerwünschten ab- oder dem Angenehmen zuwende. Ich lerne, mich einer Sache zu stellen und sie deutlich zu sehen. Alle Dinge sind von gleicher Wichtigkeit, und ich bleibe auf nichts fixiert. Alles hängt von dieser Vision ab, von einem Blick, der nicht einem Befehl meines Denkens entspringt, sondern einem Gefühl der Dringlichkeit zu wissen.

Wahrnehmung, echte Vision, stellt sich ein im Intervall zwischen der alten und der neuen Reaktion auf den Empfang eines Eindrucks. Die alte Reaktion basiert auf Material, welches unserem Gedächtnis eingeschrieben ist. Mit der neuen Reaktion, die frei ist von der Vergangenheit, bleibt das Gehirn offen und empfänglich, in einer Haltung des Respekts. Ein neues Gehirn ist am Arbeiten, das heißt andere Zellen und eine neuartige Intelligenz. Wenn ich erkenne, dass mein Denken unfähig ist zu verstehen, dass seine Bewegungen nichts bringen, bin ich offen für den Sinn des Kosmischen jenseits des Bereichs der menschlichen Wahrnehmung.

97
Jenseits meiner gewöhnlichen Wahrnehmung

Ich glaube, ich verstehe die Einheit. Doch wenn ich wirklich wüsste, was Einheit ist, bestünde ein unwiderstehlicher Wunsch, mein Leben in diesem Zustand zu leben. Ich könnte nicht länger akzeptieren, mich so zerstückelt zu fühlen und zu sehen, wie diese isolierten Teile meine Präsenz überfrachten und mich vom Bewusstsein meiner Realität fernhalten. Dennoch beginne ich, dem

Unterschied auf die Spur zu kommen zwischen dem, was ich in einem Zustand der Einheit, und dem, was ich in einem Zustand der Zerstreuung bin. Besonders interessiert bin ich an der Energie, welche die vibrierende Verbindung zwischen den Zentren bildet. Ist sie anwesend, ruft diese Energie eine starke Beschleunigung meiner Funktionen hervor sowie eine Art leeren Raum, in dem eine neue Kraft auftreten kann.

In mir existiert eine Energie, ein Leben, das immer in Bewegung ist, sich aber nicht nach außen abbildet. Um dies zu fühlen, ist eine gewisse Ruhe, eine bestimmte Stille erforderlich. Nur in der Leere kann eine andere Wirklichkeit in Erscheinung treten. Gleichzeitig gibt es in mir auch eine Energie, die durch meine Funktionen nach außen projiziert wird, nachdem sie von deren unaufhörlichen Reaktionen auf innere wie auch äußere Eindrücke gefesselt wurde. Ich verfüge nicht über die notwendige Aufmerksamkeit, all diesen Eindrücken und Reaktionen entgegenzutreten. Doch ich bin erschüttert, wenn ich das Tempo sehe, mit dem ich unbewusst reagiere. Ist es möglich, Eindrücke zu empfangen, ohne derart schnell auf sie zu reagieren, also sie in mich eintreten und auf mich wirken zu lassen? Dafür müsste ich über eine reine Wahrnehmung dessen verfügen, was hier ist, eine Wahrnehmung, die nicht mit Reaktion vermischt ist. In meinem gewöhnlichen Zustand geht meine Aufmerksamkeit nicht weiter als bis zum Bemerken dessen, was gegenwärtig ist. Der Augenblick ist sehr kurz, zu kurz, als dass ich das Wesen des Dinges, wie es ist, zu verstehen vermöchte. Dennoch ist dies der Augenblick des Erkennens. Im Allgemeinen sind wir nicht interessiert an einer unvoreingenommenen Wahrnehmung von Dingen, »wie sie sind«. Wir beurteilen sie ständig oder behandeln sie vom Standpunkt unseres persönlichen Interesses aus. Mit jeder Wahrnehmung heften wir sofort ein Etikett daran, das die Vision verzerrt. Danach bestimmen diese Etiketts unser Handeln und unsere Reaktionen.

Ich fühle das Bedürfnis, über die Grenzen meiner üblichen Wahrnehmungen hinauszugehen. Ich brauche eine neue Wahrnehmung, eine Aufmerksamkeit, die wie ein sechster Sinn Eindrücke unabhängig von meinem denkenden Verstand empfangen kann. Diese Art von Aufmerksamkeit wäre fließend und allumfassend. Es ist sehr schwer, sie in mir zu finden, vor allem weil ich dafür keine Notwendigkeit empfinde. Ich suche immer auf dieselbe Weise. Ich glaube, dass ich auf etwas Wirkliches stoßen kann, indem ich es bekräftige – beispielsweise, dass ich mein Wahrnehmungsvermögen dadurch vertiefen kann, dass ich es immer besser kennenlerne. Doch wenn ich zu einer neuen Wahrnehmung gelangen möchte, kann ich nicht nach etwas Feststehendem Ausschau halten. Da gibt es nur meine Unwissenheit. Wenn ich diese vollkommene Unwissenheit fühle, kommt es zu einem Bruch, der die Fesseln löst, die mich gefangen halten. Das erzeugt etwas wie eine innere Ausdehnung, und meine Aufmerksamkeit spannt sich über die Grenzen bekannter Eindrücke hinaus. Es gibt keine Himmelsleiter, die ich hinaufsteigen könnte. Ich muss springen. Um bewusst zu werden, muss ich alles loslassen, was ich kenne. Wirklich zu wissen, ist ein Zustand, in dem alles beobachtet, erlebt und verstanden wird und – weil es im kommenden Augenblick nichts bringt – als nutzlos aufgegeben wird.

98
Das Allerwichtigste

Was wir gelernt haben – all unsere Wörter und Erinnerungen –, vermittelt den Eindruck von Kontinuität, die Illusion meines gewöhnlichen Ichs. Aber auf der Skala der Energien in uns steht dieses Material nicht sehr hoch. Was auf jeder Stufe den Aufstieg zu einer höheren Ebene ermöglicht, sind die Intensität und die Qualität der Aufmerksamkeit. Es ist Aufmerksamkeit, die uns die Kapazität zum Sehen gibt. Aufmerksamkeit ist die bewusste Kraft, die Kraft des Bewusstseins. Sie ist eine Göttliche Kraft.

Vision, die innere Sicht, ist die Freisetzung einer Energie, die jenseits des Denkens liegt. Sie ist eine vollkommene Wachheit für das Leben, denn Sehen bedeutet, in jedem Moment die Gesamtheit zu umarmen. Wir können nicht Teil für Teil, Stück für Stück über einen Zeitraum hinweg sehen. Wir müssen das Ganze sehen. Es ist ein Akt des Wahrnehmens dessen, was wahr ist, ohne zu interpretieren, was wir sehen. Werde ich von was auch immer abgelenkt, ist meine Konditionierung so, dass ich nicht frei sehen kann. Meine Gedanken sind mechanisch. Sie sind eine mechanische Reaktion auf eine Frage oder einen Eindruck. Die Reaktion mag Zeit benötigen und nach einem kürzeren oder längeren Zeitintervall erfolgen, doch ist sie immer noch mechanisch. Vision hingegen ist Beobachtung ohne Denken, ohne die Sicherheit von

Wörtern oder Namen. In einem Zustand reiner Wahrnehmung haben wir nicht länger ein Ziel, versuchen wir nicht zu reagieren. Wir leben einfach die Tatsache.

Der Akt des Sehens ist ein Akt der Erlösung. Wenn ich sehe, was wirklich ist, ist die reale Tatsache, die eigentliche Wahrnehmung, die Erlösung davon. Ich muss mich freimachen vom übermächtigen Wert, den ich dem Wissen, meinen Meinungen und Theorien beimesse. Schon nur der reine Akt, etwas als Tatsache zu sehen, hat in sich selbst eine außergewöhnliche Wirkung ganz ohne die Beteiligung des Denkens. Wenn ich mich, ohne zu reagieren, der Wirklichkeit zu stellen vermag, öffnet sich eine Energiequelle, die nicht das Denken ist. Die Aufmerksamkeit wird mit einer speziellen Energie aufgeladen, die im Akt des Wahrnehmens freigesetzt wird. Dieser Zustand des Beobachtens kann jedoch nur dann eintreten, wenn eine Dringlichkeit besteht, zu verstehen und zu sehen, und wenn mein Verstand alles aufgibt, um zu beobachten. Dann ergibt sich eine neue Art der Beobachtung ohne jegliches Wissen, ohne Glaube oder Angst, mit einer Aufmerksamkeit, die stark bleibt und sich dem stellt, was erkannt werden soll. Es ist eine Aufmerksamkeit, welche die Tatsache weder verleugnet noch akzeptiert. Die Aufmerksamkeit sieht einfach – und gleitet mit derselben reinen Energie von Tatsache zu Tatsache. Dieser Akt des reinen Sehens ist ein Akt der Transformation.

Wir müssen die Rolle der bewussten Aufmerksamkeit verstehen. Im Spiel der Kräfte werden Energien entweder gefesselt oder sie dienen der Schaffung einer Verbindung, die eine höhere Vision, eine freiere Energie, produziert. Bewusste Aufmerksamkeit verlangt eine Verbindung zwischen den Zentren. Doch ist es schwierig, diese Verbindung herzustellen, weil ihre Schwingungen nicht dieselbe Frequenz aufweisen. Wie könnten die Zentren miteinander in Verbindung gebracht werden? Was könnte »ausgleichen« bedeuten? Es verlangt eine Energie, die alles enthält, und dass wir uns ihrer bewusst sind. Diese Energie darf nichts anderes tun als umfassen. Sobald sie sich auf eine Seite schlägt, hört sie auf zu umfassen und schwächt sich ab.

Ich höre, spüre Schwingungen einer anderen Intensität und möchte mich auf sie einstimmen und sie erfahren. Um eingestimmt zu sein, bedarf es des Erscheinens der Aufmerksamkeit als dritter Kraft – einer Wachsamkeit, eines erwartungslosen Blicks, einer Kapazität des Sehens, die viel größer ist als zuvor. Sie kann nicht erscheinen, solange Denken und Körper nicht dieselbe Intensität aufweisen. Dieses Sehen ist das Allerwichtigste. Es hält die Verbindung zwischen zwei Zentren aufrecht und ermöglicht das Generieren einer neuen Energie.

Bewusste Wahrnehmung

99
Das Leben ist in mir

Wir beginnen zu realisieren, dass wir in Tat und Wahrheit nichts im Blick haben, nichts in unserer Aufmerksamkeit halten. Ich bin hier, für mich selbst aufmerksam. Doch nehme ich mich nicht vollständig, als Ganzes, wahr. Ich tendiere dazu, den einen oder anderen Teil stärker zu fühlen, und ich habe keine umfassende Wahrnehmung des Ganzen meiner selbst, eine Wahrnehmung, die überall dieselbe ist. Das wesentliche Kennzeichen freien Denkens ist es, etwas zu fokussieren, um es zu erkennen. Aber ich bin noch immer unfähig, ein Objekt im Blick zu halten, unfähig, wirklich zu sehen. Dieser Akt des Sehens ist schwer zu verstehen.

Durch Wahrnehmung, durch die organische Erfahrung des Wahrnehmens, könnte ich dafür wach werden, dass ich hier bin. Doch meine Wahrnehmungen sind im Allgemeinen mechanischer Art. Ich empfange sie und reagiere, ohne zu wissen wie. Meine Bewusstheit in Bezug auf meine Wahrnehmungen ist armselig und flüchtig. Das Wissen, das sie vermitteln, reicht nicht sehr weit. Ich weiß nicht, welchen Wert ich ihnen beimessen soll. Da ich sie nicht durchschaue, kann ich in Bezug auf ihre Bedeutung völlig auf dem Holzweg sein.

Am Anfang ist die Wahrnehmung praktisch das einzige Instrument zur Selbsterkenntnis. Sie kann die Kraft vermitteln, viele Dinge zu überblicken und Erlebnisse zu wiederholen, die wir dann identifizieren können. Dies erschafft eine innere Welt. Später muss das Bewusstsein tiefgründiger, innerlicher werden. Doch der Impuls, tiefer in sich hineinzuschauen, ist ein unerlässlicher Schritt in der Entwicklung von Bewusstsein. Ohne diesen Schritt gibt es nichts, was gewiss oder rein ist.

Ich muss meine Zentren miteinander in Einklang bringen, damit ich die Schwingung einer Energie hören kann, die noch nicht degradiert ist. Ich höre auf ihre Resonanz in mir. Das ist es, was beim Beten, beim Meditieren, beim Lesen von heiligen Texten, beim Wiederholen heiliger Worte geschieht. Doch ich muss den Schritt, den ich mache, verstehen und nicht über das hinausgehen, was ich verstehe. Mein Kontakt, meine Beschäftigung mit dem Schwierigen wird mich durch Erkenntnis befreien. Also höre ich mit meiner eigenen Substanz auf die Schwingungen einer unbekannten Energie in mir.

Ich erkenne, dass ich nie einer Erfahrung erlaube, in mir stattzufinden. Stets widersetze ich mich der ganzen Fülle der Erfahrung. Dies tue ich, weil ich sie leiten will. Ich traue der Erfahrung nicht, ich traue nur mir. Und genau deswegen transformiert sie mich nicht. Wenn ich anfange, eine feine Präsenz in mir wahrzunehmen, fühle ich sie als etwas Lebendiges, das danach verlangt, seine Wirkung in mir spürbar werden zu lassen. Aber ich kann ihr Wirken nicht tiefgründig fühlen, weil ich durch eine Mauer von Spannungen, das heißt durch meine mentalen Reaktionen, von ihr getrennt bin. Das Unbekannte in dieser Präsenz ruft Vorschläge und Eindrücke hervor, die meinem Verstand einen Schock versetzen. Der Verstand reagiert durch das Präsentieren einer Form, und mit dieser Reaktion schießt die Vorstellung des Ichs, der Egoismus, hervor. Dies ist nicht das wirkliche ICH, welches dahinter liegt und das allein über Intelligenz verfügt. Es ist das gewöhnliche Ich, es ist mein Ego, welches glaubt, dass es in dieser Reaktion sich selbst bekräftigt. Die Mauer meiner Spannungen ist die Mauer meines Egos.

Mehr und mehr fühle ich das Bedürfnis, bestimmte Eindrücke zu erfahren. Dieses Bedürfnis ist sehr stark, so als ob ich ohne diese Eindrücke nicht leben könnte… und tatsächlich ist es auch so, dass ich ohne sie an einem bestimmten Leben nicht teilhaben kann. In der Tat ist das Bedürfnis so fundamental, dass ich aus Mangel an Eindrücken den Schock, der eigentlich aus meinem Inneren kommen sollte, außerhalb von mir suche. Das Leben ist in mir, doch ich kann seine Schwingungen nicht spüren. Sie sind für das, was ich jetzt bin, zu fein, zu subtil. Sogar mein Verlangen, von diesen Schwingungen durchdrungen zu werden, sie aufzunehmen, bringt Dualität und eine Spannung, die die Energie zurückhält. Mit dieser Spannung kann ich mir des Wesens dieser Energie nicht bewusst werden. Ihre Schwingungen erreichen mich nicht. Das spüre ich, ich fühle meine Unfähigkeit. Ich bin unfähig, transformiert zu werden. In meiner Spannung fühle ich meine Verweigerung. Das Leben ist hier, ganz nah, doch mein ICH ist noch immer verschlossen, in sich und auf sich selbst zurückgezogen.

100
Eine innere Stille

Bis jetzt habe ich meine Beziehung zu meinem Körper nicht verstanden. Damit ich werden kann, muss mein Körper seine Rolle akzeptieren und verstehen – nicht weil er dazu gezwungen wird, sondern aus echtem Interesse. Damit Einheit eintreten kann, muss mein Körper bewusst und freiwillig daran teilnehmen. Dazu muss er eine Haltung finden, in der er frei und ohne Spannung ist.

Im Öffnen für die Präsenz gibt es zwei Schritte, die verstanden werden müssen: zum Ersten das Sehen, also der Augenblick, wenn ich mich selbst ganz im Blick habe; und zum Zweiten das Loslassen in die Richtung, in die der Blick mich geführt hat, die Befreiung, die auf den Schock des Sehens folgt. Damit es in mir eine echte Wahrnehmung, einen Akt des Erkennens geben kann, benötige ich eine Aufmerksamkeit, die so vollständig und ungeteilt wie möglich ist, einen alles umarmenden Blick, der weder die eine Seite noch die andere Seite übergewichtet. Das Wichtigste ist herauszufinden, ob ich eines solchen Blicks fähig bin. Wenn meine Aufmerksamkeit wahrhaftig aktiv wird und mein Verstand die Klarheit dieses Blicks erlangt, geschieht ein Loslassen sowohl im Kopf als auch im Rest des Körpers, der still wird. In diesem Augenblick kann ich eine Präsenz erleben, die es nicht nötig hat, sich nach außen zu projizieren, und die unter diesem Blick aufrechterhalten wird. Ich habe den Eindruck, dass dieses Loslassen von oben nach unten geschieht und dass sich mein innerer Umfang verändert, so, als ob er nicht mehr durch meinen Körper begrenzt sei. Hier nähere ich mich der Bedeutung von Entspannung, keinem künstlichen Loslassen, sondern einem, das eintritt, wenn ich den Akt des Sehens verstehe.

In dem Augenblick, in dem ich sehe, gibt es einen Schock, einen Stopp, durch den die feinere Energie in mir frei wird, um in ihre angemessene Richtung zu fließen. Ich forciere sie nicht, ihren Fluss zu verändern; sie verändert sich von selbst. Dann lerne ich eine innere Stille kennen, einen Zustand ohne Wellen, ohne Kräuselungen. Da ist keine Bewegung. Doch ich erkenne dieses Loslassen als eine Wirkung, als einen Akt, der nicht von mir abhängig ist, mich jedoch verwandelt. In dem Augenblick weiß ich, was diese Energie, eine Energie, die mich nicht fesselt, ist. Sie ist, was ICH BIN. Falls meine Aufmerksamkeit ganz bleibt, falls der Blick auf mich selbst alles beleuchtet, kommt es zu einer Öffnung, die ich als Geschenk erlebe – zu einem Ausfüllen, einem Öffnen im Bauch. In dieser Wahrnehmung erhalte ich einen Moment der Erkenntnis. Ich entdecke etwas Wirkliches und erkenne eine Richtung des Studiums, in der nur Schritt für Schritt voranzukommen ist.

Das Wissen über das Sich-für-die-Präsenz-Öffnen verlangt, dass ich innerlich von einer Schwingungsintensität zu einer anderen übergehe, also ein durch Wahrnehmung erzeugtes Streben nach innen. Dafür braucht es einen leeren Platz, der frei von Anspannungen ist und der als Lücke gefühlt wird, als Hohlraum, entleert meines gewöhnlichen Ichs, das sich nicht länger bekräftigt. Dann kann ich in die Welt der feineren Schwingungen eindringen. Empfindung ist die Wahrnehmung dieser Schwingungen. Je mehr ich das Leben in meinem Körper fühle, desto mehr erkenne ich, dass ohne seine Beteiligung der Sinn des Seins mich nicht berühren würde. Ich fühle diesen Sinn durch meinen Körper. Aber nicht ich bin es, die das begreift, es ist die Lebenskraft, die sich selbst zu erkennen gibt. Dies ist ein ganz anderes inneres Bestreben, das ein tiefes Loslassen mit sich bringt, welches ich manchmal auch in der Natur erlebe, wenn ich dort alleine bin.

101
Eine bewusste Haltung

Wahrnehmung ist die fundamentale Erfahrung auf dem Weg zum Bewusstsein. Ich muss verstehen, wie es wäre, eine bewusste Wahrnehmung zu haben.

Wir wünschen uns zu wissen, wer wir sind. Jeder von uns kennt die Schwierigkeit. Ich komme in einen ruhigen Zustand mit etwas mehr Stille, doch sobald ich auftauche, um auf das Leben zu reagieren, bin ich dieselbe wie zuvor. Nichts hat sich verändert. Was reagiert, bin nicht wirklich ICH. Etwas in mir wurde noch nicht erschüttert. Ich habe nie das Gefühl, an der Wurzel meiner selbst, meiner Essenz angelangt zu sein. Und nie bin ich in Gänze berührt. Immer sind da versteckte Teile, die sich verweigern.

Mein Körper ist das Erste, das sich verweigert. Er weiß nichts von meinem Wunsch und führt ein Eigenleben. Dennoch könnte er teilhaben am Erkenntnisprozess. Er ist das Gefäß, das Vehikel für die Energie in uns. Wenn wir in uns hineinblicken, sehen wir, dass sich die Energie entweder im Kopf oder im Solar Plexus konzentriert. Vielleicht ist etwas davon noch in der Wirbelsäule, doch das ist nichts im Vergleich zu den anderen Zentren. Und nichts von der Energie ist im unteren Teil des Körpers. Es scheint, als hätte der Körper keine große Bedeutung. Doch nur im und durch den Körper kann die Energie wirken.

Ich fühle, wie diese Energie aufzutauchen beginnt. Damit sie in mir wirken kann, muss ich meinen Automatismus sehen und erkennen, dass, wenn er stärker wird als das bewusste Streben, die Energie wieder auf ihre untere Stufe zurückfällt und ich erneut gefesselt werde. Die Haltung des Körpers ist sehr wichtig. Meine automatische Haltung hält die Energie zurück und konditioniert mein Denken und mein Fühlen. Ich muss dies erkennen, um es zu durchleben, sodass ein bewusstes Leiden eintritt, das nach einer neuen Haltung verlangt, nach einer bewusste Haltung, die wie ein elektromagnetisches Feld die Einwirkung dieser Energie auf meinen Körper erlaubt. Seine Haltung muss daher genau sein und aufrechterhalten werden durch eine enge und andauernde Zusammenarbeit zwischen meinem Denken, meinem Fühlen und meinem Körper. Ich muss mich wohl und stabil fühlen. Dann kann die Haltung dem Verstand ermöglichen, in einen Zustand der absoluten Empfänglichkeit zu gelangen und auf natürliche Art und Weise frei von beeinflussenden Gedanken zu werden. In der richtigen Haltung kommen alle meine Zentren zusammen und sind miteinander verbunden. Ich komme in ein Gleichgewicht, in eine Ordnung, in der mein gewöhnliches Ich nicht länger der Meister ist, sondern seinen Platz findet. Mein Denken und ebenso mein Fühlen werden freier; Letzteres ist jetzt reiner, weniger gierig und hat vor etwas Respekt.

Während ich zulasse, dass ich mich für diese Energie öffne, kommt es zu einem Aufnehmen ohne Urteil, ohne Schlussfolgerung, und meine Aufmerksamkeit bleibt unangestrengt geduldig und dringt schweigend über das hinaus, was ich kenne. Dies ist wie eine innere Ausdehnung. Ich fühle eine größere Einheit zwischen meinem Körper und dem, was ihn mit Leben erfüllt. Ein Schwerpunkt, mein entscheidendes Energiezentrum, hat sich selbst gebildet. In mir existiert kein Widerspruch mehr, keine Verweigerung. Ich habe in mir selbst dieses ursprüngliche Energiezentrum gefunden und habe den Kampf, die Dualität von Körper und Psyche, hinter mir gelassen. Je mehr ich diesen Zustand erlebe, desto stärker ist meine Essenz berührt. Doch sobald ich den Kontakt mit diesem Schwerpunkt verliere, wogt die Energie zurück zum Kopf oder zum Solar Plexus, und die falsche Vorstellung des Ichs stellt sich wieder ein. Ich dachte, es sei einfach, diesen Kontakt zu halten. Doch schon allein die Idee, den Kontakt halten zu wollen, ist verkehrt. Dieser Schwerpunkt muss zu meiner zweiten Natur, zu meinem Maßstab und zu meinem Führer werden. Ich muss bei allem, was ich tue, sein Gewicht spüren. Ansonsten kann keine Öffnung zu den höheren Zentren stattfinden.

Wenn ich erfahre, dass ich diese lebendige, selbstbewusste Präsenz bin, fühle ich, dass es die Präsenz ist, die atmet. Die Freiheit meines Schwerpunkts hängt von der Freiheit des Atmens ab. Wenn ich das Atmen ohne einzugreifen geschehen lasse, taucht eine andere Wirklichkeit auf, eine Wirklichkeit, die ich bisher nicht kannte. Diese Erfahrung muss ich als meine wichtigste Nahrung erkennen und so oft wie möglich in diesen Zustand zurückkehren.

102
In einem ruhigen Körper atme ich ein

Ich habe einen neuen Eindruck von mir, doch er ist schwach. Ich bin noch nicht ausreichend von der Wahrnehmung durchdrungen, eine lebendige Präsenz zu sein, und das Gefühl, das sich einstellt, ist noch immer zu vage. Wieder tauchen Spannungen auf. Ich fühle sie. Aber ich weiß, wovon sie mich trennen, und weil ich es weiß, fallen sie wieder von mir ab. Dies ist eine Bewegung von Ebbe und Flut, in der mein Fühlen stärker wird. Es verliert seine negativen und aggressiven Elemente und öffnet sich mehr und mehr zu einem Gespür für das Feine, für das Höhere, zu einem Gespür für das Leben an sich. Meine Intelligenz muss die Bedeutung meiner Spannungen verstehen, und etwas in mir muss mehr und mehr Raum lassen – nicht aus einer Verpflichtung, sondern aus einer Notwendigkeit heraus, einer Notwendigkeit meines Seins. Ich versuche, diesen spannungslosen Zustand zu verstehen, der mich näher zur Leere bringt, zu meiner Essenz.

Ich werde wach für eine Welt feinerer Schwingungen. Ich fühle sie, ich nehme sie wahr, so als ob sie bestimmte Teile von mir bewässert, belebt, spiritualisiert hätten. Jedoch bin ich noch immer nicht gänzlich unter dem Einfluss dieser Schwingungen. Ich merke das. Und ich spüre ein immer größeres Bedürfnis, ihnen nicht zu widerstehen. Mein gewöhnliches Ich hat seine Autorität verloren, und da eine andere Autorität spürbar wird, erkenne ich, dass mein Leben nur dann eine Bedeutung hat, wenn ich mich damit in Einklang bringe. Indem ich an diesem Einklang arbeite, fühle ich mich, als ob mich in einem geschlossenen Stromkreis befände, und dass, wenn ich lange genug darin ausharren könnte, das Wunder der Transformation stattfinden würde.

Um diese feinen Schwingungen zu spüren, muss ich zu echter körperlicher Stille gelangen, in einen Zustand ohne irgendwelche Spannungen, in dem das Denken einfach nur ein Zeuge ist, der kommentarlos alles betrachtet, was geschieht. Dann werde ich verstehen, was es bedeutet, eine reine Wahrnehmung zu haben, eine Wahrnehmung ohne irgendeine störende Vorstellung. Mein Körper befindet sich ohne Anspannung in diesem Blick. Indem ich klarer sehe, kommt die Entspannung automatisch, und damit einhergehend fühle ich die Notwendigkeit, unterschiedliche Inseln von Energie in mir stärker miteinander zu verbinden. Diese feine Wahrnehmung ist ein Zeichen von Menschwerdung, des Augenblicks der Durchdringung, in dem der Geist sich materialisiert und eine feste Dichte annimmt

In einem objektiveren Zustand, in dem eine Ordnung entstanden ist, kann mein Atmen eine neue Bedeutung erhalten. Nur in diesem Zustand bin ich fähig, die feineren Elemente der Luft zu empfangen und diese zu absorbieren. Ich fühle, wie die Energie frei in meinem Körper zirkuliert, ohne dass sie irgendwie gestoppt oder abgelenkt wird und von irgendetwas nach außen projiziert oder im Innern festgehalten wird. Sie fließt in einer Art kreisender Bewegung, die ohne mein Eingreifen geschieht. Ich fühle sie wie eine Bewegung, in der ich existiere. Ich entdecke mein Atmen – das Aufnehmen und Abgeben von Energie.

Ich atme ein. ... Ich atme aus.
Ich weiß, dass ich einatme. ... Ich weiß, dass ich ausatme.
In einem ruhigen Körper atme ich ein. ... In einem ruhigen Körper atme ich aus.
Langsam atme ich ein. ... Langsam atme ich aus.

Ich bin wachsam für dieses Atmen, das in mir stattfindet. Ich bin wachsam für meinen Körper. Ich trenne sie nicht voneinander.

In einem leichten Körper atme ich ein. ... In einem leichten Körper atme ich aus.

Mein Körper fühlt sich leichter an. Ich lasse mich vollständig ausatmen, den ganzen Weg bis zum Ende.

Ohne Gier atme ich ein. ... Ohne Gier atme ich aus.

Ich fühle das Vorübergehende der Bewegung. Ich versuche nicht, irgendetwas zurückzuhalten.

Mich frei fühlend, atme ich ein. ... Mich frei fühlend, atme ich aus.

Wörter und Formen verlieren ihre Anziehungskraft. Eine Art von Klarheit erhellt den Zustand, in dem ich mich befinde. Ich werde absolut ruhig, um wachsam zu werden für das, was ich bin.

Absichtliche Aufmerksamkeit

103
Das Gefühl von Mangel

In uns gibt es eine Kraft, die von oben herabsteigt, und eine Kraft, die von unten nach oben steigt. Diese Energien stehen nicht miteinander in Beziehung. Diese Verbindung ist etwas, was die Natur nicht in uns Menschen bereitstellt, obwohl wir hier sind, um eine kosmische Rolle zu übernehmen. Der Mensch muss sich selbst mit der höheren Kraft, die in ihm ist, verbinden. Dafür muss er seine

Unfähigkeit und seine Ablehnung erkennen und gleichzeitig den Wunsch verspüren, ganz tief in sich selbst verbunden zu sein.

Wenn die Energie der Aufmerksamkeit sich in jedem Zentrum anders bewegt, gibt es keine Kraft, die fähig ist, einen eigenen Willen auszuüben. Also brauche ich eine andere Aufmerksamkeit, eine reinere Aufmerksamkeit, die weniger stark vom Material meiner Gedanken belastet ist und die Fähigkeit besitzt, eine Wirkung auf die Zentren auszuüben. Diese Art von Aufmerksamkeit entsteht nicht, weil sie gefangen wurde oder durch Zwang – ich kann sie nicht auftauchen lassen, genauso wenig wie ich die Liebe in Erscheinung treten lassen kann. Aufmerksamkeit kommt, wenn sie gebraucht wird, wenn sie von einem Gefühl der Notwendigkeit hervorgerufen wird. Wenn ich wirklich erkenne, dass ich es nicht verstehe, dass ich die Richtung und die Bedeutung meines Lebens verloren habe, dann, in diesem besonderen Augenblick, wird meine Aufmerksamkeit herbeigerufen. Ohne sie werde ich niemals fähig, das zu sein, was ich bin. Ich verfüge nicht über die nötige Energie. Wenn ich jedoch diese absolute Notwendigkeit spüre, taucht die Aufmerksamkeit auf. Also muss ich zu einem Gefühl des Mangels, des Nichtverstehens, des Nichtwissens kommen, zu einem Gefühl, dass ich nicht genüge.

Ich kann in Tagträumen schwelgen, wenn ich eine Straße entlanglaufe. Doch wenn ich auf Eis gehen muss, auf einem glatten, gefrorenen Weg, kann ich nicht träumen. Ich brauche meine ganze Aufmerksamkeit, um nicht hinzufallen. Genauso ist es in meinem Inneren. Wenn ich kein echtes Interesse an mir selbst habe – wenn ich weiterhin denke, dass ich auf alles eine Antwort habe, und weiterhin vorgebe, fähig zu sein –, werde ich weiter vor mich her träumen und die Aufmerksamkeit wird niemals auftauchen.

Ich muss in diesem Augenblick meine Nichtigkeit erfahren und meine Unfähigkeit, gegenwärtig zu sein. Außerdem muss ich meinen Mangel an Interesse erkennen, mein fehlendes Verlangen. Das ist ein wichtiger Moment, ein Intervall, in dem die Intensität schwächelt und in dem es nicht genügend Kraft gibt, um weiterzugehen. Ich sehe, dass ich von meinen Funktionen versklavt bin. Vielleicht sehe ich auch, dass eine Kraft einer anderen Ebene anwesend ist. Doch solange diese Kraft nicht eingreift, solange ich nicht mit ihr verbunden bin, werden meine Funktionen die Energie absorbieren und ich werde sogar noch stärker versklavt sein als zuvor. Es braucht die freiwillige Unterwerfung, einen bewussten Gehorsam. Ich möchte mich dieser Unzulänglichkeit stellen. Ich sehe sie einfach nicht gut genug, ich fühle sie nicht genug, ich leide zu wenig darunter. Diesen Mangel zu fühlen, ruft eine größere Aufmerksamkeit hervor. Es ist, als öffne sich eine Tür zu einer feineren Energie. Diese Energie durchströmt meinen Kopf und steigt in mir abwärts, vorausgesetzt es gibt dafür einen freien Raum. Meine ganze Arbeit besteht darin, diesen Durchfluss zu ermöglichen, sodass die Energie zirkulieren kann. Alles hängt von meiner Aufmerksamkeit ab. Wenn sie schwächelt, machen die Funktionen ihre Macht geltend und beanspruchen die Energie wieder für sich.

Dieses Zirkulieren erfordert eine freiwillige Aufmerksamkeit, die ich niemals zuvor gebraucht habe. Ich sehe, dass dazu ein gewisser Wille notwendig ist. Ich sage: »Ich möchte sein.« Mit *»ich«* öffne ich mich dieser Kraft, die durch meinen Kopf, durch mein Denken fließt; mit *»möchte«* erlebe ich ein starkes Gefühl, das es der Energie ermöglicht, in meinen Körper einzutreten; mit *»sein«* fühle ich mich als ein Ganzes. Und ich fühle, dass es in mir eine Präsenz gibt.

Immer mehr realisiere ich, dass ich Willen brauche, ein Verlangen *zu sein,* das tief aus mir selbst stammt, eine Kraft, die mir einen Sinn fürs Dasein vermittelt. Diese zeigt mir meinen wahren Platz und erweckt mich für eine Ordnung, für eine Beziehung, die ansonsten nicht erscheint.

104
Gehorsam und Wille

Zwei entgegengesetzte Pole wirken auf meine Präsenz und senden gänzlich unterschiedliche Schwingungen aus. Ich kenne ihre Wirkung aufgrund meiner Wahrnehmung von ihnen. Ich bin sensitiv für die Erdanziehung; ich gehorche ihr. Und ich bin sensitiv für die Anziehung, die von höheren Sphären ausgeht, und auch ihr gehorche ich. Doch ich begreife das nicht; ich bin zu passiv dafür. Hier sind zwei Kräfte, zwei Strömungen, zwei Dichten, die nicht miteinander verbunden sind. Damit die höhere Kraft absorbiert werden und sie die schwerere Materie beeinflussen kann, bräuchte es eine Strömung von einer dazwischenliegenden Intensität, eine andere Stromspannung, die das Ganze ›elektrifizieren‹ kann. Das wäre eine reinere emotionale Strömung, in die das

Material meiner gewöhnlichen subjektiven Gefühle nicht eintritt. Diese Strömung taucht auf, wenn ich für die Vision von diesen beiden gleichzeitig wirkenden Kräften erwache. Sobald ich für diese Vision wach bin, werde ich von einem Willen ergriffen, einem Verlangen, dass die Essenz des Ich-Gefühls in all ihrer Reinheit ist. Es ist der Wille, zu sein, was ich bin, das Erwachen zu meiner wahren Natur – ICH BIN.

Heute ist etwas geöffnet, das mich in Richtung einer Verbindung mit dem Höheren ruft, doch dies geschieht nicht von selbst. Ich fühle, dass ich einer höheren Energie, einer Autorität, gehorchen muss, die ich als die einzige Autorität anerkenne, da ich ein Teilchen von ihr bin. Und ich muss ihr dienen, damit ich die Verbindung zu ihr nicht verliere. Es gibt zwei Arten von Gehorsam. Wenn ich versuche, in meinem passiven Zustand, unbewusst, zu gehorchen, verliere ich mich und ich kann nicht dienen. Doch wenn ich in einen aktiveren Zustand komme, kann ich freiwillig in der Unterwerfung gehorchen. Dies bedingt einen Zustand von bewusster Passivität, in dem nur die Aufmerksamkeit aktiv ist und die Funktionen absichtlich in einem passiven Zustand gehalten werden. Ich muss all meine gewöhnliche Aktivität ruhen lassen, mein Denken, Fühlen und Wahrnehmen zum Schweigen bringen. Meine nunmehr bewusste Aufmerksamkeit kann dann auf das Erkennen dessen gelenkt werden, WAS IST und was ICH BIN und wie wahr ICH BIN. Nur eine willentliche Kraft kann mich von der Macht einer unbeabsichtigten Kraft befreien. Alle Teile meiner selbst sind verbunden in einer totalen Aufmerksamkeit, die alles im Blick hat. Im Akt des Gegenwärtigseins gehorche und unterwerfe ich mich freiwillig, verzichte auf meinen eigenen Willen und setze gleichzeitig einen anderen Willen über meine Funktionen ein.

Das erste Anzeichen von Gehorsam etwas Größerem gegenüber ist bewusstes Wahrnehmen. Und ich kann nur dann eine bewusste Wahrnehmung erleben, wenn ich absichtlich passiv bin. Wenn ich meine Unzulänglichkeit, meinen Mangel, fühle, erkenne ich die Notwendigkeit für Veränderung und leide an einem Hunger, an einem Bedürfnis, genährt zu werden. Mein Denken wird auf eine tiefe Wahrnehmung gelenkt, was ein Gefühl erweckt. Doch dieses Gefühl ist schwach, und ich bin ängstlich. Ich traue diesem Gefühl noch nicht, und es verschwindet wieder. Das Ego schwingt sich wieder auf, und alles sprengt auseinander. Um von Neuem zu beginnen, muss ich erkennen, dass es Bescheidenheit und Ernsthaftigkeit braucht. Ich muss wieder nach einer tiefen Wahrnehmung suchen. Entweder gehorche ich der Strömung, die mir Kraft gibt, oder derjenigen, die mir die Kraft nimmt. Wenn die Aufmerksamkeit nicht bewusst auf etwas gerichtet ist, muss sie sich fesseln lassen. Dies ist eine Gesetzmäßigkeit, der ich nicht entkommen kann. Es reicht nicht mehr aus, dass zwei Energien sich gegenüberstehen. Es muss zu einem Zusammenfließen kommen, das aktiv genug ist, einen neuen inneren Strom zu erzeugen, der das Gefühl auslöst.

Ich beginne zu verstehen, dass mein ganzer Kampf, meine Möglichkeit oder Unmöglichkeit, eine Frage der Aufmerksamkeit ist. Eine Kraft will meine Aufmerksamkeit, um damit auf mich zu wirken, und eine andere Kraft nimmt sie und zerstreut sie durch meine Funktionen. Aber da ist niemand dazwischen präsent, der weiß, was ich möchte, niemand, der sich verantwortlich fühlt. Die Wahrnehmung des Mangels, dessen, was wahrhaftig fehlt, ist das Wichtigste. Ich allein kann diese Frage lösen... wenn ich *will.*

105
Bewusste Kraft entwickeln

Wirkliche Selbstbeobachtung ist die Funktion des Meisters. So, wie wir sind, verfügen wir nur über eine begrenzte Kapazität an Aufmerksamkeit, nur die des Körpers, des Kopfes oder des Fühlens. Mit dem Willen des Menschen Nummer eins, zwei oder drei ist es sogar mit größter Konzentration lediglich möglich, ein einziges Zentrum zu kontrollieren. Wir können nicht absichtlich, bewusst, gehorchen. Jedoch können wir die Anstrengung der Selbstbeobachtung unternehmen, eine Übung, die die Aufmerksamkeit stärkt und uns zeigt, wie man sich besser konzentriert. Wir können uns an uns selbst erinnern und, wenn wir bewusst arbeiten, erkennen, was gebraucht wird.

Für uns gibt es die Möglichkeit von zweierlei Arten von Handlungen: diejenigen automatischer Natur und jene, die absichtlich und unserem »Wunsch« entsprechend unternommen werden. Zu wünschen, zu wollen, ist die wichtigste und mächtigste Sache der Welt, weil sie uns ermöglicht, eine Handlung auszuführen, die nicht automatischer Natur ist. Beispielsweise können wir uns wünschen, etwas zu tun, etwas, zu dem wir normalerweise nicht imstande sind, und es zu unserem Ziel machen, das wir von nichts durchkreuzen lassen. Es ist unser einziges Ziel. Wenn wir es *wünschen,* wenn wir es *wollen,* können wir es auch tun. Ohne Willen schaffen wir es nicht. Mit bewusstem Willen kann alles erreicht werden.

Ich muss eine absichtliche Aufmerksamkeit entwickeln – das heißt eine bewusste Aufmerksamkeit –, die stärker ist als mein Automatismus. Ich muss den Mangel an Verbindung zwischen meinem Verstand und meinen Körper spüren und erkennen, dass diese Verbindung eine beabsichtigte Aufmerksamkeit beider Teile bedingt. Diese verlangt nach einem Willen, der nicht mein gewöhnlicher Wille ist, sondern einer, der einem neuen und unbekannten Fühlen entspringt. Nur eine bewusste Aufmerksamkeit, die das Öffnen für eine höhere Kraft bedeutet, hat die Macht, über den Automatismus die Oberhand zu gewinnen. Doch dazu muss die Aufmerksamkeit dauernd absichtlich in Anspruch genommen werden. Eine bewusste Kraft kann nicht automatisch sein. Die Aufmerksamkeit kann stärker oder schwächer sein, aber in dem Augenblick, in dem sie aufhört, absichtlich zu sein, wird sie gefesselt. Sobald sie nicht mehr mit Absicht auf diese Verbindung ausgerichtet ist, trennen sich die Energien. Ich werde zersplittert und der Automatismus übernimmt wieder die Herrschaft. Die Öffnung gegenüber einer höheren Kraft muss dauerhaft werden.

Damit sich die bewusste Kraft entwickeln kann, muss ich eine kontinuierliche Wahrnehmung in all meinen alltäglichen Aktivitäten aufrechterhalten – während des Gehens, während des Sprechens, während jeglicher Art von Arbeit. Es ist eine Haltung, in der die Aufmerksamkeit aktiv und der Körper bewusst passiv ist. Meine Aufmerksamkeit muss gänzlich und gleichzeitig auf zwei Dingen liegen: zum Einem auf dem Fühlen und dem Verfolgen der Wahrnehmung von Präsenz, zum Zweiten auf dem Loslassen der Assoziationen, was bedeutet, mich nicht von ihnen fesseln zu lassen. Ich habe die Wahrnehmung und das Gefühl meiner Präsenz. Meine Aufmerksamkeit richtet sich auf diese Wahrnehmung. Und das Denken ist vollauf damit beschäftigt zu beobachten, was ich erlebe, ohne die Möglichkeit, sich irgendetwas in Form von Wörtern oder Bildern vorzustellen. Das Sehen ist dabei die allerwichtigste Sache: eine höhere Kraft, welche die Verbindung aufrechterhält und es der Energie erlaubt, sich zu konzentrieren. Der Körper fühlt die Qualität dieser Kraft, seinen Meister, und widersteht seinen automatischen Lebensäußerungen. Er unterwirft sich, um die Wirkung dieser Kraft zu empfangen und sie intensivier werden zu lassen. Es kommt zu einem Kampf: Die eine Energie muss die Herrschaft übernehmen, die andere muss deren Autorität akzeptieren. Alles, was normalerweise verstreut ist, konzentriert sich. Eine Atmosphäre sammelt sich von selbst an. Es kommt zu einer besonderen Wahrnehmung, und in einem bestimmten Augenblick fühle ich mich von einer neuen Energie belebt, einem Gefühl des Seins.

X

Eine Präsenz mit einem Eigenleben

Wir können Gott nur durch Wahrnehmung erkennen.
Reine Wahrnehmung ist der Name Gottes
– reine, brennende Wahrnehmung.

—

Eine Verbindung der drei unteren Zentren
ist absolut erforderlich, um mich für eine neue Energie
zu öffnen.

—

Ich fange an, diese Präsenz
fast wie einen zweiten Körper zu spüren.

—

Sich einer Sache zu stellen, ist absichtliches Leiden.

—

Ich erwache, um ganz zu sein, um bewusst zu werden
mit einem Willen *zu sein.*

—

Für mein Sein entfache ich einen Kampf zwischen dem Ja und
dem Nein. Erst in diesem Augenblick beginnt die Arbeit.

—

Ein bewusster Mensch leidet nicht mehr
– im Bewusstsein ist man glücklich.
Doch so vorbereitet zu leiden,
ist für die Transformation unerlässlich.

Eine reine Energie

106
Ein Teilchen des Höchsten

Wir leben in zwei Welten. Die Reaktion unserer Funktionen auf Eindrücke ist unser Kontakt mit der unteren Welt. Unsere Wahrnehmung der feineren Energie in uns selbst repräsentiert den Kontakt mit der höheren Welt. Ebenso wohnen uns zwei gleichzeitige, doch entgegengesetzte Bestrebungen inne – die eine nach außen, die andere nach innen. In unserem Organismus multiplizieren sich bestimmte Zellen, um unseren Körper zu erzeugen und zu erhalten. Andere keimen, ziehen sich zusammen, sammeln sich und speichern Energie für eine spätere Erzeugung. Dadurch, dass wir uns im Leben äußerlich manifestieren, glauben wir, dass wir etwas erzeugen; doch wirkliche Schöpfung geschieht durch Hineinziehen, durch Absorbieren. Die Rolle unserer Präsenz besteht darin, beide Welten miteinander zu verbinden.

In mir ist eine Lebenskraft, die ich nicht fühle, die ich nicht höre, der ich nicht diene. Meine ganze Energie wird ständig von meinen Gedanken und meinen Begierden nach außen gelenkt und zielt nur darauf ab, meine Begehren zufriedenzustellen. Wenn ich diese sinnlose Verausgabung sehe, spüre ich die Notwendigkeit einer größeren Ruhe, eines Zustands der Stille, in dem ich für eine reine, freie Energie in mir wach werde. Ich muss zu einer anderen inneren Dichte gelangen, einer anderen Schwingungsqualität. Das bedeutet eigentlich eine Spiritualisierung, in welcher der Geist die Materie durchdringt und transformiert. Ich muss eine starke und tiefe Erfahrung des Übergangs von einer Stofflichkeit zu einer anderen machen. Während meine Aufmerksamkeit reiner und konzentrierter wird und meinen Körper und alles, was mich umgibt, durchdringt, wird meine Wahrnehmung immer feiner. Es gibt keinen anderen Weg. Und hierfür lerne ich, in eine Einsamkeit zu kommen, in der dieses Verinnerlichen, diese Konzentration, möglich ist.

Um diese feine Wahrnehmung zu erfahren, nehme ich eine stimmige Haltung ein und finde die richtige Einstellung, mit der

Körper und Verstand eins werden. Mein Verstand ist luzid, in jedem Moment klar und absolut aufmerksam. Ein Bestreben nach tiefer Hingabe, nach einem Loslassen, stellt sich ein, und es öffnet sich ein Tor zu einem inneren Frieden. Ich erfahre, was Ruhe ist, und lerne, dass sie nur durch eine Wahrnehmung erreicht werden kann, die mit dem Lösen der Spannungen immer feiner wird. Diese Wahrnehmung ist nur dort subtil und durchdringend, wo keine Spannungen mehr bestehen. Es handelt sich um eine Schicht in mir, die jenseits aller Gedankenformen liegt und von meinem normalen Bewusstsein niemals erreicht wird. Ich empfinde diese Schicht als eine Leere, eine unbekannte Essenz, die frei ist von meinem Ego. Die Feinheit der Schwingungen dessen, was ich als Leere wahrnehme, liegt jenseits von dem, was ich als meine gewöhnliche Dichte, meine gewöhnlichen Wesensform, kenne.

In diesem Zustand schließen mein Denken und mein Fühlen die Formen mit ein. Unbeweglich und wortlos, ist mein Denken fähig, Wörter und Bilder zu enthalten. Mein Fühlen, das Fühlen meiner Essenz, nicht das meiner Form, ist fähig, die Form zu enthalten. Die Erkenntnis dessen, was wahr ist, kommt durch Einschluss. Um sich seinen Weg zu bahnen, bleibt mein Denken frei, reagiert nicht, wählt nicht aus, bleibt nicht an Gewissheiten haften. Angesichts der Notwendigkeit zu erkennen lässt mein Ego davon ab, um jedem Preis seine Identität, seine Form, zu bekräftigen. Es gibt den Weg frei für das Fühlen der Essenz, für den Willen zu sein, *was ich bin,* der weder von Form noch von Zeit abhängig ist. Ich habe den Eindruck einer Ausdehnung, die weit jenseits der Grenzen meines Körpers geschieht. Ich verliere nicht mein Körpergefühl, sondern habe sogar den Eindruck, dass ich ihn umfasse. Ich nehme eine ganz besondere Energie wahr, von der ich fühle, dass sie das Leben selbst ist. Mein Verstand ist ruhig und umfasst das Ganze. Dies kann ich so lange erleben, wie dieses Sehen das Bedürfnis meines ganzen Wesens ist. Wenn ich mich ihm hingebe, kann diese Energie den Beginn einer neuen Ordnung in mir darstellen.

Ich bin ein Teilchen des Höchsten. Durch Wahrnehmung kann ich dies erkennen. Wir können Gott nur durch Wahrnehmung erkennen. Reine Wahrnehmung ist der Name Gottes – reine, brennende Wahrnehmung. Der Körper ist das Instrument, um dies zu erfahren.

107
Diese Präsenz als lebendig spüren

Unsere voneinander getrennten Energiezentren erhalten Eindrücke und reagieren aufgrund von zuvor aufgenommenem Material. Jedes Zentrum reagiert von seinem eigenen Standpunkt aus. Jedes verfügt über Energie einer bestimmten Qualität und kann nur das erkennen, was mit ihr übereinstimmt. Doch in uns existiert auch eine Energie von sehr viel höherer Qualität als diejenige der Zentren. Diese Wirklichkeit kann von den einzelnen Zentren nicht wahrgenommen werden. Dafür sind sie zu passiv. Damit sie sich öffnen und für diese höhere Qualität durchlässig werden können, müssen sie sich verbinden und aktiver werden, sodass ihre Schwingungen sich verstärken. Die Arbeit soll die Intensität der niedrigen Zentren steigern, damit ein Kontakt mit den höheren Zentren hergestellt werden kann.

Wenn ich in einen ruhigen, von allen Spannungen befreiten Zustand gelange, entdecke ich eine sehr feine Schwingung, eine Wirklichkeit, die ich zuvor nicht wahrnehmen konnte. Sie stammt von einer anderen Stufe, gegenüber der ich normalerweise verschlossen bin, von einem höheren Zentrum, welches erst dann zum Tragen kommt, wenn die anderen Zentren losgelassen haben und ruhig geworden sind. Ich kann mit der höchsten Energie in Verbindung stehen, wenn ich einwillige, mich bewusst dafür zu öffnen. Aber dieses Öffnen ist schwierig. Mein Zustand, die Energiestufe meines Denkens und meines Körpers, lässt es nicht zu. Das Denken bleibt an den eigenen Stoff gefesselt und seine automatischen Bewegungen können nicht anhalten. Der Körper ist zu wenig betroffen. Das gewöhnliche Ich, das seine Kraft behält, erlaubt die Verbindung mit der höheren Energie nicht. Es scheint, als ob die Energie gar nicht vorhanden sei. Damit die Verbindung sich einstellen kann, ist Leiden notwendig. Durch Leiden wird die Aufmerksamkeit bewusst, und die Intensität ihres Willens kann ein Öffnen des Körpers in Richtung der feineren Energie bewirken. Alles hängt von dieser Öffnung ab. Dann kann eine Kraft von oben, aus einem anderen Bereich des Verstandes, wirken... Mein Zustand wird transformiert.

Ich muss verstehen, dass eine Verbindung der drei unteren Zentren absolut erforderlich ist, um mich für eine neue Energie zu öffnen. Dieses Öffnen kann nur anhalten, solange die Verbindung stabil ist. Diese Energie muss zu einer Präsenz werden. Ich muss sie als lebendig spüren, mit einer eigenen Dichte, einem eigenen Rhythmus, als eine Präsenz mit einem Eigenleben, das ich behüten muss. Ich darf sie nicht zu fest wahrnehmen, sonst geht ihr Sinn verloren; aber ich darf sie auch nicht zu subtil spüren, weil ich dann, in meiner heutigen Verfassung, unfähig bin, mich auf sie einzustimmen. Die Energie muss meinen ganzen Körper erfüllen. Und ich muss den Eindruck gewinnen, dass es diese Energie ist, die mich bewegt. Alles muss dieser Energie untergeordnet werden. Ich muss sie die Führung übernehmen lassen.

Durch das Öffnen für diese neue Energie erlebe ich eine innere Ordnung, in der diese Präsenz, die ich als ein Ganzes erlebe, alle Teile sehen kann. Sie kann durch sie hindurch wirken, vorausgesetzt meine Aufmerksamkeit bleibt überall mit derselben Intensität aktiv. Diese innere Ordnung erfordert vollständige Aufmerksamkeit. Die neue Energieströmung, der alles andere zu folgen hat, muss kräftiger und dauerhaft werden. Die Verbindung zwischen meiner inneren Präsenz und meinem Körper ist die Verbindung dieser Präsenz mit dem Leben.

108
Aus einem höheren Bereich des Verstandes

Es gibt eine Energie, die aus einem höheren Bereich des Verstandes herrührt, doch wir sind nicht offen für sie. Es handelt sich hierbei um eine bewusste Kraft. Sie muss erscheinen, unseren Körper durchfließen und in uns wirken. Da jedoch keine Verbindung zwischen Verstand und Körper besteht, kann sie momentan noch nicht durch uns hindurchfließen und auf uns einwirken. Bin ich vom Automatismus beherrscht, ist der Unterschied zwischen den höheren und den niedrigeren Schwingungen zu groß. Die Aufmerksamkeit, die zu dieser Kraft gehört, muss entwickelt werden.

Ich sitze hier, jetzt. Von wo aus könnte ich versuchen, eine Verbindung mit meinem Körper herzustellen? Von wo aus könnte ich erkennen, wie ich bin? ... Von einem Bereich meines Verstandes aus, für den ich nicht offen bin. Um mich mit meinem Körper zu verbinden, muss ich meinen Verstand öffnen, meinen Verstand beruhigen. Er darf nicht über alles Mögliche nachdenken. In der Pause zwischen zwei Gedanken muss er solange regungslos bleiben, bis er sensibler und empfänglicher geworden ist, lebendiger als das, was gesehen wird, was in seinem Blickfeld ist. Wenn meine Aufmerksamkeit aktiver ist, ist auch mein Denken freier und ich beginne *zu sehen.* Dieses Sehen ist ein direkter Kontakt mit der höheren Energie in mir. Eine andere Intelligenz erhebt sich, und eine Verbindung mit meinem Körper wird möglich.

Diese aus einem höheren Bereich des Verstandes stammende Kraft muss den Körper durchfließen und einen freien Raum finden, um auf die anderen Zentren zu wirken. Es braucht Raum, um eine Schwingung zu erzeugen. Die leichteste Anspannung verunmöglicht dies. Um dieses Leben in mir zu empfangen, muss ich in einen rundum spannungslosen Zustand kommen. Ich werde still. Und wenn wirkliche Stille möglich ist, kann ich für eine Energie offen sein, die den Körper erfüllt. Jede Spur von Begrenzung verschwindet. Ich fühle mich leicht, quasi transparent. Meine Präsenz scheint lebendiger als mein Körper zu sein und intensiver, was die Schwingungen angeht. Eine Kraft muss die Führung übernehmen, die andere muss diese akzeptieren.

Sogar wenn eine Verbindung zwischen Verstand und Körper aufscheint, reicht das nicht aus. Sie dauert nicht an. Einen Augenblick lang ist die Verbindung hier und dann… nur einen Moment später sind die beiden Teile nicht mehr zusammen. Also ist da noch etwas anderes, was vonnöten ist. Es muss eine Kraft entwickelt werden, eine Aufmerksamkeit, die andauern kann. Und dies ist von mir abhängig. Entweder ich gebe die Anstrengung auf oder ich kann, wenn ich es mir wünsche, wenn ich es will, aufmerksamer werden. Ich bin dafür verantwortlich. Genau im Akt des Sehens liegt meine Verantwortung.

109
Zu einem Gefäß werden

Meine Aufmerksamkeit ist nicht frei. Sie ist nicht bewusst ausgerichtet. Wenn ich mich dem stelle, spüre ich es, und ich fühle das Bedürfnis, mich zu öffnen. Weil ich es einsehe, lass ich tief in mir los und mein Körper öffnet sich. Ebenso macht es mein Verstand. Eine Bewegung des Zusammenkommens setzt ein. Meine Aufmerksamkeit wächst. Ich erlaube es der Bewegung, an Kraft zu gewinnen. Plötzlich fühle ich, wie eine neue Energie erscheint, die von einer viel höheren Ebene herkommt und mich durchströmt. Ich spüre, dass ich das Instrument bin, durch das sie wirken kann. Dennoch lasse ich sie nicht auf mich wirken. Ich bin zu verkrampft und will noch immer selbst handeln. Gleichzeitig verspüre ich den Wunsch, über die Grenzen meines gewöhnlichen Ichs hinauszugehen, mich von der Lebenskraft in mir belebt zu wissen. Dafür dürfen alle meine Energiezentren kein anderes Ziel haben, als ein einziges Ganzes zu werden, vereint mit dieser Strömung, die von den höheren Zentren stammt. All die Energie in mir fließt dann wie in einem geschlossenen Stromkreis, nicht aufgrund einer erzwungenen Anstrengung, sondern durch die Verbindung meiner unterschiedlichen Teile. Zunächst muss ich zu einem Gefäß werden und dann die Kanäle kennenlernen, durch die das Leben in mich eintritt.

Damit eine Kraft von oben in mir absorbiert werden und die schwerere Materie beeinflussen kann, braucht es einen neuen Stromkreis von einer höheren Intensität, die es vermag, das Ganze zu ›elektrifizieren‹. Dazu ist ein Strom reineren Fühlens erforderlich, der frei ist von meinen gewöhnlichen subjektiven Gefühlen, ein intensiver Zustand der Aufmerksamkeit, der nur in Erscheinung treten kann, wenn ich aufrichtig einsehe, dass ich nicht weiß, dass ich wirklich *gar nichts* weiß. Wenn ich mir dies eingestehe und dieser Zustand eintritt, verlangsamt sich mein Automatismus. Eine Sekunde lang sehe ich, was dieser versteckt, und ich erkenne den Automatismus als solchen. Ich erkenne den subjektiven Kreis, in dem sich meine Gedanken und Gefühle drehen, und ich sehe darüber hinaus. Ich fühle mich als Zentrum einer zweifachen Bewegung: einer Bewegung des Zusammenkommens, die den Zugang zu einer reineren Kraft ermöglicht, und einer anderen Bewegung des Loslassens, in der diese Kraft absorbiert werden kann. Diese beiden Bewegungen ergänzen sich gegenseitig in der Fluidität des Lebens. Es kommt der Moment einer größeren Stille, in der mich das Leben sein Wirken auf mich spüren lässt. Dann empfange ich durch meine Wahrnehmung Schwingungen einer anderen Qualität und dringe in eine Welt der feinen Substanzen ein. Dies erzeugt gewissermaßen ein magnetisches Feld, welches die für das höhere Bewusstsein notwendige Energie reflektiert und Energie von einer anderen emotionalen Ordnung anzieht.

Der Sinn meines Lebens liegt heute darin, durch einen Zustand, in dem ich vollständig passiv und doch sehr wach bin, gänzlich verfügbar zu sein für die immaterielle Präsenz in mir. Das erfordert ein Gleichgewicht zwischen der Intensität des Gegenwärtigen und einer immer größer werdenden Entspannung. Es ist so, als würde ich einen anderen Körper in mir leben fühlen. Um in diesen Zustand zu gelangen, brauche ich eine richtige Haltung, in der ich geerdet bin und einen inneren Schwerpunkt aufrechterhalte. Ich muss mich für dieses Lebenszentrum, in dem der Kontakt mit der Lebenskraft hergestellt wird, öffnen, um die Quelle zu fühlen, aus der diese Kraft ganz natürlich entspringt und in die sie wieder zurückkehrt. Wenn die Energie herabsteigt und sich im Bauch sammelt, öffnet sich die Wahrnehmung meiner Präsenz und weitet sich frei aus; doch diese Wahrnehmung wird schwächer, sobald sich die Energie ihrer Tendenz gemäß zerstreut und erneut in Richtung Solar Plexus und Kopf aufsteigt. Mein Schwerpunkt ist der Mittelpunkt zwischen einer absteigenden und einer aufsteigenden Bewegung. Er ist weder mein Herz noch mein Kopf, doch er gibt ihnen solch eine Freiheit, dass eine Verschmelzung mit den höheren Zentren möglich wird.

Eine richtige Haltung erfordert ebenso eine richtige Atmung und eine richtige Spannkraft der Muskeln, in denen die Energie ungehindert zirkulieren kann. Wenn ein Gleichgewicht zwischen Anspannung und Loslassen besteht, habe ich den Eindruck, dass die Energie in Kanälen fließt, die ich bisher nicht kannte. Dennoch fühle ich, dass die Bewegung des Zusammenkommens durch eine Art der Atmung dirigiert wird, in der Energien verschmelzen und im Körper aufgelöst werden.

Ein Energiekörper

110
Diese immaterielle Präsenz in mir

Was in uns entspricht der Rolle des organischen Lebens für die Erde? Besondere Wahrnehmungsorgane, die höheren Teile der Zentren, empfangen einen direkten Eindruck einer feineren Energie. Dies ist Wahrnehmung jenseits des mechanischen Funktionierens, eine bewusstere Wahrnehmung. Es erfordert die Bildung einer Art Netz oder Filter, zwischen dessen Maschen eine Substanz bewahrt wird, die wie ein zweiter Körper erlebt werden kann. Meine Präsenz muss wie ein zweiter Körper werden, um diese feinere Energie zu empfangen und hervorscheinen zu lassen. Zu diesem Zweck muss ich aktive Elemente akkumulieren, die beginnen, ihr eigenes Leben zu führen, ihre eigene Natur, ihre eigene Welt und Geschehnisse innerhalb des physischen Körpers zu erzeugen.

Ich bin hier. Ich spüre das Bedürfnis, mich selbst zu sehen. Mein Körper muss sich einer Kraft öffnen, für die er verschlossen ist, einer Kraft, die von oben, von ein wenig oberhalb meines Kopfes, herkommt. Mein Denken erlaubt es mir nicht, mich dafür zu öffnen. Auch mein Körper erlaubt es mir nicht. Ich sehe, dass mein Körper einen bewussten Zustand braucht, einen Zustand absoluter Einheit. Ich nehme eine sehr aufrechte Haltung ein und bin mir bewusst, dass mein ganzer Körper an jeder Stelle dieselbe Energie hat. Nicht der Körper ist wichtig, es geht um die Energie, die diesen erfüllt. Die Kraft hat eine größere Intensität als der Körper, wenn der Körper sie nur wirken lässt. Die Kraft kommt von oberhalb meines Kopfes und fließt, wenn es keine Verspannungen gibt, durch meinen Körper. Sie strömt den Rücken und zwischen den Beinen hinunter und steigt über den Bauch, die Brust und den Kopf wieder hinauf. Dies ist eine Kraft, die eine eigene Strömung aufweist und in mir ein Eigenleben führen muss.

Dann fühle ich, wie es zu einer verbindenden Bewegung kommt. Nicht ich bin es, die dies tut; aber ich muss Platz schaffen, damit diese Bewegung sich fortsetzen kann. Sie wird stärker und schneller und ich spüre eine Veränderung in mir: die Gegenwart einer Energie mit einem Eigenleben. Mein Körper wird ruhig, um die Energie von oben einfließen zu lassen und sich mit ihr zu vereinen. Diese Vereinigung erzeugt eine neue, intensivere Kraft, eine intelligentere Energie. Sie bildet so etwas wie einen inneren Körper, der sich auflöst, sobald die Verbindung wieder verschwindet. Unsere Arbeit besteht darin, diese Verbindung herzustellen und wachsam zu bleiben, um sie aufrechtzuerhalten. Um die Wahrheit der immateriellen Präsenz in mir zu erkennen, muss ich in Gänze für sie verfügbar sein.

Ich fange an, diese Präsenz fast wie einen zweiten Körper zu spüren. Ich versuche nicht, ihn mir vorzustellen, doch ich lehne diesen Eindruck, wenn er auftaucht, auch nicht ab. Zunächst mag es scheinen, als befinde sich diese Präsenz innerhalb meines Körpers, und dann, aufgrund einer Öffnung oder Ausdehnung, als befinde er sich innerhalb von ihr. Auf jeden Fall fühle ich, dass diese Präsenz mit ihren eigenen Funktionen existiert. Dieser zweite Körper hat sein eigenes Denken, kein assoziatives, sondern ein sehendes. Eine seiner Eigenschaften ist die Vision, eine Fähigkeit zu sehen. Worte, Bilder und Vorstellungen erscheinen, doch sie sind wie in der Vision enthalten. Worte gehören nicht zu seinem Wesen; weder wird die Vision von ihnen berührt noch sie von ihr. Es besteht keine Anspannung. Dieser zweite Körper hat sein eigenes Fühlen; er hat keine Gefühle, jedoch eine Kraft zu verbinden, zu lieben. Gefühle liegen nahe, bereit hochzusteigen, doch sie sind in diesem Fühlen enthalten. Gefühle gehören nicht zum Wesen dieses zweiten Körpers; weder wird er von ihnen berührt noch sie von ihm. Auf diese Art kann ich die Präsenz erleben, solange wie die Achse meiner Energien bestehen bleibt, solange es einen Schwerpunkt gibt. Die richtige Wahrnehmung enthält den Schlüssel, eine Wahrnehmung, die dieser Präsenz gehorcht, deren Gesetz ich zu fühlen wünsche. Es ist die Wahrnehmung einer Qualität, einer Feinheit, die der Geburt des Seins gleicht. Dieser zweite Körper ist das Ich in Bezug auf meinen Körper.

III
Eine Energiemasse

Ich möchte mir meines Daseins bewusst werden. Mit meiner gewöhnlichen, zerstreuten Aufmerksamkeit fühle ich mich als eine Form, als Materie, als eine Person. Wenn meine Aufmerksamkeit feiner wird und meine Wahrnehmung schärfer, fühle ich mich wie eine bewegte Energiemasse, wie ein Körper aus Energie. Ströme bewegter Partikel durchfließen mich, deren Bewegung nicht aufhört. Ich spüre mich nicht länger wie Materie in einer festen Form, sondern als Energie, belebt von unaufhörlichen Schwingungen.

Ich spüre diese Energie, als sei sie magnetisiert, zu unbekannten Enden hingezogen. Ich versuche, diese Anziehung in unterschiedliche Richtungen zu beobachten. Ich fühle, dass es keinen Strom gibt, der mein Denken ist, auch keinen, der mein Fühlen, mein Wahrnehmen, mein Bewegen ist. Es gibt nichts Derartiges wie »jedermanns Denken« oder »jedermanns Fühlen«. Vielmehr besteht ein Kraftstrom, der durch das, was ihn anzieht und zu dem er hinstrebt, in einer gewissen Sphäre gehalten wird. Es ist notwendig, darüber hinauszugelangen.

Entsprechend der Sphäre, in der es gehalten wird, ist das Denken mehr oder weniger rein. Dasselbe gilt für das Fühlen. Was mein Denken und mein Fühlen in einer besonderen Sphäre hält, ist der wiederholte Kontakt mit einer bestimmten Ordnung von Vorstellungen, der sich das Denken fügt, der hypnotische Effekt. Meine Zentren reagieren auf den kleinsten Schock ungeordneter Schwingungen, die in meine Präsenz eindringen. Ohne eine Verbindung zu einer bewussteren Kraft sind die Zentren leichte Beute für alle großen und kleinen Schocks, die sie erschüttern. Wenn ich nicht mit einer Energie von einer höheren Ebene verbunden bin, laufe ich Gefahr, mich fesseln zu lassen.

Um zu wissen, was ICH BIN, muss mein ganzes Wesen in einem Akt vollkommener Aufmerksamkeit zur Ruhe kommen. Nur wenn keine Welle, keine Kräuselung die Oberfläche stört, kann ich erkennen, ob es in der Tiefe etwas Wirkliches gibt. Dann werde ich sehen, ob dort eine Präsenz ähnlich einem zweiten Körper besteht, den ich an seiner Dichte und seiner Eigenbewegung deutlich erkenne. Ich kann nicht auf ihn einwirken, doch er kann auf mich wirken. Diese Präsenz ist wie unabhängig von meinem Körper, doch momentan scheint sie mit ihm verbunden zu sein. Nichts in mir – weder mein Körper noch mein Denken oder mein Fühlen – können sie bislang erkennen. Die Zentren realisieren nicht, dass eine Verbindung mit ihr nicht nur möglich, sondern unerlässlich ist. Um einen Kontakt mit dieser Präsenz herzustellen, muss ich einen Schwerpunkt besitzen, der mein gewöhnliches Ich mit meinem essenziellen Wesen verbindet. Diese Kraftsphäre hält mich im Gleichgewicht und bringt durch das Ausschließen störender Einflüsse Ruhe. Sie verleiht mir Macht über die sexuelle Energie und erlaubt ihr durch das Öffnen einer inneren Tür, eine neue, kreative Rolle zu übernehmen.

Diese Präsenz, dieser Körper von anderer Dichte, muss eine Wirkung auf mich ausüben. Ich brauche eine enge Verbindung mit ihm. Damit feinere Energie eindringen und aufgenommen werden kann, muss sich eine Art Raum bilden, in dem keine Reaktionen auftreten, eine Zone der Stille, die es dieser Präsenz, diesem zweiten Körper, erlaubt, sich mit seinen subtilen Schwingungen auszudehnen. Ich brauche eine freie Zirkulation der Energie, die an keiner Stelle aufgehalten wird. Ich greife nicht ein. Die Energie wird entsprechend einer Ordnung jenseits meines Verständnisses verteilt. Diese freie Zirkulation geschieht durch das Atmen, welches diese Präsenz durch die Luft nährt und ihr aktive Elemente zuführt, deren wir uns nicht bewusst sind. Dieses Atmen ist ein Teilhaben an den Kräften des Universums. Aber es handelt sich nicht um eine beliebige Art des Atmens. Es ist sehr leicht und subtil... als ob es diese Präsenz wäre, die atmet.

112

Eine Öffnungsübung

Es gibt eine Übung, die Gurdjieff als äußerst wichtig erachtete, um sich für einen anderen Seinszustand zu öffnen. Ohne vorbereitet zu sein, kann diese Übung nicht ausgeführt werden. Und vorbereitet bin ich nur dann, wenn ich die Notwendigkeit für diese Übung wahrhaftig spüre.

Ich mag meinen Körper und werde alles tun, um ihn zu beschützen und damit er sich wohlfühlt; ich werde ihm Nahrung geben und seine Bedürfnisse erkennen. Bislang war mir noch nicht klar, wie sehr ich an ihm hänge. Ich mag auch mein Denken, meinen Verstand, und werde alles tun, um dessen Kontinuität zu erhalten. Ich begreife noch nicht, wie entscheidend es für das Denken ist, diese Kontinuität aufrechtzuhalten, die Teil meiner Vorstellung von mir selbst ist. Doch meine wahre Natur kann ich nur durch das Fühlen kennen, durch ein Gefühl der Teilnahme, ein Bestreben nach Kommunikation, nach Gemeinschaft. Obwohl auch sie ihre Funktion haben, ist weder unser Körper noch unser Verstand ausschlaggebend für die unmittelbare Möglichkeit zu wissen, was wir sind, sondern unser Fühlen.

Meine Arbeit hat mich dazu gebracht, in mir eine Präsenz zu erkennen und zu fühlen. Ich fürchte, dass ich nicht weiß, wie ich mich ihr gegenüber verhalten soll. Sie stellt mir eine Frage, eine Frage, der ich mich verschließe. Ich weiß nicht, welche Haltung ich einnehmen muss, und kann es im Vornhinein auch nicht wissen. Es ist das Lebendige in der Frage, das mir den Weg zeigen kann.

Die Übung beginnt mit dem Bewusstsein, hier zu sein. Ich sage zu mir: »Herr, erbarme Dich«, jedes Mal mit einer Empfindung in den vier Gliedmaßen nacheinander: im rechten Arm, im rechten Bein, im linken Bein, im linken Arm. Dies tue ich dreimal und pausiere dann für ein oder zwei Atemzüge.

Dann atme ich bewusst, indem ich zu mir sage: »ICH BIN.« Beim »ICH« atme ich die aktiven Elemente der Luft ein und mische sie mit dem Resultat, das ich in den vier Gliedmaßen erhalten habe; beim »BIN« atme ich aus und verteile dies in den Bereich der Geschlechtsorgane. Diesen zweiten Schritt wiederhole ich dreimal. Dann nehme ich das Ergebnis aus der Geschlechtsregion auf und befördere es, während ich das »BIN« ausatme, zur Wirbelsäule.

Ich beginne nochmals, die vier Gliedmaßen zu füllen, mische erneut die aktiven Elemente der Luft hinein, lade nochmals die Geschlechtsregion auf, entnehme das Resultat wieder aus diesem Bereich und sende es, den Solar Plexus zu füllen.

Dann tue ich dasselbe, um den Kopf zu füllen. Anschließend fühle ich überall im Körper die ganze Präsenz von ICH BIN.

Ich nähre diese Präsenz dadurch, dass ich die aktiven Elemente mit dem Einatmen aufnehme und diese in die Beine und den Bauch schicke, dann nacheinander in die Brust, den rechten Arm, den linken Arm und den Kopf. Ich gehe einen inneren Akt der Verpflichtung ein, indem ich zu mir sage: »Ich möchte sein. Ich möchte und ich kann sein. Ich werde alles unternehmen, damit dies für eine bestimmte Zeit anhält. Ich werde alle notwendigen Maßnahmen ergreifen, um das Ergebnis in mir zum Sein zu kristallisieren. Ich werde alles tun, um zu sein.«

113
Die Substanz des Ichs

Wieder einmal werde ich mir dieser Substanz gewahr, dieser Kraft, die durch all das, was ich von dieser Arbeit wirklich umsetze, in mir kristallisiert ist. Ich fühle sie. Diese Kraft wohnt all meinen Bewegungen inne, wie eine subtile Präsenz. Sie kann es mir ermöglichen, auf eine andere Art am Leben teilzuhaben und eine andere Verbindung mit anderen Wesen einzugehen. Doch auch wenn ich spüre, wie diese Kraft in mir gegenwärtig ist, respektiere ich sie nicht. Ich gebe ihr nichts von mir. Ich wünsche sie mir, ich bitte sie um Hilfe, doch ich gebe ihr nicht das, was sie braucht, um in mir ihr eigenes Leben, ihre eigene Gestalt zu haben. Mein Schwerpunkt hat sich nicht verändert.

Wenn ich mir wünsche, diesen »Willen zu sein« in mir zu finden, den Willen, diese Präsenz als den wirklichen Sinn meines Lebens festzuhalten, muss ich *erkennen, wozu ich diene*... nicht darüber nachdenken, es glauben oder es wünschen, sondern es von Augenblick zu Augenblick *erkennen.* Dazu muss ich zunächst eine Verbindung zwischen meinem Körper und jenem Stoff herstellen, den Gurdjieff die »Ich-Substanz« nennt. Diese Substanz ist im Körper verstreut. Ich übe, sie mittels meines Verstandes einzufangen, um sie dann im ganzen Organismus verschmelzen und sich auflösen zu lassen, sodass sie nirgendwo festsitzt. Ich sage »ich« zu mir selbst, und es ist, als ob ich in diesen Stoff einatme, während ich ihn zerschmelzen sehe. Dann sage ich »mir« und lasse die jetzt feinere Substanz sich gleichmäßig in meinem gesamten Organismus ausbreiten, sodass ein zweiter Körper Gestalt annehmen kann. Dieses wiederhole ich einige Male. Um zu schauen, ob der ganze Stoff gleichmäßig verteilt ist, erlebe ich einen Blick von oben, ein Ich-Gefühl von oberhalb des Kopfes. Mein Körper erscheint dann zwischen allem anderen als ein kleines Ding, wie ein Wassertropfen in einem Glas. Insbesondere sehe ich, dass das Ich tatsächlich die Intelligenz ist, der Meister von »mir«, welches unter dessen Blick zufrieden ist. Zwei Körper zu besitzen, ist der größte Luxus.

Wenn ich mir der Bewegung des Einatmens und der Verteilung dieses feinen Stoffs in mir gewahr werde, merke ich, dass ich ihm durch meine Haltung ermöglichen kann, entsprechend seinen eigenen Bahnen und Schwerpunkten Form anzunehmen. Ich werde sensibel für diese Haltung und erkenne, indem ich sie übe, dass zwischen meinem Körper und diesem feinen Stoff eine sehr enge Verbindung geschaffen wird. Ich kann diese Substanz des Ichs im Körper spüren. Sie ist von einer anderen Ordnung. Doch im Moment ist sie noch ohne eigene Kraft, machtlos, stofflos. Ich muss mir ihrer als einer Gesamtheit dauerhafter bewusst werden. Später, wenn sie einmal kristallisiert ist, wird sie Macht über meine Manifestationen besitzen.

Die Arbeit hat verschiedene Stufen. Im Moment ist die Bildung dieses neuen Körpers, des Astralkörpers, das grundlegende Ziel unserer Arbeit. Wenn er geformt ist, wird es ein anderes geben.

Absichtliches Leiden

114
Sich stellen

Wie können wir uns für eine höhere Ebene öffnen? Solange auch nur ein Rest von konzeptionellem oder intellektuellem Inhalt verbleibt, ist reines Bewusstsein unmöglich. Die feinste und höchste Energie, die ich mir vorstellen kann, belebt mich nicht. Sie ist nicht hier. Ich muss das fühlen, muss fühlen, dass meine Kraft gefesselt wird und ich nicht transformiert werden kann. Ich bin nicht offen für eine höhere Ebene, für ein höheres Denken. Ich muss diesen Mangel erleiden, muss mich ihm entschlossen stellen. Nach und nach wird dies wichtiger als alles andere. Doch dafür muss ich mich ganz geben. Und das Ego macht immer wieder seine Dominanz geltend. Sich dem zu stellen, ist absichtliches Leiden.

Wir müssen nochmals die Frage nach der inneren Haltung betrachten, die zur Transformation unseres Bewusstseins führen kann. Was wir heute sind, stimmt nicht mehr mit dem überein, was wir vor ein paar Jahren waren. Was hat sich verändert? Und was nicht? Und was hat sich in Tat und Wahrheit sogar noch verfestigt? Der wirklichere Teil unseres Wesens ist verborgen, da es sich hinter unserem normalen Bewusstsein befindet. Dennoch können wir die Kraft sehen, mit der er darauf besteht hervorzutreten, um unserem Leben eine Form zu geben. Er ist mehr oder weniger stark, mehr oder weniger akzeptiert, doch seine Wirklichkeit ist eine Tatsache. Und diese Tatsache bedeutet, dass wir nicht länger dieselben sind. Etwas in uns hat sich verändert. Nicht verändert hat sich allerdings, dass wir angesichts dieser Wirklichkeit keine Verantwortung übernehmen. Wir nehmen ihr gegenüber keine bewusste Haltung ein, keine Art des Seins. Wir nehmen unseren Zustand nicht ernst und erkennen die Gefahr nicht.

Wir stehen vor einer echten Herausforderung. Wir haben zwei Möglichkeiten: einerseits den Kontakt und die Einheit mit der essenziellen Energie unseres Seins, andererseits die Weigerung unseres gewöhnlichen Ichs, das sich davor fürchtet, zu leiden und ausgelöscht zu werden. Angesichts dieser Situation sind wir feige. Wir verschieben, wir diskutieren, wir beschweren uns und wir werden nicht unabhängig. Immerhin sind wir zumindest bereit, dem ins Gesicht zu schauen. Wir stehen an einem Wendepunkt, der uns eine Gelegenheit bietet. Doch zeigt er uns auch das Risiko, denn, so wie wir sind, ist nichts leichter als zu versagen. Mein Streben nach dieser essenziellen Kraft wird immer stärker. Gleichzeitig lebe ich dauernd in Sorge um mein Wohlergehen und mit dem Wunsch, die Begierden meines gewöhnlichen Ichs zufriedenzustellen. Dieser Widerspruch hinterlässt einen Geschmack von Reue.

Ich bin nicht frei. Ich bin nicht bereit. Wenn ich dies betrachte, entdecke ich, was sich in meinem Unterbewusstsein verweigert. Doch ich darf mich nicht zwingen, bereit zu sein, oder mich bestrafen. Es geht nicht darum, ob ich versage oder Erfolg habe, sondern darum zu erkennen, ob ich mir wünsche, für diese essenzielle Energie offen zu sein. Dies bringt ein gründliches Loslassen auf eine richtige und natürlichen Art und Weise mit sich und ermöglicht eine gewisse Freiheit. Ich lasse die Beschuldigungen meines gewöhnlichen Ichs hinter mir. Mein ganzes Wesen hängt von dem Gefühl ab, das ich für diese Energie hege, und von meiner Fähigkeit, dieses allen meinen Zentren mitzuteilen. Wenn diese an dem Gefühl teilhaben, wird eine Einheit geschaffen und dadurch aufrechterhalten, dass sie alle dasselbe Leben teilen. Dieses Loslassen ist niemals sicher und muss immer wieder verifiziert werden. Dieses Bestreben entspringt nicht einem Besitzrecht, sondern reflektiert einen Akt der Liebe.

Meine Zentren fühlen diese Energie, fühlen meine Haltung. Ich lasse Platz, ich lasse eine Bewegung in Richtung einer Einheit zu, die ihr eigenes Gleichgewicht hat, ihre eigene Gestalt. Doch die Zentren wissen noch nicht um ihren eigenen Zweck, wissen noch nicht, wozu sie dienen müssen. In jedem Teil erscheint unterschwellig ständig die automatische gewohnheitsmäßige Bewegung, welche die Energie nach außen zieht. Ich muss mich dem stellen, muss die Konfrontation zwischen diesen beiden Bewegungen erleben, was von der verbindenden Kraft meiner Aufmerksamkeit abhängt. Ich stelle mich einem Gesetz. In mir besteht die Möglichkeit eines neuen Seinszustandes. Doch ich kenne nur dessen Schwankungen, weil, sogar wenn ich eine Andeutung dieser Wirklichkeit erfahre und von ihr berührt bin, ich ihn nicht aufrichtig schätze. Ich wünsche mir diese Wirklichkeit nicht wahrhaftig. Ich liebe sie nicht.

115
Ich muss die Unzulänglichkeit leben

Um mit den höheren Zentren in Berührung zu kommen, ist es notwendig, die Intensität der niedrigeren Zentren zu steigern. Deren Schwingungen müssen sich durch das Erkennen und das Erleiden, ein bewusstes Leiden, des Mangels intensivieren. »Ja«, denken wir so für uns, »ich weiß. Mein Verstand und mein Körper müssen zusammen sein.« Doch was hat das zu bedeuten? Fühle ich die Energie in meinem Verstand, habe ich eine Wahrnehmung von ihr und von der Energie in meinem Körper und von der Energie in meinem Fühlen? Kann ich ihre Bewegungen sehen? Wie verstehe ich die Veränderung, die in den Zentren stattfinden muss?

Energien können nicht isoliert bleiben – entweder werden sie von etwas gebunden oder sie agieren selbst. Ich kann nichts dagegen tun, gefesselt zu werden, wenn ich nicht mit einer Energie einer höheren Ebene in Verbindung stehe. Ich muss mit einer Energie in Berührung sein, deren Qualität meine Aufmerksamkeit von der Wirkung anderer Energien befreit. Doch es ist schwierig, diese Verbindung herzustellen. Ich hänge an all meinen Handlungen. Es gibt ein Fühlen, das noch nicht aufgetreten ist. Ich brauche eine bewusste Verbindung, die mich davor schützt, von allen Seiten gefesselt zu werden, und ein Fühlen, das es dieser Verbindung ermöglicht, bestehen zu bleiben. Dafür muss ich mich der Unzulänglichkeit stellen, muss sie leben. Vor allem aber muss ich erkennen, dass in dieser Anstrengung die Intensität im Kopf und im Körper niemals dieselbe ist. Daher ist die Verbindung niemals wirklich.

Im ganzen Verlauf unserer Arbeit treffen wir in uns selbst auf Widerstand. In jedem Moment findet eine Verneinung dessen statt, was gerade bejaht wurde, manchmal sogar mit Gewalt. Doch hätten wir ohne diese Verneinung vielleicht nicht die Möglichkeit, uns weiterzuentwickeln. Unsere Energie würde nicht transformiert werden. Wenn beispielsweise Energie für eine tiefere Empfindung freigesetzt wird, kommt es zu einer Verweigerung – Zweifel, Angst, irgendeinem negativen Gefühl. Und anstatt dass die Energie hilft, die Wahrnehmung stärker oder lebendiger zu machen, fließt sie zu den emotionalen und intellektuellen Zentren, die dann auf eine grobe, ja tierische Weise schwingen. Ohne dass sie transformiert wird, wird die Energie in äußere Bewegungen projiziert: in Geschwätz oder Handlungen, die uns schwächer machen. Dennoch, falls ich in dem Augenblick, in dem die opponierende Kraft auftaucht, erkenne, worin die Verneinung besteht, kann ich mir wünschen, zwischen den beiden Schwellen zu stehen und durch eine besondere Anstrengung dahin zu gelangen, genau die Elemente zu isolieren, die sich von diesen negativen Gefühlen nähren. Wenn meine Anstrengung aufrichtig und ausreichend ist, kann vielleicht ein Kontakt mit einer anderen Art zu fühlen, mit einer anderen emotionalen Strömung hergestellt werden. Damit dies geschehen kann, muss ich im Augenblick der Friktion gegenwärtig sein. Um eine feinere Energie zu bilden, muss ich den Augenblick aushalten, ohne mich auf eine der beiden Seiten zu schlagen.

Wenn ich versuche, diese Energie frei in mir zirkulieren und mich beleben zu lassen – sie also mein Meister sein zu lassen –, lerne ich die Grenzen kennen, innerhalb derer dies möglich ist. Ich spüre Stellen, immer dieselben, die Knoten der Kontraktion sind, wo eine egoistische Haltung festsitzt, die aufzulösen mir sehr schwerfällt. Es ist eine Grimasse meines Gesichts, eine Steifheit in meinem Nacken, eine selbstgefällige Bewegung, mit der ich meinen Kopf hebe, oder ein missbilligendes Abwenden. Ich muss diese Stellen kennen, an denen sich meine Verweigerung versteckt, wo mein Ego sich selbst beschützt und sich nicht berühren lässt.

Ich leide an meiner Unzulänglichkeit, meiner Unfähigkeit. Ich bin verschlossen, der Durchgang ist nicht frei. Ich leide darunter, was bedeutet, ich stelle mich dem allen, ich akzeptiere die Reibung zwischen dem Ja und dem Nein. Ich sehe den Widerstand, die Passivität, und ich sehe mich aufgeben, auf meinen Wunsch *zu sein* verzichten, um wieder einzuschlafen zu können. Ich kämpfe darum, mich dem zu stellen – nicht die Oberhand über die ständigen Veränderungen in mir selbst zu gewinnen, sondern sie zu beobachten. In diesem Aushalten entwickelt sich eine Energie einer höheren Qualität, ein bewusstere Aufmerksamkeit. Es entsteht eine konstante Forderung nach einer bewussten Wahrnehmung. Das Denken und die Wahrnehmung intensivieren sich durch die aktive Kraft dieser Aufmerksamkeit, wodurch eine Verbindung zwischen beiden aufrechterhalten wird. Wenn die Bedingungen des Leidens akzeptiert, ja sogar erwünscht sind, taucht ein neues Fühlen auf. Ich akzeptiere meine Machtlosigkeit und ich leide. Indem ich mich meiner Unzulänglichkeit stelle, verstärkt sich die Energie und wird zu einer aktiven Kraft, welche die passive Kraft zwingt zu gehorchen.

116
Bewusster Kampf

Wir haben den Wunsch, uns der inneren Präsenz als einem zweiten Körper in uns, der sein eigenes Leben führen muss, bewusst zu sein. Er muss auf unseren physischen Körper einwirken, doch darf dieser nicht beschädigt werden, da auch er ein Eigenleben hat. Vorerst ist es wichtig, diese Energie in uns größer werden zu lassen, Kraft zu tanken. Wir müssen fühlen, dass dieser zweite Körper eine Verbindung zu einer höheren Energie benötigt. Die Frage ist, wie ich es ihm ermöglichen kann, sich zu entwickeln, wie ich feine Schwingungen absorbieren kann, bis sie meine Präsenz durchdringen.

Unsere Arbeit besteht darin, wachsam zu sein und zu erkennen, was diesen Körper stärken kann. Dafür ist das bewusste Bewahren einer Haltung notwendig, bei welcher der größte Teil meiner Aufmerksamkeit im Inneren gehalten wird und auf diese angestrebte Durchdringung ausgerichtet ist. Diese Energie speichernde Übung ist ein Schöpfungsakt. Die Vision dessen, was in uns geschieht, ist das Allerwichtigste. Das Resultat ergibt sich aus diesem Sehen und aus der Reibung zwischen dem Öffnen zum Unbekannten hin und der Reaktion unserer Funktionen. Dies ist der Beginn einer »Kristallisation«, der Bildung von etwas Unteilbarem, Individuellem und Beständigem – Wille, Bewusstsein, ICH. Ich erwache, um ganz zu sein, bewusst zu werden mit einem Willen *zu sein*.

Die Substanz des zweiten Körpers ist eine feinere Intelligenz, eine Sensitivität. Wie der physische Körper, braucht auch er Nahrung für seine Entwicklung. Ein Kampf, eine bewusste Konfrontation, ist notwendig, um eine Energie anzuziehen, die ansonsten nicht erscheinen würde. Wenn unsere Aufmerksamkeit gegenüber den Bewegungen unseres Denkens, unseres Fühlens und unseres Körpers stark konzentriert ist, bildet dies eine Substanz, die der Elektrizität ähnlich ist. Es ist notwendig, diese Substanz zu akkumulieren, damit ein zweiter Körper gebildet werden kann. Der Weg dahin ist weit, doch die Substanz kann durch bewusste Anstrengung und absichtliches Leiden in uns geschaffen werden. Der neue Körper wird dann die Möglichkeit haben, auf den physischen Körper einzuwirken. Der kontinuierliche Kampf zwischen unserem Kopf und unserem »Tier«, zwischen unserer Individualität und unseren Funktionen, ist wichtig, weil wir die Substanz benötigen, die durch diese bewusste Konfrontation produziert wird. Immer und immer wieder ist diese Anstrengung notwendig, und wir dürfen uns nicht entmutigen lassen, denn das Resultat unserer Arbeit kommt nur langsam.

In uns gibt es einen natürlichen, permanenten Konflikt zwischen der Psyche und dem organischen Körper. Sie haben zwei unterschiedliche Wesen – die eine wünscht, der andere wünscht nicht. Da besteht also eine Konfrontation, die wir durch unsere Arbeit und durch unseren Willen bewusst verstärken müssen, sodass eine neue Möglichkeit des Seins entstehen kann. Dazu führen wir eine Aufgabe aus, etwas Spezielles, das diesen Kampf verstärkt. Beispielsweise hat mein Organismus die Angewohnheit, auf eine bestimmte Art und Weise zu essen oder zu sitzen. Das ist seine Konditionierung; doch ich lehne es ab, ihr zu gehorchen. Also kommt es zu einem Kampf, einem bewussten, absichtlichen Kampf zwischen einem Ja und einem Nein, der die dritte Kraft herbeiruft, das ICH, also den Meister, der die beiden versöhnen kann.

Der Körper ist ein Tier, die Psyche ein Kind. Es ist notwendig, beide zu erziehen, beiden ihren Platz zuzuweisen. Ich muss den

Körper dazu bringen, zu verstehen, dass er gehorchen muss, nicht befehlen. Dafür muss ich erkennen, was in mir geschieht. Ich muss mich selbst kennen. Dann kann ich eine Aufgabe übernehmen, die meinen Möglichkeiten entspricht, und einen bewussten Willen ausüben. Für mein Sein entfache ich einen Kampf zwischen dem Ja und dem Nein. Erst in diesem Augenblick beginnt die Arbeit.

Unsere Erfahrung des Leidens ist niemals bewusst. Sie ist mechanisch, eine Reaktion einer Maschine. Bewusst ist es, wenn ich mich selbst in Umstände begebe, die Leid mit sich bringen, und ich mich dieser Situation stelle. Ein bewusster Mensch leidet nicht mehr – im Bewusstsein ist man glücklich. Doch so vorbereitet zu leiden, ist für die Transformation unerlässlich.

XI

Das essenzielle Sein

Unsere essenzielle Natur ist Bewegungslosigkeit,
die große Beharrlichkeit des Lebens, in dem
alle Bewegungen erscheinen.

—

Ich sehe die Welt jenseits meiner Form, und in dieser Schau
erkenne ich die Welt der Form.

—

Die wesentliche Anstrengung ist immer das Ich-Bewusstsein.
Alles hängt damit zusammen – und berührt meine Essenz.

—

Glaube ist die gelebte Gewissheit,
über die Grenzen meines gewöhnlichen Ichs
hinausgegangen zu sein.

—

Ich sehe alles zusammen, sowohl mein Ego als auch
das wirkliche Ich. Diese Art zu sehen, befreit mich.
Dies ist der Tod meines gewöhnlichen Ichs.

—

Das gewöhnliche Ich ist ein Phantom,
eine Projektion meiner selbst. Tatsächlich ist nichts,
das ich für eine Manifestation halte, etwas Getrenntes,
sondern eine Projektion des Essenziellen.

—

Die Wirklichkeit hat keine Beständigkeit.
Sie ist jenseits von Zeit, außerhalb von Dauer.

Eine falsche Haltung erkennen

117
Stufen der Arbeit

Unsere essenzielle Natur ist Bewegungslosigkeit, die große Beharrlichkeit des Lebens, in dem alle Bewegungen erscheinen. Doch gleichzeitig sind wir fließende Energie, eine kontinuierliche Bewegung, die niemals anhält. Wenn unsere Funktionen ruhen könnten – auch nur für eine, zwei oder drei Sekunden –, würden wir zu einem neuen Verständnis unseres wahren Selbsts gelangen.

Veränderung in unserem Wesen geschieht durch die Transformation von Energie, durch eine Arbeit, die nach und nach auf aufeinanderfolgenden Stufen stattfindet. Zunächst ist da der Zustand der Beobachtung, der »kritischen Wachsamkeit«, in dem ich mir einer falschen inneren Haltung bewusst werde. Dies ist kein mentales Bild, sondern ein inneres Körperbewusstsein, das alle Fehler der Unausgeglichenheit enthüllt, die mit der isolierten Arbeitsweise eines einzelnen Zentrums einhergehen.

Wenn das Falsche erkannt und gespürt wird, geschieht als Zweites ein Loslassen dessen, was mich behindert. Dies ist ein Zustand von »Vertrauen«, der Gegensatz von »tun wollen«. Es ist ein Auflösen dessen, was sich verfestigt hat, das Aufgeben einer Denkart, die alles zum Objekt macht. Das bedeutet zu akzeptieren, was geschieht, ohne sich auf irgendwelche mentalen Bilder zu verlassen. Die Vorherrschaft des Ichs zeigt sich im Körper. Der Akzent meines Atmens wechselt vom Einatmen zum Ausatmen.

Die dritte Stufe ist dadurch gekennzeichnet, dass wir uns unseres essenziellen Wesens bewusst werden. Die Form des Ichs wird durchlässig. Alles, was verhärtet war, wird aufgelöst und nun für die Bildung des zweiten Körpers neu aufgestellt.

Auf der vierten Stufe erscheint das Vertrauen ins Essenzielle; das Formlose wird anerkannt, ohne es zu benennen oder zu klassifizieren. Dies erfordert den Mut, jenen Zustand auszuhalten, in dem man nichts mehr versteht, und das heißt, im Glanz des Wesens zu stehen, dort zu verweilen und immer wieder das Risiko einzugehen, meine tiefverwurzelten Haltungen und Überzeugungen fallenzulassen.

Bei der Transformation geht es nicht darum, wie man in einen weiter geöffneten Zustand gelangt, sondern darum, wie man diesen zulassen kann. Die Energie ist hier. Unsere Rolle besteht nicht darin, diese Energie in uns zum Erscheinen zu bringen, in uns hineinzubringen, sondern darin, sie in uns eintreten zu lassen. Wenn ich mich ihrer Wirkung nicht unterwerfe, wird dieses Eintreten nicht stattfinden. In Tat und Wahrheit ist es so: Je mehr ich »mich bemühe«, desto stärker ist der Weg blockiert. Nichts mehr fließt hindurch. Die aktive Kraft und die passive Kraft sind in uns immer gegenwärtig. Dasjenige, was sich bemüht, aktiv zu sein – mein Denken, das immer irgendetwas will –, muss passiv bleiben. Denn dann ist die Aufmerksamkeit aktiv. Ein Fühlen setzt ein, ein Fühlen, das alles transformiert, weil es eine Verbindung ermöglicht.

In mir, in dem, was ich bin, gibt es eine Präsenz, die rein ist, ein Denken, das rein ist. Es besteht aus unzähligen Wellen, doch seiner Natur nach ist es rein, leer und grenzenlos. Es genügt sich selbst. Die Wellen sind einfach nur Wellen, nicht die Energie als solche. Ich bin es, die sie erzeugt. Wenn ich die Wellen sehe und nicht versuche, sie zu stoppen, werden sie von selbst abflauen und mich nicht stören. Sie werden ruhig, und ich fühle die reine Natur meines Verstandes, meines Denkens. Die Wellen sind ein und dasselbe wie die Energie, doch ich betrachte sie als etwas anderes, als etwas, was sie nicht sind. Energie hat immer Wellen, ist immer in Bewegung. Doch die Wellen und die Energie sind in Wirklichkeit dasselbe. Wichtig ist, die Energie als solche zu kennen, die reine Energie. Wenn ich wahrhaftig gegenwärtig wäre, gäbe es keine Wellen, keine Bewegungen in mir.

118
Ein eklatanter Widerspruch

Wir sind nicht das, was wir zu sein glauben. Ich sage immer, dass ich suche, doch in Wirklichkeit werde ich gesucht. Ich weiß davon nicht genug. Es fehlt etwas, woran ich glauben könnte, etwas absolut Wahres, das wie ein neues Verständnis wäre, eine Kraft, die Oberhand über meine Trägheit gewinnen könnte.

Ich muss in mir eine Kraft haben, die von einer höheren Ebene des Kosmos stammt. Sie muss Teil von dem werden, was ich bin. Sie sollte in mir ausströmen und aufscheinen. Doch der Zustand meines Seins, mein Bewusstsein, erlaubt es mir nicht, sie zu fühlen. Ich bin getrennt von der Wirklichkeit durch das Trugbild meiner Reaktion im Augenblick, in dem ich einen Eindruck empfange. Dies hindert mich daran, für die Gesamtheit dessen, was ich empfange, offen zu bleiben. Immer kommen Worte, subjektive Emotionen und Spannungen auf, und dieser Strom hält nicht an. Ich kenne diese Bewegung nicht und kann sie nicht richtig einschätzen, und so taucht auch keine neue Ordnung, kein Zeichen meiner Transformation, auf. Ich habe die Gewohnheit, mich selbst zum Objekt zu machen, immer an »mich« zu denken, mich immer zu beschweren. Diese Art, mit mir beschäftigt zu sein, ist falsch und lehrt mich gar nichts.

Ich möchte mir darüber bewusst werden, was ich bin, wer ich bin, und ich sehe mich selbst antworten: »Ich bin hier. Ich bin es.« Gleichzeitig fühle ich, dass es nicht stimmt; es ist nicht wirklich ICH. Dennoch ist es die Art und Weise, wie ich denke. Und wenn ich »ich« sage, fühle ich mich als Mittelpunkt von allem. Ich bestätige mich selbst. Dinge existieren nur in Relation zu mir: Ich mag sie, ich mag sie nicht; dies ist gut für mich, jenes schlecht. Ich bin von allem getrennt, von allem verschieden. Sogar mein Wunsch, mich selbst zu kennen, kann dieser selbstbezogenen Einstellung entspringen, meinem gewöhnlichen Ich. Immer bin ich dazu bereit, dieses Ich zu verteidigen und zu unterstützen, diesen Schwerpunkt, der in seinem tiefsten Innern nicht wirklich das ist, was ICH BIN. Neben der Bestätigung dieses Ichs gibt es etwas, was nicht bestätigt, nicht fordert – etwas, was *ist.* In jedem Augenblick meiner Selbstbestätigung verweigere ich mich mir selbst und verweigere ich mich anderen.

Wir sind nicht das, was wir zu sein glauben. In uns gibt es einen essenziellen Impuls in Richtung Bewusstsein, der einem angeborenen Bedürfnis entspringt, die Ganzheit unseres Seins zu erkennen, einem Wunsch, der zu unserer eigenen Transformation führt. Wir wissen um diesen Wunsch in uns und in bestimmten Augenblicken sind wir von ihm berührt. Aber er ist noch immer keine Tatsache für uns, und unser selbstbezogenes Bewusstsein wird nicht transformiert. Tatsächlich sind wir genauso wie all jene um uns herum, die wir als engstirnig, dumm, gemein, neidisch und so weiter betrachten. Genauso wie sie, sind auch wir uns nicht der Impulse bewusst, die uns antreiben und die Strömung erzeugen, in der wir leben. Wir fahren fort, uns mit anderen zu vergleichen, und glauben an unsere Überlegenheit, verstecken uns hinter Ideen und Hoffnungen. Aber wir wollen dies gar nicht erkennen. Wir glauben, dass wir erfolgreich sein werden beim Erfahren dessen, was jenseits unseres gewohnheitsmäßigen Zustands liegt, ohne das in Betracht zu ziehen, was uns davon abhält, ohne auch nur den Stoff unserer Gedanken, Gefühle und Handlungen verstanden zu haben. Dies erschafft eine gewisse Heuchelei in uns. Wir haben den eklatanten Widerspruch zwischen unserem Wunsch nach einem größeren Bewusstsein und den Impulsen, die unser gewohnheitsmäßiges Verhalten antreiben, noch nicht begriffen. Wir haben noch nicht akzeptiert, dass wir, um die Wahrheit zu finden, die Quelle unseres Denkens und unseres Tuns – das gewöhnliche Ich – verstehen müssen.

Wir hoffen immer, dass irgendetwas von selbst geschehen wird, doch Transformation findet nur dann statt, wenn wir uns ihr, nach und nach, gänzlich hingeben. Wir müssen mit der Anstrengung des Selbsterinnerns und der Strapaze der Selbstbeobachtung bezahlen, und wir müssen die Lüge, dass wir an uns selbst glauben, für einen Augenblick der Wirklichkeit aufgeben. Dies wird zu einer neuen Einstellung gegenüber uns selbst führen. Die schwierigste Sache hierbei ist zu lernen, wie man bezahlt. Wir erhalten genau so viel, wie wir bezahlen. Um die Autorität einer subtilen Präsenz zu fühlen, müssen wir über die Mauer unseres Egos hinausgelangen, hinter die Mauer unserer mentalen Reaktionen, aus denen die Vorstellung des Ichs entspringt. Es ist unvermeidlich, dass wir bezahlen. Ohne zu bezahlen, haben wir nichts.

119
Die Bestätigung meiner selbst

Die Bewegung der Energie in uns ist kontinuierlich. Sie hält niemals inne. Vielmehr bewegt sie sich durch Phasen intensiver Projektion, die wir »Anspannung« nennen, und Phasen, in den sie zu uns zurückkehrt, was wir »Loslassen« oder »Entspannung« nennen. Es kann keine ununterbrochene Anspannung und keine ununterbrochene Entspannung geben. Diese beiden Aspekte sind das eigentlich Lebendige an diesem Energiefluss, sie sind der Ausdruck unseres Lebens. Aus ihrer Quelle in uns wird die Energie durch den Kanal unserer Funktionen auf ein äußeres Ziels projiziert. In dieser Bewegung bilden die Funktionen eine Art Zentrum, das wir »ich« nennen, und wir glauben, dass dieses Nach-außen-Projizieren die Bestätigung unseres Selbsts ist. Dieses Ich, um das sich unsere Gedanken und Gefühle drehen, kann nicht loslassen. Es lebt in Anspannung, wird durch Spannungen genährt.

Dieses gewöhnliche Ich, unser Ego, ist dauernd damit beschäftigt, was es mag und was es nicht mag – was *»ich«* mag oder was *»ich«* nicht mag –, in einem unaufhörlichen Verschließen, das sich verfestigt. Es begehrt, kämpft, verteidigt sich, vergleicht und beurteilt die ganze Zeit über. Es möchte das Erste sein, bewundert werden und seine Kraft, seine Macht, spüren lassen. Dieses Ich ist ein Zentrum des Besitzes, in dem alle Erfahrungen, die in unserem Gedächtnis eingetragen sind, angesammelt werden. Und von diesem Zentrum aus möchte ich »tun«: mich verändern, mehr besitzen, mich verbessern. Ich möchte dies werden und jenes erreichen. Dieses Ich will immer mehr besitzen. Aus Ambition und Begierde will es immer etwas Besseres werden. Warum hat dieses Ich solch ein übertriebenes Bedürfnis, etwas zu sein, sich seiner selbst zu versichern und dies zu jeder Zeit ausdrücken zu wollen? Es hat Angst davor, nichts zu sein. Basiert Identifikation in ihrem Kern nicht auf Angst?

Dieses Ich bemüht sich konstant um Beständigkeit und sucht nach Sicherheit. Also identifizieren wir uns mit allerart Wissen und Glauben. Die Erfahrung des Identifizierens ist alles, was wir kennen, alles was wir schätzen. Doch werden wir Beständigkeit nicht durch Identifikation erhalten. Aufgrund der Begrenztheit unseres denkenden Verstandes kann dieser Prozess nur in einen Konflikt führen. Er beschäftigt sich ausschließlich mit zeitlicher Form, mit etwas Endlichem. Dieser Verstand kann sich nichts jenseits davon – im Reich dessen, *was ist* – vorstellen, und er kann nichts Neues liefern. Dennoch stellt sich durch die Flucht vor diesem Verstand keine wirkliche Sicherheit ein. Diese ist nur möglich, wenn das Denken wirklich still wird, wenn die beständige Wirkung von Ambition und Begehren zu einem Ende kommt.

Um zu sehen, *was ist,* muss ich erkennen, dass mein Zustand nicht von Dauer zu sein vermag. Er ändert sich von Augenblick zu Augenblick. Dieser Zustand der Unbeständigkeit ist meine Wahrheit. Ich darf nicht versuchen, ihn zu vermeiden oder meine Hoffnung auf eine scheinbar hilfreiche Stabilität zu setzen. Ich muss diesen Zustand der Unbeständigkeit leben, ihn erfahren und von dort aus weitergehen. Dazu muss ich hinhören. Wenn ich jedoch nur auf das höre, was ich hören möchte, werde ich niemals frei sein. Ich muss allem zuhören, was auftaucht, und um wirklich zuzuhören, darf ich mich nicht dagegen sträuben. Dieser Akt des Zuhörens, des Gegenwärtigseins, ist eine echte Befreiung. Ich bin mir meiner Reaktionen auf alles, was in mir geschieht, bewusst. Ich kann es nicht vermeiden zu reagieren, doch damit die Reaktionen mich nicht aufhalten, muss ich fähig sein, über sie hinauszugelangen. Ich muss fortfahren, bis ich erkenne, dass es all das ist, was ich weiß, das mich davon abhält, dem Wirklichen, dem Unbekannten, näherzukommen. Ich muss diese ganze Konditionierung durch das Gewusste fühlen, um von ihr frei zu werden. Dann wird aus meiner Suche nach Stille und Ruhe eine Suche nicht nach Sicherheit, sondern nach der Freiheit, das Unbekannte zu empfangen.

Wenn der Verstand freier und wirklich ruhig wird, tritt eine Art Unsicherheit ein, doch in ihm herrscht vollständige Sicherheit, da das gewöhnliche Ich abwesend ist. Mein Verstand wird nicht länger vom Wunsch meines Ichs bewegt, »zu tun«, von dessen Forderungen, von dessen Ambitionen, noch nicht einmal von denen nach meinem inneren Wachstum. In dieser Ruhe werden alle Antworten, Reaktionen und Bewegungen dieses Ichs zurückgelassen. Mein Verstand ist zur Ruhe gekommen, zum Schweigen gebracht durch die Schau dessen, *was ist.* Eine Ordnung ist etabliert, die ich nicht selbst herbeiführen kann, der ich mich aber aktiv unterwerfen muss. Ich fühle eine Art Respekt, und plötzlich erkenne ich, dass es sich um Vertrauen handelt. Ich vertraue dieser Ordnung, diesem Gesetz – mehr als mir selbst. Ich anvertraue mich dieser Ordnung mit meinem ganzen Sein.

120
Meine Haltung drückt aus, was ich bin

In uns gibt es zwei verschiedene Schwerpunkte, um die wir uns drehen. Unser gewöhnliches Ich reagiert andauernd, um sein Dasein zu verteidigen. Der andere Schwerpunkt ist die wirkliche Substanz, die wir sind, die Wirklichkeit, die danach strebt, in uns zu erscheinen und durch uns ausgedrückt zu werden. Der eine kann nicht ohne den anderen existieren. Sie brauchen sich. Wie kann eine Verbindung zwischen ihnen entstehen? Welche Haltung meinerseits würde es ermöglichen, dass eine neue Einheit entsteht.

Ich muss hinschauen, um zu erkennen, dass meine Haltung eine falsche ist. Schon wenn ich nur hoffe, dass Bewusstsein eintritt, verkrampft sich mein gewöhnliches Ich. Daher muss ich diesem anderen Schwerpunkt meines Wesens vertrauen, diesem Kern, der mich braucht. Ich glaube, dass ich ihm vertraue, dass ich mich nicht mehr auf mein gewöhnliches Ich verlasse, das etwas »tun« kann. Doch bereits die Art, *wie* ich vertraue, reflektiert ein »Tun«. Es ist nicht so, dass dieses Ich als solches schlecht ist; schlecht ist, dass es sich von dem, was jenseits von ihm ist, abwendet. Ich muss dies solange sehen, bis es mir einen Schock versetzt.

Die Art, wie ich in meinem Körper bin, kann entweder von Verzerrung zeugen oder aber eine innere Form spiegeln, die sich, wenn sie keinem Zwang unterliegt, auf eine richtige Weise entwickelt. Die Authentizität dessen, was ich bin, wird deutlich in der Kombination aus der Haltung meines Körpers, aus der Qualität und der Beziehung zwischen Anspannung und Loslassen sowie aus dem Atmen, das in mir stattfindet. Sie ist etwas, was ich fortwährend erfahren muss. Dafür muss ich hinschauen. Wenn ich beobachte, kann ich einen flüchtigen Blick werfen auf die Konzentrationsbewegung meiner Energie in meinem Kopf oder meinem Solar Plexus, welche das Gleichgewicht der Einheit in mir durcheinanderbringt. Ich fühle, dass ich innerlich falsch aufgestellt bin. Dies ist der Augenblick, in dem ich mir meiner falschen Haltung bewusst werde. Dann muss ich deutlich spüren, was eine richtige Haltung mit einem neuen Schwerpunkt wäre. Ich brauche einen echten Eindruck von ihr, damit ich mir später wünschen werde, sie wiederzuerlangen. Wenn ich für dieses Zentrum meiner Essenz sensibel werde, werde ich erkennen, dass es zu einem sofortigen Loslassen kommt. Es geschieht genau gleichzeitig wie das Eintreten der richtigen Haltung. Kann ich dem trauen? Kann ich dableiben und nicht eingreifen?

Es ist meine Haltung, die ausdrückt, was ich bin, hier, in diesem Augenblick. Mein gewöhnliches Ich zeigt sich in meinem Körper durch dauernde Anspannung oberhalb der Taille. Dies ist eine gewohnheitsmäßige Form, der ich traue, aber eine, in der die Wirklichkeit dessen, was ich bin, nicht erscheinen kann. Diese falsche

Haltung kann ich erst dann sehen, wenn die chaotischen Bewegungen meiner Gedanken und Gefühle zu einem Halt kommen. Dieser Halt schafft einen Raum... eine Stille. Ich fühle mich lebendig... lebendiger. Ich bin mir bewusst, hier zu sein, ganz und vollständig zu existieren. Dieses Gewahrsein geht über alles hinaus und enthält alles. Das schließt meinen Körper ein, ohne den es nicht möglich wäre. Mein Körper ist wie ein Spiegel, der das Licht reflektiert. Ich sehe die Welt jenseits meiner Form, und in dieser Schau erkenne ich die Welt der Form. Ich fühle einen Wunsch *zu sein,* ein Bewusstsein, das mich zum Kern dieser beiden Wirklichkeiten führt und es ihnen erlaubt, ihre Rollen zu spielen. Da ist ein Gefühl eines wirklichen ICHS, ein Gefühl von ICH BIN, und mein gewöhnliches Ich wendet sich nicht länger ab, befürchtet nicht länger, vernichtet zu werden. Es weiß, warum es hier ist. Es hat seinen Platz und seinen Zweck gefunden.

Eine Wirklichkeit in mir

121
Eine vollkommen andere Schwingung

Kräfte aus allen Welten, von der niedrigsten bis zur höchsten und reinsten, fließen durch mich hindurch. Und ich weiß es nicht. Ich fühle sie nicht, ich diene ihnen nicht. Damit dies möglich wird, müssen die Schranken verschwinden, die mich von meinem essenziellen Wesen trennen, und ich muss mir meiner selbst als Ganzes bewusst werden.

Ich verspüre eine Art Unzulänglichkeit, eine Unzufriedenheit, die ich nicht verstehe. Sie setzt ein, ohne dass ich nach ihrem Ursprung frage und ohne Beteiligung meines Selbstgefühls. Anstelle einer Wahrnehmung der eigentlichen Tatsache, was eine neue Aufmerksamkeit erwecken könnte, kommt es zu einer Reaktion. Mein Verstand bleibt passiv, beurteilt und fordert das, was er selbst nicht bereitstellen kann. Weder verstehe ich die Natur der Unzufriedenheit noch die Natur der Reaktion. Die Reaktion wird nicht infrage gestellt, und mein Gefühl verändert sich nicht. Es kann sich nicht verändern, weil das Wesen, mein Wesen, nicht als Ganzes betroffen ist. Und diese Unzufriedenheit, die in Tat und Wahrheit das Bedürfnis nach einem wachsenden Bewusstsein reflektiert, wird vom Ego für seine Zwecke dienlich gemacht.

Wenn ich in einem größeren Ausmaß von einem Ereignis betroffen bin, realisiere ich, dass es eine Wirklichkeit jenseits der Spannweite meiner gewohnten Seinsweise gibt, eine schwer fassbare Energie, die über das mir bekannte Anspannen und Entspannen hinausgeht. Ich sehe, dass ich hin- und herschwanke zwischen allen möglichen Anspannungen und der absichtlichen oder unabsichtlichen Entspannung, die auf sie folgt. Doch nie erkenne ich die Anspannung, sei sie nun intellektueller, emotionaler oder physischer Art, im eigentlichen Moment als Anspannung. Ich sehe nur ihr Ergebnis: das Wort, die Vorstellung, die Form, das reagierende Gefühl für oder gegen etwas. Die Anspannung selbst, die Bewegung der Energie, sehe ich nicht, und daher bin ich ihr ausgeliefert. Da Spannung und Entspannung das ausmachen, was wir »unser Leben« nennen und uns den Eindruck zu leben verschaffen, hängen wir begierig an ihnen. Es scheint so, als ob ohne sie alles kollabieren würde. Doch diese Bewegungen verbergen etwas Wirklicheres, etwas, was ich nicht sehe, weil meine Aufmerksamkeit gefangen ist. Wie kann ich es erkennen?

Wenn wir unsere Aufmerksamkeit auf uns selbst richten, werden wir uns der Spannungen, die wir als Verhärtung von Materie spüren, in unserem ganzen Körper bewusst. Doch sie könnten als verschiedene Arten von Schwingungen gespürt werden, von denen jede ihre eigene Geschwindigkeit, ihre eigene Dichte, ihren eigenen Klang hat. Ein Bestreben, eine Spannung, kann als Klang oder Licht empfunden werden, als etwas, was einen stärkeren oder schwächeren magnetischen Strom erzeugt. Diese Schwingungen sind chaotisch und halten unsere Aufmerksamkeit im Dunkeln bezerstreut. Ich fühle mich von ihnen gefesselt, unfähig, mich zu befreien. Dennoch kann ich vielleicht von hinter diesem Chaos die Wirkung einer Schwingung von ganz anderer Intensität spüren. Diese Schwingung ist subtiler, und es ist schwierig, die langsameren Schwingungen, die mich zurückhalten und viel zu unverbunden sind, auf sie einzustimmen. Doch da ist etwas, was antwortet. Ich fühle einen Einfluss, der heller und intelligenter als meine normale Wachheit ist. Und ich spüre den Wunsch, diesem Einfluss zu gehorchen, ihm zu dienen. Um mich darauf einzustimmen, werde ich feinfühliger. Jetzt erscheinen meine Spannungen nutzlos, sogar unangenehm zu sein und fallen von selbst von mir ab. Ich werde durchlässig, als ob alle meine Teile sich auf die Wellenlänge dieser feinen Schwingung eingestimmt würden.

Die wesentliche Anstrengung ist immer das Ich-Bewusstsein. Alles hängt damit zusammen – und berührt meine Essenz. Das, was die Energie beinhaltet, ist vorübergehender Natur. Die Energie jedoch ist dauerhaft. In der Stille erkenne ich dies, wenn ich mich mit einer reinen Aufmerksamkeit, einer Art sechstem Sinn, von Assoziationen und Reaktionen löse, die meine Schau des Wirklichen verzerren. Ich brauche eine bewusste Haltung, einen Impuls, der von allen drei Zentren ausgeht, um meine Essenz, den Lebensstrom in mir, zu berühren. An diesem Punkt sehe ich meine Reaktion auf das Empfangen eines Eindrucks und verliere mich nicht mehr völlig darin. Diese Erfahrung ist das, was dauerhaft werden und einen neuen Schwerpunkt in mir bilden könnte. Das ist es, woran ich mich halten muss. Dies ist die einzige Arbeit, eine Tätigkeit, aus der die Substanz geboren werden kann, die zum Stoff für den zweiten Körper wird.

122
Aufrichtigkeit

Mich selbst zu kennen, ist keine Vorstellung, weder Hoffnung noch Pflicht. Es ist ein unwiderstehliches Gefühl, obwohl ich im Voraus nicht weiß, wohin es mich führt. Ich möchte etwas finden, das wahrhaftig ICH bin. Ich öffne mich dem Fragen. Ich sehe, dass mein Denken voll von sich selbst ist und lediglich seine eigene Aktivität kennt. Doch diese Einsicht befreit mich vom Denken, befreit die Energie. Ich kann sehen, und ich kann den Wunsch *zu sein* fühlen.

Um mich der Schwelle der Wirklichkeit, des Unbekannten, anzunähern, brauche ich eine kompromisslose Aufrichtigkeit. Alles was ich weiß, wird durch die Konditionierung meines denkenden Verstandes gewusst. Um meine wahre Natur zu kennen, muss ich über die Aktivität des Verstandes hinausgelangen. Das bedeutet nicht, ihn abzulehnen, ihn ändern zu wollen oder mich gegen ihn zu stellen. Vielmehr muss ich seine Funktionsweise verstehen und erkennen, wie diese mich konditioniert. Dann kommt es zu einer Akzeptanz, mit einer gewissen Klarheit und einem Frieden, und zu einer Haltung, die mir einen ersten Kontakt mit dem Unbekannten ermöglicht. Mein Verstand selbst wird als Teil des Unbekannten verstanden, und das Erkennen, welches sein Funktionieren und seine Art, seine Erinnerung einzubringen, ausmacht, erscheint in einem neuen Licht. Ich begreife, dass ich mich im Verstand verliere und mich ihm ausliefere, indem ich in ihm nach Sicherheit suche. Wenn ich mich selbst erkennen möchte, muss ich in jeden Augenblick diese Konditionierung sehen und darf mich von ihr nicht zum Narren halten lassen.

Es mag eine Zeit kommen, da ich erkenne, dass ich nichts weiß, da mein Verstand von den Inhalten der Erinnerung entleert ist – da ich nicht weiß, was ich jenseits meines normalen Bewusstseins bin, und es in mir nichts gibt, das es wissen könnte. Solange ich diese Tatsache nicht gelebt habe, bleibt die Erfahrung, die ich von mir selbst habe, oberflächlich. Meine Wahrnehmung gehört zum Zustand, der vom Bekannten aufrechterhalten wird und der es mir nicht ermöglicht, in tiefere Ebenen meiner selbst vorzudringen, die mein normales Bewusstsein nicht kennt.

Meine verschiedenen Zentren werden nicht durch Zwang miteinander verbunden, sondern indem ich, genau in diesem Augenblick, ihren Mangel an Verbindung und die Begrenzung, die damit einhergeht, verstehe. Es ist möglich, gegenüber der Wahrnehmung bewusster zu werden und durch Loslassen einen tieferen Eindruck von der Energie in mir zu erhalten. Jedoch erkenne ich, dass mein Denken nicht wirklich mit meiner Wahrnehmung verschmilzt. Im Gegenteil, die Wahrnehmung macht sich vom Denken völlig los. Es kommt zu einer Art Widerspruch zwischen diesen beiden Zentren, und je mehr ich mich bemühe, desto größer wird er. Ich fühle das Fehlen von etwas Essenziellem, etwas Vertrautem, das ein neues Verständnis enthüllen könnte. Wie kann ich diesen Umstand, in dem ich mich finde, bewerten – wie kann ich dem auf den Grund gehen?

Die Bedeutung von Aufrichtigkeit ergibt sich aus dem Fragen an sich, in dem ich mich dem Problem stelle. In dem Augenblick, in dem die Frage auftaucht, wird das Fühlen angesprochen, das in Form von Aufrichtigkeit erscheint. Die Forderung lautet: kompromisslose Aufrichtigkeit. Ohne Aufrichtigkeit werde ich nicht wissen. Je konsequenter ich mich der wirklichen Tatsache stelle, desto stärker wird mein Gefühl gereinigt. Ich *bin* aufrichtig. Mein Gefühl mischt sich mit dem Gedanken und der Wahrnehmung, und ich fühle mich anders, einheitlich. Dies ist eine Transformation meines Zustandes über den Zustand meines gewöhnlichen Ichs hinaus, ein Verzicht auf meinen eigenen Willen, um dem Willen der Leere zu entsprechen. In dieser absichtlichen Passivität erlebe ich meine Transformation, gehe ich von einer Dichte zu einer anderen über.

Der Wunsch nach kompromissloser Aufrichtigkeit sensibilisiert mich dafür, mir selbst zuzuhören, und führt mich an die Schwelle, wo ich von meiner normalen Wachheit zu einem größeren Bewusstsein schreiten kann. Wenn meine Aufrichtigkeit geprüft wird, wird mein Selbstgefühl infrage gestellt. Um was dreht es sich? Ich möchte das Reich meiner Gedanken und Gefühle verlassen, um auf etwas Wahres aufmerksam zu werden. Wenn ich mich der Schwelle zu einer unbekannten Wirklichkeit nähere, beobachte ich die Impulse – die Gedanken und Begierden –, die meine Handlungen antreiben. Es kommt zu einer neuen Haltung, einer neuen Seinsweise. Doch dies ist nichts, was gewiss ist. Ich finde es nur in genau dem Moment, wenn ich ein brennendes Bedürfnis nach Aufrichtigkeit habe.

123
Glaube

Heute stelle ich mir die Frage: Glaube ich an etwas? Wann fühle ich Glaube, und wann taucht Zweifel auf? Zwischen Glaube und Zweifel besteht ein ständiges Hin-und-Herwogen, doch ich bin unfähig, es im Blick zu behalten und es zu verstehen. Was fehlt?

Meine Gedanken und meine Gefühle, die nacheinander auftauchen, haben eine Bedeutung und einen Zweck, doch kann ich beides nicht erkennen. Sie sind nur ein Teil, ein kleiner Teil meiner Präsenz. Hinter ihnen steht eine Lebenskraft, die sie vor mir verstecken. Erscheinen diese Gedanken und Gefühle, ordne ich mich ihnen unter, als ob sie essenziell wären. Aber sie sind nicht das Wesentliche. Dies theoretisch zu akzeptieren, ist eine Sache; es jedoch zu leben, es wirklich zu erfahren, ist etwas anderes. Durch einen einzelnen Teil kann ich niemals das Ganze fühlen. Doch wenn ich das Ganze verstehe, werden Ort und Bedeutung des Teils klar. Ich weiß, warum er hier ist. Auch mein Verstand, mein Denken, muss das Ganze sehen. Solange ich mich von partiellen

Bewegungen fesseln lasse und von ihnen aufgehalten werde, bleibt meine Sicht eine falsche. Ich muss das Ganze fühlen, um die Wahrheit, die Wirklichkeit, zu erfahren.

Es ist notwendig, dass ich in mir eine Wirklichkeit erfahre und erkenne, die beinahe unmöglich zu begreifen ist, die ich jedoch trotzdem nicht anzweifeln kann. Sie muss realistischer erscheinen als alles, was ich an mir als essenziell zu erkennen meine. In diesem Augenblick wird in mir der Glaube berührt. Es handelt sich hierbei nicht um einen eingeimpften Glauben, nicht um einen Glauben an ein Ideal. Es ist ein Augenblick des wirklichen Erkennens, dass ich etwas jenseits der Wahrnehmung meiner Sinne erlebt habe und dass ich es aufgrund eines Gefühls jenseits meines normalen Fühlens meiner selbst erkannt habe. Gleichzeitig verfüge ich nicht frei über den Glauben. Ich fühle etwas in mir, das fordert, erkannt zu werden, nicht weil ich das denke, sondern weil ich durch meinen Wunsch zuzuhören seine Wirkung auf mich fühle. Wenn ich einfach nur über mich nachdenke, empfange ich nie auf diese Weise einen Eindruck von mir selbst, denn dafür braucht es mehr als nur mein Denken. Dennoch ist es dieser Eindruck, den ich am meisten brauche. Er ist es, der Glauben hervorruft – die gelebte Gewissheit, über die Grenzen meines gewöhnlichen Ichs hinausgegangen zu sein.

Ist dies für mich möglich? Wenn ich diese Erfahrung zu machen beginne, merke ich sofort, dass ich etwas von ihr erwarte. Aber es gibt nichts zu erwarten – alles ist hier. Dennoch erwarte ich weiterhin etwas. Ich erwarte eine Wahrnehmung, das heißt etwas, was ich durch meinen Körper erfahre. Ich glaube, dass mein Denken und mein Körper etwas tun müssten. Wenn ich dies bemerke, erkenne ich plötzlich, dass dieser Ansatz falsch ist, und ich fühle mich freier. Noch vor einem Augenblick schien es so, als gäbe es auf der einen Seite meinen Körper und auf der anderen eine Energie. Jetzt, weil ich nicht mehr in Worten denke, tendiert mein Denken nicht mehr zur einen oder zur anderen Seite und meine Aufmerksamkeit vermag, das Ganze zu umfassen. Dies vermittelt mir einen Eindruck von außergewöhnlicher Fülle, einen Eindruck von Leben.

Unglücklicherweise tauchen von Neuem Gedanken und Worte auf. Ich zweifle wieder. Ich verstehe nicht mehr, weiß nicht mehr. Doch ich wünsche mir, zu verstehen.

Dass ich sitze, weiß ich.
Dass ich einen Körper habe, weiß ich.
Dass ich eine Präsenz besitze, weiß ich.
Dass ich ein Teil des Lebens bin, weiß ich.

Dieser Glaube wirkt auf mich. Ich höre ihm zu.

Glaube kann nicht vermittelt werden. Nicht ein einziges Atom davon kann ein Wesen einem anderen geben. Glaube entspringt dem Verstehen.

124
Gewissensbisse

Auf dem Weg zur inneren Wiedergeburt ist es das wahre Fühlen von Liebe, das es uns ermöglicht, die zweite Schwelle zu überschreiten. Doch bevor sich reines Fühlen einstellen kann, muss man, mittels einer aus Hoffnung genährten Kraft, durch den Glauben hindurch zur Einsicht gelangen. Dafür ist eine Erneuerung der Intelligenz notwendig und ein Wissen, das eine Werteordnung wiederherstellt, gemäß der die Persönlichkeit sich dem wirklichen ICH unterwirft.

Zu glauben, zu hoffen, zu lieben – all dies ist unverzichtbar für die Evolution des Seins. Aber es kann nur dann gelebt werden, wenn gleichzeitig absichtliches Leiden einem wahren, höheren Fühlen erlaubt, sich einzustellen. Es ist nötig, Gewissenbisse zu spüren. Die bewusste Anstrengung besteht darin, Umstände vorzubereiten und mich meinem Ungenügen zu stellen – meine Unzulänglichkeit zu erleiden. Dadurch entwickelt sich ein Wille, der anderenfalls nicht entstehen würde, und ein Fühlen erhebt sich, das keine Reaktion ist. Wenn jemand durch eine höhere Kraft berührt wird, ist die Erfahrung des Leidens nicht mehr dieselbe.

In Momenten des Nichtgenügens, wenn ich unfähig bin, der Wirklichkeit meiner selbst näherzukommen, spüre ich hinter all meinen Manifestationen ein beständiges Leiden, so als würde etwas Wertvolles fehlen. Dies ist ein Zeichen. Bis jetzt war meine Aufmerksamkeit noch kein wahres Bewusstsein. Ich habe nur mit meinen gewöhnlichen Funktionen gelebt. Jetzt weiß ich, dass ich weitergehen kann; ich vermag, eine tiefere Ebene in mir zu erreichen. Und in bestimmten Augenblicken gelingt es mir, meine

Essenz zu berühren – als ob ich einen neuen Schwerpunkt spüren würde. Diese Essenz ist wie ein neugeborenes Kind, das ich nähren und stärken muss. Hierauf muss ich mich konzentrieren, hieran muss ich mich in meiner Arbeit halten.

Mehr und mehr fühle ich ein Bedürfnis nach Spiritualität in mir, danach, dass der Geist mich durchdringt und mich transformiert. Doch ist der Durchgang noch nicht frei. Ich bleibe an der Oberfläche meiner selbst, konditioniert durch einen inneren Mangel an Verbindung. Auch wenn ich über ein starkes Fühlen verfüge, bleibe ich doch dauernd an der Oberfläche. Solange ich mich dem nicht stelle, kann ich nicht tiefer in mich eindringen. Doch wenn ich dies sehe und fühle, kommt es zu einer Art Leiden, zu einem Gefühl des Mangels, der Unzulänglichkeit. Akzeptiere ich, dieser Unzulänglichkeit gegenüberzustehen, oder weigere ich mich? Das Leiden rührt weder von meinem Hängen an meinem Selbstbild, von meiner Eigenliebe, her noch von irgendeinem Fehler in der Vergangenheit. Es ist ein Leiden, das aus meiner eigenen Gleichgültigkeit, meiner Unfähigkeit, meiner jetzigen Lebensweise entspringt. Ich muss Gewissensbisse fühlen, sodass ich zu einer Vision meiner Unzulänglichkeit gelange, zu einem klaren Blick auf meinen Mangel.

Es ist mein tiefer Wunsch, mich einer inneren Stimme, dem Gefühl des Göttlichen, des Heiligen in mir gänzlich unterzuordnen. Ich weiß, dass eine höhere Energie – was die Religionen »Gott« oder »Herr« nennen – in mir ist. Sie wird erscheinen, wenn Verstand und Körper wirklich miteinander verbunden sind. Gott ist hier, wenn zwei Kräfte sich gegenüberstehen und eine dritte sie vereint. Wir können um Hilfe bitten, damit diese Kräfte in uns vereint werden. Wir können sagen: »Herr, erbarme Dich«, um *zu sein.*

Das Erscheinen des Ichs

125
Der ganz besondere Eindruck des Daseins

Ich muss in mir zwei Zustände des Seins genau erkennen. Ich muss den Unterschied sehen zwischen dem Zustand, in dem mein Ego wirkt, und dem Zustand, in dem mein Ganzes wirkt, in dem ich fühle, dass ich ganz bin. Ich erkenne immer deutlicher, dass alles, was ich zu wissen glaube, von meinem Denken herrührt, sogar das, was ich als Wahrnehmungen ansehe. All das ist schlicht nur eine Projektion meines Denkens. Doch dahinter, jenseits des Denkens, des Gefühls und des Körpers gibt es ein anderes Ich. Ich beginne zu erkennen, dass dieses Ich existiert, dass es ein eigenes Prinzip des Bewusstseins – reines Denken – gibt, welches das gewöhnliche Ich sieht und beobachtet.

Auf meiner Suche nach Bewusstsein könnte das Ego, dieses gewöhnliche Ich, zum Dreh- und Angelpunkt meiner Anstrengungen werden, wenn es sich bereit erklären würde zu dienen, anstatt den Meister zu spielen. Dies ist allerdings unmöglich, solange meine verschiedenen Teile voneinander getrennt sind und unabhängig voneinander wirken, ohne das Ganze in Betracht zu ziehen. Anstatt also meiner Entwicklung zu dienen und sie zu unterstützen, plustert sich mein Ego auf und versperrt den Weg.

Wer bin ich? Es ist unmöglich zu antworten. Ich erkenne, dass ich nicht mein Körper bin. Ich lasse ihn passiv werden. Ich bin nicht mein gewöhnliches Denken. Es wird ebenfalls passiv. Angesichts dieser Fragestellung erkenne ich, dass ich nicht mein egoistisches Fühlen bin, das auch passiv wird. Wer bin ich? Es kommt zu einem Loslassen, einem Entspannen, das tiefer und tiefer geht. Ich lasse los, nicht um etwas zu erhalten. Ich lasse aus Demut los, da ich zu erkennen beginne, dass ich aus mir selbst heraus gar nichts bin; und im Kern dieser Demut erscheint Vertrauen, eine Art Glaube. In dem Augenblick bin ich ruhig, bin ich in Frieden.

Durch dieses tiefe Loslassen öffne ich mich für das lebenswichtige Kraftzentrum im Bauch, und es tritt eine Verbindung zwischen den Energien meiner verschiedenen Funktionen ein. Dieser Kontakt lässt mich spüren, dass die Ganzheit meines Wesens gewiss ist. Alles ist eingebunden, alles ist an seinem Ort. Ich fühle, dass ich Teil einer richtigen Ordnung bin und diese mich als Ganzes umfasst. Mein Körper ist ruhig und spannt sich in keine Richtung. Es besteht eine kontinuierliche Bewegung des Loslassens hinab zu diesem Schwerpunkt. Von hier aus strömt die Energie hinaus, wenn ich mich dem äußeren Leben zuwende, und fließt zurück, wenn ich zu mir selbst zurückkomme. In dieser Bewegung des tiefen Loslassens habe ich den Eindruck, eine Energie werde freigesetzt, werde ohne Anstrengung, ohne mein Zutun befreit. Dies geschieht als ein Resultat. Weder mein Denken noch mein Fühlen können die Lenkung dieser Energie übernehmen. Sie gehört ihnen nicht. Sie ist eine transzendente Kraft, die solange wirkt, wie ich ihr Folge leiste. Solange ich sie akzeptiere und mich der Erfahrung nicht widersetze, indem ich sie zu lenken versuche, wird diese Energie mich transformieren. Ich muss sie erleben und ihr bewusst folgen. Diese Bewegung ist die Bewegung meines Seins.

Wenn mein Körper in einen Zustand kommt, in dem es keinerlei Spannung mehr gibt, fühle ich die Feinheit der Wahrnehmung von Stille. Es ist wie die Geburt des Daseins. Und ich fühle die Feinheit des Denkens, das eine Stufe erlangt, auf der es alles, was geschieht, durchdringt und registriert. Ich gelange zu dem ganz besonderen Eindruck des Daseins. Und wenn ich ruhig in diesem Zustand verweile, unbeweglich und gänzlich ohne Spannungen, fühle ich, dass mein Atmen eine Bedeutung hat, die ich ihm bislang niemals zugestanden habe: eine großartige Bedeutung. Durch diesen Akt nehme ich am Leben teil, durch einen Akt, der größer ist als ich. Ich existiere in dieser Bewegung, einer lebendigen Bewegung, die mich mit einschließt. Es ist nicht mein Körper, der atmet. ICH BIN es, die atmet.

126
Der Tod meines gewöhnlichen Ichs

Ich erinnere mich meiner selbst in dem Moment, wenn ich mich nicht länger als Objekt betrachte, wenn das Bewusstsein dem Trennenden keinen Raum mehr lässt. Es ist der Augenblick, in dem ich das Bewusstsein fühle und fühle, dass ich das Bewusstsein bin. Ich fühle »ICH«. Sich seiner selbst zu erinnern, ist der emotionale Schock, der eintritt, wenn alle Energien in uns miteinander in Verbindung treten. Das stößt eine kreative Schwingung aus, die augenblicklich dem Gesetz der Sieben unterworfen ist. Das heißt also, das Sich-seiner-selbst-Erinnern kann nicht statisch bleiben.

In meinem gewohnheitsmäßigen Zustand ist meine Erfahrung vage und nebulös. Gedanken, Gefühlswellen und Spannungen tauchen auf. Die Gedanken kommen nicht alle auf einmal; sie erscheinen einer nach dem anderen. Mit den Gefühlen ist es dasselbe. Wenn ein Gedanke vorübergezogen ist, taucht ein anderer auf. Doch zwischen ihnen entsteht eine Pause, ein Stopp, ein Raum, der extrem wichtig ist. Hinter der Gedankenbewegung, die begonnen und geendet hat, liegt eine vor mir verborgene Wirklichkeit. In dieser Pause kann ich mir dessen bewusst werden, was hinter der Bewegung liegt. Kein Gedanke bleibt; was erscheint muss auch wieder verschwinden. Dieses Verschwinden ist genauso bedeutungsvoll wie das Erscheinen. Es ist Teil derselben Tatsache. Und wenn ich beides erleben, beides akzeptieren kann, bin ich über das Erscheinung und Verschwinden hinaus. Ich umfasse sie. In diesem Augenblick treten meine Zentren miteinander in Verbindung, in eine Verbindung, die von selbst entsteht.

Um uns für unser essenzielles Wesen, für die höheren Zentren, zu öffnen, ist ein Zustand der Einheit erforderlich. Doch in unserem normalen Zustand wird unser Schwerpunkt immer zugunsten des Egos zurückgestellt und in den oberen Teil unseres Körpers verdrängt. Dies schneidet uns von unserer wahren Form ab. Die Trennung von unserer essenziellen Natur geht mit Leiden einher. Wenn es stark ist, bringt dieses Leiden eine Öffnung mit sich, die ein Zusammenkommen in Richtung Einheit ermöglicht. Eine Entscheidung wird benötigt, eine Entschlossenheit, den Weg, zu dem unser essenzielles Wesen uns aufruft, bis zum Ende zu gehen. Dies verlangt einen ununterbrochenen Kontakt mit diesem essenziellen Wesen, falls wir fähig werden wollen, einer über uns hinausgehenden Kraft zu dienen und sie auszudrücken. Wir müssen gegenüber einer Ebene – als Ego – sterben, um zu einer anderen wiedergeboren zu werden.

Ich möchte mich öffnen. Ich fühle die Notwendigkeit, meine bestehende Lage zu riskieren. Und ich fühle das Bedürfnis nach Stille, nach wirklicher Ruhe, nach Leere. Gleichzeitig würde ich gerne nehmen, gerne haben, um in meiner gewohnten Art weiterbestehen zu können. Ich ordne mich nicht unter, anerkenne nicht, diene nicht. Ich möchte mir selbst dienen. Und ich muss diese Tatsache akzeptieren, erleben, erleiden, statt einen Ausweg daraus zu suchen. Sie heute aufzulösen, würde einer Flucht gleichen, einem Beiseitewischen dessen, was unumgänglich ist. Ich fühle mich verschlossen, gleichgültig. Und ich fühle diese Wirklichkeit, die nach mir ruft, doch der ich gleichzeitig nicht traue. Ich habe keinen Glauben daran. Ich möchte, dass sie sich mir unterwirft. Ich habe Angst, Angst zu verschwinden.

Damit ich über diese Zersplitterung, diese Trennung von meinem essenziellen Wesen, hinauskommen kann, muss sich alle Energie in mir vermischen. Sie muss gänzlich befreit werden. Begreife ich die Notwendigkeit dafür? Akzeptiere ich es, wünsche ich es mir? Hierfür bedarf es einer absoluten Stille in allen Teilen meiner selbst. Und zwar nicht, um erfolgreich zu sein oder um etwas Wunderbares zu erhalten und mir anzueignen. Vielmehr gilt es, meine Nichtigkeit zu erkennen, meine Verstrickung und meine Angst vor dem Verlust der Bedeutung, die ich mir selbst beimesse. Anstatt immer Recht haben zu wollen, erkenne ich meine Widersprüche. Ich sehe, wie ich von meinen Vorstellungen hypnotisiert bin. Ich sehe alles zusammen, sowohl mein Ego als auch das wirkliche ICH.

Diese Art zu sehen, befreit mich. Einen Moment lang bin ich nicht mehr dieselbe. Meine befreite Aufmerksamkeit, mein Bewusstsein, weiß dann, was ich meiner Essenz nach bin. Dies ist der Tod meines gewöhnlichen Ichs. Sich seiner selbst zu erinnern bedeutet, sich selbst gegenüber, der Lüge seiner eigenen Vorstellung gegenüber zu sterben. Ich bekomme einen Geschmack von Verstehen durch das Gewahrwerden meines Mangels an Verstehen. Wenn wir uns unserer selbst erinnern, macht es das Loslassen des Egos möglich, dass ein neues Bewusstsein eindringt. Dann erkenne ich, dass das gewöhnliche Ich ein Phantom ist, eine Projektion meiner selbst. Tatsächlich ist nichts, das ich für eine Manifestation halte, etwas Getrenntes, sondern eine Projektion des Essenziellen. Wenn ich zur Ursache zurückkehre, werde ich mir dessen bewusst, was auftaucht, um nicht wieder zu verschwinden, dessen, was nicht geboren wurde und nicht sterben wird – das ewige Selbst.

127
Ich sehe die Wirklichkeit

Damit ich Energie einer höheren Ebene empfangen und übermitteln kann, brauche ich einen inneren Organismus, etwas wie einen anderen Körper mit einem Eigenleben, in dem jedes Element daran arbeitet, das Ganze aufrechtzuerhalten. Wie auch im physischen Körper, kann kein Teil unabhängig für sich selbst arbeiten. Das ist es, was im inneren Aufbau all unserer Zentren stattfinden sollte. Ihre Tätigkeit sollte das Leben einer Präsenz sicherstellen, einen anderen Organismus, der mit den höheren Zentren verbunden ist. Eine neue Ordnung muss etabliert werden. Dazu muss ich das Feine vom Groben scheiden, nicht um sie voneinander zu trennen oder sie zu beurteilen, sondern damit sie unterscheidbar bleiben, bis die eine Natur ihr Leben in der anderen lebt. Dies schafft einen neuen Stromkreis, eine Gefühlsströmung, die reiner als die gewöhnlichen subjektiven Emotionen ist. Wenn es zu einem tiefen Loslassen kommt, kann in mir eine feinere Energie frei zirkulieren. Dann fühle ich die Präsenz wie ein magnetisches Feld. Und ich verspüre den Bedarf nach einer bewussten Wahrnehmung und nach Platz für das innere Wesen.

Verstehen kann nicht stattfinden, solange Bilder oder Urteile bestehen. Es kommt, wenn automatisches Denken und subjektives Fühlen außer Kraft gesetzt sind und sich eine Stille entfaltet, die es der Aufmerksamkeit erlaubt, frei zu sein. Da ich wissen und erkennen muss, tritt meine Aufmerksamkeit in Kontakt mit dem, *was ist.* Und in dieser Berührung setzt eine Wirkung ein, eine Vermischung, die eine Präsenz mit einem eigenen Leben, einem eigenen Rhythmus mit sich bringt. Ich erkenne die fortwährende Dualität, die Zersplitterung und den Widerspruch, die diese Vermischung, diese Einheit, verhindern. Und während ich sie erkenne, wird die Energie transformiert.

Sind sowohl der Verstand als auch der Körper gänzlich still, gibt es weder Denken noch Bewegung... nur Wahrheit, nur *was ist,* nur Wirklichkeit ohne Vergnügen oder Schmerz. Diese Erfahrung des Wahren kann niemals mechanisch sein. Man kann sich ihr nicht mit einer Meinung oder einem Urteil nähern, weil dann dieses zur Wirklichkeit würde und den Raum dessen einnähme, was wir zu verstehen wünschen. Das Wahre lehrt uns. Um seinen Lehren zu folgen, müssen unser Zuhören und unsere Beobachtung intensiv sein. Die Intensität der Aufmerksamkeit verschwindet, wenn im Zuhören und im Beobachten eine Absicht liegt. Unser übliches Leiden entspringt einem Denken, das sich selbst füttert und dabei das gewöhnliche Ich bildet. Dieses Ich ist wie eine Maschine, die durch das Denken und das Fühlen gefüttert wird. Das Erkennen des Wahren zerstört diese Maschine. Nur das Bewusstsein des Wirklichen wird Verstehen nach sich ziehen, selektionsfreies Bewusstsein, Bewusstsein für jeden Gedanken und jedes Gefühl, für deren Absicht und deren Funktionsweise. Kein System und keine Methode wird dies tun. Wichtig ist es, den fortwährenden Wandel der Wirklichkeit in sich selbst zu erkennen; das ist wichtiger, als zu versuchen, darüber hinauszugelangen. Das Bewusstsein seiner selbst, wie man ist, ohne Theorien und Schlussfolgerungen, ist Meditation. Wenn unsere Gedanken und Gefühle aufblühen und sterben, treten wir in eine andere Sphäre ein. Es erscheint eine Bewegung außerhalb der Zeit, die das Denken nicht erkennen kann. Wir suchen nicht länger nach Erfahrung und erwarten nichts mehr von ihr.

Die Transformation, die in mir geschehen kann, ist die Transformation meines Bewusstseins durch eine andere Art des Denkens und eine andere Art des Fühlens. Dies wird nur auf dem Weg einer reinen Vision geschehen, die mich wie durch ein Wunder vollkommen verändert. Wenn ich von Augenblick zu Augenblick sehe, was ich bin, gebe ich alles auf, was ich zu sein vorgebe. Darin ist alles involviert – meine Gefühle, mein Denken, mein Körper – und ausgesprochen aktiv. Unter diesen Bedingungen tritt das Schauen ein. Eine Energie wurde freigesetzt, die allein mir die Kraft geben kann, tief in mich selbst hineinzuschauen und mich nicht abzuwenden, nicht damit aufzuhören.

Das Wichtigste für mich ist *zu sehen,* zu sehen ohne Reaktion meines Gedächtnisses und ungeachtet dessen, was ich sehe. Was auch immer die Wahrheit sein mag – Ehrgeiz, Eifersucht, Ablehnung –, der Akt, sie zu sehen, entfesselt eine enorme Macht. Mit dem Aufblühen der Wahrheit kommt es zu einem Verstehen nicht nur der Wahrheit, sondern auch der Wirkung des Sehens – der Veränderung in meinem Bewusstsein. Der eigentliche Akt des Sehens verursacht diese Veränderung, und die Wahrheit dessen, was ich sehe, transformiert meine Haltung dem Leben gegenüber. Bewusstsein öffnet – ich sehe. Ich sehe die Wirklichkeit, und dies wird allmächtig für mich. Ich erlange ein emotionales Verständnis der Wahrheit.

Die Wirklichkeit hat keine Beständigkeit. Sie ist jenseits von Zeit, außerhalb von Dauer. Die Wahrheit muss unverzüglich gesehen und dann vergessen werden, unbesonnen im Sinne von Erinnerung dessen, was gewesen ist. Die Wahrnehmung verschwindet, doch da der Verstand unbelastet bleibt, erscheint sie vielleicht erneut am nächsten Tag oder sogar im nächsten Augenblick.

128
Das Strahlen der Präsenz

Mein Dasein hat einen Ursprung, eine lebendig Quelle, einen Born des Lebens. Ich habe eine Denkart, die zwischen Materie und Energie, zwischen Körper und Geist unterscheidet. Aber nichts davon existiert separat. Es besteht eine Einheit des Lebens. Ich bin zur selben Zeit das, was erschafft, und das, was erschaffen wird, und dies ohne jegliche Trennung. Mit meiner Hilfe kann ein neuer Körper erschaffen werden, durch den die Wirkung der einen einzigen Lebenskraft in mir spürbar wird.

Ich begehe immer den gleichen Fehler zu versuchen, mir meinen Weg ins Sein zu bahnen, als ob ich es zwingen könnte zu erscheinen. Das Gegenteil ist richtig. Es ist das Sein, das fortwährend ins Licht des Bewusstseins strebt. Es braucht einen Durchgang, der es ihm ermöglicht hineinzustrahlen. Doch unterwegs trifft das Sein auf die harte Verkrustung des Egos und wird von ihr blockiert. Damit das Sein Wirkung entfalten kann, muss sich vor ihm eine Leere auftun, in der eine feinere Schwingung gespürt werden kann. Nur in der Leere kann seine belebende Kraft gefühlt werden, nur dann, wenn keine Spannungen oder irgendwelche ungeordneten Bewegungen des Egos vorhanden sind, das um jeden Preis seine Identität unter Beweis stellen und seine Autorität bestätigt wissen will. Jede Spannung ist ein Zeugnis meines Egos. In jeder Anspannung ist das Ganze meiner selbst involviert.

Ich verstehe nun, dass bewusstes Wahrnehmen das erste Zeichen von Gehorsam gegenüber etwas Größerem bedeutet, den ersten Schritt in Richtung eines wahren Fühlens. Hierin erhasche ich einen flüchtigen Blick auf die Möglichkeit einer direkten Wahrnehmung. Mein tyrannisches Ich fügt sich und dominiert nicht mehr, versucht nicht länger, seine Stärke zu demonstrieren. Ich fühle eine andere Kraft, keine Macht, die ich besitze, sondern eine, in der ich bin. In dem Augenblick taucht eine Energie einer höheren emotionalen Strömung auf – unwiderstehlich, solange ihr Folge geleistet wird. Es ist diese Energie, eine kosmische Kraft, die durch uns hindurchfließt, die alle Traditionen als »die Liebe« bezeichnen.

Wenn ich frei werde von allem scheinbar Gewussten, wird mein Gefühl stabiler, gereinigt und fähig, Gegensätze abzuwägen, das heißt, fähig *zu erkennen.* Wenn ich die Wirkung des Seins als eine Notwendigkeit fühle und als etwas, was ich mir wirklich wünsche, wird es mir möglich, dieses Gefühl all meinen Zentren zu vermitteln, sodass sie zu einem einzigen Ganzen verbunden werden. Dies erzeugt eine Art Atmosphäre ähnlich einer dünnen Schicht, einem Filter, der einzusammeln vermag, was ansonsten nicht vermittelbar wäre, und die feinsten Elemente durchscheinen lässt. Diese Atmosphäre ist keine Mauer – die Mauer meines Egos fällt. Sie ist wie ein filternder Schirm, der sich seiner Aufgabe bewusst ist. Alles hängt von der Feinheit dieses Filters ab, dessen Qualität und Stabilität zum Ziel meiner Suche werden kann.

Diese Atmosphäre ist notwendig für das Wirken meines Wesens. Sie ist wie ein neuer Stromkreis einer anderen Intensität, durch den ich mir einer reinen Gefühlsströmung für das Wahre, für das Wirkliche, bewusst werde. Dieser Strom kann das Ganze ›elektrifizieren‹, jedoch nur dann auftreten, wenn in allen meinen Zentren eine einheitliche Aufmerksamkeit vorliegt. Ich brauche diese Einheitlichkeit, um mich selbst zu erkennen.

Ich muss dem Kreislauf meines gewohnheitsmäßigen Ichs entkommen, muss meine Verhärtung lösen, damit sich das Leben in mir ausbreiten kann und ich fähig werde, die Strahlung meines Seins zu absorbieren. Dann gibt es keinen unabhängigen Körper und eine ihm fremde Präsenz. Sie sind ein und dasselbe – die Strahlung einer subtilen Präsenz, die ich erfahre in der immer wieder erneuerten Berührung mit der eigentlichen Quelle des Lebens, aus der ich komme. Ein anderes Ich, diese Präsenz, geschaffen aus einer anderen Substanz, erscheint und wird durch mein Fleisch hindurch sichtbar.

XII

Die Lehren leben

Das Wunderbare liegt im Eintreten einer bewussten Kraft
in eine Handlung, einer Kraft, die weiß, warum und wie
eine Handlung auszuführen ist.

—

Um zu erschaffen, ist es notwendig,
durch den absichtlichen Tod, den Tod des Egos,
befreit zu werden. Schöpferische Vision gehört nur demjenigen,
der es wagt, in seine eigenen Tiefen bis hin zur Leere
hineinzuschauen.

—

Verstehen kommt nicht aus einer Anstrengung heraus
zu erwerben oder zu erlangen, sondern ausschließlich,
wenn der Geist still wird.

—

Die höchste Form von Intelligenz ist Meditation,
eine starke Wachsamkeit, die den Verstand
von seinen Reaktionen befreit.

—

Wir können nicht ohne Verbindung sein;
immer gehorchen wir einer Verbindung.
Entweder wir sind mit etwas Höherem verbunden
oder sind von etwas Niedrigem gefesselt.
Es ist ein Kampf der Kräfte.

—

Es ist meine Essenz, in der ich zu dem zurückkehre,
was sieht.

—

Es gibt kein Vorher, kein Nachher,
nur das Leben selbst.

Schöpferisches Handeln

129
Ich bin in Bewegung

Woher kommen unsere Handlungen, unsere Bewegungen? Sind die Zentren nicht miteinander verbunden, kann es ausschließlich Reaktion geben. In unserem Normalzustand haben die Zentren nicht die gleichen Assoziationen, dasselbe Ziel, dieselbe Vision. Wirkliches Handeln gehört zu einem Zustand jenseits unseres normalen Funktionierens.

In uns besteht ein unaufhörlicher Strom von Energie, der niemals versiegt, sondern alle möglichen anderen Energieflüsse hervorbringt. Jede Bewegung ist ein Verschieben von einer Position oder einer Haltung in eine andere Position oder Haltung. Wir sehen niemals Position und Verschiebung gleichzeitig. Entweder konzentrieren wir uns auf die Position und ignorieren die Bewegung, oder wir fokussieren uns auf die Bewegung, verlieren jedoch den Blick für die Position. Daher können wir zwar eine Bewegung vorhersehen und sie in Gang setzen, aber es ist uns nicht möglich, sie zu verfolgen.

Eine Bewegung zu verfolgen, erfordert eine bestimmte innere Vision. Normalerweise ist die Energie meines Schauens passiv, meine Aufmerksamkeit nicht frei. Ich schaue durch ein Bild, durch eine Vorstellung, und kann konsequenterweise nicht wirklich sehen. Ich mag eine Wahrnehmung meines Körpers haben, doch ich fühle nicht die Energiebewegung, die darin enthalten ist. Um diese Bewegung zu fühlen, muss sich der Zustand meines Körpers verändern. Und auch die Zustände meines Denkens und Fühlens müssen sich verändern. Der Körper muss eine große Sensibilität und eine Macht zu handeln erlangen, die ihm gänzlich unbekannt ist. Er muss begreifen, dass er hier ist, um zu dienen, dass er die Materie, das Instrument, ist, durch das Kräfte wirken. Der Körper muss erkennen, dass er gehorchen muss und dass ein Einverständnis zwischen ihm und dem Denken absolut erforderlich ist. Dann kann eine neue Art von Bewegung stattfinden – eine freie Bewegung. Ohne mich, ohne meine Aufmerksamkeit, wird es sie nicht geben. Und je vollkommener meine Aufmerksamkeit ist, desto freier wird die Bewegung sein.

Um eine Verbindung zwischen unseren Zentren aufrechtzuerhalten, muss eine Handlung in einem bestimmten Tempo ausgeführt werden. Doch wir bewegen uns immer mit einer gewohnten Trägheitsgeschwindigkeit, in einem Tempo ohne belebende Anziehungskraft. Die Handlung wird nicht von allem in mir ausgeführt. Entweder nimmt mein Körper nicht gänzlich daran teil und das Denken verliert seine Freiheit, oder das Denken ist nicht aktiv genug und der Körper folgt seinen eigenen Gewohnheiten. So erzeugt unsere Handlung nichts Neues, nichts Lebendiges, keinen »Klang«.

In den Gurdjieffschen Bewegungen, die eine neue Qualität des Handelns demonstrieren können, ist das Tempo vorgegeben und wir müssen ihm folgen. In unserer eigenen Arbeit müssen wir selbst das richtige Tempo finden und uns ihm dann genauso hingeben. Anderenfalls wird uns das Werk nicht transformieren. Ich muss fühlen, dass mein Körper und mein Denken in gleichem Maß beteiligt sind und dieselbe Kraft, dieselbe Intensität, haben. Dann kann meine Wahrnehmung der Energie *im Körper* stärker sein als meine Wahrnehmung *des Körpers* selbst. Ich kann der Bewegung folgen. ICH BIN in Bewegung.

130
Das Wunderbare in Aktion

Wenn wir zusammenkommen, um das Arbeiten am Gegenwärtigsein in praktischen Aktivitäten zu üben, werden wir durch ein unwiderstehliches Verlangen nach dem Wunderbaren angezogen, sehen uns dann aber mit alltäglichen Aufgaben wie Bauarbeiten, Saubermachen, Kochen oder Töpferei konfrontiert. Wie setzen wir diese beiden, das Wunderbare und das Alltagsleben, in Beziehung zueinander? Durch das Handeln. Ohne Handlung geschieht weder Wunderbares noch Leben.

Wenn wir über Handlung nachdenken, bedenken wir nie, dass Handlungen an sich, ihrer Qualität nach, radikal unterschiedlich sein können. Den Unterschied zwischen Holz und Metall erkennen wir deutlich und irren uns dabei nie. Aber wir sehen nicht, dass Handlungen sich in ihrer Qualität genauso unterscheiden können wie verschiedene Materialien. Wir sind blind gegenüber den Kräften, die in unseren Handlungen wirken. Natürlich wissen wir, dass unsere Handlung ein Ziel erreichen soll, und wir erwarten von ihr ein Resultat. Wir denken dauernd an das Ziel, an das Ergebnis, doch nie an die Handlung an sich. Nichtsdestotrotz bestimmt nicht das Ziel die Handlung. Es ist die Qualität der Kraft, die in eine Handlung eintritt, die sie bestimmt, die sie entweder automatisch oder schöpferisch sein lässt. Das Wunderbare liegt im Eintreten einer bewussten Kraft in eine Handlung, einer Kraft, die weiß, warum und wie eine Handlung auszuführen ist.

Jeder Akt, alles, was wir tun – mit Holz oder Stein arbeiten, eine Mahlzeit vorbereiten, ein Kunstwerk schaffen oder Denken –, kann entweder automatischer Natur oder eine Schöpfung sein. In meinem gewöhnlichen Zustand mache ich durch Wiederholung immer weiter. Wenn ich irgendetwas herstellen muss, ist das Erste, was ich tue, meine Erinnerungen zu dem Thema hervorzukramen. Dann nehme ich all meine Erfahrungen und all mein Wissen zusammen und lege los. Mein Kopf betätigt sich, dann folgt mein Körper und manchmal bin ich interessiert an dem, was ich tue. Doch all dies geschieht nur automatisch, und irgendetwas in mir weiß das. Es besteht keine Notwendigkeit, dass die Handlung auf eine bestimmte Art und Weise ausgeführt werden muss, und ich kann sie in dem Tempo tun, das mir gefällt. Ich mag erfolgreich darin sein, irgendetwas gut auszuführen, doch dies hat nicht die Macht, mich zu verändern. Es besitzt keine Handlungsmacht, keine Schöpfungskraft.

Die Situation ist eine komplett andere, wenn meine Handlung keine Wiederholung, sondern etwas Neues ist, eine Handlung, die nur im gegenwärtigen Augenblick stattfinden kann und eine Antwort auf ein Bedürfnis ist, das mir genau jetzt bewusst ist. In dem Fall nämlich gibt es nur eine einzige mögliche Geschwindigkeit, die durch keine andere ersetzt werden kann. In einer schöpferischen Handlung kommt dieses Tempo von einer unwiderstehlichen Lebenskraft, die ich als eine Wahrheit anerkenne, der ich Folge leiste. Und es ist diese Kraft, die erkennt, was getan werden muss, und mein Denken und meinen Körper lenkt. Sie schafft einen Akt und ein Objekt, die über eine unwiderstehliche Dynamik und Intelligenz verfügen. Das Wort muss gesagt, der Klang geäußert werden.

Um auf diese Weise zu handeln, muss ich frei sein ohne Bild oder Vorstellung, ohne ein in Erinnerungen gefangengehaltenes

Denken. Freiheit bedeutet nicht, frei *von* etwas zu sein, sondern frei zu sein *für* die Gegenwart, in einem Augenblick zu sein, der noch nie zuvor existiert hat. Handeln ist augenblicklicher Natur, ohne das Eingreifen des Denkens. Ich weiß niemals; ich lerne. Es ist immer neu. Um zu lernen, muss ich über die Freiheit zu schauen verfügen. Das Denken schweigt, ist vollkommen ruhig, frei. Es schaut. In diesem Zustand können wir eine Handlung mit allen Teilen unserer selbst verstehen und ausführen. Wir können sogar mit anderen gemeinsam handeln, vorausgesetzt alle haben in dem Augenblick dieselbe Ernsthaftigkeit und dieselbe Intensität.

Eine Handlung hängt ab von der Art, wie meine Energie in genau dem Moment involviert ist, in dem ich handle. Dessen muss ich mir im Moment des Handelns bewusst sein und den Energiefluss, der sich zum Ziel hinbewegt, fühlen. Hat die Bewegung begonnen, ist es zu spät einzugreifen. Was einmal freigesetzt wurde, ist nicht länger meins. Nichts kann es von den Resultaten abhalten, die folgen werden – seien sie gut oder schlecht, stark oder schwach, rein oder verzerrt. Alles wird somit vom Zustand meiner verschiedenen Zentren im Augenblick der Handlung bestimmt. Jede Handlung benötigt eine gewisse Freiheit meines Körpers, eine Ausgerichtetheit meines Denkens und ein Interesse, eine Leidenschaft für das, was getan wird. Dies wird mir eine neue Art zu leben ermöglichen.

131
Erfolgreich durch Dasein

Lassen Sie uns versuchen, den Zustand der Schöpfung zu verstehen. Dies ist ein Zustand, in dem wir wissen, *was ist* – nicht, was sein kann oder sein sollte, nicht irgendetwas, was wir benennen können... sondern einfach, *was ist.*

Können wir einen Zustand erfahren, der nicht unser Ego bekräftigt? Alles, was das Ego verstärkt, generiert Teilung, Isolation. Dies schließt alle Erfahrungen, die wir haben, mit ein, alle Erfahrungen, die wir durchmachen, die wir benennen. Wir registrieren Eindrücke und reagieren auf das, was wir sehen und fühlen. Und es ist dieser Vorgang des Reagierens, der die Erfahrung darstellt, die wir durchmachen. Wir benennen die Reaktion. Es ist sogar so, dass sie, wenn wir sie nicht benennen, für uns keine Erfahrung ist.

Aber es ist möglich, einen Eindruck zu erhalten und keine Erfahrung zu machen, in einem Zustand von »Nichterfahrung« zu sein? Denn nur dann, wenn wir vollkommen unbeweglich sind und unser Ego abwesend ist, kann Schöpfung stattfinden.

Beim Versuch, eine Handlung möglichst erfolgreich auszuführen, unterscheide ich zwei Arten von Wahrnehmung – eine unter Anspannung, in der die Energie stoppt, und eine zweite ohne Anspannung, in der die Energie freigelassen wird. Beim Arbeiten kann ich, wie ich es normalerweise tue, versuchen, erfolgreich zu sein, indem ich danach strebe, mehr zu erreichen und besser zu sein, oder aber ich kann auf eine andere Art versuchen, durch mein Dasein Erfolg zu haben. Wenn ich etwas Ungewohntes unternehme, um einen Zweck oder ein Ziel zu erreichen, erzeugt dies Spannung. Mein gewöhnliches Ich möchte erfolgreich sein und fühlt sich zugleich unfähig. Ich bin getrennt und möchte um jeden Preis, dass meine Identität erkannt wird. Mein Ego ist im Weg. Die Spannung hält mich davon ab, das, was ich zu tun habe, richtig auszuführen. Dies muss ich erkennen. Der Grad an Spannung bestimmt, ob ich mir meines Daseins und des Zwecks meines Handelns bewusst sein kann.

Wenn ich in eine Handlung involviert bin, geht es mir nicht darum, meine Leistung zu perfektionieren, sondern darum, durch mein Dasein erfolgreich zu sein. Die wahre Verbindung zwischen meinem Sein und dem Ziel hängt davon ab, die Handlung ohne Beteiligung des Egos auszuführen. Dies zu entdecken, ist von großer Bedeutung. Dann muss ich zu einem Gefühl der Einheit finden, das nicht durch das Gehabe meines Egos zerstört wird. Ich muss zu dem Punkt kommen, an dem es keine Spannung mehr gibt, keine Trennung zwischen mir und dem Ziel, zum Punkt, an dem das Ego nicht länger erkannt werden will.

Durch Zwang kann ich nicht zu absoluter Bewegungslosigkeit kommen, in einen Zustand ohne Ego, einen Zustand der »Nichterfahrung«... und auch nicht durch Angst und ebenso wenig dadurch, dass ich eine Belohnung erwarte. Ich muss das Funktionieren des Ichs auf jeder Ebene kennen, von seinen automatischen Bewegungen bis hin zu seiner tiefsten Intelligenz. Ich muss erkennen, dass der Verstand – egal ob das Denken sich in seinem selbst errichteten Käfig dreht oder vollkommen still wird – keine Schöpfungskraft besitzt. Nur wenn der Verstand nicht versucht, etwas zu erschaffen, kann es zur Schöpfung kommen. Aber dies ist nichts, was wir im Vorfeld wissen können. Kein Glaube, kein Wissen, keine Erfahrung kann da helfen. All dies muss verschwinden, muss aufgegeben werden. Es ist wichtig, arm zu sein, arm an Wissen, arm an Überzeugungen... arm an allem, was im Bereich des Egos liegt. Aber all dies werde ich erst dann loslassen, wenn ich weiß, wenn ich den Vorgang dieses Funktionierens in seiner Gänze sehe. Ich muss hier bleiben, wo meine Gedanken, meine Gefühle und meine Handlungen enthüllt werden, fortwährend, Augenblick für Augenblick, wachsam, passiv, klar... bewegungslos.

132
Etwas vollkommen Neues

Eine Schöpfung ist das Erscheinen von etwas vollkommen Neuem. Es ist keine Ableitung von etwas, was bereits existiert, nichts, das aus dem Gedächtnis kommt, keine Wiederholung von etwas Bekanntem. Schöpfung kann nur angesichts des Unbekannten eintreten. Allerdings ist es schwierig, aus dem Unbekannten heraus zu handeln und das Nichtwissen zu akzeptieren. Es scheint, als ob ich der Fähigkeit beraubt bin »zu tun«, also zu beweisen, dass mein gewöhnliches Ich etwas Wichtiges und anderen überlegen ist.

Ich versuche, mich selbst vom Gefühl des Nichtwissens abzulenken. Ich durchforste mein Gedächtnis nach etwas, was mir helfen soll zu verstehen. Doch wenn ich dem Nichtwissen nicht länger entkommen kann, wenn ich dieser Tatsache, so wie sie ist, ins Auge blicke und nicht mehr versuche, ihr eine Bedeutung zu geben, die mir zupasskommt, dann bin ich nicht länger in meinem gewöhnlichen Ich abgetrennt und etwas Neues wird geschaffen. Diese Tatsache ist die Wahrheit, und die Wahrheit kann nicht übersetzt werden. Eine Verbindung taucht auf, und diese Verbindung ist ein Schöpfungsakt. Angesichts des Unbekannten, des Nichtverstandenen, wird mein Verstand still, und in dieser Stille entdecke ich, was wahr ist. Im eigentlichen Akt des Sehens liegt ein Akt der Schöpfung. Sehen ohne zu denken, ist die Entdeckung der Wirklichkeit.

Gemäß den Gesetzen wird eine wirkliche Handlung von zwei Polen bestimmt: von der Leere, aus der sie kommt, und von der Energie und der Freiheit ihrer Bewegung. In einem Schöpfungsakt geht die Bewegung der Verinnerlichung der Bewegung der Veräußerlichung voraus. Damit die Bewegung nach innen ablaufen kann, braucht es einen Platz, der frei ist und als »Leere« gefühlt wird – leer von meinem Ego. Hier liegt eine Welt feinerer Schwingungen, die von Empfinden durchdrungen werden kann. Empfindung ist die Wahrnehmung dieser Schwingungen. Ich fühle die Feinheit dieser Empfindung in einem Zustand der Bewegungslosigkeit, in dem es keine Spannung in meinem Körper gibt, und ich fühle die Feinheit der Psyche, wenn das Denken passiv und einfach zum Zeugen wird, der registriert, was geschieht. In diesem Augenblick taucht ein gewisses Empfinden des Daseins auf, ein potentielles, bewegungsloses Leben. Wenn diese Empfindung nur für einen Sekundenbruchteil wahrgenommen wird, genügt dies, um zu wissen, was in dem Augenblick geschieht, in dem das »Unbewegliche« »beweglich« wird, das heißt bei der ersten spontanen Schwingung. Dieses durchdringende Empfinden des Daseins hat einen ganz eigenen Geschmack und bringt eine Gewissheit, die jeden Zweifel ausräumt. Es ist die unumgängliche Rückkehr aus dem Nichtsein ins Sein. Das Undenkbare ist lebendig... bis zu dem Augenblick, in dem ich dies realisiere und ihm aus Angst, es zu verlieren, einen Namen und eine Form gebe, und die Empfindung wieder verblasst.

Im gewöhnlichen Leben können wir mit den Elementen des Bekannten etwas zusammenstellen und konstruieren. Aber um zu erschaffen, ist es notwendig, durch den absichtlichen Tod, den Tod des Egos, befreit zu werden. Schöpferische Vision gehört nur demjenigen, der es wagt, in seine eigenen Tiefen bis hin zur Leere hineinzuschauen, in eine Matrix, geschaffen von der unablässigen Bewegung der Verinnerlichung und Manifestation, in der man sich selbst gegenübersteht. Wir sind das ruhige Zentrum des Wirbelwinds des Lebens, und das innere Leben ist das einzig Gute. Dann wird alles ohne Bindung getan, so als ob wir nichts zu erledigen hätten und genau da lebten, wo immer es auch nötig ist.

Wenn wir über ein wirklich freies Denken verfügen, können wir uns dem Leben, einschließlich Herausforderungen wie Krankheit und Armut, auf eine neue Art stellen. Anstatt uns Problemen als etwas von der Gesamtheit des Daseins Getrenntem zu nähern, können wir sie als besondere Aspekte des Ganzen sehen. Wenn ich die Gesamtheit des Daseins in einer verbundenen Welt verstehe, werde ich erkennen, dass Dinge außerhalb von mir nur dann transformiert werden können, wenn ich mich selbst transformiere.

Während ich einer besseren Qualität in mir selbst näherkomme, wünsche ich mir, in dieser einen Welt an etwas Größerem teilhaben zu dürfen. Dann kann ich dieses Leben, in dem ich mich wiederfinde, als Tatsache akzeptieren und bewusst die Rolle annehmen, die mir darin gegeben wurde. Ich verstehe meinen Teil im Kampf innerhalb der Gesamtheit des Daseins.

Eine Haltung von Wachsamkeit

133
Meditation ist nicht Kontemplation

Über Tausende von Jahren hinweg wurde das menschliche Gehirn konditioniert, in einer fortlaufend kommenden und gehenden Bewegung aus dem Zentrum in die Peripherie und von der Peripherie ins Zentrum zu wirken. Wie könnte diese Bewegung je stoppen? Wenn sie stoppt, taucht eine Energie auf, die grenzenlos ist, ohne Ursache, ohne Anfang und ohne Ende. Um das zu erreichen, ist es zuerst notwendig, Ordnung zu schaffen, das Haus zu reinigen: eine Aufgabe, die vollständige Aufmerksamkeit verlangt. Der Körper muss sehr feinfühlig werden und der Geist vollkommen leer, ohne jegliches Verlangen. Verstehen kommt nicht aus einer Anstrengung heraus, zu erwerben oder zu erlangen, sondern ausschließlich, wenn der Geist still wird.

Unsere wahre Natur, eine Unbekannte, die nicht benannt werden kann, da sie keine Form hat, kann man spüren im Stopp zwischen zwei Gedanken oder zwei Wahrnehmungen. Diese Momente des Innehaltens bilden eine Öffnung zu einer endlosen, ewigen Präsenz. Üblicherweise können wir nicht an eine solche glauben, da wir denken, dass alles Formlose unwirklich sei. So lassen wir die Möglichkeit verstreichen, das Sein zu erfahren.

Unsere Angst, nichts zu sein, drängt uns dazu, die Leere zu füllen und zu wünschen, etwas zu erlangen oder zu werden. Und diese Angst führt, bewusst oder unbewusst, zur Zerstörung unserer Möglichkeit *zu sein.* Wir können sie nicht loswerden durch einen Willensakt oder einen Versuch der Selbstbefreiung. Dem einen Verlangen ein anderes entgegenzusetzen, kann nur Widerstand hervorrufen; und aus Widerstand entsteht kein Verstehen. Von dieser Angst können wir nur durch Wachsamkeit befreit werden, indem wir uns ihrer bewusst werden. Wir müssen klar durch die sich widersprechenden Wünsche, mit denen wir leben, hindurchschauen. Es geht nicht darum, uns auf ein einzelnes Verlangen zu konzentrieren, sondern darum, uns selbst aus dem Konflikt zu befreien, der durch Begierde entsteht. Die Auflösung dieses Konflikts führt zur Ruhe. Die Wirklichkeit kann erscheinen.

Die höchste Form von Intelligenz ist Meditation, eine starke Wachsamkeit, die den Verstand von seinen Reaktionen befreit; und dies allein, ohne irgendein absichtliches Eingreifen, führt zu einem Zustand der Ruhe. Es verlangt eine außergewöhnliche Energie, die nur dann erscheinen kann, wenn in uns kein Konflikt herrscht, wenn alle Ideale, jeglicher Glaube, sämtliche Hoffnung und jedwede Angst vollständig verschwunden sind. Dann entsteht keine Kontemplation, sondern ein Zustand der Wachsamkeit, in dem es nicht länger ein Ich-Gefühl gibt, das heißt jemanden, der an der Erfahrung teilnimmt und mit dem wir uns identifizieren können. Also gibt es keine Erfahrung. Dies auf der tiefsten Ebene zu verstehen, ist wichtig für jemanden, der wissen möchte, was die Wahrheit ist, was Gott ist, was jenseits der Konstruktionen des menschlichen Verstandes liegt.

In diesem Zustand der Wachsamkeit tue ich nichts, aber ich bin gegenwärtig. Der Verstand ist in einem Zustand der Aufmerksamkeit, in welchem Klarheit herrscht, eine deutliche, selektionslose Beobachtung all dessen, was man denkt, was man fühlt und was man tut. Der Verstand konzentriert sich grenzenlos. Dieser Zustand bringt Ruhe, und wenn der Verstand vollkommen still geworden ist, ohne irgendwelche Illusionen, taucht »etwas« in uns auf, das nicht vom Verstand konstruiert ist und nicht in Worten ausgedrückt werden kann.

134
Ein Öffnen ohne Angst

Der Verstand ist mein Instrument des Wissens, doch er wird die Wahrheit nicht durch irgendeine Methode oder Schulung, durch Verdrängen, Hinzugeben oder Verändern erkennen. Alles, was er tun kann, ist, still zu werden, keinerlei Absicht zu haben, noch nicht einmal die, Wahrheit empfangen zu wollen. Dies ist deshalb so schwer, weil ich noch immer glaube, dass ich Wirklichkeit erfahren kann, indem ich bestimmte Dinge tue. Doch alles, was zählt, ist, dass mein Verstand frei, ohne Schranken, ohne Konditionierungen, ist. Ich brauche einen Zustand extremer Wachsamkeit, in dem ich um nichts bitte, nichts erwarte, einfach den Moment selbst lebe. Diese Wachsamkeit ist die dem Verstand angemessene Aktivität, seine Macht. Wir nennen sie »Aufmerksamkeit«. In diesem Zustand werde ich reine Wahrnehmung. Dann kann mir die Wahrheit gezeigt werden.

Wie verstehen wir die Lehre Gurdjieffs?

Unser Dasein hängt ab vom Zustand des Seins, in dem wir leben, in dem unser ganzes Leben konditioniert ist und durch bestimmte Einflüsse gelenkt wird. Wir sind unterjocht, Gefangene einer bestimmten Art des Denkens, des Fühlens und des Handelns. Wenn wir die Grenzen dieses Zustands erkennen, fühlen wir die Notwendigkeit von Veränderung. Wir gelangen zu der ersten wahrhaftigen inneren Frage: Ist Veränderung des Seins möglich? Genau dieses erste Unterscheidungsvermögen zwischen dem Wahren und dem Falschen kennzeichnet eine Veränderung im Bewusstsein.

Die Möglichkeit bewusster Anstrengung entsteht mit der Selbstbeobachtung. Dies beinhaltet eine neue Haltung mir selbst gegenüber und erfordert eine neue Verbindung zwischen meinen verschiedenen Zentren, eine neue innere Form. Ich kann mich nicht beobachten, ohne dass ich mich meiner selbst erinnere. In einem Zustand kann ich beobachten, in einem anderen nicht. Wenn ich aufrichtig akzeptiere, dass ich nicht weiß, kann ich beobachten. Doch wenn ich mich von der Lüge des »Ich«-Sagens zum Narren halten lasse, kann ich es nicht. Solange ich mit einer Vorstellung von mir selbst schaue, drehen sich meine Gedanken und Emotionen um diese Illusion des Ichs. Dies hält meine Wachheit davon ab, sich zum Bewusstsein meines ganzen Seins auszudehnen.

Was sich in mir verändern kann, ist die Wachheit für mich selbst, aber Selbstbeobachtung führt nur dann zu einem Ergebnis, wenn sie mit dem Ziel des Bewusstseins verbunden ist. Ich muss mich selbst, alles von mir, leben sehen. Dies erfordert eine gewisse Freiheit, in der ich beginne, andere, unbekannte Elemente meines Wesens als wirklicher zu fühlen. Bei der Suche geht es um eine neue Ordnung, um einen neuen Zustand des Seins, in dem der Körper und seine Attribute, meine Funktionen, einer höheren Kraft unterworfen werden, die sie beleben. Die Suche verlangt einen Kampf zwischen Ja und Nein und braucht das Auftreten von Willen. Hierdurch kann ein zweiter Körper geschaffen werden, eine innere Gestalt, die meinem Leben eine neue Form geben wird.

Mal klappt es mit unserer Arbeit besser, mal schlechter. Wir verstehen nicht, was in uns vor sich geht. Wir möchten, dass etwas geschieht, und glauben, es werde das Resultat unserer Anstrengungen sein. Wir glauben, wir müssten einen Übergang ins Sein erzwingen. Aber genau das Gegenteil ist der Fall. Das Sein arbeitet immer in uns und versucht, die harte Verkrustung unseres Egos zu durchbrechen und ins Licht des Bewusstseins vorzustoßen. Der ursprüngliche, den menschlichen Willen belebende Antrieb ist das Streben des Seins nach diesem Licht. Es sind also nicht unsere Anstrengungen, die die Seinserfahrung erzeugen. Sie bereiten ihr nur den Weg. Die Erfahrung entspringt nicht unserem Tun, sondern ist eine Enthüllung dessen, *was ist.* Wenn wir unsere Anstrengungen unaufhörlich wiederholen – und sie müssen wiederholt werden –, geschieht dies, um zu lernen, die Wirklichkeit des Seins erscheinen zu lassen.

Wir wollen versuchen, uns furchtlos zu öffnen, nicht nur einoder zweimal, sondern fortwährend, bis wir uns der Macht des Egos bewusst werden, das uns vom Leben trennt. Wir unternehmen dieses Abenteuer des Öffnens, um all die Zeichen zu erkennen, durch die das Sein spürbar wird. Wir lernen, uns selbst nicht als Maßstab aller Dinge und als Meister unseres Lebens zu betrachten. Wir beginnen zu fühlen, dass wir an einer großen Einheit, einem großen Ganzen, teilhaben.

135
Wachsamkeit ist unser wirkliches Ziel

Wir können unsere physisch-organische Struktur nicht verändern. Wir sind in unseren Bewegungen und Haltungen konditioniert und ebenso in unserem Fühlen und unserem Denken. Der begrenzte Radius unserer Konditionierung hält uns praktisch als Gefangene. Das Einzige, was diesen vollkommenen Mangel an

Freiheit zu ändern vermag, ist der Akt des Sehens. Dieser ist die Möglichkeit des Bewusstseins.

Ich kann mich selbst mit meinen Augen sehen und ich kann mich selbst mit einem inneren Blick sehen. Die Möglichkeit, bewusst zu werden, zu wissen, was ich bin, hängt vom inneren Blick ab, den ich in mir zu wecken lerne. Dieser Blick gehört zu einer neuen Form, zu einem inneren Körper, der mit meinem physischen Körper in Verbindung treten muss. Nur wenn dieser Blick präsent ist, wenn mein Automatismus in seinem Licht gesehen wird, kann diese Verbindung hergestellt werden. Und in dieser Verbindung, die auftaucht und wieder verschwindet, lerne ich, was ich bin. Dies ist keine blinde Unterwerfung, sondern ein bewusstes Geben. Es ist sowohl ein Sehen, ohne sich darin zu verlieren, als auch ein Loslassen, ein Zurücknehmen, ohne sich zu verweigern oder zu verhärten. Dies verlangt nach einer Aufmerksamkeit, die so vollständig wie möglich ist, sowie, damit diese eintreten kann, nach einer sehr großen Gelassenheit. Dennoch müssen wir uns daran erinnern, dass wir nicht ohne Verbindung sein können: Immer gehorchen wir einer Verbindung. Entweder wir sind mit etwas Höherem verbunden oder sind von etwas Niedrigem gefesselt. Es ist ein Kampf der Kräfte.

Ich möchte mich als ein Ganzes kennen. Daher versuche ich, in mich hineinzuschauen und wachsam zu sein. Wachsamkeit ist unser wirkliches Ziel. Es ist zwecklos, ohne innere Wachsamkeit allein oder gemeinsam mit anderen zu arbeiten – wir lassen uns von der einen oder anderen Sache fesseln. Ich muss mit immenser Anstrengung wachsam sein, weil alles davon abhängt. Gleichzeitig möchte ich mich dem Leben zuwenden und, indem ich dies tue, mich darin verlieren. Ja, ich wünsche mir, mich zu verlieren. Aber ich weiß nicht, was es bedeutet. Ich denke stets, dass es irgendeine böse Identifikation ist, dieses schreckliche Leben, das von mir Besitz ergreift. Aber das stimmt nicht. Ich bewege mich darauf zu. Etwas wohnt ihm inne, was ich mag. Doch weiß ich nicht warum. Und ich muss erkennen, dass es sich um eine essenzielle Frage handelt – eigentlich handelt es sich um *mich,* nicht um irgendetwas Äußeres. Also brauche ich vor allem diese Wachsamkeit, diese Art, die ganze Zeit über hier zu sein. Wenn ich wirklich fähig bin, in dieser Haltung zu bleiben, werde ich zu einem anderen Wesen.

Wie kann ich dieses Öffnen gegenüber der einen Wirklichkeit erfahren und mich gleichzeitig dem Leben stellen und mein Leben

leben? Wesentlich ist diese Bewegung des Öffnens gegenüber der Tatsache des Seins, des Daseins; ohne sie gibt es kein Erwachen. Das Hindernis besteht darin, dass mein Verstand andauernd beschäftigt ist. Es reicht nicht, dies ein für alle Mal festzustellen. Ich muss dies so lange als meine Wahrheit erfahren, bis ich all meine Gedanken, Gefühle und Handlungen in meiner Aufmerksamkeit behalten kann, ohne irgendetwas auszuschließen oder zu verdammen. Dafür brauche ich einen bestimmten inneren Raum und eine freie Aufmerksamkeit. Nur im Zustand einer freien Aufmerksamkeit kann sich wahres Sehen einstellen.

Die ununterbrochene Schau dessen, was in uns stattfindet, ist der Beginn einer Kristallisierung, der Bildung von etwas Unsichtbarem, etwas Individuellem. Je klarer die Vision, desto lebendiger ist der Eindruck und umso größer die Transformation unseres Denkens und Fühlens. Wenn sie miteinander verbunden sind, ist das Denken scharfsichtig und das Fühlen klar und fein. Dann können wir offen sein und gänzlich unter der Wirkung einer höheren Kraft stehen. Es ist nötig, Gewissensbisse zu haben, ein Gefühl, das die Vorstellung von Mangel mit sich bringt und erhellt. Erst mit einem solchen Reuegefühl beginnen wir, klar zu sehen.

Scharfsichtigkeit, eine sich über einen inneren Raum erstreckende Beobachtung, löst alle Formen von Konditionierung auf. Scharfsichtig zu sein, bedeutet, dass wir uns bewusst sind, wie wir gehen, wie wir sitzen, wie wir unsere Hände benutzen, und zuzuhören, wie wir sprechen und welche Worte wir gebrauchen. Es bedeutet, in einem Zustand der Aufmerksamkeit, der klar und ganz ist und keine Beschränkungen kennt, alle unsere Gedanken, Gefühle und Handlungen zu beobachten. Scharfsichtigkeit bedeutet, sich seiner selbst absolut bewusst zu sein.

136
Ein Blick von oben

Eine Haltung der Wachsamkeit führt uns in Richtung eines objektiveren Lebens. Es ist schwer, die Vorstellung zu akzeptieren, dass man gleichzeitig ein objektives Leben führt und ein persönliches Leben – das heißt, dass man subjektiv ist, sich selbst ein persönliches Leben führen lässt. Noch schwieriger ist es hinzunehmen, dass wir in einem gewissen Sinne mit unserem persönlichen

Leben bezahlen müssen. Natürlich können wir gar nicht anders als persönlich sein – subjektiv, mit unserem eigenen Körper, unseren Vorlieben und Abneigungen, unseren persönlichen Gefühlen. Dieses subjektive Leben wird immer bestehen. Jedoch muss ich es kennen, es erleben. Mein subjektives Leben ist, was ich bin, es ist ich. Gleichzeitig gibt es etwas in mir, das es mir ermöglicht, diesem Leben gegenüber objektiv zu sein. Wenn ich auch für das Höhere offen bin, muss mein subjektives Leben in seine Schranken verwiesen werden, mal mehr, mal weniger. Auf all meinen Schwächen kann ich keine neue Stärke aufbauen. Wenn ich meine Unruhe und meine Spannungen nicht opfere, werde ich niemals zu innerem Frieden gelangen. Freie Aufmerksamkeit wird nur möglich sein, wenn ich opfere, was sie versklavt. Für alles, was ich mir wünsche, muss ich einen Preis bezahlen. Wenn ich mir einen neuen Zustand wünsche, muss ich den alten opfern. Wir bekommen niemals mehr als das, was wir aufgeben. Was wir empfangen, ist proportional zu dem, was wir opfern.

Ein objektiveres Leben zu führen, würde ein objektives Denken erfordern – einen Blick von oben, der frei ist, der zu sehen vermag. Ohne diesen Blick auf mich selbst, der mich sieht, gleicht mein Leben dem einen blinden Menschen, der von Impulsen angetrieben wird und nicht weiß, warum oder wie. Ohne diesen Blick auf mich selbst kann ich nicht wissen, dass ich existiere.

Ich verfüge über die Macht, mich über mich selbst zu erheben und mich selbst ungehindert zu sehen… gesehen zu werden. Mein Denken hat die Macht, frei zu sein. Aber dafür muss es sich von allen Assoziationen befreien, die es gefangen und passiv halten. Es muss die Fäden kappen, die es an die Welt der Vorstellungen und Formen bindet. Es muss sich von der beständigen Anziehungskraft des Fühlens befreien. Es muss seine Macht *fühlen,* dieser Anziehung widerstehen zu können, sie zu sehen, während es sich nach und nach über sie erhebt. In diesem Bestreben wird das Denken aktiv. Es wird aktiv darin, sich selbst zu reinigen, und findet eine Absicht, ein einzigartiges Ziel: »ICH« zu denken, zu realisieren, »wer ICH BIN«, und in dieses Mysterium einzutreten. Dieser Blick von oben legt mich fest und befreit mich zugleich. In den klarsten Momenten der Selbstbewusstheit wird mir ein Zustand geschenkt, in dem ich erkannt werde. Ich fühle die Gnade dieses Blicks, der sich herabsenkt, um mich zu umfassen. Ich fühle mich in seinem Strahlen.

Jedes Mal, wenn ich mich erinnere, ist der erste Schritt die Erkenntnis eines Mangels. Ich fühle das Bedürfnis nach einem aktiven Denken, einem freien Denken, das sich mir zuwendet, sodass ich mir meines Daseins wahrhaft bewusst werden kann. So ist mein Kampf ein Kampf gegen die Passivität meines gewohnheitsmäßigen Denkens, ein Kampf darum, die Illusion meines gewöhnlichen Ichs aufzugeben. Ohne diesen Kampf wird kein größeres Bewusstsein entstehen. Ohne diese Anstrengung wird mein Denken zurückfallen in einen Schlaf, der angefüllt ist von vagen und herumtreibenden Gedanken, Wörtern, Bildern und Träumen – in das Denken eines Menschen ohne Intelligenz. Es ist schrecklich, plötzlich zu begreifen, dass man bisher ohne ein unabhängiges Denken gelebt hat, ohne Intelligenz, ohne etwas, was das Wirkliche sieht, und somit ohne Verbindung zu der oberen Welt. Dann kann ich vielleicht verstehen, dass es meine Essenz ist, in der ich zu dem zurückkehre, was sieht.

Dieses freie und unvoreingenommene Denken, das sieht und weiß, gehört zum »Individuum«, wie Gurdjieff es nannte. Anders als das Fühlen und die Wahrnehmung, die von Natur aus gegeben sind, braucht dessen Bildung absichtliche Anstrengungen in Richtung Bewusstsein. Es ist der Sitz des Willens. Mit seiner Trennung vom Körper, den dieses Denken lediglich als einen leeren Behälter betrachtet, kommt Frieden und Losgelöstheit. Und durch diese Loslösung gelangen wir zur Wahrnehmung der Ewigkeit.

Eine neue Art des Seins

137
Ich muss den Mangel an Verbindung erleben

Wenn wir im Stillen arbeiten, können wir wahrnehmen, dass es eine wirkliche Präsenz in uns gibt, etwas, was hier ist, das wirklich existiert. Sie ist die ganze Zeit über hier, auch wenn wir mit ihr nicht in Berührung stehen. Wir verfügen nicht über die erforderliche Aufmerksamkeit. Damit wir mit dieser Präsenz in Kontakt treten können, muss unsere Aufmerksamkeit dieselbe feine Qualität aufweisen. Und sie muss aktiv sein, nicht so wie die passive Aufmerksamkeit, die wir unserem gewöhnlichen Leben entgegenbringen. In meinem normalen Zustand gibt es keinen Kontakt, da in jeder meiner Lebensmanifestationen meine Aufmerksamkeit von meinen Funktionen gefesselt wird. Die Energie wird chaotisch und blindlings gefesselt, und ich weiß nicht wozu. Es ist niemand hier, der weiß, wie sich meine Kraft manifestiert.

Diese Präsenz in mir kann sich nicht manifestieren. Sie hat nichts, keine spezifischen Eigenheiten, kein Material, mit dem sie sich manifestieren könnte. Sie ist ungebildet. Diese Präsenz ist wie ein neugeborenes Kind, das weder zu gehen noch zu essen noch irgendetwas allein zu tun versteht. Sie muss wachsen, indem ich Eindrücke empfange, welche an einem neuen Ort in mir abgelegt werden. Ohne Eindrücke von dieser Präsenz werde ich niemals das Verlangen haben, zu ihr zurückzukehren, und sie wird niemals ihr eigenes Leben haben oder fähig werden, sich zu manifestieren. Also muss ich zunächst einmal wirklich danach streben, diese Präsenz in mir zu erfahren und nicht fortzulaufen, nicht ständig zu vergessen. Wenn meine ganze Kraft draußen gefesselt ist, wird die Verbindung zerschnitten, so als ob sie nicht existierte. Ich brauche eine Fähigkeit, die ich bisher noch nicht kannte, eine Aufmerksamkeit einer neuen Art, ohne die ich niemals verbunden sein werde.

Um das Verlangen nach dieser Präsenz zu fühlen, muss ich immer wieder sehen, wie ich im einen oder anderen Teil meiner selbst gefesselt bin und dass meine Zentren nicht miteinander verbunden sind. Ich muss verstehen, wie sie verbunden werden können und wie diese Verbindung zustande kommt. Sie lässt sich nicht erzwingen. Ich muss die unterschiedlichen Leben und die unterschiedlichen Bedürfnisse meiner Zentren verstehen. Jedes Zentrum verfügt über eine andere Aufmerksamkeit, deren Kraft und Dauer vom Stoff abhängt, den es empfangen hat. Der Teil, der mehr Material bekommen hat, hat mehr Aufmerksamkeit. Die nicht vorhandene Verbindung zwischen den Zentren ist die allerwichtigste Sache, die es zu erleben gilt. Ich darf mich nicht mit kurzen Augenblicken zufrieden geben, in denen ein bisschen Verbindung möglich ist, sondern muss den Mangel, die Unfähigkeit und den Widerstand wirklich erleben.

Kann ich heute behaupten, dass mein Körper und mein Fühlen vom Werk genauso berührt werden wie mein Denken? Ich bin an Ideen interessiert, die mein Körper nicht auslebt und denen gegenüber mein Fühlen sich gleichgültig verhält. Ich wünsche mir eine Seinsveränderung, eine Veränderung des Zustands meiner Präsenz. Das Denken kann sich leicht ändern, aber nicht der Körper oder das Fühlen. Doch wie Gurdjieff sagt, liegt die Macht der Transformation nicht im Denken. Sie liegt im Körper und im Gefühl. Und unser Körper und unser Fühlen spüren kein Verlangen, solange sie zufrieden sind. Sie leben immer nur im gegenwärtigen Augenblick, und ihr Gedächtnis ist kurz. Bis jetzt kam der größte Teil unseres Wunsches und unserer Anstrengungen vom Denken her. Das Denken wünscht sich, etwas zu erlangen, etwas zu ändern. Doch was verändert werden muss, ist der Zustand unseres Fühlens. Der Wunsch muss dem Fühlen entspringen, und die Macht – die Fähigkeit – zu tun muss vom Körper herrühren.

Mittels meines Denkens erinnere ich mich, dass ich mir wünsche, gegenwärtig zu sein. Mein Denken ist zu dem Schluss gekommen, dass dies für alle Zentren sinnvoll und nötig wäre und dass ich alles dafür tun sollte, das Interesse der anderen Zentren zu wecken und sie zu überzeugen. Doch wir müssen verstehen, dass der größte Teil unsers Ichs nicht an Selbsterinnerung interessiert ist. Die anderen Zentren erahnen noch nicht einmal den Wunsch des Denkens, in diese Richtung arbeiten zu wollen. Deshalb muss versucht werden, sie mit diesem Verlangen in Berührung zu bringen. Wenn sie einen Wunsch verspüren können, sich in diese Richtung zu bewegen, ist die Hälfte der Arbeit geleistet.

138
Gewissen

In unserer Arbeit scheint etwas zu fehlen, etwas, was mehr von uns verlangt. Wir brauchen ein Verlangen, das keinem Zwang, keinem Gefühl der Verpflichtung entspringt, sondern aus unserem eigenen Verständnis herrührt. Ein solches Verlangen würde allein aufgrund unseres Verstehens, aufgrund der Art unseres Verstehens, allen unseren Teilen eine Disziplin auferlegen. Seitdem wir in das Werk eingetreten sind, kennen wir die Idee der Selbsterinnerung, und wir haben versucht, uns unserer selbst zu erinnern. Wir haben dieses Konzept akzeptiert. Es hat einen bestimmten Platz in unserem Leben eingenommen, insbesondere in unserem Denken. Dennoch ist es nur eine Idee geblieben. Es ist nicht lebendig, findet nicht in unserem ganzen Leben Anwendung. Wir leben die Lehren nicht. Unsere verschiedenen Teile wurden nicht tiefgreifend von dieser Idee berührt. Sie beschäftigen sich nicht damit, sind davon nicht betroffen.

Unser Körper beispielsweise ist nicht wirklich an der Selbsterinnerung beteiligt. Ich ignoriere und übergehe ständig die irdische Erfahrung meines Körpers, der doch zur Erde gehört, und ergehe mich in Spekulationen oder Gefühlen, die mich sämtlicher Möglichkeiten berauben, einheitlich und ganz zu sein. Dies lässt sich bei jeder Gelegenheit beobachten. Entweder konzentriert sich meine Energie in meinem Denken – im Urteilen, Bestätigen, Missbilligen, Argumentieren – oder ich lasse mich von meinen emotionalen Reaktionen fesseln – im Widersprechen, Angsthaben, Neidischsein, Dominierenwollen. Immer ist mein Körper isoliert, abgetrennt. Er versucht, seine Begierden zu befriedigen, und bezahlt jedes Mal teuer für das, was die anderen Teile fordern. Hier ist kein Sein, hier sind nur Bruchstücke des Seins.

Wenn ich eine Präsenz in mir fühle, wird mein Körper zweitrangig; er verschwindet, als ob er nicht existierte, weil ich ein Leben erkenne – etwas Lebendiges –, das von einer viel höheren Ebene als der meines Körpers kommt. Ich nehme diese Präsenz als etwas Ganzes wahr, das über eine eigene Existenz verfügt und das meines Körpers auf eine gewisse Weise nicht bedarf. Gleichzeitig ist dieses Leben das Leben meines Körpers. Dieses echte Leben ist aktiv, und im Gehorsam ist mein Körper passiv. Wenn meine Funktionen erreichbar wären, wenn eine Verbindung zwischen diesem Leben und meinem Körper aufgebaut würde, könnte diese Präsenz meinen Körper zum Handeln, Sprechen und Zuhören bringen. Wenn ich beispielsweise einen Arm anheben müsste, fühle ich, dass diese Präsenz ihn problemlos dazu bringen könnte. In dem sie diesen Körper belebt, würde die Präsenz alle meine Funktionen im Blick behalten und die notwendige Handlung auswählen, die gebraucht wird, um etwas Notwendiges auszuführen. Wenn ich dies sehe, verstehe ich, dass meine Arbeit, die Bedeutung meines Lebens, tatsächlich in der Verbundenheit mit dieser Präsenz besteht.

Gleichzeitig brauche ich meinen Körper, um zu handeln, als Antwort auf den Sinn meiner Präsenz. Ohne meinen Körper kann die Präsenz weder bestimmt und definiert werden, noch kann sie auf der Erde ein gewisses Leben schaffen. Ohne meine Präsenz ist der Körper nur ein Tier, das gezwungen ist zu schlafen, zu essen, zu zerstören und sich zu reproduzieren. Eine enge Verbindung, eine Art Gemeinschaft, ist zwischen ihnen notwendig, sodass aus dieser Zusammenarbeit ein unbekanntes Bestreben auftauchen kann, das eine neue Kraft, ein neues Leben kreiert. Dann spüre ich das Verlangen, die Verbindung aufrechtzuerhalten und eine Trennung zu vermeiden, die zu tierischer Begierde oder geisterhaften Träumen führt. Zum Beispiel möchte der Körper, der zur Erde gehört, essen und sehnt sich nach den Keksen, die vor ihm auf einer Platte liegen. Er will einen, zwei, eine Menge davon. Es geht nicht darum, dem Körper das Recht zu verwehren, sich zu nehmen, was er möchte. Die Frage ist, wie viele Kekse er essen kann, ohne dass die Verbindung mit der Präsenz beeinträchtigt wird. Vielleicht einen, vielleicht zwei, vielleicht nur einen halben.

Wenn die Präsenz und der Körper beisammen sind, besteht Einheit und eine Vision, die das Ganze sieht, ein lebendiges Ganzes. In dieser absoluten Stille kann ich fühlen, dass ICH BIN. Ein Teil meiner Aufmerksamkeit ist auf eine Ebene jenseits meiner Funktionen gerichtet, gleichzeitig funktioniere ich und bin mit all dem Funktionieren des Lebens um mich herum verbunden. Wenn ich die Aufmerksamkeit nicht in dieser Tiefe, wo die Energie absolut frei ist, beibehalten kann, werde ich unfähig sein zu sehen, zu verstehen. Ich werde unfähig sein, frei zu wirken. Ich werde lediglich unter der Wirkung äußerer Kräfte stehen. Hier muss das Gewissen auftreten. Dann besteht die Arbeit darin, so aufmerksam wie möglich zu sein, so stark wie möglich »eins« zu sein und gleichzeitig zu handeln – das heißt, gleichzeitig auf zwei Ebenen zu sein. Gewissen erwacht nicht durch den Verweis auf ein Muster, auf ein Konzept, sondern auf eine unabhängige, individuelle Weise. Das hat nichts gemein mit unseren bisherigen Vorstellungen darüber, was das Gewissen ist. In dem Bemühen, meinen Platz zwischen den Kräften in mir zu finden, taucht ein wahres Gefühl auf – das Gefühl *zu sein.*

139
Zwei Leben führen

Bevor man sich für das Ziel entscheidet, bewusst werden zu wollen und eine Verbindung mit den höheren Zentren zu entwickeln, sollte man sich ernsthafte Gedanken darüber machen. Diese Arbeit erlaubt keine Kompromisse und erfordert eine strenge Disziplin. Man muss bereit sein, Gesetzen Folge zu leisten.

Zwar kann ich das Ideensystem gründlich studieren, doch wenn ich das Mechanische an mir und meine Machtlosigkeit nicht begreife, bringt mich dies nicht besonders weit. Umstände können sich ändern und die Möglichkeiten sich mir verschließen. Das Denken darf nicht faul bleiben. Ich muss einsehen, dass es notwendig ist, die Prinzipien der Arbeit in mein persönliches Leben zu integrieren. Ich kann nicht hinnehmen, dass ein Teil meiner selbst mechanisch ist, und gleichzeitig hoffen, dass ein anderer Teil bewusst wird. Ich muss die Lehren mit meinem Ganzen leben.

Es ist absolut erforderlich, ein ununterbrochenes Empfinden, eine feste Verbindung zwischen Verstand und Körper zu haben. Ansonsten werde ich vom Automatismus gefesselt. Diese Verbindung hängt von einer absichtlichen, aktiven Aufmerksamkeit ab. Ist die Verbindung stark, kommt es zu einem Strom höherer Energie, der durch den Kopf fließt. Die Aufmerksamkeit muss mit Absicht darauf gerichtet sein, die Verbindung zwischen den Energien der Zentren aufrechtzuerhalten. Wir erkennen, dass unsere Zentren aufeinander eingestimmt sein müssen und dass sie sich, um irgendetwas zusammen tun zu können, einem gemeinsamen Meister unterzuordnen haben. Doch ist dies nicht leicht für sie, da sie unter einem solchen nicht länger unabhängig voneinander machen können, was ihnen gefällt. Doch wenn es keinen Meister gibt, gibt es auch keine Seele... weder Seele noch Willen.

Damit die Verbindung nicht abbricht, muss ich mich fortwährend in einem Zustand der Sammlung befinden. Dafür muss ich gegen meine eigene Subjektivität im täglichen Leben angehen. Beispielsweise kann ich entgegen meinen Gewohnheiten handeln: Was ich normalerweise mit der rechten Hand ergreife, nehme ich mit der linken; wenn ich am Tisch sitze, tue ich das in einer mir ungewohnten Haltung. Die ganze Zeit über arbeite ich gegen meine Gewohnheiten an. Ich denke oftmals am Tag an diese Verbindung und erinnere mich daran, dass ich mir wünsche, die Aufmerksamkeit halten zu können, sie nicht zu verlieren. Ich möchte sie in mir und mir selbst bewusst halten können. In unserer Arbeit ist der innere Kampf wichtig. Ohne diesen wird die Zeit vergehen und es tritt keine Veränderung ein. Wir müssen lernen, uns innerlich mit nichts zu identifizieren und äußerlich eine Rolle zu spielen. Das Eine unterstützt das Andere. Wenn ich äußerlich nicht stark bin, kann ich auch innerlich nicht stark sein. Ohne Stärke im Inneren, kann auch keine Stärke im Äußeren bestehen. Der Kampf muss echt sein. Je schwieriger er ist, desto wertvoller ist er.

Eine Rolle zu spielen, erfordert, dass ich gleichzeitig aufmerksam bin für das, was sich um mich herum abspielt, und für das, was in meinem Inneren stattfindet; also auf zwei Arten von Geschehnissen unterschiedlicher Ordnung – auf zwei Leben, das eine innerhalb des anderen. Wie ich diese beiden Leben führe, zeigt das Maß meiner Macht *zu sein*. Solange ich eine Rolle nicht auf diese Art spielen kann, gibt es Versuche, Augenblicke größerer Intensität, doch keine Macht. Eine Rolle ist eine Art Kreuz, an das man genagelt sein muss, um zu unablässiger Aufmerksamkeit fähig sein zu können. Es ist, wie in den Grenzen eines starren Rahmens oder einer Gussform zu stecken. Ich muss mir ihrer bewusst sein, sie erkennen. Ohne diese Grenzen der Rolle ist keine Konzentration von Kraft möglich. Auf diese Weise wird mein äußeres Leben zu einem Ritual, einem Dienst an meinem inneren Leben.

Absichtliches Leiden ist das einzige aktive Prinzip in uns, das in ein höheres Fühlen verwandelt werden kann. Dies wird für die Bildung des zweiten Körpers benötigt. Im Kampf zwischen zwei Oktaven muss sich der Körper seinem Automatismus verweigern, um sich der Wirkung des Höheren zu unterwerfen. Durch die Anstrengung, sich dem auszusetzen, intensiviert sich die Energie und es erscheint eine aktive Kraft, die die passive Kraft gehorchen lässt. Diese Energie muss in allen Lebenssituationen beibehalten werden. Es ist notwendig, immer wieder in einen bestimmten Zustand zu gelangen und immer wieder eine bewusste Anstrengung zu unternehmen, bis etwas gebildet wurde, das ein Eigenleben besitzt und danach unzerstörbar sein wird. Wir arbeiten für morgen, für die Zukunft. Wir leiden heute bewusst, um morgen echte Freude zu kennen.

140
Zu wissen, heißt, *zu sein*

Sich selbst zu kennen, bedeutet nicht, von außen her zu schauen, sondern sich selbst zu erwischen in einem Augenblick des Kontakts, in einem Augenblick der Fülle. In einem solchen gibt es nicht länger »ich« und »mich« oder »ich« und eine Präsenz in mir – keine Trennung, keine Dualität. Zu wissen, heißt, *zu sein.* Da ist kein Platz mehr für irgendetwas anderes.

Wenn ich in mir selbst zur Einheit gelange, erfahre ich eine Energie, eine Kraft einer anderen Sphäre, die es mir erlaubt, in mein Sein als Teil eines großen Ganzen geboren zu werden. Ich kann dienen. Ich diene dieser Kraft zunächst durch eine neue Haltung ihr gegenüber in allen Teilen meiner selbst und dann durch eine – immer wieder erneuerte – Einsicht in das, was ich bin, in den Sinn meines Lebens im Leben des Ganzen. Diese Einsicht beinhaltet das Verständnis über meine Beziehung zwischen meinem Ego und meinem Wesen. Sie eröffnet mir den Weg zu freier Manifestation und damit einem echteren Leben in der Welt. Es führt zu einem Wunsch, meine gewöhnliche Wesensart zu verändern und verantwortlich dafür zu sein, die Wahrheit in meiner Haltung und meinem Leben auszudrücken.

Mehr und mehr gewinne ich den Eindruck einer geheimnisvollen Kraft in mir, und gleichzeitig erhalte ich Eindrücke der mich umgebenden Welt, auf die meine Funktionen reagieren. Gibt es das eine Leben und ein anderes Leben? Oder ist es ein Leben, eine einzige Lebenskraft? Damit es eine Beziehung zwischen Welten von feinerer und gröberer Stofflichkeit geben kann, muss ein Strom von vermittelnder Intensität bestehen – ein emotionaler Strom von reinerem Fühlen. Die Reinigung des Fühlens, die Erschaffung des »Göttlichen Seins« in uns selbst, geschieht durch Wachsamkeit. Es kann keine Reinheit geben ohne Wachsamkeit, ohne eine besondere Wachheit, in der es kein Höheres oder Niederes mehr gibt, keinen Kampf mehr, keine Angst. Dann gibt es nur noch Bewusstsein, Freude. Deshalb muss ich unter allen Umständen der Zeuge meiner selbst sein, muss mich vom mentalen Funktionieren, welches Reaktionen hervorruft, zurückziehen und allen Ehrgeiz, jegliche Begierde zum Verstummen bringen. Dann kann ich sehen, wie ich dem Leben antworte, während in mir etwas bewegungslos Ruhendes nicht reagiert. Mit dieser Wachsamkeit kommt ein neues Wertschätzen. Ich bin berührt durch einen Wunsch, einen Willen, der die wahre Essenz des Ich-Gefühls in seiner höchsten Reinheit ist. Es ist der Wille, das zu sein, was ich bin, meiner wahren Natur gegenüber aufzuwachen – ich bin und ICH BIN. In diesem Bewusstsein liegt Liebe. Aber diese Liebe ist unpersönlich wie die von der Sonne ausgestrahlte Energie. Sie erhellt, sie erschafft, sie liebt. Sie ist an nichts gebunden, und doch zieht sie alles an sich.

Diese Ausdehnung kommt nicht dadurch, dass man irgendetwas »tut«, durch das Ego, sondern durch die Liebe. Sie bedeutet *sein* und *werden* mit einer Aufmerksamkeit, die immer freier wird. Das ist die Befreiung, von der Gurdjieff spricht. Sie ist das Ziel jeder Schule, jeder Religion. Mit Bewusstsein erkenne ich, *was ist,* und in der Erfahrung, dass ICH BIN, öffne ich mich für das Göttliche, für das Unendliche jenseits von Raum und Zeit, für die höhere Kraft, die die Religionen »Gott« nennen. Mein Wesen ist Sein. Eins zu sein, im Angesicht des Lebens ganz zu sein, ist alles, was zählt.

So lange, wie ich mir dessen bewusst bleibe, fühle ich ein Leben in mir und einen Frieden, die von nichts anderem gegeben werden können. Ich bin hier, lebendig, und um mich herum existiert das ganze Universum. Das Leben um mich herum ist in mir. Ich fühle dieses universelle Leben, die Kraft des Universums. Und ich fühle, wie ich als Teil der Welt existiere, die mich umgibt. Alles hilft hier, sogar das Kissen, auf dem ich sitze. Ich bin präsent, wach für das, was ich bin. Und ich erkenne, dass es das Wichtigste ist, *zu sein.* Ich weiß es – jetzt –, und da ich es weiß, fühle ich mich verbunden mit allem, was mich umgibt. Es gibt kein Vorher, kein Nachher, nur das Leben selbst.

Ich habe den Eindruck, aus einem Traum aufzuwachen. Alles ist wirklich. Ich fühle mich frei und zufrieden. In diesem Zustand suche ich nicht, wünsche ich nichts, erwarte ich nichts. In diesem Augenblick gibt es nur, was ICH BIN. Ich weiß jetzt, wie ich hier bin und warum ich hier bin.

Biografische Anmerkungen

Georges Iwanowitsch Gurdjieff

GURDJIEFF WURDE 1866 ALS SOHN EINES GRIECHISCHEN Vaters und einer armenischen Mutter im Kaukasus an der russisch-türkischen Grenze geboren. Seit seiner Kindheit hatte er das Gefühl, dass er das Rätsel der menschlichen Existenz verstehen müsse, und vertiefte sich in Religion und Wissenschaft, um Erklärungen dafür zu finden. Beide Ansätze hielt er für überzeugend und in sich konsistent, doch fand er, dass sie aufgrund ihrer unterschiedlichen Voraussetzungen auf widersprüchliche Schlussfolgerungen hinausliefen. Das ließ ihn zu der Überzeugung gelangen, dass weder Religion noch Wissenschaft getrennt voneinander die Bedeutung von Leben und Tod des Menschen erklären konnten. Gleichzeitig war sich Gurdjieff sicher, dass im Altertum ein wirkliches und vollkommenes Wissen existiert hatte und seither mündlich von Generation zu Generation überliefert worden war. Also machte er sich auf und versuchte über einen Zeitraum von mehr als zwanzig Jahren, dieses Wissen zu finden. Seine Suche führte ihn auf Expeditionen durch den Nahen und Mittleren Osten sowie nach Zentralasien in die Berge des Hindukusch.

Schließlich entdeckte Gurdjieff Fragmente eines vergessenen Wissens über das Sein, das die großen traditionellen Glaubensanschauungen miteinander in Einklang brachte. Er nannte sie »die alte Wissenschaft«, doch konnte er ihren Ursprung, diejenigen, die sie entdeckt und bewahrt hatten, nicht identifizieren. Diese Wissenschaft betrachtete die Welt der sichtbaren Materie so, wie es die moderne Physik tut, kannte die Äquivalenz von Masse und Energie, die subjektive Illusion der Zeit und die allgemeine Relativitätstheorie. Aber ihre Fragestellung war breiter und sah nicht nur jene Phänomene als wirklich an, die durch Kontrollexperimente gemessen und bewiesen werden konnten. Diese Wissenschaft erforschte ebenso die Welt des Mystikers, die Welt außerhalb der Sinneswahrnehmung, die Vision einer anderen, jenseits von Zeit und Raum unendlichen Wirklichkeit. Ihr ging es darum, den Platz des Menschen in der kosmischen Ordnung und die Bedeutung des menschlichen Lebens auf der Erde zu verstehen und insbesondere die Wirklichkeit beider Welten zu erkennen und gleichzeitig in sich selbst zu erleben. Sie war eine Wissenschaft des Seins.

Im Jahr 1912 begann Gurdjieff, in Moskau und Sankt Petersburg Schüler anzunehmen. 1917, im Jahr der Russischen Revolution, zog er in den Kaukasus und schließlich in die Nähe von Paris, wo er 1922 für seine Arbeit in einem größeren Umfang ein Institut gründete. Während dieser Jahre vermittelte er ein umfassendes System von Ideen, um seine Lehren einzuführen und Anhänger anzuziehen. Nach einem beinahe tödlichen Autounfall schloss Gurdjieff sein Institut 1924 und richtete in den kommenden zehn Jahren all seine Energie auf das Schreiben seiner Trilogie über das Leben des Menschen, der er den Titel *All und Alles* gab. 1935 hörte er auf zu schreiben und widmete sich bis zu seinem Tod 1949 der intensiven Arbeit mit Schülern, vor allem in Paris. In seinen späten Jahren betrachtete Gurdjieff das Studium des ursprünglichen Systems von Ideen lediglich als einen einführenden Schritt in die Arbeit an der Bewusstwerdung. Er schob Fragen zu Konzepten als theoretisch beiseite und präsentierte seine Lehren vom Standpunkt der direkten Wahrnehmung der Wirklichkeit.

Gurdjieffs Magnum Opus, *All und Alles,* wurde in drei Bänden veröffentlicht: *Beelzebubs Erzählungen für seinen Enkel* (1950), *Begegnungen mit bemerkenswerten Menschen* (1963) und *Das Leben ist nur wirklich, wenn ICH BIN* (1975). Das System der Ideen, das er von 1914 bis 1924 gelehrt hatte, wurde originalgetreu aufgezeichnet und von P.D. Ouspensky in dessen Werk *Auf der Suche nach dem Wunderbaren* (1949) sowie in Notizen, unter anderem von Jeanne de Salzmann, unter dem Titel *Aus der wirklichen Welt – Gurdjieffs Gespräche mit seinen Schülern* (1974) herausgegeben. Diese Lehren schlossen folgende grundlegende Konzepte ein:

Das Gesetz der Drei Kräfte (Das Gesetz der Drei). Gemäß Gurdjieff resultiert jede Erscheinung egal welchen Maßstabs, vom Molekularen bis hin zum Kosmischen, in welcher Welt auch immer, aus einer Kombination dreier einander entgegengesetzter Kräfte: der positiven (bejahenden), der negativen (verneinenden) und der neutralisierenden (versöhnenden) Kraft. Die Möglichkeit der Einheit hängt von einer Konfrontation zwischen dem Ja und dem Nein sowie dem Erscheinen der dritten versöhnenden Kraft ab, welche die beiden verbindet. Die dritte Kraft ist eine Eigenschaft der wirklichen Welt – dessen *»was ist«* und was ICH BIN.

Das Oktavengesetz (das Gesetz der Sieben). Sämtliche Materie im Universum besteht aus Schwingungen, die zur Manifestation von Form absteigen (»Involution«) oder in einer Rückkehr zur formlosen Quelle aufsteigen (»Evolution«). Ihre Entwicklung vollzieht sich nicht kontinuierlich, sondern ist gekennzeichnet durch regelmäßig wiederkehrende Beschleunigungen und Verzögerungen in bestimmten Intervallen. Die Gesetze, die diesen Prozess regeln, sind in einer alten Formel enthalten, die den Zyklus, innerhalb dessen sich eine Schwingungsfrequenz verdoppelt, in acht ungleiche Stufen teilt, die der Frequenzzunahme entsprechen. Dieser Zyklus wird als »Oktave« bezeichnet, was so viel bedeutet wie »aus acht bestehend«. Diese Formel liegt dem biblischen Mythos von der Erschaffung der Welt zugrunde und ebenso unserer Aufteilung der Zeit in die Wochentage. Auf die Musik angewandt, wird die Formel in der Tonleiter Do–Re–Mi–Fa–Sol–La–Si–Do ausgedrückt, wobei in den Intervallen Mi–Fa und Si–Do die Halbtöne fehlen. Die innere Bewegung hin zum Bewusstsein verlangt in diesen beiden Intervallen nach einem »bewussten Schock«, um auf eine höhere Ebene, das heißt zu einer neuen Oktave, zu gelangen.

Das Enneagramm. Das Symbol auf der Titelseite dieses Buches – ein Dreieck innerhalb eines gleichmäßig neunfach unterteilten Kreises – drückt das Gesetz der drei Kräfte und das Oktavengesetz aus. Gurdjieff sagte, es handle sich dabei um ein »universelles Symbol«, das die inneren Gesetze einer Oktave zeige und eine Methode darstelle, die essenzielle Natur eines untersuchten Dings an sich zu erkennen. Der geschlossene Kreis repräsentiert die isolierte Existenz der Erscheinung und symbolisiert einen ewig wiederkehrenden und ununterbrochenen fließenden Prozess.

Jeanne de Salzmann

JEANNE DE SALZMANN WURDE 1889 IN REIMS, FRANKREICH, als ältestes von fünf Kindern von Jules Allemand und Marie-Louise Matignon, beides Nachkommen alteingesessener französischer Familien, geboren. Sie wuchs im schweizerischen Genf in einem Zuhause auf, das von der Wechselwirkung zwischen dem strengen protestantischen Glauben ihres Vaters und dem frommen Katholizismus ihrer Mutter geprägt war. In ihrer Kindheit verbrachte sie Stunden damit, Priestern und Pfarrern zuzuhören, die häufig bei ihren Eltern zu Tisch saßen, wo man theologische Fragestellungen erörterte. Dieser Umstand erzeugte bei Jeanne ein dringendes Bedürfnis, die Wahrheit zu verstehen, die dem christlichen Glauben ihrer Eltern zugrunde lag. Ihre Mutter nahm sie zur Sonntagsmesse mit, bis das kleine Mädchen mitten in der Predigt des Pfarrers laut raunte: »Er lügt!« Sie hatte immer das Gefühl, ihr Vater verstünde ihren unabhängigen Geist.

Jeannes Ausildung konzentrierte sich auf die Musik, für die sie die Gabe eines Wunderkindes zeigte. Mit vier Jahren begann sie, das Klavierspiel zu lernen, und im Alter von fünfzehn dirigierte sie bereits ein Orchester. Zu der Zeit unterrichteten am Genfer Konservatorium berühmte Musiker aus vielen Ländern, insbesondere Émile Jaques-Dalcroze, der für sein Werk in den Bereichen Komposition, Improvisation und Tanz gefeierte Neuerer. Im Alter von siebzehn Jahren wurde Jeanne zusammen mit einer Handvoll anderer begabter Schüler ausgewählt, ihn an das soeben fertiggestellte Dalcroze Institut nach Hellerau in der Nähe von Dresden zu begleiten und Vorführungen seiner Arbeit in Hauptstädten in ganz Europa zu geben. Während dieser Jahre bei Dalcroze lernte Jeanne den bekannten russischen Maler Alexandre de Salzmann kennen, der Dalcroze bei Bühnenbild und Beleuchtung seiner Vorführungen assistierte. 1912 heiratete sie de Salzmann in Genf und zog mit ihm in sein Haus in Tiflis im Kaukasus, wo sie ihre eigene, auf den Methoden Dalcrozes beruhende Musikschule gründete.

Im Jahr 1919 kam Gurdjieff mit einer kleinen Gruppe von Anhängern, einschließlich des Komponisten Thomas de Hartmann, nach Tiflis. Es war de Hartmann, der die de Salzmanns mit Gurdjieff zusammenbrachte: ein Treffen, das ihren weiteren Lebensweg ändern sollte. Jeannes erster Eindruck war ihr unvergesslich: »Die Präsenz Gurdjieffs, insbesondere sein durchdringender Blick, machte einen außergewöhnlichen Eindruck. Du fühltest, dass du wirklich erkannt wurdest, entblößt in einer Schau, die nichts im Schatten beließ; gleichzeitig wurdest du weder beurteilt noch getadelt. Augenblicklich entstand eine Beziehung, die jedwede Angst beseitigte und dich zur selben Zeit direkt mit deiner eigenen Wirklichkeit konfrontierte.« In Gurdjieff und seinen Lehren fand Jeanne de Salzmann den Weg zur Wahrheit, nach dem sie sich seit ihrer Kindheit gesehnt hatte.

Die Umbrüche in Russland hatten sich in weniger als einem Jahr auf den Kaukasus ausgebreitet und zwangen Gurdjieff, zusammen mit seinen Anhängern Tiflis zu verlassen. Mittlerweile hatten sich die de Salzmanns ihm und seiner Arbeit gänzlich verschrieben. Um mit ihm gehen zu können, gaben sie ihr Haus und anderen Besitz auf, und Jeanne ließ ihre Schule und ihre Schüler zurück. Zunächst reiste die Gruppe nach Konstantinopel, dann nach Berlin und ließ sich schließlich 1922 in Fontainebleau, in der Nähe von Paris, nieder. Jeanne de Salzmann blieb eng mit Gurdjieff verbunden und arbeitete mit Gruppen bis zu seinem Tod an seiner Seite. Sie gehörte zu der Handvoll Schülerinnen und Schüler, die mit der »speziellen Arbeit«, wie er es nannte, zur Erlangung einer bewussteren Wahrnehmung beschäftigt waren.

Madame de Salzmanns wichtigste Rolle bestand darin, Gurdjieffs Tanzübungen, genannt »Bewegungen« (*movements*), einzuführen und anzuleiten. In Tiflis hatte sie seine erste Unterrichtsklasse mit Schülern ihrer Musikschule organisiert. In der Zeit von 1923 bis 1924 war sie selbst eine wichtige Tänzerin in seinen Aufführungen in Paris und New York. 1940 versammelte sie von sich aus eine neue Klasse von Schülerinnen und Schülern und ermutigte Gurdjieff, nochmals Bewegungen zu lehren. Später stellte sie das Unterrichtsmaterial gemäß dem Ziel und den Prinzipien seiner Lehre zusammen. Nach seinem Tod nahm sie eine Reihe von Filmen auf, damit die Bewegungen in ihrer authentischen Form erhalten bleiben konnten.

Vor seinem Tod hatte Gurdjieff Madame de Salzmann beauftragt, »über hundert Jahre alt« zu werden, um seine Lehren aufrechtzuerhalten. Er vermachte ihr alle Rechte an seinen Schriften und den Bewegungen sowie darüber hinaus an der Musik, die de Hartmann mit ihm gemeinsam komponiert hatte. In den nächsten vierzig Jahren arbeitete sie an der Herausgabe seiner Bücher und an der Bewahrung der Bewegungen. Auch veröffentlichte sie die Begleitmusik zu den Bewegungen; die Rechte an den weiteren von Gurdjieff und de Hartmann komponierten Musikstücken trat sie jedoch an Gurdjieffs Erben ab und erklärte, dass diese Musik nicht Teil seiner Lehren sei.

Madame de Salzmann gründete Gurdjieff Zentren in Paris, New York und London sowie in Caracas, Venezuela. Dort organisierte sie Gruppen und Bewegungsklassen. Später führte sie ausgedehnte Tagungen für gemeinsames »spezielles Arbeiten« ein.

1990 starb Madame Jeanne de Salzmann im Alter von hundertundeinem Jahr in Paris.

Bildnachweis

Seite 2: Gurdjieff Electronic Publishing. Seite 18: The Collection of Gert-Jan Blom. Seite 337: www.RealityofBeing.org.

Gurdjieff-Zentren

Von Madame de Salzmann organisierte Gurdjieff-Zentren:

The Gurdjieff Foundation, New York
The Gurdjieff Society, London
L'Institute Gurdjeff, Paris
Fundacion G. I. Gurdjieff, Caracas, Venezuela

Weitere Informationen finden Sie unter: www.RealityofBeing.org

»Die vornehmste Qualität des Menschen ist sein Wille, die unvergängliche Wirklichkeit jenseits der Wandlungen und Zufälle dieser sterblichen Welt zu entdecken. Diese Qualität meine ich mit dem Wort ›spirituell‹. Der Geist des Menschen ist sein Wille. Das ist die Lehre des Thomas von Aquin und der Schlüssel zum Verständnis unserer menschlichen Natur. Die Seele ist ein Kunstgebilde, das Ergebnis unserer Lebenserfahrung. Ob die Seele vergänglich oder unsterblich ist, ist offen und hängt davon ab, ob unser Wille, das heißt unser Geist, von ihr Besitz ergriffen hat. Wer den Willen im Menschen leugnet, leugnet den Geist; wer den Willen bejaht, bejaht auch den Geist – ob es ihm bewusst ist oder nicht.

Da der Wille durch die Tat lebt, muss eine spirituelle Psychologie eine praktische Psychologie sein. Mehr noch, sie muss eine Do-it-yourself-Psychologie sein, womit ich sagen will, dass wir unseren Willen finden und aus ihm leben müssen, und nicht erwarten dürfen, dass uns ein anderer diese Arbeit abnehmen könnte. An diesem Punkt unterscheidet sich eine spirituelle Psychologie vom größten Teil der klinischen Psychologie.

Das vorliegende Buch hat deswegen eine praktische Zielsetzung. Es will Menschen, die auf der Suche nach der unvergänglichen Wirklichkeit sind, helfen zu lernen, wie sie ›an sich selbst arbeiten‹ können.«

ISBN 978-3-905272-69-7
282 Seiten

Dieses Buch handelt von dem Prozess, durch den ein Mensch die Grenzen seiner eigenen Natur überschreiten und ein ›neuer Mensch‹ werden kann. Es ist für jene geschrieben, die die Möglichkeiten der spirituellen Transformation erkunden wollen und die bereits die eine oder andere Methode ausprobiert haben, aber unbefriedigt geblieben sind. Bücher mit mehr oder weniger sinnvollen Vorschlägen, wie wir diese oder jene Seite unseres Charakters verbessern können, gibt es zuhauf, aber das ist bei Weitem nicht dasselbe wie Transformation, die sich auf den ganzen Menschen bezieht. Auf Basis seiner breiten Erfahrung aus der eigenen, lebenslangen Suche gibt der Autor praktische Ratschläge und hilfreiche Orientierung für eine fruchtbare »Arbeit an sich selbst«. Lebendig und verständlich geschrieben, beschränkt dieses Buch theorielastige Erörterungen auf das Notwendigste und vermittelt dafür viele konkrete Übungsvorschläge und anschauliche Beispiele, die sich in unserem Alltag umsetzen und überprüfen lassen.

»Es scheint geradezu das Ziel unserer Gesellschaft zu sein, die Menschen der Verantwortung für ihr Leben und Handeln zu entheben. Der Weg der Transformation muss das genaue Gegenteil sein. Wohin er uns sonst auch führen mag, er muss uns zu freien, verantwortlichen Individuen machen, die fähig sind, ihr Leben im Einklang mit dem größten objektiven Wohl zu gestalten.«

ISBN 978-3-905272-10-9
184 Seiten

Die fesselnd geschriebene und reich illustrierte Lebensgeschichte des kompromisslosen Sinnsuchers, inspirierenden Denkers und kreativen Wissenschaftlers John G. Bennett zeichnet ein spannendes Historienbild der spirituellen Strömungen des zwanzigsten Jahrhunderts. Nach einem prägenden Nahtoderlebnis im Ersten Weltkrieg lernt »JGB« bereits als junger Leiter des britischen Geheimdienstes in Istanbul, am Brennpunkt zwischen Ost und West, den Sufismus kennen und seine späteren Lehrer P.D. und Madame Ouspensky sowie den rätselhaft genialen G.I. Gurdjieff. Auch während seiner weiteren beruflichen Karriere – als Rechtsvertreter der osmanischen Sultanserben, als Mathematiker an der einheitlichen Feldtheorie, als Forscher in der Kohleindustrie und als innovativer Bildungsreformer – sucht Bennett unerschrocken weiter und fragt intelligent und respektvoll, mit universaler Bildung und gesundem Menschenverstand nach der gemeinsamen innersten Wahrheit aller Religionen. Seine jahrzehntelange Lehrtätigkeit und seine bahnbrechenden Schriften beeinflussen Tausende sinnsuchender Menschen und machen östliche Meister wie Pak Subuh, Shivapuri Baba, Idries Shah und Hasan Shushud im Westen bekannt. Schließlich findet Bennett, am Ende seines hier mit beeindruckender Ehrlichkeit bilanzierten Lebens, den Weg zur absoluten Befreiung.

ISBN 978-3-942914-02-4
525 Seiten

Diese Tagebücher aus dem Jahr 1949 zeichnen ein plastisches Bild der letzten Monate im Leben des rätselhaft-genialen spirituellen Lehrers Gurdjieff in Paris anhand der Beobachtungen und persönlichen Eindrücke zweier mit Entschlossenheit nach Selbsterkenntnis Suchender. Während John G. Bennett vorwiegend seine bohrenden Fragen und inneren Kämpfe bei der Umsetzung von Gurdjieffs Lehren schildert, beschreibt Elizabeth einfühlsam und humorvoll die Ereignisse und Personen in der illustren Gruppe von Schülern aus aller Welt, die sich an der Rue des Colonels Renard Nr. 6 um ihren Meister scharten. Für diejenigen, die wach genug waren, bot jeder Augenblick in seiner Gegenwart eine Möglichkeit zu lernen – zum Beispiel beim Ritual der Trinksprüche während der Mahlzeiten, mit dem Gurdjieff seine »Wissenschaft der Idiotie« zu veranschaulichen pflegte: eine schonungslose Bestandsaufnahme des »schlafenden Menschen« und der zahlreichen Unwägbarkeiten bei seinem Streben nach Selbstbefreiung.

Der zweite Teil dieses mit seltenem Fotomaterial reich illustrierten Doppelbandes bilden die Memoiren von Elizabeth Bennett. Darin beschreibt sie spannend und selbstkritisch ihre Jugend, den Beginn ihrer inneren Suche, ihr Zusammentreffen mit John G. und ihren gemeinsamen Lebensweg, den die beiden kompromisslos in den Dienst am »großen Werk« stellten und auf dem sie für Tausende spirituell Suchender zu wichtigen Wegweisern wurden.

ISBN 978-3-942914-14-7

348 Seiten

Guter Geschmack will gelernt sein: *Le bon-goût s'apprend.* Das gilt insbesondere für das spirituelle Schmecken der Einheit des Seins. In dieser einzigartigen Anthologie beschreiben liebestrunkene Sufis, wahrheitshungrige Gnostiker, erkenntnisdurstige Geisterseher und verschmitzt-weise Skandalgurus, hingebungsvolle Brotbäcker, humorbegnadete Geschichtenerzähler, ägäisverzauberte Lebensreisende und extremfastende Meisterspione Möglichkeiten und Wege, das Feine vom Groben zu unterscheiden, das Obere mit dem Unteren zu verbinden und so die scheinbare Trennlinie zwischen dem Körperlichen und dem Spirituellen zu überwinden. Wenn wir die ›Küchenarbeit an uns selbst‹ in der richtigen, nämlich dienenden Haltung angehen, kultivieren wir in uns diesen guten, feinen Geschmack für die Nähe Gottes. Bewusstes Kochen und Gekochtwerden lässt uns die Heiligkeit in der Transformation von Äußerem und Innerem entdecken.

Neben Ausgesuchtem von Jalaluddin Rumi, Bahauddin Walad, Hafis, Khalil Gibran, Bülent Rauf, Reshad Feild, Muzaffer Ozak, G.I. Gurdjieff, P.D. Ouspensky, Idries Shah, Osho, Scotus Eriugena, Emanuel Swedenborg oder Henry Miller finden sich hier zum ersten Mal auf Deutsch vorliegende Trouvaillen von Annemarie Schimmel, Muhyiddin Ibn Arabi, John G. Bennett, Christopher Bamford und Paul Dukes.

ISBN 978-3-942914-20-8
324 Seiten

Sex ist eine der machtvollsten Kräfte in unserem Leben, und doch vermögen nur die wenigsten Menschen, ihn ganzheitlich zu betrachten. Weit über Fortpflanzung und Vergnügen hinaus kommt ihm besondere Bedeutung für die spirituelle Transformation des Menschen zu. Suchenden, denen sich zu diesem Thema schwierige Fragen stellen, bietet dieses Buch neue Denkanstöße und überraschende Blickwinkel auf eines der größten Wunder und tiefsten Rätsel der Schöpfung. In den hier zusammengestellten Auszügen aus seinen Vorträgen behandelt der Naturwissenschaftler, Philosoph und spirituelle Lehrer Bennett Themen wie den Ursprung der Sexualität, ihr Verhältnis zur Liebe, die Bedeutung des Geschlechtsakts, die komplementären Rollen von Mann, Frau und Kind, Ehe und Partnerschaft, Fortpflanzung, Elternschaft, Kreativität, »negativen Sex« sowie psychologische und gesellschaftliche Aspekte.

»Die innere Spaltung des Menschen ist die Trennung seiner geistigen und materiellen Hälften. Sie führt zur Unzufriedenheit und Suche, die seine Transformation erst ermöglichen. Die wirkliche Freude am Sex liegt weder in gedanklicher Stimulation noch in emotionaler Erregung, sondern in verbesserter Klarheit, Kraft und Stärke der Erfahrung auf allen Ebenen. Im Geschlechtsakt können wir wahrhaft wir selbst sein, und dies sollte uns in Sachen Sex sehr feinfühlig machen.«

ISBN 978-3-942914-06-2
120 Seiten